해석을 위한
漢文入門

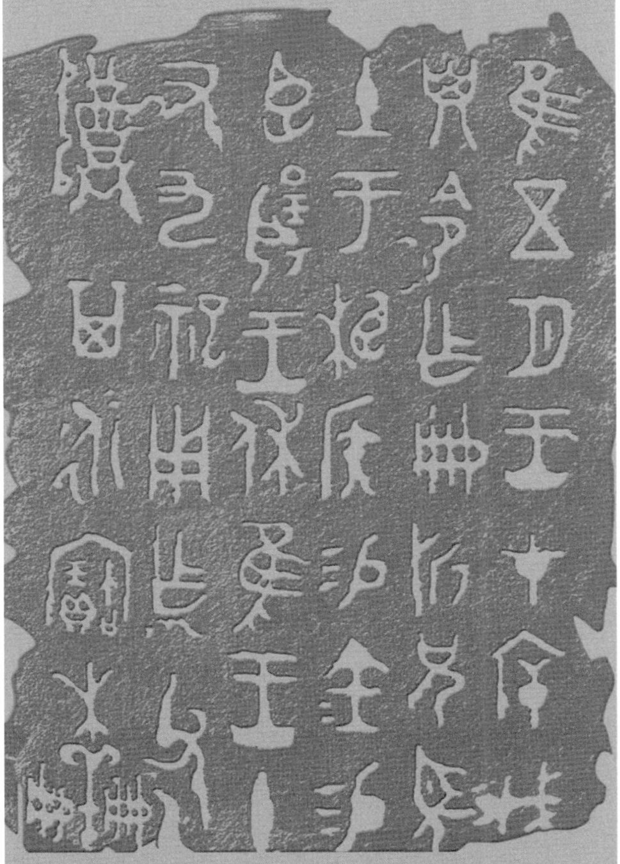

해석을 위한

漢文入門

박지홍 · 박유리

머리말

　대한민국이 성립된 이후, 우리나라의 많은 학자들은 우리 전통문화의 계승에 대하여 여러 방면에서 자주 논의해 왔는데, 간추려 보면 이는 크게 두 갈래로 나누어 정리할 수 있을 것 같다. 하나는 문헌을 통한 계승이요, 다른 하나는 민속을 통한 계승이다.

　그런데 우리나라에서 문헌을 통하여 전통문화를 계승하려면, 반드시 한문(漢文)을 터득해야 한다. 왜냐면 대한제국 이전의 우리나라의 옛 문헌들은 대개 한문으로 기록되어 있기 때문이다.

　이 책은 국학 특히 국문학(한문학)을 전공하는 학생이 한문을 체계적으로 익힐 수 있게 하려는 목적에서 쓴 것이다. 그리고 한문을 처음 배우는 초학자들에게 독해에 지침이 되고자 한 것은 물론이었다.

　이 책의 문법 체계는 허용되는 한도 안에서 우리말의 문법 체계에 맞추어 썼는데, 그것은 어떠한 외국말을 배우기 위해 익히는 문법은, 그 체계가 배우는 이의 모국말의 문법 체계와 가까울수록 이해하기가 쉽기 때문이었다.

　이 책은 비록 양에 있어서는 만족할 만한 것이 되지는 못했으나, 이를 통해 한문의 문법을 완전히 터득하기만 하면, <사전>의 힘만 빌리면 어떠한 문헌이라도 뜯어 읽을 수 있게 짜노라 애썼다.

이 책이 독자 여러분의 한문연수에 도움이 되어 주기를 진심으로 빈다.
　이 책을 쓰는 데 있어, 양백준(楊伯峻) 지음『중국 문어 문법(中國文語文法)』, 황육평(黃六平) 지음『한문문법강요(漢文文法綱要)』를 각각 참고했다. 이 자리를 빌려 저자들께 고맙다는 인사드린다.
　이 한 권의 책을 통하여 한문 문헌을 자유자재로 읽어낼 수 있다고는 결코 말할 수 없을 것이다. 그러나 그것들을 읽어낼 바탕을 갖출 수는 있을 것이라고 말하고 싶다.

2009년 12월
저자 씀

차 례

머리말 • 4

제1장 들어가기 ___ 9
    1. 한문(漢文)은 어떤 글인가 9
    2. 한문은 왜 배워야 하나 14
    3. 한문은 어렵지 않다 15

제2장 기본 한문의 연수(研修) ___ 19
    1. 한문의 품사 19
    2. 한문의 문장성분 22
    3. 한문의 문형 24
    4. 문장성분의 수식 관계 26
    5. 문장성분의 차례바꿈 27
    6. 한문의 절 29
    7. 문장(월)의 종류 30
    8. 문장성분의 두 기능 31

제3장 한문법(漢文法) ___ 113
    1. 한문의 품사와 문장성분 113
    2. 낱말(단어)의 구성 115
    3. 문장(월)의 구성 117
    4. 품사론(品詞論) 124
    5. 통어론(通語論) 189

제4장 한문 해석 연구 ____ 205

1. 산문의 해석 209
2. 한시(漢詩)의 해석—오언(五言), 칠언(七言) 시의 경우 213

제5장 원전 읽기(原典講讀) ____ 229

1. 소설—월하미소년(月下美少年) 231
2. 한시 강독(漢詩講讀)—한중 명시(韓中名詩)에서 268

제6장 고사성어(故事成語) ____ 281

1. 출전의 원문과 그 주석 283
2. 출전 일부와 그 고사 284
3. 여러 성어와 고사들 285
4. 중요한 고사성어와 그 문법적 풀이 294
5. 연습문제 306

부록

1. 한자의 종류—육서(六書) 312
2. 한 글자가 여러 뜻을 가진 '기본 한자' 318
3. 잘못 읽기 쉬운 한자말[漢字語(한자어)] 327
4. '토'는 꼭 붙여야 하나? 330

용어 찾아보기 • 335
중요 낱말 찾아보기 • 338

제1장
들어가기

1. 한문(漢文)은 어떤 글인가

 지도를 펴놓고 아시아 대륙을 훑어보면, '일본 – 한국 – 퉁구스 – 몽고 – 터키' 등으로 이렇게 이어진, 대륙의 북반부를 동서로 가로지른 한 떼의 언어 집단이 나타난다. 흔히 이를 '알타이 어족(語族)'이라 한다. 이와는 달리 '중국 – 티베트 – 미얀마 – 타이'로 뭉쳐져 분포된 한 떼의 언어 집단이 있다. 이것이 '차이나 어족'이다. 이 차이나 어족에 속하는 중국말의 옛말을 베낀 글을 한문이라 하며, 그 말을 흔히 한어(漢語)라 한다. 그러니, 한어와 한국말은 서로 그 계통이 다르지 않을 수 없으며, 따라서 그 법인 문법도 매우 다르다.
 한어와 한국말이 문법적으로 다른 점을 살펴보면 다음과 같다.

 첫째, 한어와 한국말은 문장을 늘여 짜는 방식이 매우 다르다.
 한어는 대체로 의미소(意味素 : 낱말에서 뜻을 나타내는 부분)를 이어감으로써 이룩되는 말인데, 우리말은 의미소에 문법소(文法素 : 조사나 어미 따위와 같이 낱말에서 문법을 나타내는 부분)가 붙어서 되는 것이 예사이다. 이제 이 두 언어를 대조해 보자.

山, 高(산이 높다)
水, 深(물이 깊다)
山高, 水深(산은 높고, 물은 깊다)
日, 沒(해가 지다)
月, 出(달이 뜨다)
日沒, 月出(해는 지고, 달은 뜨다)

- 山 뫼(산) 高 높을(고) 水 물(수) 深 깊을(심)
- 日 해(일) 沒 잘(몰) 月 달(월) 出 날(출), 뜰(출)

우리말에서는 '산이 높다' '물이 깊다' '산이 높고, 물은 깊다' '해가 지다' '달이 뜨다' '해는 지고 달은 뜨다' 등의 말은 모두 '이, 가, 은, 는'과 같은 조사나 '다, 고'와 같은 어미를 의미소에 붙여서 문장을 짜고 있다.

그러나 한어(漢語)에서는 우리말에서와 같은 문법소가 거의 쓰이지 않고, 주로 의미소와 의미소로써 문장(월)을 짜고 있다. 그러므로 한어는 문맥에 따라 그 뜻이 달라지는 일이 많다. 곧 '산고(山高)'에서, 산(山)은 '산이, 산은…' 등으로 옮겨지며, 고(高)는 '높다, 높았다, 높더라, 높겠다, 높네, 높소, 높습니다…' 등으로 옮겨진다.

이와 같이 한어에서는 문법소가 거의 쓰이지 않는 점이 우리말과 크게 다르다. 물론 한어에도 전치사와 같은 조사가 있으나, 이들은 그렇게 많이 쓰이지는 않는다.

둘째, 문장(월)을 짤 때에 문장성분의 순서가 우리말과 같은 점도 있고, 다른 점도 있다. 올리면 이렇다.

1 주어와 설명어의 구조 : 이는 우리말과 그 형식이 같다. 주어와 설명어(說明語)가 어울릴 때는 주어는 앞에 놓이고, 설명어는 그 뒤에 붙는 것이 원칙이다.

　　花, 開(꽃이 핀다)
　　春, 去(봄이 간다)
　　鳥, 鳴(새가 운다)
　　月, 出(달이 뜬다)

花 꽃(화)	開 열(개), 필(개)	春 봄(춘)	去 갈(거)
鳥 새(조)	鳴 울(명)	月 달(월)	出 뜰(출)

위에서 보는 바와 같이 주어인 화(花), 춘(春), 조(鳥), 월(月)은 앞에, 설명어인 개(開), 거(去), 명(鳴), 출(出)은 뒤에 놓여 있다. 그리고 우리말 역시 주어인 '꽃이, 봄이, 새가, 달이'는 앞에, 설명어인 '핀다, 간다, 운다, 뜬다'는 뒤에 놓여 있다.

　　有, 力(힘이 있다)
　　無, 人(사람이 없다)

有 있을(유)	力 힘(력)	無 없을(무)	人 사람(인)

위에서와 같이 '주어'인 력(力), 인(人)이 '설명어'인 유(有), 무(無) 뒤에 놓이는 일이 있기는 하나, 이는 예외이다. 이에 대해서는 뒤에서 다시 자세히 살

펴볼 것이다.

2 목적어와 설명어의 구조 : 이는 그 형식이 우리말과 반대이다.

한어에서는 목적어('-을/를'에 해당하는 말)와 설명어가 어울릴 때는 설명어는 앞에 놓이고, 목적어는 그 뒤에 붙는 것이 원칙이다.

　　讀, 書(책을 읽는다)
　　見, 山(산을 본다)
　　愛, 國(나라를 사랑한다)

- 讀 읽을(독)　　　書 책(서)　　　見 볼(견)　　　愛 사랑할(애)
- 國 나라(국)

위에서 본 바와 같이, 설명어인 '독(讀), 견(見), 애(愛)'는 앞에 놓여 있고, 목적어인 '서(書), 산(山), 국(國)'은 뒤에 놓여 있다. 그러나 우리말에서는, 목적어인 '책을, 산을, 나라를'은 앞에, 설명어인 '읽는다, 본다, 사랑한다'는 뒤에 놓여 있다.

3 수식어와 피수식어의 구조 : 꾸미는 말(수식어)과 꾸밈을 받는 말(피수식어)이 어울릴 경우에는 그 형식은 우리말과 같다. 곧 꾸미는 말은 앞에 놓이고, 꾸밈을 받는 말은 뒤에 놓인다.

　　大國(큰 나라)
　　美人(아름다운 사람)
　　急行(빨리 간다)
　　甚大(매우 크다)

大 큰(대)	國 나라(국)	美 아름다울(미)	急 급할(급)
行 갈(행)	甚 매우(심)		

위에서 보는 바와 같이, 꾸미는 말인 大(대), 美(미), 急(급), 甚(심)은 꾸밈을 받는 말인 國(국), 人(인), 行(행), 大(대)의 앞에 놓여 있다.

이때 大나 美와 같이 명사를 수식하는 수식어는 특히 '관형어'라 하고, 急이나 甚과 같이 동사나 형용사를 수식하는 수식어는 특히 '부사어'라 한다.

4 보충 구조 : 문장(월)의 뜻을 보충하는 체언부사어가 붙는 경우인데, 이 형식은 우리말과 반대이며, 영어(英語)와 닮았다.

我登校(나는 학교에 간다)
日出東(해는 동쪽에서 뜬다)

登 출석할(등)	校 학교(교)	出 날(출), 뜰(출).

한어에서는 보충성분인 체언부사어(객어(客語)라고도 한다) 校(교), 東(동)이 설명어인 登(등), 出(출)의 뒤에 놓여 있는데, 우리말에서는 보충성분인 '학교에' '동쪽에서'가 설명어 앞에 놓여 있다.

이제 이것을 영어로 옮겨 보면, 첫 문장(월)의 '我登校'는 <I go to school>이 되고, 둘째 문장(월)의 '日出東'은 <The sun rises in the east>가 된다. 이때, <to school>과 <in the east>의 위치는 한문과 같다.

셋째, 본용언(本用言)과 보조용언(補助用言)과의 어울리는 형식이 다르다. 우리말에서는 본용언이 보조용언의 앞에 놓이는데, 한어에서는 보조용언이 본용언의 앞에 놓인다.

其鳥, 不鳴(그 새는 울지 아니한다)
山雨, 欲來(산비가 오려 한다)
勿登白雲臺(백운대에 오르지 마라)

- 其 그(기)　　　不 아니(불)　　　欲 하고자 할(욕), 하려 할(욕)
- 勿 말(물)　　　白 흰(백)　　　雲 구름(운)　　　臺 대(대)

위에서 보조용언인 不(불), 欲(욕), 勿(물)은 본용언인 鳴(명), 來(래), 登(등)의 앞에 놓여 있다. 이는 우리말과는 짜임이 반대이며, 이것 역시 영어와 비슷하다고 하겠다.

이상에서 풀이한 바와 같이, 한어는 언어 계통상 지나 티베트 어족에 속하는 언어로서, 영어, 독일어, 프랑스어와 마찬가지로 우리말과는 전혀 계통이 다르다. 그러니 '문법'도 매우 다르다.

2. 한문은 왜 배워야 하나

앞 장에서 풀이한 바와 같이 한어는 우리말과는 계통이 전혀 다른 말이다. 그런데 우리는 어째서 한문을 배워야 하나? 여기에는 다음과 같은 까닭이 있다.

중국 민족은, 3천 년 전에 이미 동쪽 아시아에 웅거하며 문자를 통한 문화를 이룩하여, 그들 주위에 사는 여러 민족들이 아직 제 나라 문자 체계를 완성하기 전에 태양처럼 그 중심에서 찬란히 군림하고 있었다. 그 후 오랜 역사에 있어, 그들의 글인 한문은 중국의 뛰어난 문물(文物)과 더불어 주위에 사는 여러 민족에게로 흘러들어갔다. 이는 흡사 그리스와 라틴의 언어가 그 문화와 더불어 다른 족속들에게로 흘러들어가서 후세의 게르만 족과 고트족에게 깊은 영향을 준 것과 비슷하다고 하겠다.

　일찍이 삼국 시대에 우리나라에 들어온 한문은, 남북국 시대에 이르러서는 이미 지배 계급의 글로서 정착되어, 그들은 이 글을 통해서 문자 생활을 해 왔다. 신라 말기에 이르러 최치원(崔致遠)은 한국 한문학을 일으켰고, 고려 초에는 한문으로 과거를 보기에까지 이르렀던 것이다. 이렇듯 세종대왕이 한글을 제정하기 전까지 우리 조상들은 크게 한문으로 글자 생활을 해왔으므로 한문은 우리의 고전어로 자리 잡게 되었고, 많은 값어치 있는 문헌이 이 글로 이루어졌다.

　문화란 본디 하루아침에 바뀌는 것이 아닌 만큼, 한글이 제정되었다고 해서 우리네 조상들의 글자 생활이 삽시간에 바뀔 수는 없었다. 훈민정음이 제정된 후에 출판된 서적도 문예적인 것을 제외하고는 모두 한문으로 표기되면서 갑오경장(甲午更張)을 맞이하였던 것이다.

　그러니 이제 우리는 우리의 역사와 문화를 연구하거나, 동양 문화를 알아내려면 그 고전(古典)을 읽어야 하고, 그러기 위해서는 한문을 배우지 않으면 안 되게 되었다.

　한글 전용을 주장하는 이 마당에 한문을 배울 필요가 없다고 하는 이도 있지만, 한글을 전용한다는 것과 한문을 배운다는 것은 다른 문제이다. 한문을 배워야 하는 까닭은 우리가 우리 문화를 계승하고 나아가 우리의 옛 문화를 밝혀 보자는 데에 큰 목적이 있는 것이다.

3. 한문은 어렵지 않다

　흔히들 세상 사람들은 '한문'을 굉장히 어려운 글이라고 생각한다. 그러나 한문은 그렇게 어려운 글이 아니다. '한자'가 어렵다는 것과 한문이 어렵다는 것은 다른 문제이다.

한문이 어렵다고 생각하는 것은, 대개 한문의 '문법'을 모르기 때문이다. 그들은 한문에는 문법이 없다고들 한다. 이는 정말 위험한 말이다. 한문에 문법이 없다면 한문은 객관적인 글이 되지 않는다는 말이다. 곧 한문으로는 정확하게 의사 전달을 하지 못한다는 말이다.

그러나 실제로 한문으로도 얼마든지 객관적인 의사 전달이 된다. 그것은 중국 사람들이 이룩해 놓은 큰 문화가 이를 웅변으로 증명하고 있다.

원래 우리 조상들은 한문을 '문법'을 통해서 배우지 않고, 제 나라 말처럼 문자 생활에서의 되풀이를 통해 익혀 왔으므로, 지금도 한문에 문법이 없다고 우기는 이가 있다. 그러나 한문에는 엄연히 '문법'이 있다. 이 '문법'에 따라 한문을 익히면 10년 공부할 것이 2년 정도면 훌륭히 해낼 수 있다.

이제 몇 가지 예를 들어 설명해 보겠다.

1 '美人在樓下'란 문장(월)이 있다. 이 문장(월)의 주어는 미인(美人)이요, 설명어는 재(在)이며, 누하(樓下)는 객어(客語=체언부사어)이다. 여기까지 분석되면 이 문장은 곧 우리말로, '미인이 누각 아래 있다'로 옮겨진다.

이와 구조가 다른 말에 **'樓下有美人'**이란 말이 있다. 이 말은 어떻게 옮겨질까?

한문의 '유(有)'란 동사는 다른 여느 동사와는 기능이 다르다. 이는 반드시 주어를 뒤에 가지는 것이 특징이다. 그러므로 '有美人'을 문장성분에 따라 분석하면, '美人'이 주어가 된다. 그러니 '有'는 주어를 뒤에 취한다는 것만 알면, 이 말은 '누각 아래에 미인이 있다'고 우리말로 쉽게 옮겨진다(위의 인용문에 나타나는 '有, 在'는 그 뜻이 조금 다르다. 有는 無의 반대말이요, 在는 '존재하다'의 뜻이다).

> 체언부사어를 한문에서는 흔히 客語라 하는데, 이는 '객체가 되는 말'이란 뜻이다. '其居於山(그는 산에 산다)'란 문장(월)을 예로 들면, 이 문장(월)에서 其는 주어이니 이 문장(월)의 주체가 되고, 따라서 山은 그 객체가 되니, 객어가 된다. 이 문장(월)에서는 주체로 '그'가 등장해 있고, 객체로 '산'이 등장해 있다.

2 '地肥多産物'이란 문장(월)이 있다. 이 경우에도 문법의 기본적 지식만 있으면 이 말도 곧 풀 수 있다.

'지비(地肥)'란 말만 가지고 살펴보면, '地'는 주어이고, '肥'는 설명어이다. 그러나 '다(多)'란 형용사는 주어를 뒤에 가지는 것이 원칙이다. 다산물(多産物)은 多가 수식어로 쓰여 '많은 산물'로도 되지만, 설명어가 되어서 '산물이 많다'로도 된다. 그러므로 여기서는 '땅은 기름지고 산물이 많다'로 옮겨진다.

3 '與文字不相流通'이란 말이 있다. 이것은 세종대왕이 지으신 ≪훈민정음≫에 나타나는 글귀이다. 이 글귀는 얼핏 보면 퍽 까다롭다. 그러나 이것도 문법에 대한 지식만 있으면 곧 새길 수 있다.

'여문자(與文字)'의 '與'는 흔히 전치사로 쓰이는데, 여기서도 '로써'란 뜻의 전치사이다. 유통(流通)은 '잘 통한다'는 뜻의 동사이다. '불(不)'이 조동사가 된다는 것은 이미 앞에서 말한 바와 같다. 문제는 '상(相)'이란 말이다. 相은 물론 '서로'란 뜻을 가진 부사이다. 우리는 이 경우, 한문에서는 '조동사와 본동사 사이에 <부사어, 부사구, 객어, 객어구>가 들어갈 수 있다'는 문법 상식만 알고 있으면 충분하다. 이는 영어에서도 비슷하다.

이상의 지식으로써 위의 문장(월)을 새겨보면 '글자로써 서로 잘 통하지 아니한다'가 된다.

4 '愚民有所欲言'이란 문장(월)이 있다. 이것도 세종대왕이 지으신 ≪훈

민정음≫에 나타나는 글귀이다. 이 글귀가 나오면 모두들 우리말로 새기기에 망설인다. 그러나 이것 역시 문법 지식만 있으면 쉽사리 새길 수 있다.

이 문장에는 '유(有)'라는 특수 동사가 들어 있으니, 그 주어(구)가 소욕언(所欲言)이 되어야 함은 곧 알 수 있다.

다음에 주목되는 말이 '所欲言'의 所이다. 이 말은 불완전명사로 쓰이면, 수식어를 뒤에 가진다. 때문에 우리는 '所欲言'에 있어, '欲'이나 '欲言'을 '所'의 수식어로 생각해 볼 수 있다.

끝으로 욕언(欲言)을 살펴보면, '欲'은 '하고자 한다'는 뜻의 타동사이요, '言'은 '의사를 나타낸다'는 뜻으로 목적어가 분명하니, 이는 '의사를 나타내고자 한다'로 옮겨진다.

이상으로 '有所欲言'은 '의사를 나타내고자 하는 일이 있다'로 새겨지며, 따라서 위의 문장(월)은 '어리석은 백성들에게 의사를 나타내고자 하는 일이 있다'라는 말로 옮겨진다.

이와 같이 '문법'은 독해에 있어 문장(월)을 새기는 열쇠가 된다.

제 2 장
기본 한문의 연수(硏修)

한문을 해석해 나가려면, 먼저 한문에 대한 간단한 '문법' 지식을 가지고 있어야 한다. 우선 다음의 8가지에 대해서 알아두어야 한다.

① 한문의 품사　　② 한문의 문장성분　　③ 한문의 문형
④ 문장성분의 수식 관계　⑤ 문장성분의 차례 바뀜　⑥ 한문의 절(節)
⑦ 문장(월)의 종류　　⑧ 문장성분의 두 기능

1. 한문의 품사

한문에는 명사, 대명사, 수사, 동사, 형용사, 지정사, 관형사, 부사, 감탄사, 조사(전치사, 후치사, 종결사), 접속사의 11품사가 있다.

1 명사 : 天(천) 하늘. 人(인) 사람. 川(천) 시내. 兄(형) 언니. 學校(학교) 학교.

- 불완전명사 : 혼자서 독립되어 쓰이지 못하는 명사. 所(소) 등이 있다.
  所(소) 이(사람), 것, 일….

2 대명사 : 我(아) 나. 汝(여) 너. 彼(피) 그. 此(차) 이것. 其(기) 그것.

3 수사 : 十(십) 열. 百(백) 백. 萬(만) 만. 第一(제일) 첫째.

> 명사, 대명사, 수사를 한꺼번에 이를 때는 이를 '체언'이라 한다.

4 동사 : 動(동) 움직이다. 行(행) 가다. 見(견) 보다. 食(식) 먹다. 與(여) 주다.

- 조동사 : 한문의 조동사(보조동사)는 영어와 마찬가지로 본동사의 앞에 놓인다. 우리말과는 차례가 반대가 된다.
  不知(부지) 알지 못하다.　勿食(물식) 먹지 말라.
  欲育(욕육) 기르고 싶다.　可得(가득) 얻을 수 있다.

5 형용사 : 美(미) 아름답다. 高(고) 높다. 少(소) 적다. 廣(광) 넓다. 狹(협) 좁다.

- 보조 형용사 : 보조 형용사도 (보)조동사처럼 본형용사 앞에 놓인다.
  不美(불미) 아름답지 않다.

6 지정사 : 是(시) 이다. 爲(위) 이다. 非(비) 아니다.
　我是少年(나는 소년이다)
　鯨非魚類(경비어류 : 고래는 물고기 종류가 아니다)

> 동사, 형용사, 지정사를 한꺼번에 이를 때는 이를 '용언'이라 한다.

7 관형사 : 명사만 수식하는 구실을 하는 품사를 관형사라 한다.

百(백) 온갖   有(유) 어떤
百花(온갖 꽃)   有神人(어떤 신인)

8 부사 : 원칙적으로 용언이나 문장(월), 절만 수식하는 품사

必(필) 반드시   尙(상) 오히려
必勝(필승) 반드시 이긴다   尙小(상소) 오히려 작다

9 감탄사 : 감탄을 나타내는 품사

嗚呼(오호) 아아   於戱(오희) 아아   嗟呼(차호) 아아   噫(희) 아아

10 조사 : <조사>는 크게 전치사, 후치사, 종결사로 나누어지는데, <전치사>는 영어의 전치사에 준하고 <후치사>는 우리말의 토씨(조사)에 준하며, <종결사>는 문장(월)이나 절을 마쳐 주는 토씨이다.

- 전치사 : 我居於南國(나는 남쪽나라에 산다)
  恩高如天(은혜가 하늘처럼 높다)
- 후치사 : 一年之計在於春(일 년의 계획은 봄에 있다)
- 종결사 : 天圓也(하늘은 둥글다)
  先生至於其國也 必訪學者(선생은 그 나라에 이르면, 반드시 학자를 찾는다)

11 접속사 : 낱말(단어)과 낱말, 구와 구, 문장(월)과 문장(월)을 잇는 품사이다.
① 낱말과 낱말을 이음 — 我與汝(아여여) 나 그리고 너＝나와 너
② 구와 구를 이음 — 訪水而釣魚(방수이조어) 물을 찾는다. 그리하여 고기를 낚는다.
③ 문장(월)과 문장(월)을 이음 — 春來而花不開(춘래이화불개) 봄이 왔다. 그러나 꽃은 피지 않았다.

2. 한문의 문장성분

주어, 설명어(술어), 목적어, 보어, 관형어, 부사어, 독립어, 접속어의 8가지 문장성분이 있다.

1 주어
    水, 流(물이 흐른다)   山, 高(산이 높다)

2 설명어
    春, 來(봄이 온다)   月, 明(달이 밝다)   彼, 是少年(그는 소년이다)

3 목적어
    我, 讀書(나는 책을 읽는다)   鳥, 見山(새가 산을 본다)

4 보어 : '보충어'라고도 한다. 지정사나 불완전자동사나 비교형용사가 설명어가 되면, 이들은 그 뜻을 보충하는 보어를 반드시 가진다. 만일 이때 보어가 없으면 문장(월)은 완전한 뜻을 나타내지 못한다.

  ① 지정사가 설명어일 경우
     我, 是少年(나는 소년이다)
  ② 불완전 자동사가 설명어일 경우
     乞人, 爲王子(거지가 왕자가 된다)
     王, 以爲然(임금은 그렇게 여긴다)
       *以爲=여기다. 然(형용사) 그렇게.
  ③ 비교형용사가 설명어일 경우
     歲月如流(세월은 흐르는 물과 같다)

5 관형어 : 체언을 수식하는 문장성분을 이른다.

　　百花. 滿發(온갖 꽃이 활짝 피다)

　　長江. 急流(긴 강이 급히 흐른다)

　　我. 愛學者之良心(나는 학자의 양심을 사랑한다)

6 부사어 : 주로 용언을 수식하는 문장성분인데, 이 문장성분은 감탄사, 접속사, 조사 이외의 품사는 모두 수식할 수 있다.

　부사어는 크게 용언으로 된 용언부사어와 체언이 전치사와 어울려서 된 체언 부사어로 나뉘는데, 용언부사어는 흔히 그저 '부사어'라 하고 체언 부사어는 '객어'라고 한다.

① 부사어

　　霜露. 旣降(서리와 이슬이 이미 내렸다)

　　木葉. 盡落(나뭇잎이 다 떨어진다)

　　先生. 長嘆(선생이 길게 탄식한다)

　　其. 方今 十八歲也(그는 방금 열여덟 살이다)

② 객어(체언부사어) : 이들은 문장(월)에서 모두 주체인 주어의 객체가 된다.

　　― 이때 전치사는 줄어지기도 한다.

　　我. 居於山(나는 산에 산다)

　　* 이 문장(월)은 전치사가 줄어져서 '我居山'으로도 쓰인다.

　　中國語. 異乎韓國語(중국말은 한국말과 다르다)

　　* 이 문장(월)은 전치사가 줄어져서 中國語. 異韓國語로 쓰이기도 한다.

> 정해진 시간이나 처소를 추상적으로 나타내는 명사를 '특수명사'라 하는데, 이는 문장(월)에서 단독으로 객어가 되어 설명어나 문장(월)의 앞에 놓일 수 있다.
> ① 시간을 나타냄 : 時(卽時, 暫時, 同時…), 間(동안 : 夜間, 晝間…), 年(去年, 明年, 甲子年…), 月(今月, 先月, 正月…), 日(今日, 明日, 昨日…), 夜(今夜, 明夜, 昨夜…), 朝(每朝,

> 早朝, 今朝…), 夕(朝夕, 秋夕…), 刻(頃刻…), 春, 夏, 秋, 冬… 등이 있다.
> 暮宿黃河(<u>저녁에</u> 황하에서 잤다)
> 其時元兵迫於南大門(<u>그때에</u> 원나라 병사가 남대문에 닥쳤다)
> ② 처소를 나타냄 : 前, 後, 上, 中, 縱, 橫, 四方(東, 西, 南, 北)… 등이 있다.
> 少年手<u>中</u>擧弓(소년은 손 <u>안에</u> 활을 들었다)

7 독립어 : 문장(월)에서 혼자 독립되어 쓰이는 문장성분을 이른다. 감탄사가 문장(월)에서 독립어가 된다.

<u>嗚呼</u>, 人生一場春夢(<u>아아</u>, 인생은 한 마당의 봄꿈이구나)
<u>噫</u>, 天棄我(<u>아아</u>, 하늘이 나를 버렸구나)

8 접속어 : 낱말과 낱말, 구와 구, 문장(월)과 문장(월)을 서로 이어주는 문장성분을 이른다. 접속사가 문장(월)에서 접속어가 된다.

高句麗<u>與</u>百濟, 古代强國(고구려<u>와</u> 백제는 고대의 강한 나라이다)
漢有天下太半<u>而</u>諸侯附之(한나라가 천하의 대부분을 차지하였다. <u>그러자</u> 제후가 거기(한나라)에 붙었다)
  * 有 : 가질(유)

3. 한문의 문형

단문이나 절(節)에는 5가지 기본적인 문형이 있는데, 이들의 짜임은 영어에 준한다. 크게 다른 점이 있다면 형용사가 혼자서 설명어가 된다는 점이다.

> 아래에 나타나는 로마자는 다음과 같은 뜻을 나타낸다.
> S=주어(절), P=설명어(절), C=보어(절), O=목적어(절)

1 문형 1형 : <S+P>로만 된 문장(월)을 이른다. 이때 P자리에는 동사, 형용사 및 체언이 놓인다.

  花. 開(꽃이 핀다)　　月. 明(달이 밝다)　　我. 少年(나는 소년이다)

2 문형 2형 : <S+P+C>로 된 문장(월)을 이른다. 이때 P자리에는 불완전자동사나 지정사가 놓이고, C는 체언이나 형용사가 된다.

 ① 설명어가 불완전자동사인 경우
  乞人. 爲王子(거지가 왕자가 된다)
  此兒. 爲貴(이 아이가 귀하게 된다)
  其. 以爲然(그는 그렇게 여긴다)

> 言, 曰(한다)은 뒤에 보어 이외에 보어절을 가지기도 한다. 아래의 "智異山 莊嚴"은 보어절이다.
> 世人, 言 "智異山莊嚴"(세상 사람들은 '지리산은 장엄하다'고 한다)

 ② 설명어가 지정사인 경우
  我. 是少年(나는 소년이다)
  金剛山. 爲絶景(금강산은 절경이다)
  汝. 非靑年(너는 청년이 아니다)

> 윗 문장(월)에서 是, 爲가 줄면 문장(월)은 2형에서 1형으로 바뀐다.
> 我是少年(2형) → 我少年(1형)

3 문형 3형 : <S+P+O>로 된 문장(월)을 이른다. 이때 P자리에는 타동사가 놓인다.

  我. 讀書(나는 책을 읽는다)

4 문형 4형 : <S+P+O₁+O₂>로 되며, P자리에는 수여동사가 놓인다. 이때 O₁(직접목적어)과 O₂(간접 목적어)가 자리바꿈을 하면 간접목적어인 O₂의 전치사는 줄어진다.

　　　　其. 與書於我(그는 나에게 책을 주었다) → 其. 與我書(그는 책을 나에게 주었다)

> '수여동사'란 '주고, 받고' 함을 나타내는 동사를 이른다. 이에는 與, 救, 敎, 語 / 受, 得, 學, 聞 등이 있다.

5 문형 5형 : <S+P+O+C>로 된다. 이때 P자리에는 불완전타동사가 놓이며, C는 체언이나 형용사가 된다.

　　　　大師. 曰智異山仙界(대사는 지리산을 신선 세계라고 하였다.)

> 불완전 타동사에는 <言, 謂, 呼, 號, 曰, 云, 爲> 등이 있는데, 이들은 우리말로 옮기면 爲는 '여기다. 삼다'로, 그 이외의 것은 모두 '(말)하다'로 옮겨짐이 예사이다.
> 　韓人, 謂世宗大王聖君(한국 사람은 세종대왕을 성군이라고 한다)
> 　予, 爲此憫然(나는 이를 불쌍하게 여긴다)
>
> 5형식의 변형 : <S+O+P+C> 이때 P는 '爲'가 되며, O은 그 앞에 목적격전치사 '以'를 취한다.
> 　朝鮮人, 以孝爲根本(조선 사람은 효도를 근본으로 삼는다)

4. 문장성분의 수식 관계

한문의 문장성분은 원칙적으로 앞에 놓인 성분이 뒤에 놓인 성분을 수식하게 된다. 그러나 '객어'는 설명어의 뒤에서 이를 수식한다.
　이때 체언을 수식하는 문장성분을 '관형어'라 하고 용언을 수식하는 문장성분을 '부사어, 객어'라 한다. <그림풀이>에서는 '관형어'는 M, '부사어'는 M₁으로, '객어'는 M₂로 나타낸다.

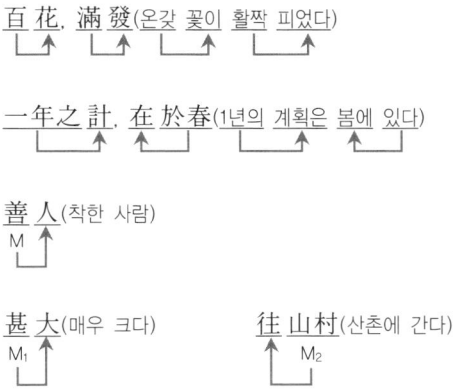

5. 문장성분의 차례바뀜

문장성분의 차례가 바뀌는 일은 다음의 5가지 경우이다.

　　① 설명어가 '특수 동사나 특수 형용사'인 경우
　　② 객어가 '전성전치사+체언'으로 된 경우
　　③ 피수식어가 '불완전 명사'인 경우
　　④ 목적어를 제시어로 내세울 경우
　　⑤ 어떤 문장성분의 뜻을 강조할 경우

1 설명어가 특수동사(有)나 특수형용사(無, 難, 易, 多, 少)인 경우 : S+P → P+S

有名(이름이 있다)　　　　　　有力(힘이 있다)
無名(이름이 없다)　　　　　　無力(힘이 없다)
(少年)易老((소년)은 늙기가 쉽다)　(學)難成((학문은) 이루기가 어렵다)
多言(말이 많다)　　　　　　多量(양이 많다)
少言(말이 적다)　　　　　　少量(양이 적다)

2 객어가 '전성전치사+체언'으로 된 경우 : S+P+M₂ → S+M₂+P(전성 전치사란 於, 于, 乎 이외의 전치사를 이른다). 이 또래 전치사는 약 10개가 있다.

我, 從慶州 來(나는 경주에서 왔다)
S　M₂　 P

世宗大王, 以五月十五日 誕生(세종대왕은 5월 15일에 탄생하셨다)
　　S　　　　M₂　　　 P

3 피수식어가 불완전 명사(所, 攸(유), 所以)일 경우 : 수식어+피수식어 → 피수식어+수식어

富貴, 人之所欲也(부귀는 사람들이 바라는 것이다)
* 之[조사] 이, 所=것, 欲[수식어] 바랄(욕)

羊鹿攸伏, 爲農場(염소와 사슴이 엎드려 있는 곳이 농장이다)
* 伏[수식어] 엎드릴(복)

吾, 知所以距子(나는 그대를 막는 방법을 안다)
* 距[수식어] 막을(거)

4 목적어를 주어 자리에 제시어로 내세울 경우 : S+P+O → O+P. 이때는 본디 목적어가 있던 자리에 '之'자를 그 목적어 대신에 두는 것이 원칙이

다. 그러나 이 '之'는 생략되기도 한다.

① 人, 不可再求福也(사람은 복을 다시 구할 수 없다) → ② 福不可再求之也
(복은 (그것을) 다시 구할 수 없다) → ③ 福不可再求也(복은 다시 구할 수 없다)
  * 可(가) [조동사] 할 수 있다. 영어의 can과 비슷한 구실을 한다. ②의 之[그것은]는 빼도 된다. ②와 ③의 福은 목적어이다.

5 어떤 문장성분을 앞세워서 그 뜻을 강조할 경우 : ① S+P → P+S의 경우와 ② P+M₂ → M₂+P의 경우가 있다.

① 回也, 賢哉(안회는 현명하구나) → 賢哉, 回也(현명하구나, 안회는)
  * 回 : 공자의 제자 안회.

② 懸, 鈴於描項(단다, 고양이 목에 방울을) → 猫項懸, 鈴(고양이 목에 방울을 단다)
  * 懸 : 달(현). 鈴 : 방울(령). 猫 : 고양이(묘). 項 :목(항).

6. 한문의 절

절은 크게 선후절(先後節)과 성분절로 나누어지고, 이들은 다시 더 잘게 나누어진다.

1 선후절 : 이는 다시 앞세우는 절인 '선행절'과 문장(월)을 맺어주는 절인 종결절로 나누어진다. 선행절과 종결절은 접속사에 의해 맺어지기도 하나 대개는 그대로 맺어진다.

兄讀書, 弟習字(=兄讀書而弟習字) 형은 책을 읽고, 아우는 글자를 익힌다.
  * 而(이) [접] 그리고

月明, 星稀(=月明則星稀) 달이 밝으면, 별이 드물다.
* 則(즉) [접] 그러면

2 성분절 : 문장(월) 속에서 어떤 문장성분의 구실을 하는 절을 성분절이라 한다. 이에는 '주어절, 설명(어)절, 보어절, 부사(어)절, 관형(어)절, 객어절'이 있다

世上之變, 如流水(세상이 변함이 흐르는 물과 같다)[주어절]
君子之交, 淡若水(군자의 사귐은 맑기가 물과 같다)[설명절]
此兒, 爲地位貴(이 아이는 지위가 높게 된다)[보어절]
* 爲=불완전 자동사

無窮花, 色姸滿發(무궁화가 빛깔이 곱게 활짝 피었다)[부사절]
* 姸 : 고울(연)

我, 觀桃花滿發之園(나는 복숭아꽃이 활짝 핀 동산을 바라본다)[관형절]
大義, 在於府使之守城(대의는 부사가 성을 지킴에 있다)[객어절]

7. 문장(월)의 종류

문장(월)은 크게 단문(單文)과 복문(複文)으로 나누어지고, 복문은 다시 연합문(連合文)과 포유문(包有文)으로 나누어지는데, 복문은 둘 이상의 단문으로 이루어진 문장(월)이다. 연합문은 春來, 花開(봄이 오니, 꽃이 핀다)와 같이 선행절＋종결절로 이루어져 있고, 포유문은 無窮花, 色姸滿發(무궁화가 빛깔이 곱게 피었다)과 같이 하나의 문장(월)이 다른 하나의 문장(월)을 종속절(從屬節)로 품고 있는 것이다.

8. 문장성분의 두 기능

어떤 품사가 문장(월)에서 두 품사의 구실을 할 때, 이를 그 품사의 '두 기능법'이라 한다.

1 용언의 체언형(명사형) : 우리말의 명사형은 어간+어미(보기 : 먹+음→먹음)로 나타내지만, 한문에서는 용언+φ(zero)로 나타낸다. 곧 '용언'이 단독으로 원형도 되고 체언형도 된다.

그런데 이들은 우리말에서와 같이 문장(월)에서 '-음, -기'와 같은 뜻을 나타내는 경우 이외에 '사람, 일, 물건, 곳, 때, 방법, 경우, 원인' 등의 뜻을 보태어 준다. 이는 한문법에서 가장 까다로운 용법의 하나이다.

① 우리말과 맞서는 경우
　　彼, 不畏<u>死</u>於戰場(그는 싸움터에서 <u>죽음</u>을 두려워하지 않는다)
　　人心, 難<u>知</u>(사람의 마음은 <u>알기</u>가 어렵다)

② 그 밖의 경우
　　尊<u>賢</u>, 使<u>能</u>(어진 이를 존중하고 <u>유능한 이</u>를 부린다)
　　天下難事, 作於<u>易</u>(천하의 어려운 일은 <u>쉬운 일</u>에서 생겨난다)
　　物有, <u>長短</u>(물건에는 <u>긴 것과 짧은 것</u>이 있다)
　　水流<u>濕</u>, 火就<u>燥</u>(물은 <u>젖은 데</u>로 흐르고, 불은 <u>마른 데</u>로 나아간다)
　　＊ 操 : 마를(조)
　　我, 求<u>解</u>漢文於<u>解</u>英文(나는 영문을 <u>푸는 법</u>에서 한문을 <u>푸는 법</u>을 찾는다)

2 체언의 용언형 : 용언형도 체언형과 같이 체언이 단독으로 용언이 된다.

氣山心海(기개는 산과 같고, 마음은 바다와 같다)
* 이는 비유용언형이다. 용언형에 이 형태가 많다.

不茶不煙不言(차를 마시지도 않고 담배를 피우지도 않고 말을 하지도 않았다)
* 이는 어떤 사물이 그 용도에 따라 쓰임을 표현함으로서, 체언이 용언화한 것이다. 용언형에는 이런 또래가 많다.
  茶(사물) – 용도(마시는 것) → 茶[용언형] 차를 마시다
  煙(사물) – 용도(피우는 것) → 煙[용언형] 담배를 피우다

牛山之木嘗美, 以其郊於大國, 斧斤伐之, 可以爲美乎(우산의 나무는 일찍이 아름다웠으나, 그것이 큰 나라의 수도에 가까이하고 있었으므로 도끼로 그 곳을 치니, 아름다워질 수 있겠느냐?)
* 嘗 : 일찍이(상). 以 [접속사] 그러므로, –기 때문에. 國 : 서울(국), 大國 : 큰 수도, 곧 큰 나라의 수도. 斧 : 도끼(부). 斤 : 도끼(근). 伐 : 칠(벌). 可以[조동사] 할 수 있다. 爲[피동조동사] –지다. 乎[의문조사] –느냐, –냐. 郊 [체언의 용언형] 교외 → (도시의) 교외에 있다 → 도시에 가까이 하고 있다.

若仲子者, 蚓而後充其操者也(중자와 같은 사람은 지렁이가 되어야 그의 지조를 충족시킬 사람이다)
* 若 : 같을(약). 者 : 사람(자). 蚓 : 지렁이(인), 여기서는 지렁이가 되다. 而後[접속사] 그래야.

　　체언이 용언으로 전성될 때는 흔히 능동, 사동, 피동, 변성형으로 바뀌는데, 마지막 문장(월)은 체언이 변성형으로 바뀐 보기이다.

익힘 문제

낱말, 單語

1 다음 낱말을 우리말로 옮겨라.
[낱말의 짜임 : 수식어(관형어) + 피수식어(체언)]

(1) ① 地形　② 校則　③ 物價
　　④ 竹葉　⑤ 胃病　⑥ 國寶
　　⑦ 鹿角　⑧ 內簡　⑨ 妻族
　　⑩ 土俗

(2) ① 書庫　② 陳頭　③ 黨論
　　④ 韓紙　⑤ 韓方　⑥ 眼疾
　　⑦ 桑葉　⑧ 天涯　⑨ 論據
　　⑩ 國運

(3) ① 禍根　② 土塊　③ 眼光
　　④ 湖心　⑤ 池頭　⑥ 山腹
　　⑦ 水涯　⑧ 德澤　⑨ 頃田
　　⑩ 次期

(4) ① 數月　② 群馬　③ 四季
　　④ 擧國　⑤ 平時　⑥ 萬事
　　⑦ 百花　⑧ 五倫　⑨ 一日
　　⑩ 生栗

(5) ① 美人　② 小澤　③ 正道
　　④ 綠野　⑤ 少量　⑥ 同輩
　　⑦ 短劍　⑧ 乾草　⑨ 佳節
　　⑩ 妙計

(6) ① 白雪　　② 大洋　　③ 騷音
　　④ 早朝　　⑤ 黃菊　　⑥ 吉兆
　　⑦ 毒感　　⑧ 蒼空　　⑨ 姦臣
　　⑩ 鈍才

(7) ① 陽春　　② 勇士　　③ 鮮血
　　④ 寡頭　　⑤ 近處　　⑥ 蠻行
　　⑦ 汚名　　⑧ 密室　　⑨ 惡漢
　　⑩ 醜物

(8) ① 浮雲　　② 晴天　　③ 名畵
　　④ 傑作　　⑤ 忌日　　⑥ 遺産
　　⑦ 落花　　⑧ 漆器　　⑨ 禪僧
　　⑩ 列星

(9) ① 慕心　　② 犯人　　③ 藏書
　　④ 習性　　⑤ 弄談　　⑥ 寵臣
　　⑦ 丸藥　　⑧ 草履　　⑨ 錦衣
　　⑩ 舟遊

(10) ① 銀貨　　② 山莊　　③ 酒宴
　　④ 花信　　⑤ 水路　　⑥ 歲初
　　⑦ 氷水　　⑧ 晨星　　⑨ 墓穴
　　⑩ 姪女

---

* [　] 속은 낱말의 음.
(1) ① 땅의 모습　　② 학교의 규칙　　③ 물건(의) 값
　　④ 대의 잎(댓잎)　⑤ 위의 병　　　⑥ 나라으 보배
　　⑦ 사슴(의) 뿔　　⑧ 아낙네의 편지　⑨ 아내으 겨레붙이
　　⑩ 고장의 풍속
(2) ① 책의 창고　　② 군진의 맨 앞　③ 당의 공론
　　④ 우리나라(의) 종이　⑤ 한의의 처방　⑥ [안질] 눈의 병

⑦ 뽕나무(의) 잎　　⑧ 하늘(의) 끝　　⑨ 이론의 근거
⑩ 나라의 운수
(3) ① 재화의 근원　　② 흙(의) 덩이　　③ 눈(의) 빛
④ 늪의 한가운데　　⑤ 못(의) 가　　⑥ 산(의) 허리
⑦ 물(의) 가　　⑧ 은덕의 혜택　　⑨ 백 이랑의 밭
⑩ 다음(의) 시기
(4) ① 몇 달(여러 달)　　② 여러 말　　③ 네 계절
④ 온 나라　　⑤ 여느 때　　⑥ 모든 일
⑦ 온갖 꽃　　⑧ 다섯 인류　　⑨ 어떤 날
⑩ 날밤. 날은 우리말에서는 접두사
(5) ① 아름다운 사람　　② 작은 못　　③ 바른 길
④ 푸른 들　　⑤ 적은 양　　⑥ 같은 또래
⑦ 짧은 검　　⑧ 마른 풀　　⑨ 좋은 계절
⑩ 묘한 꾀
(6) ① 흰 눈　　② 큰 바다　　③ 시끄러운 소리
④ 이른 아침　　⑤ 누런 국화　　⑥ 좋은 조짐
⑦ 독한 감기　　⑧ 푸른 하늘　　⑨ [간신] 간사한 신하
⑩ 둔한 재주
(7) ① 따뜻한 봄　　② 용감한 사람　　③ 신선한 피
④ [과두] 적은 인원　　⑤ 가까운 곳　　⑥ 야만스런 행동
⑦ 더러운 이름　　⑧ 비밀의 방　　⑨ 악한 놈
⑩ 추한 물건
(8) ① 뜬 구름　　② 갠 하늘　　③ 이름난 그림
④ 뛰어난 작품　　⑤ 죽은 날　　⑥ 남긴 재산
⑦ 떨어지는 꽃　　⑧ 옻칠한 그릇　　⑨ 참선하는 중
⑩ 늘어선 별
(9) ① 그리워하는 마음　　② 죄지은 사람　　③ 간직해 둔 책
④ 버릇이 된 성질　　⑤ 장난삼아 한 말　　⑥ (임금의) 총애를 받는 신하
⑦ 둥근(모양으로 된) 약(알약)　　⑧ [초리] 짚(으로 만든) 신　　⑨ 비단(으로 만든) 옷
⑩ 뱃놀이(배를 타고 노니는 놀이)
(10) ① 은(으로 만든) 돈　　② 산속의 별장　　③ 술(을 마시면서 즐기는) 잔치
④ 꽃(이 핀다는) 소식　　⑤ 물(위로 배가 다니는) 길　　⑥ 새해의 첫머리
⑦ 얼음(으로 만든) 냉수　　⑧ 새(동)쪽에 찬란히 보이는 새벽의 별, 곧 샛별. * 晨 새벽(신).
⑨ 무덤의 구덩이　　⑩ 조카(인) 딸

35

2 다음 낱말을 우리말로 옮겨라.

[낱말의 짜임 : 수식어(부사어) + 피수식어(용언)]

(1) ① 常住　② 共鳴　③ 早退
　　④ 自省　⑤ 偕老　⑥ 直立
　　⑦ 必讀　⑧ 相逢　⑨ 同樂
　　⑩ 固辭

(2) ① 微動　② 太高　③ 別添
　　④ 卒倒　⑤ 尙早　⑥ 交換
　　⑦ 陰謀　⑧ 尤妙　⑨ 頗多
　　⑩ 近似

(3) ① 沒殺　② 謹告　③ 相隣
　　④ 普及　⑤ 博愛　⑥ 更生
　　⑦ 周知　⑧ 過激　⑨ 自首
　　⑩ 竝行

(4) ① 返還　② 暗埋　③ 橫列
　　④ 甚美　⑤ 汎愛　⑥ 妄動
　　⑦ 先行　⑧ 新刊　⑨ 爛發
　　⑩ 咸集

(5) ① 晩成　② 大悟　③ 淨書
　　④ 亂雜　⑤ 危坐　⑥ 易習
　　⑦ 迫頭　⑧ 厚待　⑨ 安息
　　⑩ 永眠

(6) ① 至急　② 確定　③ 完補
　　④ 極難　⑤ 特殊　⑥ 快愈
　　⑦ 緩行　⑧ 熱望　⑨ 恭待

⑩ 親臨
(7) ① 實現　　② 强要　　③ 順延
　　④ 獨行　　⑤ 漸移　　⑥ 心服
　　⑦ 表明　　⑧ 代替
(8) ① 獨學　　② 多忙　　③ 熟考
　　④ 半熟　　⑤ 累進　　⑥ 泣訴
　　⑦ 前進　　⑧ 安協　　⑨ 類別
　　⑩ 旣定
(9) ① 朝令　　② 晚晴　　③ 曉起
　　④ 晝耕　　⑤ 夜讀　　⑥ 秋收
　　⑦ 後悔　　⑧ 上坐　　⑨ 下行
　　⑩ 南向
(10) ① 選拔　　② 檢證　　③ 挿入
　　④ 仰慕　　⑤ 遍在　　⑥ 步行
　　⑦ 迎接　　⑧ 先驅　　⑨ 補强
　　⑩ 追加

(1) ① 언제나 거주함　② 함께 울림(욺)　③ 일찍 물러감
　　④ 스스로 반성함　⑤ 함께 늙음　　⑥ 꼿꼿이 섬
　　⑦ 반드시 읽음　　⑧ 서로 만남　　⑨ 함께 즐김
　　⑩ 굳이 사양함
(2) ① 조금 움직임　　② 아주 높음　　③ 달리 첨부함
　　④ 갑자기 넘어짐　⑤ 아직 이름　　⑥ 서로 바꿈
　　⑦ 몰래 계획함　　⑧ 더욱 묘함　　⑨ 매우 많음
　　⑩ 거의 비슷함
(3) ① 모두 죽임　　　② 삼가 아룀　　③ [상린] 서로 이웃함
　　④ 널리 미침　　　⑤ 널리 사랑함　⑥ 다시 살아남
　　⑦ 두루 앎　　　　⑧ 너무 격렬함　⑨ 스스로 신고함
　　⑩ 나란히(함께) 감
(4) ① 도로 돌려 줌　　② 몰래 묻음　　③ 가로 늘어섬

　　　　④ 매우 아름다움　　　⑤ 널리 사랑함　　　⑥ 함부로 행동함
　　　　⑦ 먼저 감　　　　　　⑧ 새로 간행함　　　⑨ 활짝 핌
　　　　⑩ 다 모임(모음)
(5) ① 늦게 이루어짐　　　　② 크게 깨달음　　　③ (글을) 깨끗하게 씀
　　　④ 어지럽게 섞임　　　⑤ 똑바로 앉음　　　⑥ 쉽게 익힘
　　　⑦ 절박하게 닥쳐 옴　 ⑧ 후하게 대접함　　⑨ 편안하게 쉼
　　　⑩ 영원히 잠
(6) ① 지극히 급함　　　　　② 확실히 정함　　　③ 완전히 보충함
　　　④ 극히 어려움　　　　⑤ 특별히 다름　　　⑥ 완전히 나음
　　　⑦ [완행] 천천히 감　　⑧ 열렬히 바람　　　⑨ 공손히 대접함
　　　⑩ 친히 임함
(7) ① 실제로 나타남　　　　② 억지로 요구함　　③ 차례로 연기함
　　　④ 홀로 걸어감　　　　⑤ 차차 옮아감　　　⑥ 속으로 복종함
　　　⑦ 겉으로 밝힘　　　　⑧ 다른 것으로 바꿈
(8) ① 혼자서 배움　　　　　② 많이 바쁨　　　　③ 곰곰이 생각함
　　　④ 반쯤 익음　　　　　⑤ 여러 번 승진함　 ⑥ 울면서 하소연함
　　　⑦ 앞으로 나아감　　　⑧ 서로 협의함　　　⑨ 종류에 따라 다름
　　　⑩ 이미 정해져 있음
(9) ① 아침에 영을 내림　　　② 저녁에 갬　　　　③ 새벽에 일어남
　　　④ 낮에 (밭을) 갊　　　⑤ 밤에 (글을) 읽음　⑥ 가을에 거둠
　　　⑦ 뒤에 뉘우침　　　　⑧ 위에 앉음　　　　⑨ 아래로 감
　　　⑩ 남쪽으로 향함
(10) ① 가려서 뽑음　　　　　② 검사하여 증명함　③ 끼워 넣음
　　　 ④ 우러러보면서 사모함　⑤ [편재] 널리 퍼져 있음　⑥ 걸어서 감
　　　 ⑦ 맞이하여 접대함　　⑧ 앞서서 달려감　　⑨ 보충하여 튼튼하게 함
　　　 ⑩ 더 보탬

3 다음 낱말을 우리말로 옮겨라.

[낱말의 짜임 - 동격 : 동격, 여기서는 체언 : 체언], 보기 : 天地 - 하늘과 땅

(1) ① 日月　　　　② 山野　　　　③ 陸海
　　④ 江湖　　　　⑤ 河海　　　　⑥ 花木
　　⑦ 魚貝　　　　⑧ 犬馬　　　　⑨ 玉石
　　⑩ 金銀

(2) ① 春夏　　　　② 秋冬　　　　③ 雲霧

- (続き)
  - ④ 梅蘭
  - ⑤ 筆硯
  - ⑥ 鳥獸
  - ⑦ 車書
  - ⑧ 銃劍
  - ⑨ 桃李
  - ⑩ 耳目
- (3)
  - ① 叔姪
  - ② 父子
  - ③ 母女
  - ④ 夫婦
  - ⑤ 翁壻
  - ⑥ 舅甥
  - ⑦ 祖孫
  - ⑧ 姉妹
  - ⑨ 君臣
  - ⑩ 師弟
- (4)
  - ① 主客
  - ② 內外
  - ③ 左右
  - ④ 南北
  - ⑤ 彼此
  - ⑥ 古今
  - ⑦ 老少
  - ⑧ 朝夕
  - ⑨ 晝夜
  - ⑩ 前後
- (5)
  - ① 眞假
  - ② 本末
  - ③ 表裏
  - ④ 始終
  - ⑤ 得失
  - ⑥ 利損
  - ⑦ 盛衰
  - ⑧ 贊反
  - ⑨ 親疎
  - ⑩ 軟硬
- (6)
  - ① 風浪
  - ② 錢穀
  - ③ 針線
  - ④ 枝葉
  - ⑤ 黍粟
  - ⑥ 金石
  - ⑦ 胸背
  - ⑧ 雨露
  - ⑨ 烏鵲
  - ⑩ 藏腑
- (7)
  - ① 朝野
  - ② 賞罰
  - ③ 寒暑
  - ④ 丹青
  - ⑤ 京鄕
  - ⑥ 首尾
  - ⑦ 善惡
  - ⑧ 節義
  - ⑨ 優劣
  - ⑩ 公私
- (8)
  - ① 乾坤
  - ② 郡邑
  - ③ 詩歌
  - ④ 歌舞
  - ⑤ 絲竹
  - ⑥ 身命

⑦ 雌雄 ⑧ 嶺湖 ⑨ 嫡庶
⑩ 壬丁

(9) ① 今昔 ② 吉凶 ③ 損益
④ 巨細 ⑤ 加減 ⑥ 緩急
⑦ 美醜 ⑧ 辛苦 ⑨ 授受
⑩ 愛憎

(10) ① 孔孟 ② 老莊 ③ 吳越
④ 富貴 ⑤ 仁義 ⑥ 清濁
⑦ 長幼 ⑧ 政經 ⑨ 見聞
⑩ 波濤

---

(1) ① 해와 달 ② 산과 들 ③ 물과 바다
④ 강과 늪 ⑤ 강과 바다 ⑥ 꽃과 나무
⑦ 물고기와 조개 ⑧ 개와 말 ⑨ 옥과 돌
⑩ 금과 은

(2) ① 봄과 여름 ② 가을과 겨울 ③ 구름과 안개
④ 매화와 난초 ⑤ 붓과 벼루 ⑥ 새와 짐승
⑦ 수레와 책(무와 문) ⑧ 총과 검 ⑨ 복숭아와 오얏
⑩ 귀와 눈

(3) ① 아자비와 조카 ② 아버지와 아들 ③ 어머니와 딸
④ 남편과 아내 ⑤ 장인과 사위 ⑥ 외삼촌과 생질
⑦ 할아버지와 손자 ⑧ 누나와 누이동생 ⑨ 임금과 신하
⑩ 스승과 제자

(4) ① 주인과 손 ② 안과 밖 ③ 왼쪽과 오른쪽
④ 남쪽과 북쪽 ⑤ 이편과 저편 ⑥ 옛과 지금
⑦ 늙은이와 젊은이 ⑧ 아침과 저녁 ⑨ 낮과 밤
⑩ 앞과 뒤

(5) ① 진짜와 가짜 ② (일의) 처음과 끝 ③ 겉과 속
④ 시작과 마침 ⑤ 얻은 것과 잃은 것 ⑥ 이익과 손해
⑦ 성함과 쇠퇴함 ⑧ 찬성과 반대 ⑨ 친함과 성김
⑩ 연함과 단단함

(6) ① 바람과 물결 ② 돈과 곡식 ③ 바늘과 실
④ 가지와 잎 ⑤ 기장과 조 ⑥ 쇠붙이와 돌
⑦ 가슴과 등 ⑧ 비와 이슬 ⑨ 까마귀와 까치

⑩ 오장과 육부
(7) ① 조정과 민간　　② 상과 벌　　③ 추위와 더위
　　④ 빨강과 파랑　　⑤ 서울과 시골　　⑥ 머리와 꼬리
　　⑦ 선과 악　　⑧ 절개와 의리　　⑨ 나음과 못함
　　⑩ 공과 사
(8) ① 하늘과 땅　　② 군과 읍　　③ 시와 노래
　　④ 노래와 춤　　⑤ 거문고와 퉁소(현악기와 관악기)　　⑥ 몸과 목숨
　　⑦ 암컷과 수컷　　⑧ 영남과 호남　　⑨ 적자와 서자
　　⑩ 임진왜란과 정유재란
(9) ① 이제와 옛　　② 길함과 흉함　　③ 손해와 이익
　　④ 굵음과 가늚　　⑤ 더함과 뺌　　⑥ 느림과 빠름
　　⑦ 아름다움과 추함　　⑧ 매운 맛과 쓴 맛　　⑨ 줌과 받음
　　⑩ 사랑함과 미워함
(10) ① 공자와 맹자　　② 노자와 장자　　③ 오나라와 월나라
　　④ 부유함과 귀함　　⑤ 인과 의　　⑥ 맑음과 흐림
　　⑦ 어른과 어린이　　⑧ 정치와 경제　　⑨ 본 바와 들은 바
　　⑩ 작은 물결과 큰 물결

3 다음 낱말을 우리말로 옮겨라.

[낱말의 짜임 : (1)은 용언 : 용언 (2)는 명사형 : 명사형 (3)은, ①~⑥은 수식어(부사어)+피수식어(용언), ⑦~⑩은 피수식어(체언)+수식어(관형어), (4)는 어근+접사 (5), (6), (7)은 복합어(5는 뜻이 같은 말끼리, 6은 뜻이 같은 동아리에 속하는 말끼리, 7은 운과 뜻이 다 같은 말끼리 어울린 것) (8)은 여러 가지 형태]

(1) ① 廣大　　② 長久　　③ 永遠
　　④ 鮮明　　⑤ 精巧　　⑥ 野卑
　　⑦ 勤實　　⑧ 良順　　⑨ 希求
　　⑩ 淸涼　　⑪ 平和　　⑫ 果敢
　　⑬ 豊盛　　⑭ 富强　　⑮ 視聽
　　⑯ 飢寒　　⑰ 閑寂

(2) ① 安否　　② 存否　　③ 適否
　　④ 贊否　　⑤ 實否

(3) ① 耐久　　　② 殊常　　　③ 洩盡
　　④ 遊興　　　⑤ 出征　　　⑥ 行列
　　⑦ 所感　　　⑧ 所得　　　⑨ 所望
　　⑩ 所見　　　⑪ 下流

(4) ① 扇子　　　② 種子　　　③ 冊子
　　④ 突然　　　⑤ 必然　　　⑥ 漠然
　　⑦ 悠然　　　⑧ 俄然　　　⑨ 莞爾
　　⑩ 古者　　　⑪ 吾等　　　⑫ 汝輩

(5) ① 船舶　　　② 海洋　　　③ 河川
　　④ 屋宇　　　⑤ 樹木　　　⑥ 陰影
　　⑦ 朋友　　　⑧ 土壤　　　⑨ 橋梁
　　⑩ 地位　　　⑪ 序次　　　⑫ 價値
　　⑬ 言語　　　⑭ 憂愁　　　⑮ 銳利
　　⑯ 良好　　　⑰ 極盡　　　⑱ 謁見
　　⑲ 頻繁　　　⑳ 宜當

(6) ① 都邑　　　② 書信　　　③ 菜蔬
　　④ 風霜　　　⑤ 光陰　　　⑥ 觀念
　　⑦ 市井

(7) ① 彷徨　　　② 散漫　　　③ 齟齬
　　④ 朦朧　　　⑤ 徘徊　　　⑥ 混沌

(8) ① 冰解　　　② 日暮　　　③ 秋凉
　　④ 自欺　　　⑤ 慶賀　　　⑥ 上昇
　　⑦ 表出　　　⑧ 爲主　　　⑨ 玉座
　　⑩ 鼻祖　　　⑪ 市街　　　⑫ 杏仁
　　⑬ 妙齡　　　⑭ 銀波　　　⑮ 是正

⑯ 未定　　　⑰ 往復　　　⑱ 忽焉
⑲ 於乎　　　⑳ 嗚呼

(9) 病的의 '的'을 문법적으로 설명하라.

---

(1) ① 넓고 크다　　　② 길고 오래다　　　③ 길고 멀다
　　④ 산뜻하고 분명하다　⑤ 정밀하고 교묘하다　⑥ 속되고 천하다
　　⑦ 부지런하고 진실하다　⑧ 어질고 순하다　　⑨ 바라고 요구하다
　　⑩ 맑고 서늘하다　　⑪ 평온하고 화목하다　⑫ 과단성 있고 용감스럽다
　　⑬ 풍부하고 넉넉하다　⑭ 부유하고 굳세다　　⑮ 보고 듣다
　　⑯ 배고프고 춥다. * 飢寒에서 飢는, 寒이 형용사이므로 '굶주리다'보다는 '배고프다'로 풀이하는 것이 옳다.
　　⑰ 한가하고 적적하다
(2) ① 편안함과 그렇지 아니함. (* 否—그렇지 아니함) 곧 편안함과 편안하지 아니함
　　② 있음과 그렇지 아니함　③ 적합함과 그렇지 아니함　④ 찬성함과 그렇지 아니함
　　⑤ 사실임과 그렇지 아니함
(3) ① 오래 견딤　　　② 보통과 다름　　　③ 모두 샘
　　④ 흥겹게 놂　　　⑤ 정벌하러 감　　　⑥ 줄지어서 감
　　⑦ 느낀 바/것　　　⑧ 얻은 바/것　　　⑨ 바라는 바/것
　　⑩ 본 바/것　　　⑪ 시내의 아래편
(4) ① 부채. 子는 명사를 만들어 주는 접미사　　　② 씨
　　③ 책　　　④ 갑자기. 然은 부사를 만들어 주는 접미사
　　⑤ 반드시　　⑥ 막연히　　　⑦ 유유히
　　⑧ 갑자기　　⑨ 빙긋이. * 爾 동사를 부사로 바꾸는 접미사
　　⑩ 옛날(에). * 者는 부사를 만들어 주는 접미사
　　⑪ 우리들. 等은 복수를 만들어 주는 접미사
　　⑫ 너희들. 輩는 복수를 만들어 주는 접미사
(5) ① 배　　　　　② 바다　　　　③ 강/내
　　④ 집　　　　　⑤ 나무　　　　⑥ 그림자
　　⑦ 벗　　　　　⑧ 흙　　　　　⑨ 다리
　　⑩ 자리　　　　⑪ 차례　　　　⑫ 값
　　⑬ 말　　　　　⑭ 근심/걱정　　⑮ 날카로움
　　⑯ 좋음　　　　⑰ 지극함　　　⑱ 봄
　　⑲ 잦음　　　　⑳ 마땅함
(6) ① 서울　　　　② 편지　　　　③ 푸성귀
　　④ 세월　　　　⑤ 시간　　　　⑥ 생각
　　⑦ 시가/세간
(7) ① 헤매다　　　② 어수선하다　③ [악착] 아주 모질다
　　④ 흐릿하다　　⑤ 거닐다　　　⑥ 뒤섞이다

(8) ① 얼음이 녹음 ② 해가 짐 ③ 가을이 서늘함
④ 자기를 속임(목적어+설명어) ⑤ 경사로운 일을 치하함 ⑥ 위로 올라감
⑦ 밖으로 나옴 ⑧ 주로 삼음(설명어+객어) ⑨ 임금의 자리
⑩ 처음 나타난 이 ⑪ 도회지의 큰 거리 ⑫ 살구의 씨
⑬ 아리따운 나이 ⑭ 달빛
⑮ 바로잡음. 是 : 바로잡다. 正 : 바로잡다
⑯ 아직 정해지지 않음. 未[조동사] ⑰ 가고 옴
⑱ 문득. 焉[접미사] ⑲ 애[감탄사] ⑳ 애[감탄사]
(9) 관형격 조사

익힘문제

월, 文

1 -1 다음 문장(월)을 우리말로 옮겨라.

[아래 문장(월)의 짜임 : ① P+P, ② P+O→O+P, ③~④ P+M₂, ⑤~⑥ M₂+P]

① 溺死   ② 冠省   ③ 鬪病
④ 稀代   ⑤ 左遷   ⑥ 蜂起

1 -2 다음 문장(월)을 우리말로 옮겨라.

[아래 문장(월)의 짜임 : S+P/P+S, (2)부터는 (S+)P+O, (9)부터는 (S+)P+M₂] 이들은 낱말도 되고 문장(월)도 됨. *표는 주석이나 예외가 되는 말임.

(1) ① 地震   ② 國立   ③ 日沒
　　④ 耳鳴   ⑤ 年長   ⑥ 無限
　　⑦ 難解   ⑧ 有名   ⑨ 多情
　　⑩ 寡聞
(2) ① 伐草   ② 禁酒   ③ 救國
　　④ 讀書   ⑤ 送金   ⑥ 立志
　　⑦ 建國   ⑧ 呼名   ⑨ 採石
　　⑩ 受信
(3) ① 觀相   ② 呼價   ③ 乘馬
　　④ 懷古   ⑤ 投石   ⑥ 防犯
　　⑦ 洗面   ⑧ 擧手   ⑨ 救命
　　⑩ 祝福
(4) ① 泛舟   ② 勸學   ③ 放心
　　④ 給食   ⑤ 造林   ⑥ 注油

(5) ① 賞春 ② 爲政 ③ 握手
④ 失望 ⑤ 決心 ⑥ 飮酒
⑦ 求人 ⑧ 脫帽 ⑨ 點火
⑩ *自尊

(6) ① 逢變 ② 成功 ③ 預金
④ 着服 ⑤ 開眼 ⑥ 去勢
⑦ 緘口 ⑧ 厭世 ⑨ 避暑
⑩ 棄權

(7) ① 催眠 ② 提案 ③ 違法
④ 獻身 ⑤ 合掌 ⑥ 釣魚
⑦ 追跡 ⑧ 執筆 ⑨ 拜金
⑩ 換言

(8) ① 刮目 ② 施政 ③ 加熱
④ 知己 ⑤ 離間

(9) ① 下野 ② 歸家 ③ 登山
④ 入學 ⑤ 還俗 ⑥ 落第
⑦ 參政 ⑧ 勉學 ⑨ 着陸
⑩ 在京

(10) ① 着席 ② 還鄕 ③ 卽位
④ 登場 ⑤ 下京

⑦ 行賞 ⑧ 貯金 ⑨ 廢學
⑩ 擇日

1-1 ① (물에) 빠져서 죽음　② [관생] 첫머리를 줄임　③ 병과 싸움
　　④ 세상에 드묾　　　　⑤ 아래로 떨어짐　　　　⑥ 벌떼처럼 일어남

1-2
(1) ① 땅이 진동함　② 나라가 섬　③ 해가 짐
　　④ 귀가 욺　⑤ 나이가 위임　⑥ 끝이 없음
　　⑦ 풀기가 어려움　⑧ 이름이 있음　⑨ 정이 많음
　　⑩ 들은 바가 적음
(2) ① 풀을 벰　② 술을 금함　③ 나라를 구함
　　④ 책을 읽음　⑤ 돈을 보냄　⑥ 뜻을 세움
　　⑦ 나라를 세움　⑧ 이름을 부름　⑨ 석재를 떠냄
　　⑩ 편지를 받음
(3) ① 관상을 봄　② 값을 부름　③ 말을 탐
　　④ 옛날을 회상함　⑤ 돌을 던짐　⑥ 범죄를 막음
　　⑦ 얼굴을 씻음　⑧ 손을 듦　⑨ 목숨을 구함
　　⑩ 복을 빎
(4) ① 배를 띄움　② 학문을 권함　③ 마음을 놓음
　　④ 먹을 것을 줌　⑤ 숲을 이룸　⑥ 기름을 부음
　　⑦ 상을 줌　⑧ 돈을 쌓음　⑨ 학문을 그만둠
　　⑩ 날짜를 가림
(5) ① 봄을 감상함　② 정치를 함　③ 손을 잡음
　　④ 희망을 잃음　⑤ 마음을 결정함　⑥ 술을 마심
　　⑦ 사람을 구함　⑧ 모자를 벗음　⑨ 불을 켬
　　⑩ 자기를 높임. 自가 목적어가 되면 自는 설명어 위에 놓인다.
(6) ① 변을 당함　② 공을 이룸　③ 돈을 맡김
　　④ 옷을 입음　⑤ 눈을 뜸　⑥ 세력을 제거함
　　⑦ 입을 다묾　⑧ 세상을 싫어함　⑨ 더위를 비김
　　⑩ 권리를 버림
(7) ① 잠을 재촉함　② 안을 제시함　③ 법을 어김
　　④ 몸을 바침　⑤ 손바닥을 합함　⑥ 고기를 낚음
　　⑦ 자취를 쫓음　⑧ 붓을 잡음　⑨ 돈을 숭배함
　　⑩ 말을 바꿈
(8) ① 눈을 비빔　② 정치를 베풂　③ 열을 더함
　　④ 자기를 알아줌　⑤ 사이를 멀어지게 함(뜨게 함)
(9) ① 민간에 내려감　② 집에 돌아감　③ 산에 오름
　　④ 학교에 들어감　⑤ 속인으로 돌아감　⑥ 시험에 떨어짐
　　⑦ 정치에 참여함　⑧ 학문에 힘씀　⑨ 뭍에 도착함
　　⑩ 서울에 있음
(10) ① 자리에 앉음　② 고향에 돌아감　③ (임금의) 자리에 오름
　　④ 무대에 오름　⑤ 서울에서 내려감

2 다음 문장(월)을 우리말로 옮겨라.

[문장(월)의 짜임 : (1)~(4)는 S＋P, (5)~(8)은 S＋P–S＋P, (9)는 S＋P–S＋P＋M₂, (10)은 모두 절 또는 그 이상으로 된 연합문이다.]

(1) ① 性靜　　② 愁深　　③ 心弱
　　④ 魚鮮　　⑤ 水碧　　⑥ 星稀
　　⑦ 花香　　⑧ 蜜甘　　⑨ 風和
　　⑩ 河淸

(2) ① 月隱　　② 地厚　　③ 天圓
　　④ 山高　　⑤ 日暖　　⑥ 葉靑
　　⑦ 鳩飛　　⑧ 馬肥　　⑨ 春來
　　⑩ 冬去

(3) ① 牛之　　② 蝶舞　　③ 雪消
　　④ 冰解　　⑤ 骨折　　⑥ 猫走
　　⑦ 雨降　　⑧ 鳥啼　　⑨ 道遠
　　⑩ 花落

(4) ① 花開　　② 梨落　　③ 暑往
　　④ 事煩　　⑤ 志篤　　⑥ 犬吠
　　⑦ 夏至　　⑧ 海鹹　　⑨ 父嚴
　　⑩ 母慈

(5) ① 春來花發　　② 暑往寒來　　③ 月明星稀
　　④ 父嚴母慈　　⑤ 海鹹河淡

(6) ① 日暮蒼山遠　　② 風來水先動　　③ 雨霽雲始散
　　④ 天高日月明　　⑤ 地厚草木生

(7) ① 冰解魚初躍　　② 飮酒人顔赤　　③ 狗走梅花落
　　④ 夏至樹葉靑　　⑤ 秋來樹葉黃

(8) ① 花老蝶不來　　② 鷄行竹葉成　　③ 花紅黃蜂鬧

　　　　　④ 風和雁欲歸　　　⑤ 天寒鳥不飛
　(9) ① 馬行駒隨後　　　② 日暮鷄登塒　　　③ 花開鳥鳴山
　　　　　④ 鳥喧蛇登樹　　　⑤ 犬吠客到門
　(10) ① 父生我身母育我身　　　② 鳥宿池邊樹僧敲月下門
　　　　　③ 恩高如天德似地　　　④ 虎死留皮人死留名
　　　　　⑤ 家貧思賢妻國亂思良相

(1) ① 성품이 조용하다　　② 수심이 깊다　　③ 마음이 약하다
　　④ 생선이 싱싱하다　　⑤ 물이 푸르다　　⑥ 별이 드물다
　　⑦ 꽃이 향기롭다　　　⑧ 꿀이 달다　　　⑨ 바람이 따뜻하다
　　⑩ 강물이 맑다
(2) ① 달이 숨다　　　　　② 땅이 두껍다　　③ 하늘이 둥글다
　　④ 산이 높다　　　　　⑤ 날이 따뜻하다　⑥ 잎이 푸르다
　　⑦ 비둘기가 날다　　　⑧ 말이 살찌다　　⑨ 봄이 오다
　　⑩ 겨울이 가다
(3) ① 소가 가다　　　　　② 나비가 춤추다　③ 눈이 녹다
　　④ 얼음이 풀리다　　　⑤ 뼈가 부러지다　⑥ 고양이가 달리다
　　⑦ 비가 내리다　　　　⑧ 새가 지저귀다　⑨ 길이 멀다
　　⑩ 꽃이 지다
(4) ① 꽃이 피다　　　　　② 배가 떨어지다　③ 더위가 가다
　　④ 일이 번거롭다　　　⑤ 뜻이 두텁다　　⑥ 개가 짖다
　　⑦ 여름이 이르다　　　⑧ 바닷물이 짜다. 鹹：짤(함) ⑨ 아버지는 엄하다
　　⑩ 어머니는 자애롭다
(5) ① 봄이 오니, 꽃이 핀다.　　　　② 더위가 가니, 추위가 온다.
　　③ 달이 밝으니, 별이 드물다.　　④ 아버지는 엄하고, 어머니는 자애롭다.
　　⑤ 바닷물은 짜고 냇물은 싱겁다.
(6) ① 날이 저무니, 푸른 산이 멀다. 日暮는 '해가 진다'보다 '날이 저물다'가 더 문맥에 맞다. 뒷절의 설명어 遠이 형용사이기 때문.
　　② 바람이 불어오니, 물이 먼저 움직인다.
　　③ 비가 그치니, 구름이 비로소 흩어진다. 霽：갤(제).
　　④ 하늘이 높으니, 해와 달이 밝다.　　⑤ 땅이 두꺼우니, 풀과 나무가 자란다.
(7) ① 얼음이 풀리니, 물고기가 그제야 뛴다.　　② 술을 마시니, (그) 사람의 얼굴이 붉어진다.
　　③ 개가 달리니, 매화꽃이 떨어진다.　　　　④ 여름이 이르니, 나뭇잎이 푸르다.
　　⑤ 가을이 오니, 나뭇잎이 누르다.
(8) ① 꽃이 시드니 나비가 오지 않는다.
　　② 닭이 걸어가니 댓잎이 이루어진다. 닭이 진흙 위로 지나가면, 진흙에 댓잎 같은 발자국이 생긴다.

③ 꽃이 붉어지니(활짝 피니), 누런 벌이 시끄럽다. 鬧 : 시끄러울(뇨)
④ 바람이 따뜻하니, 기러기가 돌아가려 한다.
⑤ 날씨가 차니 새가 날지 아니한다.
(9) ① 말이 가니 망아지가 뒤에 따른다.　② 날이 저무니 닭이 홰에 오른다. 塒 : 홰(시).
③ 꽃이 피면 새가 산에서 운다.
④ 새가 지저귀면 뱀이 나무에 오른다. 喧 : 시끄러울(훤).
⑤ 개가 짖으면, 손이 문에 이른다. 吠 : 짖을(폐).
(10) ① 아버지는 내 몸을 낳으시고, 어머니는 내 몸을 기르시다. (S+P+O : S+P+O)
② 새는 못가의 나무에 자고, 중은 달 아래의 문을 두드린다. (S+P+M₂ : S+P+O)
③ 은혜는 하늘처럼 높고, 덕은 땅처럼 두껍다. (S+P+M₂ : S+P+M₂) '전성전치사 如+체언'으로 된 객어도 가다가는 설명어의 뒤에 놓인다.
④ 범은 죽어서 가죽을 남기고, 사람은 죽어서 이름을 남긴다(S+P-(S+)P+O : S+P-(S+)P+O)
⑤ 집이 가난하면 현명한 아내를 생각하게 되고, 나라가 어지러우면 어진 재상을 생각하게 된다(S+P-(S+)P+O : S+P-(S+)P+O).

3 다음 문장(월)을 우리말로 옮겨라.

[문장(월)의 짜임 : (1), (2)는 S+P, (3)은 P+O이고, (4)~(10)은 (M)S+(M)P이다.(*표는 형식이 조금 다른 것)]

(1) ① 花美　　② 水深　　③ 山險
　　④ 地僻　　⑤ 江碧　　⑥ 日沒
　　⑦ 月落　　⑧ 川流　　⑨ 雲散
　　⑩ 鷄鳴　　⑪ 穀熟　　⑫ 國貧
(2) ① 海闊　　② 年長　　③ 家富
　　④ 任重　　⑤ 月盈　　⑥ 山聳
　　⑦ 雲聚　　⑧ 月虧　　⑨ 風吹
　　⑩ 民饑　　⑪ *雨雨
(3) ① 踏月　　② 彈琴　　③ 飜意
　　④ 迎春　　⑤ 攻城　　⑥ 看花
　　⑦ 事君　　⑧ 渡水　　⑨ 自信

(4) ① 草木枯　　② 江水竭　　③ 長安古都
　　④ 頭腦明晳　　⑤ 黑雲俄起　　⑥ 百花齊放
　　⑦ 大器晚成
(5) ① 靑鳥泣　　② 先生長嘆　　③ 前途遼遠
　　④ 其年大旱　　⑤ 影響甚大　　⑥ 草木零落
　　⑦ 白鷗群飛
(6) ① 性質溫順　　② 我國必勝　　③ 燈下不明
　　④ 人性本善　　⑤ 淸風溫和　　⑥ *是年不雨
(7) ① 日漸高　　② 戰亂未已　　③ *夏六月雨
　　④ 吾身小宇宙　　⑤ 圃隱先生巨儒　　⑥ *朝小雨
(8) ① 其山太高　　② *吾日三省　　③ 言則是也
　　④ 聞者皆感嘆　　⑤ 四海同胞皆兄弟　　⑥ 乙巴素高句麗人
(9) ① 大同江天下佳景　　② 聖人百世之師
　　③ 居昌郡本居烈郡　　④ 強首中原京沙梁人也
　　⑤ 金剛山凡一萬二千峰也　　⑥ *是年奈勿王立
(10) ① 信者人之寶也　　② 斯乃王之急務也
　　③ 兩虎不俱生　　④ 心者天地萬物之主也
　　⑤ 先生是年六十也

---

(1) ① 꽃이 아름답다.　② 물이 깊다.　③ 산이 험하다.
　　④ 땅이 구석지다　⑤ 강이 푸르다　⑥ 해가 진다
　　⑦ 달이 진다　⑧ 내가 흐른다　⑨ 구름이 흩어진다
　　⑩ 닭이 운다　⑪ 곡식이 익는다　⑫ 나라가 가난하다
(2) ① 바다가 넓다　② 나이가 (더) 많다　③ 집이 넉넉하다
　　④ 임무가 무겁다　⑤ 달이 차다. 盈 : 찰(영) '어떤 공간에 가득 찬다.'는 뜻.
　　⑥ 산이 솟는다　⑦ 구름이 모인다　⑧ 달이 이지러진다
　　⑨ 바람이 분다　⑩ 백성이 주린다
　　⑪ 비가 내린다 * 雨雨(P+O) : '하늘이 비를 내린다(天雨雨)'가 본 형태로서 雨雨는 그 준말
　　　　임. 그러나 현재는 '비가 내린다'로 새김.

(3) ① 달빛을 밟는다 ② 거문고를 탄다 ③ 생각을 바꾼다
    ④ 봄을 맞이한다 ⑤ 성을 친다 ⑥ 꽃을 본다
    ⑦ 임금을 섬긴다 ⑧ 물을 건넌다
    ⑨ 자기를 믿는다. * 自가 목적어가 되면 설명어 앞에 놓인다.
(4) ① 초목이 마른다 ② 강물이 마른다 ③ 장안은 옛 수도이다
    ④ 두뇌가 명석하다(아주 좋다) ⑤ 검은 구름이 갑자기 일어난다
    ⑥ 온갖 꽃이 한꺼번에 핀다 ⑦ 큰 인물은 늦게 이루어진다
(5) ① 푸른 새가 운다 ② 선생이 길게 탄식한다 ③ 앞길이 멀고 멀다
    ④ 그 해는 크게 가물다 ⑤ 영향이 매우 크다 ⑥ 풀과 나무가 말라서 떨어진다
    ⑦ 갈매기가 무리지어 난다
(6) ① 성질이 온순하다. ② 우리나라가 반드시 이긴다.
    ③ 등잔 밑은 밝지 않다. ④ 사람의 성품은 본디 착하다.
    ⑤ 맑은 바람이 따뜻하고 화기가 있다. * 和[형] 화기가 있다.
    ⑥ 이 해는 비가 내리지 않는다. * 是年은 특수(시간)명사, 不는 부정조동사.
(7) ① 해가 점점 높아진다(간다).
    ② 전란이 (아직) 끝나지 않는다. * 未[부정조동사].
    ③ 여름 유월에 비가 내린다. * 夏와 六月은 특수명사. 雨[동사] 비가 내리다.
    ④ 내 몸은 작은 우주이다. ⑤ 포은 선생은 큰 선비이다.
    ⑥ 아침에 조금 비가 내린다. * 朝[특수명사], 雨[동] 비가 내리다.
(8) ① 그 산이 아주 높다. ② 나는 매일 세 번 반성한다. 日[특수명사].
    ③ 말은 옳다. * 則[후치사] 은.
    ④ 듣는 이[者]가 모두 감탄한다. * 者는 '이'로 옮겨야 한다. '자'로 옮기면 안 된다. '자'는
      멸시하는 말이다.
    ⑤ 온 천하의 동포가 모두 형제이다. ⑥ 을파소는 고구려 사람이다.
(9) ① 대동강은 천하의 아름다운 경치이다. ② 성인은 영원의 스승이다.
    ③ 거창군은 본디 거열군이다. ④ 강수는 중원경 사량의 사람이다.
    ⑤ 금강산은 모두 일만 이천 봉이다. * 凡[부사] 모두.
    ⑥ 이 해(에) 내물왕이 즉위한다. * 是年[특수명사].
(10) ① 믿음은 인간의 보배이다. 者=은. ② 이는 왕의 급한 의무이다. 乃=이다.
     ③ 두 범은 함께 살지는 못한다. 不俱 : 부분부정, 전체부정이면 俱不, 不俱는 '함께 살지는
       못한다.'란 뜻이 된다. 자세한 것은 문법 편을 볼 일.
     ④ 마음은 천지 만물의 주인이다. ⑤ 선생은 이 해(에) 예순이었다.

---

4 다음 문장(월)을 우리말로 옮기고, 문장(월) 끝에 그 문형을 아라비아 숫자로 밝혀라.
  [문장(월)의 짜임 : S+P(1), P+S(1), S+P+O(3)]

  (1) ① 清泉始流 ② 小鳥孤飛

(1)
- ③ 近墨者黑
- ④ 人物百年賓
- ⑤ 江山一畫屛
- ⑥ 黃鶯一片金
- ⑦ 靑松君子節
- ⑧ 碧海黃龍宅
- ⑨ 明月水中珠
- ⑩ 造翁萬古之主

(2)
- ① 冰炭不相容
- ② 山與雪俱白
- ③ 飛鳥相與歸
- ④ 其爲何若人
- ⑤ 草木大地毛也
- ⑥ 天地萬物之逆旅
- ⑦ 知我者惟金君乎
- ⑧ 高城郡本高句麗達忽
- ⑨ 天地之道一陰陽五行
- ⑩ *世宗天性好學

(3)
- ① 是誰之過
- ② 鳥與獸相爭
- ③ 初月將軍弓
- ④ 彼之山村
- ⑤ 一行到山上
- ⑥ 明月隱高樹
- ⑦ 其死于此家
- ⑧ 王田於箕山
- ⑨ 春水滿四澤
- ⑩ 漢拏山聳雲上

(4)
- ① 吉再隱於金鰲山
- ② 成三問往於遼東
- ③ 王建起於松都城
- ④ 春花滿開於校庭
- ⑤ 一年之計在於春
- ⑥ 朴提上居於所夫里
- ⑦ 黃相國憙憩于路上
- ⑧ 彼獨居萬福寺之東
- ⑨ 三歲之習至于八十
- ⑩ 有神人降于白頭山頂

(5)
- ① 徐載弼亡于北美合衆國
- ② 少男月出於東山之上
- ③ 天下之大事必作於細
- ④ 新羅有花郞徒
- ⑤ 隣家無栗木
- ⑥ 夏雲多寄峰
- ⑦ 林亭秋已晚
- ⑧ 黃泉無客店
- ⑨ 天地之間有人焉
- ⑩ 眞平王五十四年薨
- ⑪ 東川王四年秋七月國相高優婁卒

⑫ 朴提上始祖赫居世之後婆娑王五世孫

⑬ *飢狗走隣家

(6) ① 祖抱孫　　　　　　② 兄負弟
　　③ 君使臣　　　　　　④ 母賞畫
　　⑤ *吾誰送　　　　　　⑥ 父植花樹
　　⑦ 子路好勇　　　　　⑧ 仁者樂山
　　⑨ 爾愛其羊　　　　　⑩ 弘益人間
　　⑪ 狐假虎威

(7) ① 海龜逢兔　　　　　② 我足捉猿
　　③ 我畏死耶　　　　　④ 汝母蔽罪
　　⑤ 請勿吸煙　　　　　⑥ 我揭太極旗
　　⑦ 敵軍破城門　　　　⑧ 我探究星座
　　⑨ 其善事父母　　　　⑩ 宰相樂琴書

(8) ① 天子業出兵　　　　② 井蛙不知海
　　③ 汝應如祖國　　　　④ 薛聰整理吏讀
　　⑤ 元曉遊說三韓　　　⑥ 祖父詠古時調
　　⑦ 誰知烏之雌雄　　　⑧ 學者當惜寸陰
　　⑨ 忠臣不事二君　　　⑩ 父不言子之德

(9) ① 我欲研究數學　　　② 子不談父之過
　　③ 學者博學於文　　　④ 我未果其約束
　　⑤ 汝必能安國家　　　⑥ 其利可斷鋼鐵
　　⑦ 君勿少失望　　　　⑧ 西洋人造自鳴鐘
　　⑨ 吾力足以擧百鈞　　⑩ 汝無道人之短點

(10) ① 汝近讀何書　　　　② 其能常得酒
　　 ③ 善爲國者愛民　　　④ 一日之狗不畏虎

⑤ 世宗制定訓民正音　　⑥ 安重根射殺伊藤博文
⑦ 金正浩作大東輿地圖　　⑧ 李舜臣焚敵二百艘
⑨ 我見讀桓檀古記者　　⑩ 燕雀安知鴻鵠之志哉

* ( ) 속의 숫자는 문형을 나타낸다.
(1) ① 맑은 샘이 비로소 흐른다(1).　　② 작은 새가 외로이 난다(1).
　　③ 먹을 가까이 하는 사람은 검어진다(1). * 나쁜 사람과 사귀면 나빠진다는 뜻.
　　④ 인물은 백 년의 손님이다(1) * 人物 : 뛰어난 사람. 人材 : 재능 있는 사람.
　　⑤ 강산은 한 폭의 그림 병풍이다(1).　　⑥ 노란 꾀꼬리는 한 조각의 금이다(1).
　　⑦ 푸른 솔은 군자의 절개이다(1).　　⑧ 푸른 바다는 누런 용의 집이다(1).
　　⑨ 밝은 달은 물속의 구슬이다(1).　　⑩ 조물주는 영원의 주인이다(1).
(2) ① 얼음과 숯은 서로 받아들이지 않는다(1).　　② 산과 구름이 모두 희다(1).
　　③ 나는 새가 함께[相與] 돌아간다(1).　　④ 그는 어떤 사람이냐?(1). 爲 : 이다, 何若 : 어떤.
　　⑤ 초목은 대지의 털이다(1).　　⑥ 천지는 만물의 여관이다(1).
　　⑦ 나를 알아주는 이는 오직 김군(뿐)인가?(1).
　　⑧ 고성군은 본디 고구려의 달홀이다(1).
　　⑨ 천지의 본체는 오직 음양오행뿐이다(1). 一[부사] 오직.
　　⑩ 세종은 선천적으로 학문을 좋아했다(3). * 天性[부] 선천적으로=M₂.
(3) ① 이는 누구의 잘못이냐?(1).　　② 새와 짐승이 서로 싸운다(1).
　　③ 초승달은 장군의 활이다(1). * 初月將軍弓은 '初月(如)將軍弓'으로 볼 수도 있다.
　　④ 그는 산촌에 간다(1). 山村=M₂.　　⑤ 일행은 산 위에 이른다(1). 山上=M₂.
　　⑥ 밝은 달이 높은 나무에 숨는다(1). 高樹=M₂.
　　⑦ 그는 이 집에서 죽는다(1). 于此家=M₂.
　　⑧ 임금이 기산에서 사냥한다(1). 田[동] 사냥하다. 於箕山=M₂.
　　⑨ 봄물이 사방 못에 찬다(1). 四澤=M₂.　　⑩ 한라산이 구름 위에 솟아 있다(1). 雲上=M₂.
(4) ① 길재가 금오산에 숨는다(1).　　② 성삼문이 요동에 간다(1).
　　③ 왕건이 송도성에서 일어난다(1).　　④ 봄꽃이 교정에 활짝 핀다(1).
　　⑤ 일 년의 계획은 봄에 있다(1).　　⑥ 박제상이 소부리에 산다(1)
　　⑦ 황 정승 회가 길가에서 쉰다(1).　　⑧ 그가 만복사 동쪽에 홀로 산다(1).
　　⑨ 세 살의 버릇 여든에 이른다(1).　　⑩ 어떤 신인이 백두산 꼭두머리에 내려온다(1).
(5) ① 서재필이 북미 합중국에 망명한다(1).
　　② 이윽고 달이 동산 위에 떠오른다(1). 少焉(소언)[부사] 이윽고.
　　③ 천하의 큰일은 반드시 작은 일에서 시작된다(1).
　　④ 신라에 화랑도가 있다(1). 新羅=M₂. 有[특수동사].
　　⑤ 이웃집에는 밤나무가 없다(1). 隣家=M₂. 無[특수형용사].
　　⑥ 여름 구름에는 기이한 봉우리가 많다(1). 多[특수형용사].
　　⑦ 숲(속)의 정자에 가을이 이미 늦다(1). 林亭[객어].
　　⑧ 황천에는 여관이 없다(1).

55

⑨ 하늘과 땅의 사이에 사람이 존재한다(1). 有[특수동사], 焉(언)[종결사].
⑩ 진평왕 54년에 왕이 돌아가신다(1).
⑪ 동천왕 4년 가을 7월에 나라의 재상 고우루가 죽는다(1). 秋七月[특수명사].
⑫ 박제상은 시조 혁거세의 후예인 파사왕의 5세손이다(1).
⑬ 주린 개가 이웃집으로 달아난다(1). 隣家=M₂.

(6) ① 할아버지가 손자를 안는다(3).
② 형이 아우를 업는다(3). * 동생=누이동생 또는 오랍동생을 이르며, 아우와 다르다.
③ 임금이 신하를 부린다(3).   ④ 어머니가 그림을 감상한다(3).
⑤ 나는 누구를 보낼꼬?(3). 誰 : 의문대명사이므로 설명어 위에 놓인다.
⑥ 아버지가 꽃나무를 심는다(3).   ⑦ 자로는 용기를 좋아한다(3).
⑧ 어진 이는 산을 좋아한다(3).   ⑨ 너는 그 양을 사랑한다(3).
⑩ 인간세상을 널리 이롭게 한다(3). 주어는 생략되었다.
⑪ 여우가 범의 위엄을 빈다(3).

(7) ① 바다의 거북이 토끼를 만난다(3).
② 내가 원숭이를 잡을 수 있다(3). 足[조동사] 할 수 있다.
③ 내가 죽음을 두려워하겠느냐?(3). 耶[의문종결사].
④ 너는 죄를 숨기지 말라(3). 毋[금지조동사] 母와는 다른 글자.
⑤ 담배를 피우지 마십시오(말아 주십시오). 請[존칭조동사], 勿[금지조동사].
⑥ 내가 태극기를 내건다(3).   ⑦ 적군이 성문을 부순다(3).
⑧ 나는 별자리를 탐구한다(3).   ⑨ 그는 부모를 잘 섬긴다(3).
⑩ 재상은 거문고 타기와 책 읽기를 좋아한다(3). 琴[용언형] 거문고를 타다. 書[용언형] 책을 읽다.

(8) ① 천자가 이미 군대를 보내었다(3). 業[부사] 이미.
② 우물의 개구리는 바다를 알지 못한다(3).
③ 너는 응당 조국을 알아야 한다(3). * 應[부사] 응당. 이 부사는 당연을 나타내므로 설명어는 '~해야 한다'로 맺어진다.
④ 설총이 이두를 정리한다(3).
⑤ 원효가 삼한을 유세한다(3).
⑥ 할아버지가 옛시조를 읊는다(3).
⑦ 누가 까마귀의 암수를 알겠느냐?(3). 誰[의문대명사].
⑧ 배우는 이는 당연히 촌음을 아껴야 한다(3).
⑨ 충신은 두 임금을 섬기지 않는다(3).
⑩ 아버지는 자식의 덕을 말하지 않는 법이다(3). * 不[조동사의 명령형] 않는 법.

(9) ① 나는 수학을 연구하고 싶다(3). 欲[조동사].
② 자식은 아버지의 허물을 말하지 않는 법이다(3).
③ 학자는 글을 널리 배운다(3). * 於(예외적 용법)[목적격].
④ 내가 아직 그 약속을 이행하지 못했다(3). 未=不曾 아직 -하지 아니하다.
⑤ 너는 틀림없이 나라를 편안하게 할 수 있다(3). 能[가능조동사].
⑥ 그 날카로움은 강철을 끊을 수 있다(3). 可[가능조동사].
⑦ 그대는 조금도 희망을 잃지 말라(3). 勿[금지조동사].

⑧ 서양 사람이 자명종을 만든다(3).
⑨ 나의 힘은 백 균을 들 수 있다(3). 足以[가능조동사].
⑩ 너는 남의 단점을 말하지 말라(3). 無[금지조동사].
(10) ① 너는 요즘 무슨 책을 읽느냐?(3). 何[의문대명사], 近[특수명사] 요즘.
② 그는 언제나 술을 구할 수 있다(3).
③ 나라를 잘 다스리는 사람은 백성을 사랑한다(3). 爲 : 다스리다.
④ 하룻강아지는 범을 무서워하지 아니한다(3). 狗 : 작은 개(구).
⑤ 세종이 훈민정음을 제정한다(3).
⑥ 안중근이 이등 박문을 쏘아 죽인다(3).
⑦ 김정호가 대동여지도를 만든다(3).
⑧ 이순신이 적군의 배 2백 척을 불사른다(3). 艘[소] 배, 척.
⑨ 나는 환단고기를 읽는 이를 보았다(3).
⑩ 제비나 참새(와 같은 자그마한 새)가 어떻게 기러기나 고니(와 같은 큰 새)의 뜻을 알겠느냐?(3).

5 다음 문장(월)을 우리말로 옮기고 그 문형을 아라비아 숫자로 적어라.
[문장(월)의 짜임 : (1)~(4)는 단문이요, (5)~(10)는 복문임.] 단문은 아라비아 숫자 하나로, 복문은 절 하나하나를 아라비아 숫자로 나타내라.

(1) ① 日將暮　　② 此是何處　　③ 子何不去
　　④ 才思深敏　　⑤ 事必歸正　　⑥ 烏鵲南飛
(2) ① 上賜臣爵　　② 我亦往京　　③ 何難之有
　　④ 噫勢急矣　　⑤ 山高於海　　⑥ 金貴于銀
(3) ① 人生若夢　　② 菊似君子　　③ 厥田有木
　　④ 兄弟無故　　⑤ 於傳有之　　⑥ 我田引水
(4) ① 忿氣衝天　　② 一騎當千　　③ 先立遠志
　　④ 吳越同舟　　⑤ 謹賀新年　　⑥ 惟利是求
(5) ① 冬去春來　　② 花開蝶舞　　③ 冰解雪消
　　④ 烏飛梨落　　⑤ 晝長夜短　　⑥ 夏熱冬寒
(6) ① 焚香再拜　　② 設學養士　　③ 種瓜得瓜

		④ 驚天動地	⑤ 鼓腹擊壤	⑥ 朝改暮變
(7)	① 多聞博識	② 力學能文	③ 坐則視膝
	④ 日入則暗	⑤ 求則得之	⑥ 渡江而西
(8)	① 山靑江自流	② 脫冠翁頭白	③ 水去不復回
	④ 擧頭望山月	⑤ 有錢可使鬼	
(9)	① 讀書爲貴人	② 不學作農夫	③ 地肥多産物
	④ 食足少窮民	⑤ 花笑聲未聽	
(10)	① 子何恃而往	② 言出難更收	③ 獨坐無來客
	④ 山色永久同, 人心朝夕變		

---

* 해답에 나오는 문법 용어를 알기 어려울 때는 이 책 끝에 붙여 둔 〈찾아보기〉를 참고할 일.
(1) ① 해가 바야흐로(將) 지려한다(1).   ② 여기는 어느 곳이냐?(2)
    ③ 그대는 어째서 가지 않느냐?(1)   ④ 재치 있는 생각이 깊고 민첩하다(1).
    ⑤ 일은 반드시 바른 데로 돌아간다(1). 正[명사형] 바른 데, 성분으로서는 M_2.
    ⑥ 까마귀가 남쪽으로 날아간다(1). 南=M_2.
(2) ① 임금이 벼슬을 신하에게 내린다(4).   ② 나도 또한 서울에 가겠다(1).
    ③ 무슨 어려움이 있겠느냐?(1)   ④ 아! 형세가 급하구나(1).
    ⑤ 산은 바다보다 높다(1). 於海=M_2. 於[전치사] 보다.
    ⑥ 금은 은보다 귀하다(1).
(3) ① 사람의 한평생은 꿈과 같다(2).   ② 국화는 군자를 닮아 있다(3).
    ③ 그 밭에 나무가 있다(1).   ④ 형제에게 탈이 없다(1).
    ⑤ 전(傳=옛날 책)에 그것이 있다(1).
    ⑥ 내 논에 물을 끌어들인다(3). 주어는 생략되었다.
(4) ① 분한 기운이 하늘을 찌른다.   ② 한 기병이 일천을 당해 낸다(3).
    ③ 먼저 원대한 뜻을 세운다(3).   ④ 오나라 사람과 월나라 사람이 배를 같이한다(3).
    ⑤ 새해를 삼가 축하합니다(3).
    ⑥ 오직 이익만을 구한다(3). * 是는 차례바뀜을 나타내는 후치사.
(5) ① 겨울이 가면, 봄이 온다(1+1).   ② 꽃이 피면, 나비가 춤춘다(1+1).
    ③ 얼음이 풀리고, 눈이 녹는다(1+1).   ④ 까마귀 날자, 배 떨어진다(1+1).
    ⑤ 낮은 길고, 밤은 짧다(1+1).   ⑥ 여름은 덥고, 겨울은 춥다(1+1).
(6) ① 향을 사르고서, 두 번 절한다(3+1). 주어는 생략되었다.
    ② 학교를 세워서, 선비를 양성한다(3+3).
    ③ 외를 심으면, 외를 얻는다(3+3).
    ④ 하늘을 놀라게 하고, 땅을 움직이게 한다(3+3).
    ⑤ 배를 두드리면서, 흙을 친다(3+3).

⑥ 아침에 고치고, 저녁에 바꾼다(1+1). 朝, 暮는 시간을 나타내는 특수명사.
(7) ① 많이 들어서, 널리 안다(1+1). 주어는 생략되었다.
② 힘써 배우면, 글에 능해진다(1+1). 力[부사].
③ 앉으면, 무릎을 본다(1+3). 則[접속사] 그러면.
④ 해가 지면, 어둡다(1+1).
⑤ 구하면, 그것을 얻는다(1+3).
⑥ 강을 건너서, 서쪽으로 간다(3+1). 西[동사] 서쪽으로 가다.
(8) ① 산은 푸르고, 강은 절로 흘러간다(1+1).
② 관을 벗으니, 옹의 머리가 희다(3+1).
③ 물은 떠나면, 다시 돌아오지 않는다(1+1).
④ 머리를 들어서, 산 위의 달을 바라본다(3+3).
⑤ 돈이 있으면, 귀신도 부릴 수 있다(1+3). 可[가능조동사].
(9) ① 글을 읽으면, 귀인이 된다(3+2).   ② 배우지 아니하면, 농부가 된다(3+2). 作=爲.
③ 땅이 기름지면, 산물이 많다(1+1).   ④ 식량이 넉넉하면, 궁한 백성이 적어진다(1+1).
⑤ 꽃은 웃으나, 소리는 아직 듣지 못했다(1+3).
(10) ① 그대는 무엇을 믿고서, 가느냐?(3+1)
② 말은 내면, 다시 거두기가 어렵다(3+1).
③ 홀로 앉아 있는데, 찾아오는 손이 없다(1+1).
④ 산빛은 영구히 한가지이나, 사람의 마음은 아침 저녁으로 바뀐다(1+1). 永久[부사어], 朝夕[특수명사].

---

6 다음 문장(월)을 우리말로 옮기고 그 문형을 밝히되, 단 포유문은 문장성분의 짜임만 밝혀라.

[문장(월)의 짜임 : (1)~(5)와 (8), (9)는 단문, (6), (7)은 연합문, (10)은 포유문이다.
포유문 풀이의 〈보기〉 : 코끼리는 코가 길다[S+P(S+P)]

(1) ① 着新衣   ② 思故鄕   ③ 送舊歲
    ④ 埋靑銅   ⑤ 賣狗肉   ⑥ 逐山猪
(2) ① 我歸故國 ② 物有長短 ③ 高岸爲谷
    ④ 落花似雪 ⑤ 牛大於羊 ⑥ 義高於山
(3) ① 雀小于鳩 ② 死輕於毛 ③ 言飛千里
    ④ 飛者爲禽 ⑤ 走者爲獸 ⑥ 事有始終
(4) ① 人有賢愚 ② 猫項懸鈴 ③ 以衣溫我

     ④ 以食活我   ⑤ 腹以懷我   ⑥ 乳以哺我
 (5) ① 物各有主   ② 揚名後世   ③ 實事求是
     ④ 無遠不至   ⑤ 恩高如天   ⑥ 德厚似地
 (6) ① 右文興化   ② 飽酒作詩   ③ 修身齊家
     ④ 經國濟世   ⑤ 打草驚蛇   ⑥ 見善從之
 (7) ① 就師學書   ② 朝見暮思   ③ 深思熟考
     ④ 出不易方   ⑤ 月出客來   ⑥ 物盛則衰
 (8) ① 山桃發幽谷   ② 苛政猛於虎   ③ 我祖死於是
     ④ 人生如春露   ⑤ 漁夫甚異之
 (9) ① 不知爲不知   ② 竹筍黃犢角   ③ 松葉細似針
     ④ 長夜何由徹   ⑤ 唯兄嫂是依   ⑥ 衣食於奔走
 (10) ① 蘇與美孰强 ② 禮與食孰重   ③ 樂莫大於此
     ④ 所見莫非馬

---

(1) ① 새 옷을 입는다(3).   ② 고향을 생각한다(3).   ③ 묵은 해를 보낸다(3).
    ④ 청동을 묻는다(3).   ⑤ 개고기를 판다(3).   ⑥ 멧돼지를 쫓는다(3).
(2) ① 나는 고국에 돌아간다(1).   ② 물건에는 긴 것과 짧은 것이 있다(1).
    ③ 높은 언덕이 골짜기가 된다(2).   ④ 떨어지는 꽃이 눈과 비슷하다(2).
    ⑤ 소는 염소보다 크다(1).   ⑥ 의는 산보다 높다(1).
(3) ① 참새는 비둘기보다 작다(1).   ② 죽음은 털보다 가볍다(1).
    ③ 말은 천리로 날아간다(1).   ④ 나는 것은 새이다(2).
    ⑤ 달리는 것은 짐승이다(2).   ⑥ 일에는 시작과 마침이 있다(1).
(4) ① 사람에게는 현명한 이와 어리석은 이가 있다(1).
    ② 고양이의 목에 방울을 단다(3). 描項은 주어 자리에 놓여 주제어가 되어 있으나, 객어이다.
    ③ 옷으로 나를 따뜻하게 한다(3).
    ④ 밥으로 나를 살린다(3).
    ⑤ 배로(써) 나를 품는다(3). * 以[후치사] 으로.
    ⑥ 젖으로(써) 나를 먹인다(3).
(5) ① 물건에는 임자가 각각 있다(1). 各[부사].
    ② 후세에 이름을 날린다(3).
    ③ 실제의 일에서 진리를 구한다(3).
    ④ 멀리 이르지 않은 곳이 없다(1). 不[명사형] 아니한 곳.

⑤ 은혜가 하늘처럼 높다(1). 如[후치사] 처럼, 如天ーM₂.
⑥ 덕이 땅처럼 두껍다(1). 似[후치사] 처럼.
(6) ① 학문을 숭상하고, 교화를 일으킨다(3+3). 文(문) 학문.
② 술을 배부르게 마시고, 시를 짓는다(3+3).
③ 몸을 닦고, 집안을 정돈한다(3+3).
④ 나라를 경영하고, 세상을 구제한다(3+3).
⑤ 풀을 쳐서, 뱀을 놀라게 한다(3+3).
⑥ 착한 일을 보면, 그것에 따른다(3+1). 善[명사형] 착한 일.
(7) ① 스승에게 나아가서, 글을 배운다(1+3).
② 아침에 보고, 저녁에 생각한다(1+1).
③ 깊이 생각하고, 익히 고찰한다(3+3).
④ 나가면, 행방을 바꾸지 아니한다(1+3).
⑤ 달이 뜨니, 손이 온다(1+1).
⑥ 사물은 성하면, 쇠퇴한다(1+1). 則[접] 그러면
(8) ① 산복숭아 꽃이 깊은 골짜기에 피어 있다(1).
② 가혹한 정치는 범보다 사납다(1). ③ 나의 할아버지도 여기서 죽었다(1).
④ 사람의 한평생은 봄 이슬과 같다(2).
⑤ 고기잡이는 그것을 심히 이상히 생각한다(3). 異[동사] 이상히 생각하다.
(9) ① 모르는 것은 모르는 것이다(2). 不知=알지 못함 곧 모름.
② 죽순은 누런 송아지의 뿔과 같다(1). * 竹筍黃犢角은 竹筍如黃犢角에서 설명어 如가 준 문장(월)이다ー한문에서는 흔히 '비유'를 나타내는 형용사 如, 若, 似가 설명어로 쓰일 때 는 줄여서 쓴다.
③ 솔잎은 바늘처럼 가늘다(1). 似[전치사] 처럼
④ 긴 밤을 어떻게 세울꼬?(3) * 徹은 타동사이므로 長夜는 목적어가 된다. * 何由[의문부 사] 어떻게. 何由가 의문부사이므로, 이 문장(월)은 의문문이 된다.
⑤ 오직 형수에게 의지한다(1). 是는 차례바꿈에 쓰이는 후치사이다. 차례바꿈으로 依兄嫂 (설명어ー객어)가 兄嫂是依로 바뀌어 있다.
⑥ 의식에 분주하다(1). * 於는 차례바꿈에 쓰이는 후치사. 衣食於[객어] 의식에.
(10) ① 미국과 소련은 어느 쪽이 강하냐?(S+P(S+P)). 포유문을 나타낼 때는 S는 주부, P는 설명부, O는 목적부를 나타내게 된다.
② 예와 식은 어느 쪽이 소중하냐?(S+P(S+P)).
③ 즐거움이 이보다 큰 것이 없다(S+P(P+S)). * 樂 : 주부, 莫[설명어] 없다. 大於此[주어 구]. 大於此ー大[설명어] 여기서는 명사형이며, '큰 것', 於此[객어] 이것보다
④ 본 것이 말이 아닌 것이 없다(S+P(P+S)). 所見[주부] 본 것. 莫非馬[설명부], 莫非馬ー 莫[설명어], 非馬[주어구], 非[명사형] 아닌 것.

7 다음을 우리말로 옮기고, 그 문형을 밝혀라.

(1) ① 或立或臥　　② 吾將問之　　③ 孟母三遷
　　④ 謹則無憂　　⑤ 男負女戴　　⑥ 儉則常足

(2) ① 溫故知新　　② 靜則常安　　③ 積小成大
　　④ 畫龍點睛　　⑤ 臥薪嘗膽　　⑥ 曲學阿世

(3) ① 王定都於玆　② 君子有三樂　③ 有船而不渡
　　④ 一行飮且食　⑤ 栅楓向我笑

(4) ① 所殺者二人　② 雷聲動江山　③ 弟登雪岳山
　　④ 兄送友字典　⑤ 子非吾友也

(5) ① 美而有勇力　② 其墮河而死　③ 開門而萬福來
　　④ 花無十日紅　⑤ 毋友島國輩

(6) ① 如泥田鬪狗　② 其映雪讀書　③ 忠告而善導
　　④ 過則勿憚改　⑤ 吾嘗終日不食

(7) ① 召儒臣講書　② 彼聞鳥啼樹　③ 食草馬口靑
　　④ 高山白雲起　⑤ 鳥逐花間蝶

(8) ① 春花雨後紅　② 栗黃鼯來拾　③ 今夜宿誰家
　　④ 雨下不見日　⑤ 船且至於岸

(9) ① 春眠不覺曉　② 城非不高也　③ 其爲多子苦
　　④ 逝者如斯夫　⑤ 春梅著花末

(10) ① 緣木而求魚　② 吾嘗有所之[所－일]　③ 其自遠方來
　　 ④ 莫道人之短　⑤ 竹筍尖如筆

(11) ① 閒勿出入　　② 蕨芽小兒拳　③ 感天地泣鬼神
　　 ④ 獲山猪失家豚　⑤ 胡馬依北風

(12) ① 吾日三省吾身　② 居士有鏡一枚　③ 百聞不如一見
　　 ④ 人言江南樂土　⑤ 雪於奇月於勝

(1) ① 어떤 이는 서 있고, 어떤 이는 앉아 있다(1+1).
　　② 내가 장차 그것을 물으려 한다(4). 問[수여동사]. 이 문장(월)에는 '-에게'에 해당되는 말이 생략되었다.
　　③ 맹자의 어머니가 (집을) 세 번 옮긴다(3).
　　④ 삼가면, 근심이 없다(3+1).
　　⑤ 사나이는 (등에) 지고, 여자는 (머리에) 인다(3+3).
　　⑥ 검소하면, 언제나 넉넉하다(1+1).
(2) ① 옛 것을 익히고서 새것을 알아낸다(3+3).
　　② 조용히 있으면, 언제나 편안하다(1+1).　③ 작은 것을 쌓아서, 큰 것을 이룬다(3+3).
　　④ 용을 그려서, 눈동자를 찍는다(3+3).　⑤ 섶에 눕고, 쓸개를 맛본다(1+3).
　　⑥ 굽은 학문으로 세상에 아첨한다(1). 學과 世는 객어이다.
(3) ① 왕은 여기에 수도를 정한다(3).　　② 군자에게는 세 가지 낙이 있다(1).
　　③ 배가 있으나, 건너지 않는다(1+3).　④ 일행은 마시고 또 (일행은) 먹는다(3+3). 且[접속사].
　　⑤ 단풍이 나를 바라보고(서) 웃는다[楓楓向我(而)笑](3+1). 而는 접속사.
(4) ① 죽힌(피살된) 이는 두 사람이다(1).　② 우레 소리가 강과 산을 흔든다(3).
　　③ 아우가 설악산에 오른다(1).　　　④ 형이 자전을 친구에게 보낸다(4).
　　⑤ 그대는 내 친구가 아니다(2).
(5) ① 아름다우면서, 씩씩한 힘이 있다(1+1).　② 그는 강에 떨어져서, 죽는다(1+1).
　　③ 문을 열어 두면, 온갖 복이 들어온다(3+1).
　　④ 꽃은 열흘 붉는 일이 없다(S+P(S+P)). 十日[특수명사]. 紅[명사형] 붉는 일.
　　⑤ 섬나라의 무리와 벗하지 말라(1).
(6) ① 진흙 밭에서 싸우는 개와 같다(2). 泥田鬪[관형구].
　　② 그는 눈에 비추어서, 글을 읽는다(1+3). [其映雪(而)讀書].
　　③ 정성껏 타일러서, 잘 인도한다(1+3). 告一타이르다.
　　④ 잘못했으면, 고치기를 꺼리지 말라(1+3).
　　⑤ 나는 일찍이 종일 먹지 않았다(3). 終日[특명].
(7) ① 글하는 신하를 불러서, 책을 강의하게 한다(3+4). * 검는 뒷 문장(월)을 사동문으로 만들어 주는 동사임.
　　② 그는 새가 나무에서 우는 것을 듣는다(S+P+O(S+P)). 樹[객어] 於樹의 준말.
　　③ 풀을 먹은 말은 입이 푸르다(1) (S+P(S+P)). 食草[관형구].
　　④ 높은 산에 흰 구름에 일어난다(1). 高山[객어].
　　⑤ 새가 꽃 사이의 나비를 쫓는다(3). 花間一꽃 사이의, 곧 '꽃 사이에 날아다니는'의 뜻.
(8) ① 봄꽃이 비온 후에 붉어져 있다(1). * 後[특수명사].
　　② 밤이 누르러지니, 다람쥐가 와서, (밤을) 줍는다(1+1+3).
　　③ 오늘밤에 누구 집에서 자느냐?(1). 今夜[특수명사].
　　④ 비가 내리니, 해를 보지 못한다(1+3).
　　⑤ 배가 바야흐로 언덕에 이르려 한다(1). *〈배가 또한 언덕에 이른다.〉도 됨. 且一또한, 바야흐로.
(9) ① 봄잠으로 새벽을 깨닫지 못한다(3).

② 성이 높지 아니함은 아니다(2). * 不[명사형].
③ 그는 자식이 많음을 괴롭다고 한다(5). * 爲는 불완전타동사.
④ 가는 것[者]은 이와 같구나(2). 夫[감탄종결사].
⑤ 춘매가 꽃을 피웠느냐?(3). 末[의문종결사]. 이 문장(월)은 '춘매가 피었느냐?'의 뜻.

(10) ① 나무에 올라가서 물고기를 구한다(1+3). 緣—기어오를(연).
② 내가 일찍이 간 일이 있다(S+P(P+S)). 之[동] 가다.
③ 그는 먼 곳에서 왔다(1). 自[전치사] 으로부터.
④ 남의 단점을 말하지 말라(3).
⑤ 죽순이 뾰족하기가, 붓과 같다(S(S+P)+P+M₂).

(11) ① 일 없는 이는 나들지 말라(1). * 閒[명사형] 한가한 이. 勿[금지조동사].
② 고사리의 싹은 어린이의 주먹과 같다(2). * 蕨芽(如)小兒拳.
③ 천지를 감동하게 하고, 귀신을 울게 한다(3+3).
④ 멧돼지를 잡으려다가, 집돼지를 잃는다(3+3).
⑤ 호땅의 말은 북풍에 의지한다(1). * 胡—중국 북방의 오랑캐 이름. 흉노. 依—의지한다. 곧 '그리워한다'의 뜻.

(12) ① 나는 매일 내 몸을 세 가지로 반성한다(3). 日[특수명사]. 三[부사어].
② 거사에게 하나의 거울이 있다(1).
③ 백 번 듣는 것이 한 번 보는 것에 미치지 못한다(1). 如—미치다. 聞·見[명사형].
④ 사람들은 강남을 즐거운 땅이라 한다(5).
⑤ 눈보다 기이하고, 달보다 빼어나다(1+1). 於—문장성분의 차례를 바꾸어 주는 후치사. —보다.

---

8 다음을 우리말로 옮기고, 그 문형을 밝혀라.

(1) ① 松都有耕田者　　② 白頭高于漢拏
　　③ 父讓其子財産　　④ 其寄信於其友
　　⑤ 偉名繼承後世

(2) ① 若非吾故人乎　　② 汝亦有所聞乎
　　③ 天下何處無月　　④ 吾與汝弗如也
　　⑤ 士爲知己者死　　⑥ 誰謂歲月無情

(3) ① 不以家事累心　　② 我恐不可得之
　　③ 積功之塔不墮　　④ 特與嬰兒戱耳
　　⑤ 使我獨當此變　　⑥ 然則彼皆非與

(4) ① 秋風起白雲飛　　② 父如天母如地
　　③ 狡兔死走狗烹　　④ 水流濕火就燥
　　⑤ 我乘馬而歸家　　⑥ 禽巢居獸穴處
(5) ① 愼言語節飮食　　② 親賢臣遠小人
　　③ 待曉月坐黃昏　　④ 對笑顔唾亦難
　　⑤ 功若不成不還　　⑥ 人不知而不慍
(6) ① 溫達遂爲大貴　　② 未知生焉知死
　　③ 此非賄賂而何　　④ 不學詩無以言
　　⑤ 門雖設而常關　　⑥ 命善射者射之
(7) ① 割鷄焉用牛刀　　② 後則爲人所制
　　③ 二牛何者爲勝　　④ 梧葉非秋不落
　　⑤ 夏盡秋來霜降　　⑥ 無君無父禽獸
(8) ① 王避亂于良州城　② 彼勸讀書于友人
　　③ 主人敎急來下人　④ 其年王移居月城
　　⑤ 霜葉紅於三月花　⑥ 君主一言重千金
(9) ① 熙也汝知五倫乎　② 予以斯道敎愚民
　　③ 其國後日逢戰亂　④ 師不必賢於弟子
　　⑤ 臣以爲其人勇士　⑥ 石峰自書堂歸家
(10) ① 孟母以刀斷其織　② 春香從廣寒樓來
　　③ 聖德王十年大雪　④ 白雲生處有人家
　　⑤ 京中有蹈橋俗　　⑥ 古之學者必有師

(1) ① 송도에 밭을 가는 이가 있다(1).
　　② 백두산은 한라산보다 높다(1).
　　③ 아버지는 재산을 그의 아들에게 양도한다(4).
　　④ 그는 그의 친구에게 편지를 보낸다(4).
　　⑤ 위대한 명성이 후세에 계승된다(1).

(2) ① 너는 내 친구가 아니냐?(2) 若[대] 너. 故人-친구.
   ② 너도 또한 들은 일이 있느냐?(S+P(P+S)).
   ③ 천하의 어느 곳에 달이 없겠느냐?(1)
   ④ 나는 네가 (그만) 못하다는 것을 인정한다.(3) 與[동] 인정하다. A弗(=不)若B A는 B만 못하다.
   ⑤ 선비는 자기를 알아주는 이를 위하여 죽는다(1). 爲知己者는 객어구. 爲는 전치사.
   ⑥ 누가 세월을 무정하다고 했느냐?(5).
(3) ① 집안일에 마을을 번거롭게 하지 않는다(3). 以家事[객어구].
   ② 나는 그것을 얻을 수 없음을 두려워한다(3). 不可得는 목적구. 不可[조동사]는 명사형.
   ③ 공을 쌓은 탑(공을 쌓아서 이루어진 탑)은 무너지지 아니한다(1). 積功[관형구] 之는 용언을 관형어로 만드는 후치사.
   ④ 다만 어린애와 장난했을 뿐이다(1). 耳[한정종결사] 뿐.
   ⑤ 나에게만 홀로 이변을 당하게 한다(4). 使[사동조동사]. 我-於我의 준말.
   ⑥ 그러면 그 일은 모두 잘못이냐?(1) 然則[접속사]. 皆[부사]. 彼[대명사] 그 사람, 저 사람, 그것, 저것, 그 일, 저 일. 非-잘못, 與[의문종결사].
(4) ① 가을바람이 일어나니, 흰 구름이 날아간다(1+1).
   ② 아버지는 하늘과 같고, 어머니는 땅과 같다(1+1).
   ③ 날쌘 토끼가 죽으면, 잘 달리던 사냥개는 삶긴다(삶기고 만다)(1+1). 兎-토끼(토).
   ④ 물은 젖은 데로 흐르고, 불은 마른 데로 나아간다(1+1). 濕·燥[명사형].
   ⑤ 나는 말을 타고서, 집으로 돌아간다(3+1).
   ⑥ 새는 둥지에 살고, 짐승은 굴에 산다(1+1). * 巢居는 居巢의 차례바뀜. 穴處는 處穴의 차례바뀜.
(5) ① 말을 삼가고, 음식을 절제한다(3+3).
   ② 어진 신하를 가까이하고, 소인을 멀리한다(3+3).
   ③ 새벽달을 기다리며, 황혼에 앉아 있다(3+1).
   ④ 웃는 낯을 대하면, 침 뱉기가 또한 어렵다(3+1). 唾[명사형].
   ⑤ 공이 만약 이루어지지 아니하면, 돌아가지 않는다(1+1).
   ⑥ 남이 알아주지 아니하여도 서운해 하지 않는다(3+3). * 知[타동사].
(6) ① 온달이 드디어 크게 귀하게 된다(2).
   ② 아직 삶을 알지도 못했는데, 어찌 죽음을 알겠느냐?(3+3). 焉[부사].
   ③ 이것은 뇌물이 아니고서, 무엇이냐?(2+1).
   ④ (사람은) 시경을 배우지 아니하면, (남과) 얘기할 수 없다(3+1). 無以[조동사] 할 수 없다.
   ⑤ 문은 비록 설치되어 있으나, 언제나 잠겨 있다(1+1). 雖[부사] 비록. 而-but.
   ⑥ 잘 (활을) 쏘는 이에게 명하여, 그것을 쏘게 한다(1+3). 射-쏠(사).
(7) ① 닭을 잡으면서, 어찌 소 잡는 칼을 쓰겠느냐(3+3).
   ② 뒤떨어지면, 남에게 제압당한다(2+1). 後[동]. 則[접]. 爲[전] 에게. 所[피동조동사].
   ③ 두 소 중에서 어느 것[者]이 나은 것이냐?(2+1). 二牛[객어] 於二牛. 勝[명사형] 나은 것.
   ④ 오동나무 잎은, 가을이 아니면 떨어지지 않는다(1)(S+P(P+P)). * 非秋(2).
   ⑤ 여름이 끝나면, 가을이 오고, 서리가 내린다(1+1+1).
   ⑥ 임금도 없고, 아비도 없으면, (그는) 짐승이다(1+1+1).

(8) ① 임금이 양주성에서 전란을 피한다(3).
    ② 그는 친구에게 책읽기를 권한다(4).
    ③ 주인은 하인을 급히 오게 한다(3). 敎[사동조동사].
    ④ 그 해 임금은 월성으로 거처를 옮긴다(3). 其年[특수명사].
    ⑤ 서리 맞은 잎이 삼월의 꽃보다 붉다(1).
    ⑥ 임금의 한 말은 천금보다 무겁다(1).
(9) ① 희야, 너는 오륜을 아느냐?(3) 熙也[독립어]. 也[부름토씨(호격조사)].
    ② 나는 이 도로 어리석은 백성을 가르친다(3). 以斯道[객어].
    ③ 그 나라는 뒷날 전란을 맞는다(3). * 後日[특수명사].
    ④ 스승이 반드시 제자보다 현명하지는 않다(1). * 不必－부분부정.
    ⑤ 신은 그 사람을 용사라고 생각합니다(5).
    ⑥ 석봉은 서당으로부터 집에 돌아간다(1).
(10) ① 맹자의 어머니는 칼로 그의 직물을 끊는다(3).
     ② 춘향이 광한루로부터 온다(1).
     ③ 성덕왕 10년에 크게 눈이 내린다(1). 聖一年[특수명사]. 雪[동사].
     ④ 흰 구름이 일어나는 곳에 인가가 있다(1). * 白雲生은 관형절.
     ⑤ 서울에 다리를 밟는 풍속이 있다(1). * 中(후치사)에. 踏橋[관형구].
     ⑥ 옛날의 학자에게는 반드시 스승이 있었다(1).

9 다음을 우리말로 옮기고, 그 문형을 밝혀라.

(1) ① 松栢可以耐雪霜   ② 死孔明走生仲達
    ③ 人間萬事塞翁馬   ④ 先生請擇於二人
    ⑤ 少壯時不知惜陰   ⑥ 一寸光陰不可輕
(2) ① 父之長兄曰伯父   ② 不爲兒孫買美田
    ③ 爲善者天報以福   ④ 飛鳥掠樹顚而過
    ⑤ 知足者貧賤亦樂   ⑥ 休道他鄕多幸苦
(3) *① 楚人沐猴而冠耳   ② 如揮快刀斷亂麻
    ③ 汝與彼年紀同也 * 汝與彼[주어]   ④ 祿眞姓與字未詳 * 祿眞[관형어]
    ⑤ 人生七十古來稀   ⑥ 王曰何以利吾國
(4) ① 我有友猶魚有水   ② 春不耕秋無所收

③ 子欲養而親不待　　　④ 人有智而物無智
⑤ 汝不酒顏何赤　　　　⑥ 樹欲靜而風不止
(5) ① 還其馬赦君之罪　　② 田園將蕪胡不歸
③ 洛東江深矣可泳　　　④ 養子而方知父慈
⑤ 王質子歸自敵國　　　⑥ 別有天地非人間
(6) ① 仁則榮不仁則辱　　② 其家貧常不得油
③ 師不用命誰之罪　　　④ 人能言物不能言
⑤ 每事再思而後行　　　⑥ 天之亡我何渡爲
(7) ① 非風莫可起松聲　　② 李白乘舟將欲行
③ 何前倨而後恭也　　　④ 萬里長征人未還
⑤ 雖風雨必不食言　　　⑥ 人不遠念難成事
(8) ① 園有門以時開閉　　② 月白雪白天地白
③ 山深水深客愁深　　　④ 幷力西向秦必破
⑤ 國雖大好戰必亡　　　⑥ 左拔右拔投空中
(9) ① 花郎不求生於戰地　② 世宗施仁政於愚民
③ 英國人道薔薇最娟　　④ 王子好童遊於沃沮
⑤ 將軍使部下買其書
(10) ① 其校歡迎授業參觀　② 我嘗不忘父母之國
③ 天下英雄唯君與我　　④ 林巨正教部下兵法
⑤ 王侯將相寧有種乎

(1) ① 소나무와 잣나무는 눈과 서리에 견딜 수 있다(1). 可以[조동사].
② 죽은 공명이 산 중달을 도망가게 한다(3).
③ 인간의 모든 일은 새옹의 말과 같다(1).
④ 선생은 두 사람 중에서 골라 주십시오(3). 請[존칭조동사]. 於[전치사] 중에서.
⑤ 젊을 때는 시간을 아낄 줄을 알지 못한다(3). 惜[명사형] 아낄 줄.
⑥ 한 치의 시간도 가벼이 해서는 안 된다(3). 不可[조동사]. 輕[타동사].
(2) ① 아버지의 맏형을 백부라 한다(5).

② 자손을 위하여 비옥한 논밭을 사지 않는다(3). 爲兒孫[객어구]. 爲[전치사].
③ 착한 일을 하는 이[者]에게(는) 하늘이 복으로 갚는다(1). 以는 전치사.
④ 나(날아가)는 새가 나무 끝을 스치고서, 지나간다(3+1). 掠(략) 스치다.
⑤ 넉넉함을 아는 이에게는 빈천도 또한 즐겁다(1).
⑥ 타향에서는 괴로움이 많다고 말하지 말라(2). 道[불완전자동사] 말하다. 他鄕多辛苦[보어절].
(3) ① 초나라 사람은 원숭이면서 (그들은) 관을 썼을 뿐이다(1+3). 沐猴[설명어] 원숭이, 冠[용언형] 관을 쓰다. 이 문장(월)의 설명어. 耳[한정종결사] 명사가 아님.
② 잘 드는 칼을 휘둘러서 흐트러진 삼실을 끊는 것과 같다(1). 揮一麻[객어구] 이 구는 〈선행절+종결절〉로 되어 있음.
③ 너와 그는 나이가 같다(S+P(S+P)). * 年紀-나이. 與[접속사] 와.
④ 녹진의 성과 자는 자세히는 알지 못한다(3). 詳[타동사].
⑤ 사람이 일흔을 사는 것은 옛날부터 드물다(1). 人生七十[체언구], * 來[후치사]부터.
⑥ 임금은 어떻게 내 나라를 이롭게 하겠느냐고 말한다(2). 曰[불완전자동사]. 何一國[보어구]. 何[물음말]. 以[후치사] 으로. 何以一무엇으로→어떻게
(4) ① 나에게 벗이 있음은 고기에게 물이 있음과 같다(S(M₂+P+S)+P+M₂ (M₂+P+S)).
② 봄에 (밭을) 갈지 아니하면, 가을에 거둘 것이 없다(3+1).
③ 자식은 봉양하고자 하나, 어버이는 (그것을) 기다리지 않는다(1+3).
④ 사람에게는 지혜가 있으나, 동물에게는 지혜가 없다(1+1).
⑤ 너는 술을 마시지 않았는데, 얼굴이 어째서 붉느냐?(3+1).
⑥ 나무는 조용히 있으려 해도, 바람이 그치지 아니한다(1+1).
(5) ① 그 말을 돌려주면, 그대의 죄를 용서한다(4+3). 還[수여동사].
② 전원이 바야흐로 거칠어지려 하니, 어찌 돌아가지 않겠느냐(1+1). 將-바야흐로(장), 胡-어찌(호).
③ 낙동강은 깊어서, 헤엄칠 수 있다(1+1). 矣-절이 끝남을 나타내는 종결사.
④ 자식을 길러 보아야, 비로소 아버지의 인자함을 안다(3+3). 而[접속사].
⑤ 임금은 아들을 볼모로 하고서, 적국에서 돌아온다(3+1). 自敵國[객어] 적국으로부터.
⑥ 달리 세상이 있는데, 인간 세상이 아니다(1+2).
(6) ① 어질면 번영하나, 어질지 않으면, 부끄러움을 당한다(1+1+1+1). 則[접속사]. 辱-부끄러움을 당하다.
② 그의 집은 가난하여서, 언제나 기름을 얻지 못한다(1+3).
③ 군사가 명령을 듣지 않으니, (이는) 누구의 죄일꼬?(3+1). 師-군사.
④ 사람은 말할 수 있으나, 동물은 말할 수 없다(1+1).
⑤ 일마다 두 번 생각하고서, 그리하여 행한다(1+3). 每[전치사]. 而後[접속사].
⑥ 하늘이 나를 망쳤는데, 어찌 (강을) 건너겠느냐? (3+3). 之[주격조사]. 爲[의문종결사].
(7) ① 바람이 아니면, 소나무의 소리를 일으킬 수 없다(2+3).
② 이 백이 배를 타고서, 바야흐로 떠나려 한다(3+1). 欲[조동사].
③ 어째서 앞에서는 거만하며, 뒤에서는 공손한고?(1+1) 특수명사(上, 中, 下, 前, 後, 東, 西, 左, 右…)는 설명어 앞에서 부사어가 됨. 也[종결사].
④ 만 리(밖)의 머나먼 정벌에서 한 사람도 아직 돌아오지 않는다(1). '人'이라 하면 보통 '一人'을 이른다. 長征[객어] 먼 정벌.
⑤ 바람이 불고, 비가 오더라도, 절대로 언약을 어기지 않는다(1+1+3). 雖[접속사].

⑥ 사람은 멀리 생각하지 않으면, 일을 이루기가 어렵다(1+(S)+P+S(P+O)). 成事[주어구].
(8) ① 동산에는 문이 있는데, 때(때)로 열리고, 닫힌다(열렸다가 닫혔다가 한다)(1+1+1). 以[후치사].
② 달도 희고 눈도 희고 천지도 희다(1+1+1).
③ 산도 깊고 물도 깊고 객의 수심도 깊다(1+1+1).
④ 힘을 합쳐서, 서쪽으로 향해 가면, 진나라는 반드시 부수어진다(3+1+1). 西[특수명사].
⑤ 나라가 크더라도, 싸움을 좋아하면, 반드시 망한다(1+3+1).
⑥ 왼쪽으로 뽑고, 오른쪽으로 뽑아서, 공중으로 던진다(1+1+1).
(9) ① 화랑은 싸움터에서 삶을 바라지 않는다(3).
② 세종이 아둔한 백성들에게 어진 정치를 베푼다(4).
③ 영국 사람은 장미를 가장 곱다고 한다(5).
④ 왕자 호동이 옥저로 여행간다(1).
⑤ 장군은 부하에게 그 책을 사게 한다(4). 使[사동조동사] 하게 하다.
(10) ① 그 학교에서는 수업의 참관을 환영한다(3).
② 나는 언제나 (한번도) 부모의 나라를 잊지 않았다(3).
③ 천하의 영웅은 오직 그대와 나(뿐)이다(1).
④ 임꺽정이 병법을 부하에게 가르친다(4).
⑤ 임금과 제후와 장수와 재상이 어찌 씨가 있겠느냐(S+P(P+S)). 乎[의문종결사].

10 다음을 우리말로 옮기고, 그 문형을 밝혀라.

(1) ① 世宗大王教民農耕 ② 天下難事必作於易
   ③ 百年之計莫如樹人 ④ 退溪先生姓李諱滉 * 退溪先生[관형어]
   ⑤ 良將勇卒由是而出
(2) ① 吾孝於親子亦孝 ② 國君好仁天下無敵
   ③ 一言不中千語無用 ④ 不入虎穴不得虎子
   ⑤ 三人同行必有智
(3) ① 獲罪於天無所禱也 ② 泰山其頹吾將安仰
   ③ 良田萬頃日食二升 ④ 我腹旣飽不察奴飢
   ⑤ 大廈千間夜臥八尺
(4) ① 虎死留皮人死留名 ② 疑人莫用用人莫疑

③ 談虎虎至談人人至　　④ 一飛沖天一鳴驚人
⑤ 見善如渴聞惡如聾
(5) ① 忠言逆耳而利於行　　② 知彼知己百戰不殆
③ 子不赴擧讀書何爲　　④ 寧爲鷄口無爲牛後
⑤ 不茶不煙一言不發
(6) ① 非其母不能生其子　　② 僧聞之出迎於江上
③ 命豎子殺雁而烹之　　④ 春不種則秋無所收
⑤ 富與貴人之所欲也
(7) ① 至於深夜雷聲振動　　② 汝知之乎不知之耶
③ 病從口入禍從口出　　④ 幼而不學老無所知
⑤ 飢不擇食寒不擇衣
(8) ① 人之將死其言也善　　② 賢佐忠臣從此多
③ 日出而作日入而休　　④ 林盡水源便得一山
⑤ 非禮勿視非禮勿動
(9) ① 水深可知人心難知　　② 往者不追來者不拒
③ 微忠武公我被蠻服　　④ 千人所指無病而死
⑤ 以利交者利窮則散
(10) ① 市有富家某頗有好　　② 盜以後捉不以前捉
③ 不者若屬且爲所虜　　④ 詎可以富貴驕於人
⑤ 此非可於道路言也

---

(1) ① 세종대왕이 농사일을 백성에게 가르친다(4).
② 천하의 어려운 일은 반드시 쉬운 일에서 시작된다(1). * 易[이][명사형].
③ 백 년의 설계는 인재를 기르는 일과 같은 것이 없다(1). 莫如A-A보다 좋은 것이 없다는 뜻임. 樹[명사형].
④ 퇴계 선생의 성은 이(李)요, 휘는 황이다(1+1). 諱(휘) 높은 분의 이름.
⑤ 현명한 장수와 용감한 군졸이 이로 말미암아 나온다(1). 由-말미암다. 而-앞 말을 부사어(구)로 만들어주는 후치사. 由是而[부사구].

(2) ① 내가 어버이에게 효도하면, 자식이 또한 (나에게) 효도한다(1+1).
　　② 임금이 어짊을 좋아하면, 세상에 적이 없다(3+1).
　　③ 한 말이 맞지 아니하면, 일천 말이 쓸 데가 없다(1+S+P(P+S)). 用[명사형] 쓸 데.
　　④ 범의 굴에 들어가지 아니하면, 범 새끼를 얻을 수 없다(1+3).
　　⑤ 세 사람이 함께 가면, (거기에) 반드시 슬기로운 이가 있다(1+1). 智[명사형].
(3) ① 하늘에 죄를 얻으면, 빌 곳이 없다(3+1). 所[불완전명사].
　　② 태산이 무너지면, 나는 장차 무엇을 우러러볼꼬(1+3). 其[강조후치사]. 安[의문대명사] 무엇.
　　③ 좋은 밭이 만경이라도, 하루 두 되(만)를 먹는다(1+3). 日[특수명사].
　　④ 내 배가 이미 부르면, 종의 주림은(←을) 살피지 못한다(1+3).
　　⑤ 큰 집이 천 간이라도, 밤에는 여덟 자에(만) 눕는다(1+1). 夜[특수명사].
(4) ① 범은 죽어서, 가죽을 남기고, 사람은 죽어서, 이름을 남긴다(1+3+1+3).
　　② 남을 의심하려거든, (그 사람을) 쓰지 말고, 남을 쓰려거든 의심하지 말라(3+3+3+3). 莫[금지조동사] 하지 말라.
　　③ 범을 말하면, 범이 이르고, 사람을 말하면, 사람이 이른다(3+1+3+1).
　　④ 한번 날면, 하늘에 치솟고, 한번 울면, 사람을 놀라게 한다(1+1+1+3). 沖―치솟을(충).
　　⑤ (너는) 착한 일을 보거든, (너는) 목마른 것과 같이하고, (너는) 악한 일을 듣거든, (너는) 귀먹은 것과 같이하라(3+1+3+1). 如[동] 같이하다.
(5) ① 충고의 말은 귀에 거슬리나, 행동에는 이롭다(1+1).
　　② 저편을 알고, 자기를 알면, (우리는) 백 번 싸워도, 위태롭지 않다(3+3+1+1).
　　③ 당신은 과거에 임하지 않으면서, (당신은) 글을 읽어서 (당신은) 무엇을 하겠어요?(1+3+3). 赴―향하여 갈 (부). 何[의문대명사] 무엇. 爲[동] 하다
　　④ 차라리 닭 주둥이가 될지언정, 소꼬리가 되지 말라(2+2). 寧―차라리(녕). 無=勿.
　　⑤ 차도 마시지 않고, 담배도 피우지 않고, 한 마디 말도 내지 않는다(1+1+3). *茶[명사의 용언형] 차를 마시다. 煙[용언형].
(6) ① 그런 어머니가 아니면, 그런 아들을 낳을 수 없다(2+3).
　　② 중이 그것[말]을 듣고서, 강가에 나가 맞이한다(3+1). * 出迎은 한 낱말, 복합어.
　　③ 아이에게 분부하여, 기러기를 잡아서, 그것을 삶게 한다(1+3+3). 豎―아이(수).
　　④ 봄에 뿌리지 아니하면, 가을에 거둘 것이 없다(1+1). * 種[동] 씨 뿌리다. 春, 秋[특수명사].
　　⑤ 부와 귀는 사람들의 바라는 것이다(1). * 所望―바라는 것(所―것).
(7) ① 깊은 밤에 이르러, 우레[雷] 소리가 진동한다(1+1).
　　② 너는 그것을 아느냐? 그것을 알지 못하느냐?(3+3). 乎, 耶[의문종결사].
　　③ 병은 입으로 들어오고 재앙은 입에서 나온다(1+1).
　　④ 어릴 때에 배우지 아니하면, 늙어서 아는 것이 없다(1+1+1). 幼[명사형] 어릴 때. 而[후치사] 에
　　⑤ (사람이) 굶으면, (사람은) 먹을 것을 가리지 않고, (날씨가) 추우면, (사람은) 옷을 가리지 않는다(1+3+1+3).
(8) ① 사람이 장차 죽으려 하면, 그 말이 바르다(1+1). 也[종지후치사] 주부가 끝남을 나타냄.
　　② 현명한 보필과 충성스런 신하가 이때부터 많아진다(1). 從[전치사] 부터. 從此[부사어].
　　③ 해가 뜨면, (나와서) 일하고, 해가 지면, (들어가서) 쉰다(1+1+1+1).
　　④ 수풀은 수원에서 끝나고, 문득 한 산을 만난다(1+3). 便―문득(편).
　　⑤ (그것이) 예가 아니거든, (그것을) 보지 말고, (그것이) 예가 아니거든(=예에 어긋나거든),

(너는) 행동하지 말라(2+3+2+1).
 (9) ① (우리는) 물의 깊이는 알 수 있으나, (우리는) 사람의 마음은 알기가 어렵다(3+O+P(P+S)). 人心難知(←難知人心, 知人心은 주어구).
    ② 가는 이는 쫓지 말고, 오는 이는 막지 말라(3+3). * 追, 拒는 타동사.
    ③ 충무공이 없었더라면, 우리는 오랑캐의 옷을 입었을 것이다(1+3). 微[미] 없다. 이 형용사는 주어를 뒤에 가짐.
    ④ (사람이) 천 사람에게 손가락질을 당하면, (그 사람은) 병이 없어도, (그 사람은) 죽는다(1+1+1). 所[피동조동사]. 指ー손가락질할(지).
    ⑤ 이득으로 사귄 이는, 이득이 끝나면 (그들은) 흩어진다(S+P(S+P-S+P)).
(10) ① 시에 넉넉한 집이 있는데, (그 집) 아무개에게는 좋은 점이 꽤 있다(1+1). 某[객어]. 好[명사형].
    ② 도둑은 뒤에서 잡지, 앞에서 잡지 못한다(3+3). 以[전치사]에서.
    ③ 그러지 아니하면 너희들은 장차 사로잡힐 것이다(1). 不者[접] 그러지 아니하면, 若曺(약조) 너희들. 且(차) 장차, 爲所[피동조동사].
    ④ 어찌 부귀로서 남에게 교만할 수 있을까(1). 詎ー어찌(거). 以富貴[객어] 부귀로서=넉넉하고 지위가 높다고 해서
    ⑤ 이것은 길에서 말할 수 있는 일이 아니다(2). 可[조동사의 명사형] 할 수 있는 일. 道路(도로) 길.

---

11 다음을 우리말로 옮기고, 그 문형을 밝혀라.

(1) ① 忍則無辱　　　　　　② 多多益善
    ③ 稽顙待罪　　　　　　④ 毋友不如己者
    ⑤ 牧童遙指杏花村

(2) ① 牛開花笑未開花　　　② 主人亦知水與月乎
    ③ 其日男女盡出鍾街　　④ 其劍自舟中墜水中
    ⑤ 黃金滿箱不如敎子

(3) ① 彼三代獨子免出征 * 彼[주어]　② 檀君都平壤稱朝鮮
    ③ 不經一事不長一智　　④ 事君以忠事親以孝
    ⑤ 爲人之子曷不爲孝

(4) ① 與人相約會必先往　　② 縱我不往子何不來

　　　　③ 言者無罪聞者足戒　　　④ 其亦人子也可善遇
　　　　⑤ 心不在焉視而不見
　(5) ① 旣見君子云何不樂　　　② 先大王之敎由之生
　　　　③ 吾不患人之不己知　　　④ 愛生惡死人獸同也
　　　　⑤ 竊針者誅竊國者侯
　(6) ① 卽毋告者豈不危殆　　　② 入云則入坐云則坐
　　　　③ 事孰爲大事親爲大　　　④ 修德淸淨百姓以安
　　　　⑤ 王三年七月築白岩城
　(7) ① 天將降大任於是人也　　② 忠武公大勝於閑山島
　　　　③ 臣之事君猶子之事父　　④ 秦王使侍臣求不死藥
　　　　⑤ 言之有節奏者爲詩歌
　(8) ① 我不能爲五斗米折腰　　② 少焉月出於東山之上
　　　　③ 億萬之財不如子之賢　　④ 翌日過洛東江至金海
　　　　⑤ 不登高處不知天之高
　(9) ① 其一能鳴其一不能鳴　　② 若人作不善必有大禍
　　　　③ 時夜深月明水極淸寒　　④ 人生不學如冥冥夜行
　　　　⑤ 學而不知道與不學同
　(10) ① 學而時習之不亦說乎　　② 我踵其家之中門請見
　　　　③ 吾嘗三仕三見逐於王　　④ 人生而不學與不生同
　　　　⑤ 月明風和如此良夜何

(1) ① 참으면, 욕되는 일이 없다(1+1). 辱[명사형].
　　② 많을수록 좋다(1). * 多多(형→부).
　　③ 머리를 조아리며, 벌을 기다린다(3+3). 罪[동] 벌을 주다, 여기서는 명사형. 顙-머리(상). 稽-조아릴(계) 조아리다=땅에 대다. 待[동사] 기다리다.
　　④ 자기에게 미치지 못하는 사람과 벗하지 말라(1). 如(여) 미치다.
　　⑤ 목동이 멀리 살구꽃(이 피어 있는) 마을을 가리킨다(3).
(2) ① 반쯤 핀 꽃이 아직 피지 않은 꽃을 비웃는다(3).

② 주인도 또한 물과 달을 아느냐?(3).
③ 그날 남녀가 종로 거리에 모조리 나온다(1). * 其日[특수명사].
④ 그의 검이 배 안에서 물 속으로 떨어진다(1). 舟中, 水中[객어].
⑤ 황금을 상자에 가득 채우는 것이 자식을 가르치는 것에 미치지 못한다(2). 黃金滿箱[주어구], 滿, 敎[명사형].

(3) ① 저 사람은 삼대독자이므로, 출정을 면했다(1+3). * 出征-임금의 명을 받아 싸움터에 나감.
② 단군이 평양에 도읍하고, (나라 이름을) 조선이라 일컫는다(1+5). * 稱[불완전타동사].
③ 한 일을 겪지 아니하면, 한 슬기를 자라나게 하지 못한다(3+3).
④ 충성으로써 임금을 섬기고, 효도로써 어버이를 섬긴다(3+3).
⑤ 사람의 자식이 되어서, 어찌 효도를 하지 않겠느냐?(2+3)

(4) ① 남과 서로 약속하면, 모임에는 반드시 먼저 간다(1+1). 會-모임(회). 이 문장(월)의 주어가 되어 있음.
② 내가 가지 않는다고 하더라도, 그대는 어찌 오지 않겠느냐?(1+1). * 縱[접] 한다 하더라도.
③ 말하는 이에게는 죄가 없더라도, 듣는 이는 경계해야 한다(1+3). * 足[조동사] 해야 한다.
④ 그도 사람의 아들이니, 잘 맞이해야 한다(1+3).
⑤ 마음이 거기에 있지 아니하면, 보아도, 보이지 않는다(1+3+1). * 焉[준말]=於是·於之.

(5) ① 이미 군자를 보았으니, 어찌 즐겁지 않겠느냐(3+1). 云何[부사] 어찌하여.
② 선대왕의 가르침이 여기/거기서 나온다(1). * 先大王-先王의 높임. 由[전치사]에서.
③ 나는 남이 나를 알아주지 아니함을 걱정하지 않는다(S+P+O(S+O+P)). 己는 목적어, 목적어는 조동사와 본동사 사이에 놓일 수 있음.
④ 삶을 좋아하고 죽음을 싫어함은 사람이나 짐승이 한가지이다(S+P(S+P)). 愛生惡死[주어구] 愛生而惡死에서 而가 준 말.
⑤ 바늘을 훔친 자는 벌 받고, 나라를 훔친 자는 제후가 된다(1+1). 誅[용언형] 벌→벌 받다. 侯[용언형] 제후→제후가 되다.

(6) ① 즉시 알리지 아니하면 어찌 위태롭지 않겠느냐?(3+1). 則-(첫째 의미) 곧, (넷째 의미) 만일. 毋=不·者[접] -으면.
② 들어오라고 하면 들어오고, 앉으라고 하면 앉는다(5+1, 5+1). 云[불완전타동사], 入云(←云入) 나를 들어오라고 한다의 뜻.
③ 섬김에는 무엇이 큰 것이냐? 어버이를 섬김이 큰 것이다(2+2). 事(←於事).
④ 덕을 닦아서, 맑고 깨끗하게 하면, 백성은 그것으로써 편해진다(3+3+1). 淸·淨[전성동사] * 以(←以之)[관습법] 以뒤의 之는 주는 일이 많다. 安[전성동사].
⑤ 왕 3년 7월에 백암성을 쌓는다(3). 王三年七月[특수명사].

(7) ① 하늘이 장차 이 사람에게 큰 임무를 내리려 한다(4).
② 충무공이 한산섬에서 크게 이긴다(1).
③ 신하가 임금을 섬김은 자식이 아버지를 섬김과 같다(S(S+P+O)+P+M₂(S+P+O)). 之[주격]절에만 쓰임.
④ 진나라 임금이 불사약을 시신에게 구하게 한다(4). 使[사동조동사].
⑤ 말에 운율이 있는 것이 시와 노래이다(2). 之[후] 에. 특수용언 앞에 쓰임. 節奏(절주) 운율. 者-것.

(8) ① 나는 다섯 말의 쌀을 위해서 허리를 숙일 수 없다(3). * 爲[전치사]. 折-꺾다, 숙이다.
② 잠시 뒤에 달이 동산의 위로 떠오른다(1). * 焉[접미사] 뜻이 없는 조성자(調聲字).

③ 억만의 재산도 자식의 현명함에는 미치지 못한다(1). * 億萬[관형어] 많은.
④ 다음날 낙동강을 지나 김해에 이른다(3+1). * 翌日ー다음날(익일).
⑤ 높은 곳에 오르지 않으면 하늘이 높은 것을 알지 못한다(1+3).
(9) ① 그 (중) 하나는 울 수 있고, 그 (중) 하나는 울 수 없다(1+1).
② 만약 사람이 착하지 않은 일을 하면, 반드시 큰 화가 생긴다(3+1). 不[보조형용사의 명사형].
③ (그/이)때, 밤은 깊고, 달은 밝았으며, 물이 지극히 맑고 찼다(1+1+1). * 時[특수명사].
④ 사람이 살아가면서, 배우지 아니하면, 어두운 밤에 (길을) 가는 것과 같다(1+3+1). * 夜[특수명사].
⑤ 배워서, 길을 알지 못하면, 배우지 아니함과 한가지이다(3+3+1).
(10) ① 배워서 때때로 그것을 익히면 어찌 즐겁지 않겠느냐?(3+3+1). * 亦ー어찌(역).
② 나는 그의 집 중문에 이르러, 만나기를 청했다(1+3). * 踵(종) 이르다.
③ 나는 일찍이 세 번 벼슬하여서, 세 번 임금으로부터 쫓겨났다(1+1). 見[피동조동사].
④ 사람이 나서, 배우지 아니하면, 태어나지 아니함과 한가지이다(1+3+1).
⑤ 달은 밝고, 바람은 따뜻하니, 이 좋은 밤을 어떻게 할꼬(1+1+3). 如何, 奈何 등은 목적어를 두 글자 사이에 가질 수 있음.

---

12 다음을 우리말로 옮기고, 그 문형을 밝혀라.

(1) ① 甚矣吾衰也　　　　　② 先生無所得
　　③ 厚者爲戮薄者見疑　　④ 諸君宜各奮勵以報國
　　⑤ 溫達與新羅軍戰阿且城

(2) ① 以國之多難未敢退休　② 王棄我雖然丹心未沫
　　③ 豈唯我之罪衆亦有罪　④ 志篤則勿患學業不進
　　⑤ 吾求以解英文解漢文

(3) ① 盖上世有不葬其親者　② 階伯送新羅陳決死隊
　　③ 我之於茶猶君之於酒　④ 與其害人寧我獨死
　　⑤ 得駿馬日行千里者二

(4) ① 其是天帝之子河伯之孫　② 父母之恩高於山深於海
　　③ 金鶴峯以通信使往日本　④ 其必以濁酒一斗置房中

⑤ 君子食無求飽居無求安
(5) ① 水深而魚集樹茂而鳥來　　② 嚴父出孝子嚴母出孝女
　　③ 山吐孤輪月江含萬里風　　④ 賢婦令夫貴惡婦令夫賤
　　⑤ 日出則爲晝日入則爲夜
(6) ① 無道人之短無說己之長　　② 人皆愛珠玉我愛子孫賢
　　③ 過去明如鏡未來暗似漆　　④ 覆水難再收雨露不上天
　　⑤ 瓜田不躡履李下不正冠
(7) ① 國破山河在城春草木深　　② 靑天倒水中魚遊白雲間
　　③ 臣死且不避卮酒安足辭　　④ 一室之不治何以天下爲
　　⑤ 老翁踰牆走老婦出門看
(8) ① 山靜似太古日長如小年　　② 君子求諸己小人求諸人
　　③ 破山中賊易破心中賊難　　④ 惡人罵善人摠不對
　　⑤ 地廣者粟多國大者人衆
(9) ① 趙王遣藺相如奉玉入秦　　② 其男便不知之也從外來
　　③ 其賜洞民今年租稅之半　　④ 聖王七年七月星隕如雨
　　⑤ 臨淵羨魚不如退而結網
(10) ① 煮豆燃豆萁豆在釜中泣　　② 天地尙不能久而況於人
　　③ 有朋自遠方來不亦樂乎　　④ 心身疲困我等暫間休息
　　⑤ 見草中石以爲虎而射之

(1) ① 심하구나! 나의 노쇠함이여(1). * 矣[종] 차례바뀜에 쓰일 때는 강조를 나타낸다.
　② 선생은 얻는 것이 없다(1). * 所[불완전명사] 것, 일, 바. 得-얻다(손에 넣다).
　③ (죄가) 무거운 놈은 사형당하고, 가벼운 놈은 의심받는다(1+1). * 爲, 見[피동조동사], 戮-죽일(륙).
　④ 그대들은 마땅히 각기 분발하고 힘써서, 그것으로써 나라에 보답해야 한다(1=1). 以[전치사] 以之-以 다음에 오는 대명사 之는 생략되는 일이 많다. 유의해야 한다.
　⑤ 온달이 신라군과 아차성에서 싸운다(1).
(2) ① 나라에 어려움이 많으므로, 아직 감히 물러가 쉬지 못한다(1+1). * 以[접] -기 때문에. 之

[후] 에.
② 임금은 나를 버렸지만, 그러나 나의 충성심은 아직 그치지 않았다(3+1). 雖然[접]. 沫(말) 그치다.
③ 어찌 다만 나(만)의 죄이겠느냐? 여러 사람에게도 또한 죄가 있다(1+1).
④ 뜻이 돈독하다면, 학업이 나아가지 않음을 근심하지 말라(1+(S)+P+ O(S+P)).
⑤ 나는 영어를 푸는 (방)법으로 한문을 푸는 (방)법을 찾는다(3). 求[완전타동사]. 解[명사형] 푸는 (방)법

(3) ① 아마 아주 옛날에는 자기의 부모를 장사지내지 않는 이가 있었을 것이다(1). * 上世[시간명사] 부사어.
② 계백이 결사대를 신라진에 보낸다(4).
③ 내가 차에서 떠나지 않음은 그대가 술에서 떠나지 않음과 같다(S(S+P)+P+M₂(S+P)). 於[동사] 一에 있다. 떠나지 않다.
④ 인민을 해치느니, 차라리 내가 혼자 죽겠다(3+1). 與其[접] 一느니.
⑤ 하루에 천리 가는 준마 둘을 얻었다(3). * 〈긴 관형어+者〉는 체언 뒤에 붙어서 관형구가 될 수 있다. 駿馬日行千里者＝日行千里之駿馬 二는 駿馬와 동격.

(4) ① 그는 천제의 아들이며, 하백의 손자이다(2+1).
② 부모의 은혜는 산보다 높고, 바다보다 깊다(1+1).
③ 김학봉이 통신사로(서) 일본에 간다(1).
④ 그는 반드시 탁주 한 말을 방 안에 둔다(3). 以[목적격조사].
⑤ 군자는 먹는 데에 배부름을 바라지 아니하고, 사는 데에 편안함을 바라지 아니한다(3+3). 食[명사형]. 居[명사형] 食, 居앞에는 於가 숨어 있다.

(5) ① 물이 깊으면, 물고기가 모이고, 나무가 우거지면, 새가 (날아)온다(1+1+1+1).
② 엄한 아버지는 효자를 내고, 엄한 어머니는 효녀를 낸다(3+3).
③ 산은 외로운 수레바퀴의 달을 토하고, 강은 만 리의 바람을 머금고 있다(3+3).
④ 현숙한 아내는 남편을 귀하게 만들고, 악한 아내는 남편을 천하게 만든다(3+3). 令[사동조동사].
⑤ 해가 뜨면, 낮이 되고, 해가 지면, 밤이 된다(1+2, 1+2).

(6) ① 남의 단점을 말하지 말고, 자기의 장점을 말하지 말라(3+3). 道一말하다.
② 사람들은 모두 구슬이나 옥을 좋아하지만, 나는 자손이 현명함을 좋아한다(3+S+P+O(S+P)).
③ 과거는 거울처럼 밝고, 미래는 칠흑처럼 어둡다(1+1). * 如鏡의 如와 似漆의 似는 전치사.
④ 엎지른 물은 다시 거두기가 어렵고, (내린) 비나 이슬은 하늘로 올라가지 못한다(O+P(P+S)+1).
⑤ 외밭에서는 신을 (고쳐) 신지 아니하고, 오얏나무 밑에서는 관을 바로잡지 아니한다(3+3). * 오해받는 것을 피하기 위함임. 躡一신다(섭). 履一신(리).

(7) ① 나라는 부수어졌는데도, 산과 강은 (그대로) 있고, 성은 봄이므로 풀과 나무가 우거져 있다(1+1+1+1).
② 푸른 하늘이 물 속에 넘어져 있으니, 고기가 흰 구름 사이에서 논다(1+1).
③ 신은 죽음도 또한 피하지 않는데, (한 잔) 술을 어찌 사양할 수 있겠습ㅡ까?(3+3). * 목적어 死와 酒는 주제어가 되어 설명어 앞에 놓여 있다. 安一어찌.
④ 한 집안을 다스리지 못하면서, 어떻게 천하를 다스리겠느냐?(3+3). 之一차례가 바뀐 목

적어 뒤에 붙는 후치사. 何以[부사] 어떻게. 天下[목적어]. 爲ㅡ다스리다(위).
⑤ 영감이 담을 넘어서, 달아나니, 노파가 문에 나와서, 바라본다(3+1+1+3).
(8) ① 산은 고요하여, 태고와 같고, 해는 길어서, 거의 한 해와 같다(1+1+1+1). 小年ㅡ거의 1년.
② 군자는 자기에게서 그것(잘못)을 찾고, 소인은 남에게서 그것을 찾는다(4+4). * 諸(저) 之於(지어)의 준말.
③ 산 속의 적을 부수기는 쉬우나, 마음 속의 적을 부수기는 어렵다(1+1). * 易, 難[특수용언] 차례가 바뀌어 있음은 뜻을 강조하기 위해서임.
④ 악한 사람은 착한 사람에게 욕을 퍼부어도, (착한 사람은) 아예 상대하지 않는다(1+3). 罵ㅡ욕을 퍼붓다(매).
⑤ 땅이 넓으면, 곡식이 많고, 나라가 크면, 사람이 많다(1+1+1+1). * 者[접속사] ~면,. 粟ㅡ곡식.
(9) ① 조나라 왕은 인상여에게 옥을 받들고서 진나라에 들어가게 하였다(1). 遣[사동조동사], 본 동사는 入. 藺相如(인상여) 객어. 奉玉[부사구].
② 그의 남편은 그 일을 알지 못하고서, 밖으로부터 온다(3+1). * 之 그 일. 也[종]. 절의 끝에 붙어서 쉼표 구실을 함.
③ 그는 동민에게 올해 조세의 반을 내려 준다(4).
④ 성왕 7년 7월에 별이 비처럼 떨어졌다(1). * 聖~月[특수명사]. 隕ㅡ떨어질(운).
⑤ 연못을 내려다보면서 고기를 부러워하고 있음은, 물러가서 그물을 걷는 일에 미치지 못한다(S(P+O-P+O)+P+M₂(P-P+O)).
(10) ① 콩을 삶으면서 콩대를 태우니, 콩이 솥 안에서 운다(3+3+1).
② 천지도 오히려 오래갈 수 없는데, 하물며 사람이어서랴(←사람이 어찌 오래갈 수 있겠는가?)(1+1).
③ 벗이 있어, 먼 곳으로부터 오니, 어찌 기쁘지 않겠느냐?(1+1+1). 亦(역)어찌.
④ 심신이 피곤해서, 우리들은 잠깐 쉬었다(1+1). * 暫間[특수명사] 잠깐.
⑤ 풀 속의 돌을 보고서, 범으로 여겨서, 그것을 쏜다(3+5+3). 以爲[불완전타동사] 여기다.

13 다음을 우리말로 옮기고, 그 문형을 밝혀라.

(1) ① 兄弟爲手足夫婦爲衣服　　② 禍不可倖免福不可再求
　　③ 忍一時之氣免百日之憂　　④ 冀復得黃金不可復得之
　　⑤ 一日不念善諸惡皆自起

(2) ① 我至盂山下尋前所見村　　② 其地無井泉待雨水爲飲
　　③ 孤之有孔明猶魚之有水　　④ 松下問童子言師採藥去
　　⑤ 賊二人得我我皆殺之矣

(3) ① 家若貧不可因貧而廢學　　② 舌一吐而二蟲盡爲所吞
　　③ 受託於人豈中途棄之哉　　④ 時有一熊一虎同穴而居
　　⑤ 衣服不可華侈禦寒而已　　⑥ 王二年倭使至從者五十
(4) ① 東明王三年黃龍見鶻嶺　　② 村人雜植竹木於其庭園
　　③ 我國諸山皆發源白頭山　　④ 密陽府使設宴于嶺南樓
　　⑤ 甘藷其形如山藥如大根
(5) ① 正音象事物形而制之也　　② 師任堂踰大關嶺望親庭
　　③ 春秋入句麗過六旬未還
　　④ 所見所聞一切寄之於詩 *之는 본디 所見所聞이 있던 자리임을 나타낸다.
　　⑤ 勿謂今日不學而有來日　　⑥ 彼及爲匈奴所敗乃遠去
(6) ① 慶尙水使請救護于忠武公　　② 童子之學白鶴舞靑空之末
　　③ 聖君之德黃龍飜碧海之中　　④ 助賁王四年夏大風飛屋瓦
　　⑤ 此乃信之所以爲陛下禽也　　⑥ 非禮之辭未嘗一出於口外
(7) ① 千里馬常有而伯樂不常有　　② 可樂者常少而可悲者常多
　　③ 大丈夫當容人無爲人所容　　④ 人常咬得菜根則萬事可做
　　⑤ 比非國家之利也若何從之　　⑥ 父母俱存兄弟無故一樂也
(8) ① 琉璃王秋七月作離宮於鵠川 *琉璃王은 주어
　　② 我讀聖賢之書他畫山水之景
　　③ 勤爲無價之寶愼是護身之符　　④ 不道非禮之言不踐非禮之地
(9) ① 祖父母生我父母與父母無異　　② 漢有天下太半而諸侯皆附之
　　③ 啞者以手爲口聾者以目爲耳　　④ 薛聰以方言解九經訓導後生
(10) ① 十餘萬人入鴨綠江爲之不流　　② 衆人皆醉我獨醒是以我見放

---

(1) ① 형제는 손발이고, 부부는 의복이다(2＋2).
　　② 재화는 요행히 면할 수(는) 없고, 복은 다시 구할 수(는) 없다(3＋3). 禍, 福[목적어] 주제어가 되어 있다.

③ 한 때의 혈기를 참으면, 백날의 근심을 면한다(3+3).
④ 다시 황금을 얻기를 바랐으나, 다시는 그것을 얻을 수 없었다(3+3). 復(부) 다시. * 뒤 절의 復은 부분부정 '한 번 더는'의 뜻.
⑤ 하루 착한 일을 생각하지 않으면, 모든 악이 절로 다 일어난다(3+1). 一日[[특수명사]. 皆ㅡ다.

(2) ① 나는 배산 아래에 이르러, 전에 본 마을을 찾았다(1+3). * 前[특수명사] 所ㅡ어두(語頭), 어미(語尾)의 반대. 뒷 말을 관형어로 만들어 줌. 所見=본
② 그 땅에는 우물이 없어서, 빗물을 기다려서, (그것을) 음료수로 삼는다(1+3+5). * 爲[불완전타동사]. 飮[명사형] 마실 것.
③ 나에게 공명이 있는 것은 고기에게 물이 있는 것과 같다(S(M₂+P+S)+P+M₂(M₂+P+S). 之[후치사] 에게.
④ 소나무 아래에서 동자에게 (스승이 계신 곳을) 물으니, (그는) 스승은 약을 캐기 위해(=캐러) 떠났다고 한다(4+2). 問[수여타동사]. 言[불완전동사]. 師採藥去[보어절], 採藥ㅡ爲採藥의 준말. 爲[전치사] 위하여.
⑤ 도둑 두 사람이 나를 붙잡더라도, 나는 그들을 다 죽인다(3+3). 得ㅡ붙잡다.

(3) ① 집이 만약 가난하더라도, 가난 때문에 공부를 그만두어서는 안 된다(1+3). 因貧而[부사구], 因[전치사] 때문에, 而ㅡ부사구를 만들어 주는 후치사.
② 혀를 한번 밀어내면, 두 벌레가 한꺼번에 삼켜진다(3+1). 爲所吞←爲之所吞. 爲所[피동조동사].
③ 남에게서 부탁을 받고서, 어찌 중도에서 그 일을 버리겠는가?(4+3).
④ 그때 한 마리의 곰과 한 마리의 범이 있었는데, 같은 굴에 살고 있었다(1+1). 而[후치사] 에.
⑤ 의복은 화려하고 사치스러워서는 안 되며, 추위를 막으면 그만이다(1+3). 而已[종결사] 뿐.
⑥ 왕 2년에 일본 사신이 왔는데, 따라온 이가 50명이었다(1+1).

(4) ① 동명왕 3년에 누런 용이 골령에 나타났다(1).
② 마을 사람들이 그들의 정원에 대와 나무를 섞어 심는다(3). 雜植ㅡ섞어 심다.
③ 우리나라의 모든 산은 다 백두산에서 발원된다(1).
④ 밀양 부사가 영남루에서 잔치를 베푼다(3).
⑤ 고구마는 그 생김새가 마와 같고, (생김새가) 무와 같다(S+P(S+P)ㅡ(S)+P((S)+P). 山藥=마, 大根=무.

(5) ① 정음은 (대왕이) 사물의 모습을 본떠서, 그것을 만들었다(S+P((S)+ P+O)ㅡ(S)+P+O).
② 사임당이 대관령을 넘으면서, 친정을 바라본다(3+3).
③ 춘추가 고구려에 들어가서, 두 달을 넘기고서도, 돌아오지 않는다(1+3+1).
④ 본 것(과) 들은 것은 시에 그것을 모두 맡긴다(3). 所見, 所聞[목적어] 여기서는 주제어가 되어 문장(월) 앞에 놓여 있음.
⑤ (너는) 오늘 배우지 아니하고서 내일이 있다고 말하지 말라(2)(S+P+C(PㅡP+ S)). 今日ㅡ來日[보어구]
⑥ 그는 흉노에게 패배 당함에 이르자, 곧 멀리 떠난다(1+1). * 及ㅡ이르다. 乃[접] 바로.

(6) ① 경상 수사가/는 충무공에게 구호를 청한다(4).
② 동자의 학문이 흰 학이 푸른 하늘의 끝에서 춤추는 것(과) 같다(S+P(S+P+M₂). * 舞[명사형] 춤추는 것. 이 문장(월)에서는 설명어 如가 생략되었음(설명어 如는 흔히 생략됨).
③ 성군의 덕이 누런 용이 푸른 바다 속에서 굼틀거리는 것(과) 같다(S+P(S+P+M₂)).

④ 조분왕 4년 여름에 큰 바람이 지붕의 기와를 날렸다(3). * 屋ー지붕.
⑤ 이것이 바로 신(信)이 폐하게 사로잡힌 까닭이옵니다(S+P(S+P+M(M₂+P)). * 信(신) 한신(韓信)의 이름. 之[주격]. 所以[불완전명사, 설명어] 까닭이다. 爲[전] 에게. 禽=擒 사로잡히다.
⑥ 예에 어긋난 말은 일찍이 한 번도 입 밖에 내지 않았다(3). * 出은 타동사. 非ー어긋나다.
(7) ① 천리마는 언제나 있지마는, 백락은 언제나는 있지 않다(1+1). 不常[부분부정].
② 즐거워해야 할 이(者)는 언제나 적으나, 슬퍼해야 할 이는 언제나 많다(1+1). * 可[조동사].
③ 사나이는 마땅히 남을 용서해야 할 것이지, 남에게 용서받아서는 안 된다(3+1). * 所[피동조동사]. 無[금지조동사].
④ 사람이 항상 야채 뿌리만 씹을 수 있으면, 모든 일을 (다) 할 수 있다(3+3). * 咬ー씹을(교). 得[조동사] 이 조동사는 본동사 뒤에 붙을 수 있음. 做ー행할(주). 앞 절은 '사람이 야채 뿌리만 씹으면서 즐길 수 있으면'의 뜻.
⑤ 이것은 나라의 이익이 아닌데, 너는 어째서 그것에 따르느냐?(2+1). 也ー절에 붙는 종결사.
⑥ 부모가 함께 살아 계시고, 형제에게 탈이 없는 것이 첫째의 즐거움이다(S(S+P：P+S)+P)). 無[명사형] 없는 것.
(8) ① 유리왕은 가을 7월에 작천에 이궁을 짓는다(3).
② 나는 성현의 책을 읽고, 그(他)는 산수의 경치를 그린다(3+3).
③ 부지런함은 값이 없는 보배이요, 삼가함은 몸을 지키는 부적이다(2+2). * 爲ー是ー이다. 無價之[관형절].
④ 예가 아닌 말을 하지 말고, 예에 어긋난 땅을 밟지 말라(3+3). 道ー말하다.
(9) ① 조부모는 내 부모를 낳았으니, 부모와 다를 것이 없다(3+1). 與父母[객어]
② 한나라가 천하의 대부분을 차지하자, 제후가 모두 거기에 붙는다(3-1).
③ 벙어리는 손을 입으로 삼고, 귀머거리는 눈을 귀로 삼는다(5+5). * 者[후치사] 는. 以手[목적어]
④ 설총은 방언으로 구경을 풀이하여, 후배들을 가르친다(3+3).
(10) ① 십여 만 명이 압록강에 들어가니, (물이) 그것 때문에 흐르지 아니한다(1+1). 爲[전] 때문에, for. 爲之[객어]. 流 (물이) 흐르다.
② 뭇 사람이 다 취해 있었는데, 나만 홀로 깨어 있어서, 그래서 나는 추방당했다(1+1+1). 是以[접속사] 그래서, 見[피동조동사] 放ー추방하다(방).

---

14 다음을 우리말로 옮기고, 그 문형을 밝혀라.

(1) ① 春則萬物始生秋則萬物成熟 ② 牛可使之耕田馬可使之駕車
③ 言之易行之難言豈可不愼乎 ④ 言寡尤行寡悔則祿在其中矣
(2) ① 夫孝德之本也教之所由生也 ② 國賓至於此邦其必訪大學者

③ 苟非吾之所有雖一毫而莫取　＊吾之所有[보어절]

④ 韓信自度無罪欲謁上恐見擒

(3) ① 凡事莫怨天天於人無厚薄　　② 今日之受是則前日之不受非

③ 口舌者禍患之門滅身之斧也　④ 趙人李園持女弟欲進之楚王

(4) ① 其學生明於理論而昧於實用　② 人非學問固難知其何者爲忠

③ 吾山莊後有一桃園花開正盛　④ 其幼時與諸兄食梨取其小者

⑤ 馬韓常以五月種訖祭鬼神

(5) ① 忠武公曰戰方急愼勿言我死　② 自天子以至於庶人無不哀悼

③ 馬之千里者一食或盡粟一石

(6) ① 肖古王四十六年冬十一月無冰　② 乙支文德與敵將于仲文詩一首

③ 陽原王二十年冬攻百濟熊川城不克

④ 文益漸得木綿花實納於筆管而還

⑤ 一日之中牛所耕田常數倍於人

(7) ① 素那或云金川白城郡蛇山人也　＊素那－사람 이름

② 彼大丈夫我大丈夫吾何畏彼哉

③ 孤花在於深林然蜂蝶莫有不知

④ 打虎殺之取其皮而賣之其價千金

(8) ① 天地日月古今同世態人心朝夕變

② 國家昏亂有忠臣六親不和有孝子

③ 事雖小不作不成子雖賢不敎不明

④ 酒中不言眞君子財上分明大丈夫

⑤ 有田不耕倉廩虛有書不敎子孫愚

(9) ① 致遠至年十二將隨海舶入唐求學

② 八月十五日東俗稱秋夕又曰嘉俳

③ 飯疏食飮水曲肱而枕之樂亦在其中

(10) ① 進亦憂退亦憂然則何時而樂耶

② 雖負販者必有尊也而況富貴乎

③ 軍兵爲人馬蹈籍陷泥中死者甚衆

④ 我所以爲此者是以先國家之急

(1) ① 봄에는 만물이 비로소 생겨나고, 가을에는 만물이 완전히 익는다(1+1). 春, 秋[특수명사] 봄에, 가을에. 則ー는(즉).
② 소는 그것을 부려서 밭을 갈 수 있고, 말은 그것을 부려서 수레를 몰 수 있다(3+3). 使之ー본동사(耕)와 조동사(可) 사이에 놓인 부사절.
③ 말하기는 쉽고, 행동하기는 어려우니, 말을 어찌 삼가지 않을 수 있겠는가?(1+1+3). * 言[명사형], 之[절의 주격조사] ーi, ー은.
④ 말에 허물이 적고, 행동에 뉘우침이 적으면, 녹은 그 가운데 있다(1+1+1). * 寡=少 亦 바로.

(2) ① 대저 효는 덕의 근본이며, 가르침은 (이것으로) 말미암아 생겨나는 것이다(1+1). * 由ー由之의 준말. 所[불완전명사] 것, 由之ー生의 부사어.
② 국빈이 이 나라에 이르면, 그는 반드시 큰 학자를 찾는다(1+3).
③ 진실로 (그것이) 나의 소유가 아니면, 한 터럭일지라도, (그것을) 취하지 말라(2+1+3). 雖, 而[접] 절 ー毫와 절 莫取를 이음.
④ 한신은 스스로 죄가 없다고 생각하여, 임금을 뵙고자 했으나, 사로잡힐 것을 두려워했다((S+P+C(P+S))+3+3). 度[불완전자동사] 생각하다. 無罪[보어절], 見[피동조동사], 見擒[목적구].

(3) ① 모든 일에 하늘을 원망하지 말라. 하늘은 사람에게 후하고 박함이 없다(3+1(S+M₂+P(P+S))).
② 오늘(의) 받는 것이 옳다면, 전날(의) 받지 않은 것은 잘못이다(1+1). 是 옳다.
③ 입과 혀는 재앙과 근심의 문이요, 몸을 망치는 도끼이다(1+1). 滅身之[관형구].
④ 조나라 사람 이원이 누이동생을 데리고 가서, 초나라 임금에게 그녀를 바치고자 한다(3+4).

(4) ① 그 학생은 이론에는 밝으나, 실용에는 어둡다(1+1).
② 사람은 학문이 아니면, (사람은) 본디 깨닫기가 어려우니, 그 어떤 사람이 충성을 하겠는가?(1(S+P(P+S)ー(S)+P(P+S)+3)). * 非=徵(반드시 주어를 뒤에 가짐).
③ 나의 산장 뒤에 한 복숭아 동산이 있는데, 꽃이 피어서, 바야흐로 한창이다(1+1+1).
④ 그가 어릴 때에 여러 형과 함께 배를 먹었는데, (그는) 그 작은 것을 취했다(3+3). 幼時[특수명사]
⑤ 마한은 언제나 5월에 씨뿌리기가 끝나면, (마한은) 귀신에게 제사지냈다(S+P(S+P))+1. 種(종) 씨를 뿌리다, 씨뿌리기. 以五月[객어].

(5) ① 충무공은 "전쟁이 한창 급하니, 삼가서 내가 죽었다는 것을 말하지 말라"고 한다(S+P+C(S+PーPーP+O(S+P))).
② 천자로부터 서민에 이르기까지 애도하지 않는 이가 없다(M2+P+S). * 自[전치사], 至[전

치사] 까지. 自天子以至於庶人－온 나라 사람으로서의 뜻.
③ (하루에) 천리를 달리는 말은, 한 끼에 가다가는 조 한 섬을 다 먹는다(S+P(M₂+P+O))(3). 馬之千里者－뒷 어절을 앞 말의 관형어로 만들 때는 그 어절 뒤에 〈者〉를 붙인다. 之[동사] 가다.

(6) ① 초고왕 46년 겨울 1월에, 얼음이 어는 일이 없었다(1). 肖－月[시간명사]. 冰[명사형] 얼음이 어는 일.
② 을지문덕은 시 한 수를 적군의 장수 우중문에게 보낸다(4). 與[수여동사].
③ 양원왕 20년 겨울에 백제의 웅천성을 쳤으나, 이기지 못했다(3+1). 冬[특수명사].
④ 문익점이 목면꽃의 열매를 구해서, 붓 대롱에 넣어서, 그리하여 돌아온다(3+1+1).
⑤ 하루(의) 중에 소가 밭을 가는 것이 언제나 사람보다 몇 갑절이다(1). 中[특수명사]. 所[불완전명사]－것.

(7) ① 소나는 어떤 이는 金川[쇠내]라고 하는데, 백성군 사산 사람이다(5+1). 素那[목적어].
② 그도 대장부이고, 나도 대장부인데, 내가 어찌 그를 두려워하겠는가?(1+1+3). 哉[종] 반문을 나타낸다.
③ 외로운 꽃이 깊은 숲 속에 있어도, 벌 나비는 알지 못하는 일이 있지 않다(1+1). * 然[접]. 莫=不.
④ 범을 쳐서, 그것을 죽여서, 그 가죽을 취하여서, 그것을 팔았더니, 그 값이 천금이었다(3+3+3+3+1). * 取=손에 넣다.

(8) ① 하늘과 땅과 해와 달은 예나 지금이 한가지인데, 세상의 인심은 아침 저녁으로 바뀐다(S+P(S+P)+1). 同=한가지이다.
② 나라가 어지러우면, 충신이 나타나고, 육친(집안)이 화목하지 못하면, 효자가 나타난다(1+1+1+1). 有[특수동사] 있다. 생기다. 나타나다.
③ 일은 작더라도, 시작하지 않으면, 이루어지지 아니하고, 자식은 현명하더라도, 가르치지 않으면, 명석해지지 않는다(1+3+1+1+3+1). 雖[접] 이 접속사는 주부와 설명부 사이에 놓이기도 함. * 不敎←不敎之.
④ 술잔치에서 말을 하지 않은 이는 진짜 군자이고, 재물(처리)에 분명한 이는 대장부이다(1+1). * 酒－술, 술잔치. 中[후] 중에서, 에서. 財上－재물에 곧 재물 처리에. 上[후치사]에. 分明[명사형].
⑤ 밭이 있더라도, 갈지 아니하면 창고는 비고, 책이 있더라도 가르치지 아니하면, 자식은 우매하다(1+3+1+1+3+1). 倉廩－창고(창름).

(9) ① 치원은 나이 12에 이르자, 앞으로 큰 배와 함께 가서, 당나라에 들어가서, 학문을 구하려 했다(1+1+1+3). 將[부] 앞으로. 海舶[해박] 바다를 다니는 큰 배.
② 8월 15일은 우리 나라 풍속에서는 추석이라 일컫고, 또 가배라고도 한다(5+5). 八月十五日[목적어]. 이 문장(월)의 주어는 〈國人〉, 稱, 曰[불완전타동사].
③ 찬 없는 밥을 먹고, 맹물을 마시고, 팔을 굽혀서 그것을 베개로 삼아도, 즐거움이 또한 (그) 속에 있다(3+3+3+3+1).

(10) ① 나아가도 또한 걱정이고, 물러가도 또한 걱정이면 그러면 어느 때에 즐겁겠느냐?(1+1+1). 然則[접]. 何時, 時는 특수명사. 而[후] 부사어 뒤에 붙음. 耶[의문종결사].
② 등짐장수라도, 틀림없이 존귀한 이가 있는데, 하물며 넉넉하고 지체 높은 사람이 (어찌 존귀한 이가 없겠느냐?(1+1+1). 負販者[설명어] 등짐장수이더라도. 也[종] 절을 마쳐

줌. 而況(이황) 하물며. 富貴[명사형] 넉넉하고 지체 높은 이.
③ 군사가 사람과 말에 밟히고 깔리어, 진흙 속에 떨어져서, (거기서) 죽은 사람이 매우 많다(1+1+1). 爲[피동조동사] 爲+蹈(밟히다).
④ 내가 이 일을 하는 까닭은 나라의 급한 일을 먼저 하려는 때문이다(1). 我所以爲此者[주어구], 所以[불완전명사] 까닭. 爲[타동사] 하다. 此[대] 이 일. 者[후] 은. 以先國家之急－是以先國家之急(P+C) 是[지] 이다. 以[전] 때문, for. 先[동] 먼저하다. 急[명사형] 급한 일.

15 다음을 우리말로 옮기고, 그 문형을 밝혀라.

(1) ① 薛聰始作吏讀官府民間至今行之
　　② 王十九年中國大亂漢人避亂來投
　　③ 其智證王之曾孫事眞平大王爲伊湌

(2) ① 志鬼新羅活里人慕善德女王形容憔悴
　　② 慶州爲帝王之都赫居世敎百姓於玆
　　③ 午後渡鴨綠江行三十里露宿九連城

(3) ① 長壽王四年王敗于蛇川之原獲白獐
　　② 仇首王三年靺鞨來圍赤峴城主固拒
　　③ 驟徒沙梁人奈麻聚福之子史失其姓　*沙梁人[수식어]. 奈麻－신라 관등의 하나.

(4) ① 壬辰之夜我與客泛舟遊於白江之下
　　② 吾少時家貧無書每借之於藏書家
　　③ 國之語音異乎中國與文字不相流通

(5) ① 王元年百濟以大兵來攻茂山甘勿等城
　　② 伯夷隱於首陽山採薇而食之遂餓死
　　③ 官昌品日之子少而爲花郞善與人交

(6) ① 慕本王元年八月大水崩二十餘所
　　② 山上王七年九月王以無子禱於山川
　　③ 里人以其弟爲小人而以其兄爲君子

(7) ① 金庾信拔其所佩刀斬其馬棄鞍而歸
　　② 吾爲父死諸公爲鄕里死卽我道可完
　　③ 丐者非向貴人乞錢以錢託貴人耳
(8) ① 叟不遠千里而來亦將有以利吾國乎
　　② 不惟有超世之才亦有堅忍不拔之志
　　③ 孟子曰何以異於人哉堯舜與人同耳 * 何以[부].
(9) ① 慕本王元年冬十月立王子翊爲王太子
　　② 文武王十一年發兵侵百濟戰於熊津南
　　③ 觀君顔色非常人豈非北國神王之子乎
(10) ① 足下欲助秦攻諸侯乎欲率諸侯破秦乎
　　② 勤則家起懶則家傾儉則家富奢則家貧
　　③ 根深之木風亦不扤源遠之水旱亦不渴

---

(1) ① 설총이 비로소 이두를 지었는데, 관청과 민간에서(=이) 지금까지 그것을 쓰고 있다(3+3).
　② 왕 19년에 중국이 크게 어지러워지자, 한 나라 사람들이 난리를 피하여, 와서, 의탁한다(1+3+1+1). * 來投=來而投.
　③ 그는 지증왕의 증손인데, 진평대왕을 섬기어, 이찬이 된다(1+3+2).
(2) ① 지귀는 신라 활리 사람인데, 선덕여왕을 그리워하여, 모습이 초췌해졌다(1+3+1).
　② 경주는 제왕의 도읍지인데, 혁거세는 여기에서 백성을 가르쳤다(2+3).
　③ 오후에 압록강을 건너서, 30리 가서, 구련성에서 노숙한다(3+1+1). * 午後[특수명사].
(3) ① 장수왕 4년에 왕이 사천의 벌에서 사냥했는데, 흰 노루(한 마리)를 잡았다(1+3). 畋ー밭갈다(전). 사냥하다(전).
　② 구수왕 3년에 말갈이 (침략해) 와서, 적현을 에워쌌는데, 성주가 굳게 막아 내었다(1+3+3).
　③ 취도는 사량 사람인 내마 취복의 아들인데, 역사는 그의 성을 잃었다(그의 성은 역사에 전하지 않는다)(1+3).
(4) ① 임진의 밤에 나는 손과 배를 띄우고서, 백강의 아래에서 놀았다(3+1). 壬辰(임진) 육십갑자의 하나. * 我與客은 〈나와 손〉으로도 옮겨진다.
　② 나는 어릴 때 집이 가난하여, 책이 없어서, 늘 장서가에게서 그것을 빌렸다(1+1+3). 少時[특수명사].
　③ 우리나라의 말은 중국과 달라서, 한자로써는 서로 잘 통하지 아니한다(1+1). 與[전] 과.
(5) ① 왕 원년에 백제는 대군을 거느리고서, 와서, 무산, 감물 등의 성을 쳤다(3+1+3). 以, 거느리다.
　② 백이는 수양산에 숨어서, 고비를 캐어서, 그것을 먹(고 살)더니, 마침내 주려 죽었다(1+3

　　　　+3+1). * 餓死는 한 낱말임.
　　③ 관창은 품일(장군)의 아들인데, 어릴 때(에) 화랑이 되었으나, 잘 남과 사귀었다(1+2+1).
　　　　少[명사형] 어릴 때. 而[후치사] 앞 말을 부사어를 만들어 줌.
(6) ① 모본왕 원년 팔월에 크게 시위가 나서, 스물 몇 곳을 무너뜨렸다(1+3). 水-시위, 큰물,
　　　　여기서는 [용언형] 시위나다. 큰물나다.
　　② 산상왕 7년 9월에 왕은 자식이 없었기 때문에, 산천에 빌었다(1). * 以[전].
　　③ 마을 사람들은 그 아우를 소인이라 하고, 그 형을 군자라 한다(5+5). 以[전] 을. 爲[불완
　　　　전타동사].
(7) ① 김유신은 그가 찬 칼을 뽑아서, 그의 말을 베고서, 안장을 버리고, 돌아갔다(3+3+3+1).
　　　　斬의 주어는 金庾信이고, 棄, 歸의 주어도 金庾信임. 所佩(소패) 찬, 所[어두] 우리말의 관
　　　　형어미와 같은 구실을 함. 佩-차다(패).
　　② 나는 아버지를 위하여 죽고, 여러분은 고향을 위하여 죽는다면, (우리는) 우리 도를 지킬
　　　　수 있다(1+1+3). 爲[전] for, -을 위하여. 道-행정 구역의 하나. 完-지키다.
　　③ 거지는 귀인에게 돈을 구걸한 것이 아니고, (그는) 돈을 귀인에게 맡겨 놓았을 뿐이다(2
　　　　+4). 者[후] 는. 向[전] 에게. 乞(걸) 빌다. 以[전] 을. 耳[후치사].
(8) ① 어르신께서 천리를 멀어하시지 아니하고서, 오셨으니, 또한 장차 이 일로써 내 나라에 이
　　　　로움이 있겠습니까(3+1+1). 叟(수) 웃어른의 호칭(높임). 遠[동] 멀어하다. 以=以之의 준
　　　　말. 以 뒤의 之(=是)는 흔히 줄어짐. 以는 본디 사용하다란 동사였으나 뒷날 전치사로
　　　　바뀌었음. * 有以(之)利吾國乎=有(P)+以之利吾國(S), S+M₂+P+M₂.
　　② 다만 세상에서 뛰어난 재주가 있을 뿐 아니라, 또한 굳게 참는 움직일 수 없는 의지가 있
　　　　다(2+1). * 不=非, 惟=唯(다만). 之[후] 앞 말을 관형어로 만들어 줌. 拔-뽑다. 不拔-뽑
　　　　히지 않는→움직일 수 없는.
　　③ 맹자는 "어째서 남과 다르겠느냐? 요와 순도 다른 사람과 꼭 한가지이다."고 말했다((S+
　　　　P+C ((S)+P+M₂-S+M₂+P)). 何以-어째서. 人-남. 다른 사람. 耳-단정종결사.
(9) ① 모본왕 원년 겨울 10월에 왕자 익을 내세워서, (그를) 왕태자로 삼았다(3+5). 立-내세우
　　　　다. 爲[불완전타동사].
　　② 문무왕 11년에 (왕은) 군사를 내어서, 백제를 쳐들어가서, 웅진의 남쪽에서 싸우다(3+3+
　　　　1). * 戰, 싸우다. 역사적 사실은 이렇게 원형으로 옮기는 것이 좋다.
　　③ 그대의 얼굴빛을 보니, 예사 사람이 아니구나! 혹시 북쪽 나라 신왕의 아들이 아니냐?(3
　　　　+2+2). 豈(기) 혹시.
(10) ① 당신은 진나라를 도와서 제후에 치려합니까? (아니면) 제후를 이끌고서 진나라를 부수려
　　　　합니까?(3+3). * 足下[대] 당신. 助秦과 率諸侯는 부사절, 조동사와 본동사 사이에 놓여
　　　　있음.
　　② 부지런하면, 집안이 일어나고, 게으르면, 집안이 기울어지며, 검소하면, 집안이 넉넉해지
　　　　고, 사치하면 집안이 가난해진다(1+1, -1+1, -1+1, -1+1). * 奢-사치할(사).
　　③ 뿌리가 깊은 나무는 바람에도 흔들리지 아니하고, 근원이 깊은 물은 가뭄에도 마르지 아
　　　　니한다(1+1). * 根深之[관형절]. 風亦-이런 경우 부사 亦은 '도'와 같은 보조조사로 보는
　　　　것이 편리하다.

16 다음을 우리말로 옮기고, 그 문형을 밝혀라.

(1) ① 人雖至愚責人則明雖有聰明恕己則昏
　　② 王二十五年高句麗侵王親率兵一萬以拒之
　　③ 樹在道邊而多子此必苦取子食之信然

(2) ① 百結先生不知何許人居狼山之下家極貧
　　② 行善之人如春園之草不見其長日有所增
　　③ 俎豆之事則嘗聞之矣軍旅之事未嘗學也

(3) ① 物無大小必有其性事無巨細必有其理
　　② 固城郡本古自郡景德王改名今因之領縣三
　　③ 逸聖王二十一年宮門災彗星見東方又見北方

(4) ① 溫達曰鷄立峴竹嶺已西不歸於我則不返
　　② 扶餘以殷正月祭天國中大會連日飮食歌舞
　　③ 大孝終身慕父母五十而慕者予於大舜見之

(5) ① 義慈王二十年王都井水血色西濱小魚出死
　　② 余以每年三月返而君以冬二月去終不得一逢
　　③ 扶餘王無子只有三女朱蒙知非常人以二女妻之

(6) ① 日月星辰者天之所係江海山岳地之所載也
　　② 四方諸國各製文字獨我國無之大王親制正音
　　③ 義慈王十九年衆狐入宮中一白狐坐上佐平書案

(7) ① 日月雖明不照覆盆之下刀刃雖快不斬無罪之人
　　② 朝鮮有五大江鴨綠江豆滿江漢江洛東江大同江是也
　　③ 我國初無君長有神人降于太白山下國人立爲君是檀君也

(8) 晋侯在外十九年矣險阻艱難備嘗之矣民心情僞盡知之矣

(9) 吾家深山中每春夏之交蒼蘚盈階落花滿徑門無剝啄松影參差禽聲上下

(10) 朴堤上或云毛末始祖赫居世之後婆娑王五世孫祖阿道葛文王父勿品波珍湌

堤上任爲歃良州干

(1) ① 사람은 지극히 어리석더라도, 남을 나무라는 데는 밝고, 총명함이 있더라도, 자기를 용서하는 데는 어둡다(1+1−1+1). * 雖[접] 하더라도. 이 접속사는 주어 뒤에 놓이는 일이 있다. 여기서는 선행절 人至愚와 종결절 責人則明을 잇고 있다. 責[명사형] 나무라는 데. 則[후] −은/는. 人, 남. 責人則[객어]. 恕己[객어].
② 왕 25년에 고구려가 쳐들어오자, 왕은 몸소 군사 일만을 거느리고서, 그것을 막았다(3+3+3). 以[접] 그리하여.
③ 나무가 길가에 있으면서, 열매가 많으면, 이(열매)는 반드시 쓰다. 열매를 따서, 그것을 먹어 보았더니, 과연 그러했다(1+1+1−3+3+1). * 而[접]. 多, 이 형용사는 주어를 뒤에 가짐, 多情−정이 많다(P+S). 子, 열매. 信, 과연. 然, 그러하다.

(2) ① (우리는) 백결 선생이 어디 사람인지를 알지 못한다. (그는) 낭산 아래에 살았는데, 집이 지극히 가난했다((S)+P+O(S+P)+1+1). * 이 문장(월)은 '我不知百結先生何許人'이 문장성분의 차례바뀜으로 말미암아 생긴 문장(월)이다. 이 문장(월)에 不知의 주어는 문장(월) 뒤에 숨어 있는데, 我이다. 我+不知(S+P). 何許人은 百結先生의 설명어이다. 何許人의 何許는 의문사(물음을 나타내는 낱말)이므로 '百結先生何許人'은 의문문이 된다. 知[타] 뒤에 목적절(百結先生何許人)을 가지고 있다.
② 착한 일을 (행)하는 사람은 봄 동산의 풀과 같아서, 그것이 자라는 것을 보지는 못하나, 날로 늘어가는 것이 있다(1+3+1). 其長[목적절]. 日[시간명사] 날, 날로. * 시간명사는 동사 앞에서 부사어 구실을 할 때가 많다. 有[특수동사] 뒤에 주어를 가짐. 有情−정이 있다. 所[불완전명사] 것, 뒤에 수식어를 가짐.
③ 제사지내는 일은 일찍이 그것을 들었으나, 군사의 일은 일찍이 듣지 못했다(3+3). * 俎豆(조두) 제기. 제사를 지냄. 俎(조) 제기. 豆(두) 제기. 事[목적어]. 軍旅(군려) 군대, 전쟁. 未=不.

(3) ① 물건에는 큰 것, 작은 것 없이 반드시 그 성질이 있으며, 일에는 큰 일, 작은 일 없이 반드시 그 이치가 있다($M_2+M_1(P+S)+P+S-M_2+M_1(P+S)+P+S$). * 無大小, 無巨細[부사절].
② 고성군은 본디 고자군인데, 경덕왕이 이름을 (고성군으로) 고쳤으며, 지금도 그것(이름)에 따른다. 관할하는 현은 3이다(1+3+1・1).
③ 일성왕 21년에 궁문에 화재가 나고, 혜성이 동쪽에 나타났고, 또 북쪽에 나타났다(1+1+1). * 宮門[객어] 주제어가 되어 설명어 앞에 놓여 있음. 災(재) 재앙・화재, 여기서는 [용언형], 화재가 나다.

(4) ① 온달은 "계립현과 죽령의 서쪽이 우리에게 돌아오지 않으면, 나는 돌아오지 않겠다."고 말했다(S+P+C(S+P−S+P)). * 已西−而西, 서쪽. 則[접] 그러면.
② 부여는 은나라 정월에 하늘에 제사지냈는데, (그때는) 온 나라(사람)이 크게 모여서, 나날이 마시고, 먹고, 노래하고, 춤추었다(1+1+1+1+1+1). * 正月[특수명사]. 以[전] 에. 國中−은 나라. 連日−나날이.
③ 큰 효자는 한평생 부모를 받든다 하는데, 쉰에서도 받드는 이를 나는 대 순임금에게서 (그것을) 보았다(3+3). * 終身[부] 한평생. 慕[동] 받들다. 而[후] 에, 에서. 大舜−대 순임금. 之, 본디 목적어 五十而慕者가 있던 자리임을 지적하고 있다.

(5) ① 의자왕 20년 나라의 수도의 우물물은 핏빛이었고, 서쪽 물가에 작은 고기가 나와서, 죽었다(1+1+1). * 西濱[객어] 서쪽 물가에. 주제어가 되어 주어 앞에 놓여 있다.
② 나는 매년 3월에는 (고향에) 돌아오는데, 그대는 겨울 2월에 (고향에서) 떠나므로, (우리는) 끝내 한 번도 만날 수 없겠구나(1+1+3). * 以一에 (每)年[특수명사]. 三月[특수명사]. 而[접].
③ 부여왕에게는 아들이 없고, 다만 세 딸이 있었는데, 주몽이 예사 사람이 아님을 알고서, 두 딸을 그에게 시집보냈다(1+1+3+5). * 知[타동사], 非常人[목적구](P+C) 예사 사람이 아님을. 以[접] 그래서. 妻[수여동사] 시집보내다. * 朱蒙知非常人(←扶餘王知朱蒙非常人).
(6) ① 해와 달과 별은 하늘에 매달렸고, 강과 바다와 산은 땅에 실렸다(1+1). * 星辰―별. 者[후] ―은/는. 之[후] 에. 所[피동조동사]. 所係, 매달리다. 山岳, 산. 所載, 실리다. 載, 싣다.
② 사방의 모든 나라가 각각 글자를 만들었는데, 홀로 우리나라만이 그것을 가지지 못했으므로, 대왕은 몸소 정음을 만드셨다(3+3+3). * 無=不有―가지지 못하다. 之[대명] 그것 (목적어, 객어로만 쓰임. 주어, 관형어에는 其(그것·그)를 씀).
③ 의자왕 19년에 여러 마리의 여우가 대궐 안에 들어왔는데, 한 마리의 흰 여우가 상좌평의 책상(위)에 앉았다(1+1). 上佐平―백제의 벼슬 이름. 오늘날의 수상에 해당됨.
(7) ① 해와 달이 밝기는 하나, 엎어진 동이의 아래를 비추지(는)못하고, 칼날이 날카롭기는 하나, 죄 없는 사람을 베지는 못한다(1+3 : 1+3). * 雖[접]. 覆(복) 엎어질. 盆(분) 동이. 刃(인) 칼날. 快(쾌) 날카로울. 無罪之[관형절] 之는 관형어를 만들어 주는 후치사.
② 조선에 다섯 큰 강이 있는데, 압록강·두만강·한강·낙동강·대동강이 그것이다(1+1). * 是, 이것, 그것.
③ 우리나라에는 처음 임금이 없었는데, 어떤 신인이 태백산 아래에 내려오자, 나라 사람들이 (이분을) 내세워서, 임금으로 삼았다. 이분이 단군이시다(1+1+3+5+1). * 初[특수명사]. 無[특수형용사]. 有[관] 어떤. 降(강) 내려오다. 立, 立之의 준말. 爲[불완전타동사]. 爲君=國人以神人爲君(S+O+P+C)의 준말, 위에서 以神人은 목적어, 君은 보어.
(8) 진나라의 제후가 19년 동안 (나라) 밖에서 살았는데, (그는) 험하고 어려운 일을 골고루 (그것을) 맛보았으므로, 백성들의 마음의 진실과 거짓을 (그것을) 모조리 알고 있었다(1+3+3). 晉~外[주어절]. 矣[종]. 險阻(험저) 험한 일. 難難(간난) 어려움, 어려운 일. 備(비) 골고루. 之, 본디 목적어가 있었던 자리를 가리키는 대명사. 번역하지 않아도 됨. 情僞[목적구] 진실과 거짓.
(9) 내 집은 깊은 산 속이므로, 언제나 봄과 여름이 바뀔 때이면, 푸른 이끼는 섬돌에 차고, 떨어지는 꽃은 길에 찬다. 문에는 (문) 두드리는 소리가 없고, 소나무 그림자는 얼쑹덜쑹하며, 새 소리는 (위 아래로) 오르내린다(1+1+1+1·1+1+1). * 每[부사] 언제나. 交[명사형] 바뀔 때, 여기서는 서술어. 蘚(선) 이끼. 階(계) 섬돌. 經(경) 길. 剝啄(박탁) 손이 찾아와서 문 두드리는 소리. 參差(참치) 가지런하지 아니한 모양.
(10) 박제상은, 어떤 이는 모말이라고 하는데, (박씨의) 시조 혁거세의 후예이며, 파사왕의 5세손이다. 할아버지는 아도 갈문왕이요, 아버지는 물품 파진찬이다. 제상은 임용되어, 삽량주의 원이 되었다(5+1+1―1+1―1+2). 朴提上[목적어]. 或[주어] 어떤 이. 云[불완전타동사]. 葛文王, 신라 때 임금의 아버지나 장인 또는 친형제, 여왕의 남편에게 주던 봉작. 波珍飡, 신라 17관등의 넷째 등급. 任(임) 임용되다. 干(간) 원.

91

17 다음을 우리말로 옮기고, 그 문형을 밝혀라.

(1) ① 傍若無人　　　　　② 有備無患
　　③ 不動如山　　　　　④ 每戰必敗
　　⑤ 未嘗不勝　　　　　⑥ 不亦重乎 * 亦-어찌.

(2) ① 衣莫若新　　　　　② 危由累卵
　　③ 敢不敬乎　　　　　④ 子好勇乎
　　⑤ 彼惡知之　　　　　⑥ 何憂何懼

(3) ① 富貴非吾願　　　　② 將軍毋失時
　　③ 客從何處來　　　　④ 子盍行仁政
　　⑤ 多勞而少功　　　　⑥ 莫非我師也

(4) ① 汝今安在哉　　　　② 聖人無常師
　　③ 何處秋風至　　　　④ 誰能堪此乎
　　⑤ 釀酒以飮客　　　　⑥ 如何不淚垂

(5) ① 懸羊頭賣狗肉　　　② 兵非君子之器
　　③ 未知生焉知死　　　④ 視吾舌尙在否
　　⑤ 於斯三者何先　　　⑥ 魚鳥不可勝數

(6) ① 學若無成死不還　　② 豈可空過此生乎
　　③ 一葉落知天下秋　　④ 吾未遂平生之志
　　⑤ 知其一未知其二　　⑥ 天下莫柔弱於水

(7) ① 貧賤之交不可忘　　② 夫子何爲不執弓
　　③ 天下治歟不治歟 * 天下[주어].　④ 雖君子非無過失
　　⑤ 大風起兮雲飛揚　　⑥ 南師不時必無功

(8) ① 有百害無一利　　　② 此吾所以悲也
　　③ 汝何爲不去也　　　④ 江碧鳥逾白
　　⑤ 抉吾目懸東門　　　⑥ 無不知愛其父

(9) ① 夫子之言不亦宜乎　　② 井蛙不可以語於海
　　③ 有牽牛而過堂下者　　④ 在天者莫明於日月
　　⑤ 得天下英才敎育之　　⑥ 千里之行始乎足下
(10) ① 如至乎大病則如之何　② 尋向所誌迷不復得路
　　③ 以子之矛陷子之盾何如　④ 夫子聖者歟何其多能也
　　⑤ 與其得小人寧得愚人

(1) ① 옆에 사람이 없는 것과 같다(1). 거리낌 없이 함부로 행동함의 뜻. * 옆은 두 쪽, 곁은 어느 한 쪽. 無人(←於無人) 사람이 없는 것과[객어].
② 준비된 것이 있으면 근심이 없다(1+1). 備[명사형].
③ 움직이지 아니함이 산과 같다(1).
④ 싸움마다 반드시 진다(1). * 주어가 생략된 문장(월)이다. 每[전치사]. 每戰[객어].
⑤ 일찍이 이기지 아니한 일이 없다(1). 未=無[특수형용사] 未는 가끔 특수형용사로 쓰인다. 嘗[부사] 일찍이. 不[조동사의 명사형].
⑥ 어찌 무겁지 아니하겠느냐?(1) * 주어가 생략된 문장(월)이다.
(2) ① 옷은 새로운 것에 미치는 것이 없다(S+P(P+S)). 莫=無, 新[명사형] 새로운 것. 문장성분으로서는 객어, 於新의 준말. 若[명사형] 미치는 것.
② (그것은) 쌓은 알처럼 위험하다(1). 累(루) 포갤. 由[전] -처럼.
③ 어찌 (그를) 공경하지 않겠느냐?(3) 敢(감) 어찌.
④ 당신은 용기를 좋아하느냐?/좋아합니까?(3) * 好[동].
⑤ 그가 어찌 그것을 알겠느냐?(3) 惡(오) 어찌.
⑥ 무엇을 근심하고 무엇을 두려워하겠는가?(3) 懼(구) 두려워할.
(3) ① 부귀는 내가 바라는 것이 아니다(S+P+C(S+P)). * 願[명사형] 바라는 것.
② 장군은 때를 잃지/놓치지 말라(3). 毋=勿.
③ 손님은 어느 곳으로부터 옵니까?(1) * 從[전] 으로부터.
④ 선생은 어째서 어진 정치를 하시지 않습니까?(3) * 盍(합)=何不(하불)의 준말.
⑤ 수고로움은 많으나 공은 적다(1+1). 형용사 多, 少는 뒤에 주어를 가짐.
⑥ 나의 스승이 아닌 것이 없다(P+S(P+C)). 非[명사형] 아닌 것.
(4) ① 너는 지금 어디에 있느냐?(1). * 安[의문대명사사] 어디. 의문대명사사는 의문문을 만들어 줌.
② 성인에게는 일정한 스승이 없다(1). 聖人[객어]. 常(상) 일정한.
③ 어느 곳으로부터 가을바람이 불어오느냐?(1). * 何[의문관형사].
④ 누구가 이것을 견딜 수 있겠느냐?(3). * 乎[의문종결사].
⑤ 술을 빚어서 그리하여 손님에게 (그것을) 마시게 한다(3+3). 以[접]. 飮(음) 마시게 하다.
⑥ 어째서 눈물을 흘리지 않느냐?(3) * 如何[의문부사] 어째서. 淚垂(루수) 눈물을 흘리다. 목적어 淚가 조동사 不과 본동사 垂의 사이에 놓여있다.
(5) ① 양머리를 걸어 놓고서, 개고기를 판다(3+3). 이 문장(월)은 懸羊頭而賣狗肉에서 而가 준

월이다.
② 무기는 군자의 도구가 아니다(2). * 非[부정지정사] 아니다.
③ 아직 삶을 알지 못하는데, 어찌 죽음을 알겠느냐?(3+3) * 焉ㅡ어찌.
④ 내 혀를 보아라, 아직 있느냐?(3+1) 乎[의문종결사].
⑤ 이 세 가지 일 중에서 어느 것을 먼저 하겠느냐?(3) * 於[전] 중에서. 者ㅡ일.
⑥ 물고기와 새를 이루 다 샐 수 없다(3). 勝[부] 이루 다.
(6) ① 학문이 만약 이루어지지 아니하면, 죽더라도, 돌아가지 않는다(1+1+1). * 無=不.
② 어찌 이 한평생을 헛되이 보낼 수 있겠는가?(3) * 空[부] 헛되이.
③ 한 잎이 떨어지면, (우리는) 천하가 가을임을 안다(1+(S)+P+O(S+P)).
④ 나는 아직 한평생의 뜻을 이루지 못했다(3). * 未=不曾.
⑤ 그 하나는 알고, 아직 그 둘은 알지 못한다(3+3). * 未=不曾.
⑥ 천하에 물보다 부드럽고 약한 것이 없다(1). * 莫=無, 柔[명사형] 부드러운 것. 弱[명사형] 약한 것.
(7) ① 가난하고 비천할 적의 사귐은 잊어서는 안 된다(1). 不可[조동사] 해서는 안 된다. 賤[명사형] 비천할 적.
② 선생님은 어째서 활을 잡지 않습니까?(3) * 何爲[의문부사].
③ 천하는 다스려지는 것인가? 다스려지지 않는 것인가?(1+1) 歟[종] 의문을 나타냄. 治{피동형] 다스려지다.
④ 군자이더라도, 과실이 없지(는) 아니하다(1+1). 雖[전] 非=不.
⑤ 큰 바람이 일어나고, 구름이 날아오른다(1+1). 兮[후] 쉼표 구실을 함.
⑥ 남쪽 군사는 때를 얻지 못했으므로, 틀림없이 공이 없을 것이다(3+1). 時[동] 때를 얻다.
(8) ① 온갖 해만 있지, 하나의 이익이 없다(1+1). * 百[관] 온갖.
② 이것이 내가 슬퍼하는 까닭이다(S+M(S+P)+P). 所以[불완전명사] 여기서는 설명어 까닭.
③ 너는 어째서 떠나지 않느냐?(1) 何爲[의문부사].
④ 강이 푸르니, 새가 더욱 희다(1+1). * 逾[부] 더욱(유).
⑤ 내 눈을 뽑아서, 동문에 걸어라(3+3). * 抉{결] 뽑을.
⑥ 자기의 아버지를 위할 줄을 알지 못하는 사람은 없다(1=P+S(P+O(P+O))). 不知愛其父[주어구]. 不知[명사형] 알지 못하는 사람. 愛[명사형] 위할 줄. 其[대] 자기.
(9) ① 공자/선생님의 말씀이 어찌 옳지 않겠는가?(1) * 亦, 어찌.
② 우물의 개구리는 바다를 말할 수 없다(3). * 可以[조동] =可. 於[목적격조사] 을.
③ 소를 몰고서 집 아래로 지나가는 이가 있다(1=P+(M(P+O-P+M₂)+S)). 牽(견) 몰. 而[접]. 堂(당) 집. 者, 사람.
　이 문장(월)을 그림풀이하면 이렇다.

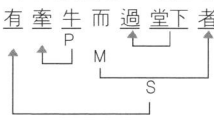

④ 하늘에 있는 것에 해와 달보다 밝은 것이 없다(1). 者[객어] 것에. 莫=無. 明[명사형] 밝은 것.
⑤ 천하의 영재를 얻어서, 그들을 가르친다(3+3).
⑥ 천리의 길도 발밑에서 시작된다(1). * 行[주어] 길.

(10) ① 만약 큰 병에 이르면, 그것을 어찌하겠느냐?(1+3) 如[부] 만약. 如之何(←如何之) 그것을 어찌하겠느냐? 如何란 말은 목적어를 대개 如와 何사이에 둔다.
② 전에 기록해 둔 곳을 찾았으나, 헤매다가, 다시는 길을 알아내지 못했다(3+1+3). 向[부] 전에. 所[불완전명사] 곳. 이 말은 뒤에 수식어를 가짐. 誌(지) 기록할. 所誌, 尋의 목적어. 得(득) 알. 不得[부분부정] 다시는 -하지 못하다.
③ 당신의 창으로 당신의 방패를 부순다면, (그것이) 어찌 되겠느냐?(3+1) * 陷(함) 부수다. 何如[설명어] 어찌되다.
④ 공자는 성인인가! 어찌 그리도 재능이 많은가?(1+1). * 夫子-선생님, 공자. 歟(여) 감탄을 나타내는 종결사. 其[부] 그리(그렇게). 多, 주어를 뒤에 가지는 형용사.
⑤ 소인을 얻기보다는 차라리 어리석은 사람을 얻겠다(3+1). 〈與其〉비교를 나타내는 접속사. 이 접속사는 흔히 不如, 不若, 寧 등과 호응해서 쓰인다. (不如·不若 [형용사]낫다) 이들을 우리말로 옮기면 〈與其A不如B, 與其A不若B〉은 〈A보다는 B가 낫다.〉로 옮겨지고, 〈與(其)A 寧B〉은 〈A보다는 차라리 B〉로 옮겨진다.

18 다음을 우리말로 옮기고, 그 문형을 밝혀라.

(1) ① 花如雪　　　　　　② 今是何世
　　③ 汝何不去　　　　　 ④ 子將何爲
　　⑤ 何故覓梨與栗

(2) ① 敢不聽命　　　　　 ② 吾不若君
　　③ 無草不死　　　　　 ④ 趙且伐燕 * 且[부사]
　　⑤ 隔靴搔痒

(3) ① 其豈不哀哉 * 哉, 반문을 나타냄　② 安可不樂哉
　　③ 鴻雁何時到　　　　 ④ 夫子焉不學
　　⑤ 何意棲碧山

(4) ① 予豈好辯哉　　　　 ② 空山不見人
　　③ 其常不讀書　　　　 ④ 盛年不重來
　　⑤ 吾不如其人

(5) ① 其恩不亦大哉 * 亦, 어찌.　② 觀越兵之滅吳

③ 宜省自己言行　　　　　　④ 來日我見將軍

　　　⑤ 盍各言爾志　* 盍(합) 어째서 -하지 않는가?

(6)　① 材木不可勝用　　　　　　② 以口舌居我上

　　　③ 勇者不必有仁　　　　　　④ 舍其路而弗由

　　　⑤ 若反國將爲亂　* 若[대명사]

(7)　① 恰如初聽楚歌時　　　　　② 天帝使我長百獸

　　　③ 欲得有才智者用　　　　　④ 從心所欲不踰矩

　　　⑤ 醉臥沙場君莫笑

(8)　① 秦人視之亦不甚惜　　　　② 胸中正則眸子瞭焉

　　　③ 明月時至淸風自來　　　　④ 天之蒼蒼其正色邪

　　　⑤ 君子去仁惡乎成名

(9)　① 死馬且買之況生者乎　　　② 小人之學入乎耳出於口

　　　③ 知進而不知退者愚人也　　④ 與其富而畏人不若貧而無屈

　　　⑤ 我自爲詐何以責臣下之直乎

(10) 車胤字武子幼時家貧不常得油夏月以練囊盛數十螢火照讀之以夜繼日後官
　　　至尙書郞今人以書窓爲螢窓由此也　* 車胤[주어]

---

(1) ① 꽃이 눈과 같다(1).
　　② 지금이 어느 세상이냐(2). 何[의문대명사]. 의문사(의문대명사, 의문동사, 의문형용사, 의문
　　　관형사, 의문부사)는 문장(월)에서 그 문장(월)을 의문문으로 만들어 주는 것이 원칙이다.
　　③ 너는 어찌 가지 않느냐(1). 何[의문부사].
　　④ 당신은 앞으로 무엇을 하겠습니까?(3) * 何[의문대명사] 의문대명사가 타동사의 목적어가
　　　되면 설명어의 앞에 놓인다.
　　⑤ 무슨 까닭으로 배와 밤을 찾느냐(3). 覓(멱) 찾을. 與[접] 과/와. 何[의문대명사] 무슨. 명사
　　　故를 수식하고 있음.
(2) ① 감히 명령을 따르지 않는다(3). 聽(청) 따르다.
　　② 나는 그대에게 미치지 못한다(1). * 若, 미치다.
　　③ 풀치고 죽지 아니한 것이 없다(P+S(M₂+P)). 不死[명사형] 죽지 아니한 것.
　　④ 조나라는 장차 연나라를 치려 한다(3). 且[부] 장차, 바야흐로.
　　⑤ 신가죽을 사이에 두고, 가려운 곳을 긁는다(3+3). 이 문장(월)은 신을 신고 가려운 데를

긁는다는 뜻. * 隔(격) 가로막을. 搔(소) 긁을. 痒(양) 가려울 여기서는 명사형 '가려운 곳'.
(3) ① 그것이 어찌 슬프지 않겠느냐?(1). 豈[의문부사].
② 어찌 즐거워하지 아니할 수 있겠느냐?(3) * 安[의문부사]. 可[가능조동사] 할 수 있다.
③ 기러기는 언제 이르느냐?(1) * 鴻(홍) 큰 기러기. 雁(안) 작은 기러기. 何[의문관형사]. 何時, 어느 때=언제.
④ 선생은 어찌 배우지 않느냐?(3) * 焉[의문부사]. ⑤ 무슨 뜻으로 푸른 산에 사느냐?(1). 何[의문관형사]. 棲(서) 살.
(4) ① 내가 어찌 변론을 좋아하겠느냐(3). * 豈[의문부사]. 辯(변) 변론.
② 빈 산에는 사람을 보지 못한다(3). * 空山이 주제어가 되어 있음.
③ 그는 언제나 책을 읽지 않는다(3). * 常不讀書 : 不常讀書 부사 常이 부정사 앞에 놓이면 〈전체부정〉이 되고, 부정사 뒤에 놓이면 〈부분부정〉이 된다. 常不讀書(언제나 책을 읽지 않는다=언제나 책을 안 읽는다). 不常讀書(언제나 책을 읽지는 않는다=가끔 읽는다) * 〈전체부정과 부분부정〉의 둘로 쓰이는 부사에는 다음과 같은 것이 있다(必, 常, 復(부), 甚, 俱…).
④ 한창 시절은 다시 오지 않는다(1). 重[부] 다시.
⑤ 나는 그 사람에게 미치지 못한다(1).
(5) ① 그(의) 은혜가 어찌 크지 않겠느냐?(1).
② 월나라 군사가 오나라를 망치는 것을 바라본다((S)+P+O(S+P+O)).
③ 응당 자기의 언행을 살펴야 한다(3). 宜[부사] 응당. 自己-自己之의 준말. 言行, 言與行의 준말.
④ 내일 우리는 장군을 만나겠다(3). 來日[특수명사].
⑤ 어째서 너희 뜻을 각각 말하지 않느냐?(3).
(6) ① 재목은 이루 다 쓸 수 없다(3). 勝[부] 이루 다 * '너무 많아서 이루 다'의 뜻.
② 말솜씨로는 내 위에 있다(1). 口舌-말솜씨.
③ 용감한 이에게 반드시는 어짊이 있지 아니하다(1). 勇者[객어].
④ 그 길을 버리고서, 따르지 아니한다(3+3). 弗=不. 由, 따르다.
⑤ 너는 나라에 돌아가면, 장차 반란을 일으킬 것이다(1+3). 若, 너. 反, 돌아가다. 將, 장차, 앞으로. 爲, 일으키다.
(7) ① 흡사 처음 초나라 노래를 들은 때와 같다(1=(S)+P+M₂(P+O)). * 恰[부] 흡사. 初[특수명사].
② 하느님이 나에게 온갖 짐승을 거느리게 했다(4). 長, 거느리다.
③ 재주와 지혜가 있는 이를 얻어서 쓰고 싶다(3). 欲得有才智者用-欲得有才智者用之의 준말. 得有才智者는 조동사(欲)와 본동사(用) 사이에 놓여 있는 부사절이다.
④ 마음이 하고자 하는 일에 따르더라도, 법도에 벗어나지 아니한다(1+1). * 所[불완전명사] 뒤에 수식어를 가짐. 心所欲(←心欲所) 마음이 하고자 하는 일. 踰(유) 벗어날. 矩[객어] 於矩(법도에)의 준말.
⑤ 취해서, 모래밭에 누웠지만, 자네/그대는 웃지 말라(1+1+1). 莫[금지조동사] 말라.
(8) ① 진나라 사람은 그것을 보고도, (또한) 심히는 애석해하지 않았다(3+3). * 亦[부] 또한 강조를 나타냄. 不甚[부분부정]. 惜(동) (석) 애석히 여기다.
② 마음속이 바르면, 눈동자가 맑다(1+1). * 焉[종] 마침표로 생각할 일.

③ 밝은 달은 (제)때에 이르고(떠오르고의 뜻), 맑은 바람이 절로 불어온다(1+1). * 時, 이 말은 '이때, 그때, 제때'의 뜻을 가지고 있다. 自[부] 절로.
④ 하늘이 푸르고 푸름은 그 본디 빛인가?(S(S+P)+P).
⑤ 군자가 어짊을 떠나면, 어디에서 명성을 이루겠는가? (3+3). 惡乎(오호) 어디에서.
(9) ① 죽은 말도 사는데 하물며 산 것이야?(3+1) * 且[차] 오히려. 之, 본디 목적어 死馬가 있는 자리를 나타내는 말. 〈산 것이야?〉 '산 것은 어찌 사지 않겠는가?'의 준말.
② 소인의 학문은 귀로 들어가서 입으로 나간다(1+1).
③ 나아갈 줄을 알면서 물러갈 줄을 알지 못하는 이는 어리석은 사람이다(1=M(P+O−P+O) −S+P).
④ 넉넉하면서 남을 두려워하기 보다는 가난하면서 굽히지 않는 것이 낫겠다(1). * 無=不[명사형] 아니하는 것. * 17번 문제의 (10)의 ⑤를 참고할 일.
⑤ 내가 스스로 거짓된 일을 하면서, 무엇으로써 산하가 정직하기를 요구하겠느냐?(3+3). * 詐[명사형] 거짓된 일. 何以[대+후] 무엇으로써. 責[동] 요구하다. 之[주격]. 直[명사형] 정직하기.
(10) 차윤는 자는 무자이다(S+P(S+P)). 어릴 때 집이 가난하여서, 언제나 기름을 구하지는 못하여, 여름 동안에는 명주 주머니에 몇 십 개의 반딧불을 채워서, (책에) 비추어서, 그것을 읽었으며, 밤을 낮에 이었는데 뒷날 벼슬이 상서랑에 이르렀다(1+1+3+3+3+3+3+1). 오늘날 사람들이 서재의 창을 형창(螢窓)이라고 하는 것은, 여기에 말미암은 것이다(S(S+O+P+C)+P+M₂). * 夏月, 여름 동안. 練(련) 누일. 練囊(연낭) 누인 명주로 만든 주머니. 讀之, 之는 목적어 書를 가리킴. 以[목적격전치사] 을. 爲[불완전타동사]. 此, 於此의 준말.

19 다음을 우리말로 옮기고, 그 문형을 밝혀라.

(1) ① 雁南歸   ② 花方盛
    ③ 白露爲霜   ④ 毋徒俱死
    ⑤ 臨淵羨魚   ⑥ 公子不過妄人耳

(2) ① 指鹿爲馬   ② 直不百步耳
    ③ 吾何爲不樂 ④ 死者不可復生
    ⑤ 不與我璧奈何 * 我[객어]

(3) ① 敵軍至無以渡 ② 桑田變碧海
    ③ 誰不知其不可 ④ 天道是邪非邪
    ⑤ 不敬何以別乎 ⑥ 君子以文會友

⑦ 欺人者却爲人所欺
(4) ① 吾與女伐狄　　　　　② 用力少而功多
③ 草色靑靑柳葉黃
④ 不知獸畏己而走　＊不知의 주어는 其인데 생략되었음.
⑤ 虞兮虞兮奈若何　　　⑥ 所願則學孔子也
(5) ① 肯將衰朽惜殘命　　　② 與長者期後何也
③ 其射猛獸亦爲所傷　　④ 天運循環無往不復
⑤ 白沙在涅與之皆黑　　⑥ 惟坐待亡孰與伐之
(6) ① 良醫知病人之死生　　② 人雖不用神必不舍也
③ 死者人之所必不免　　④ 大王無其臣無以終余年
⑤ 其成熟乎將以爲友也
(7) ① 於富貴不一動其心　　② 千丈之堤壞於蟻垤
③ 學業不可一日怠慢　　④ 死生有命富貴在天
⑤ 夏則爲大暑之所暴灸
(8) ① 民無食必死　　　　　② 一日難再晨
③ 人非生而知之者　　　④ 不有佳作何伸雅壞
⑤ 楚壞王爲秦所誘入朝
(9) ① 仁者必有勇勇者不必有仁　② 縱彼不言我獨不愧於心乎
③ 使民衣食有餘自不爲盜　　④ 道在爾而求諸遠
⑤ 其少而爲花郞善與人交
(10) ① 爾爲爾我爲我爾焉能浼我哉
② 宋人有耕田者田中有株兎走觸株折頸而死因釋其耒而守株冀復得兎兎不可復得而身爲宋國笑

(1) ① 기러기가 남쪽으로 돌아간다(1). 南[특수명사](방향). 歸, 돌아간다, 돌아온다.
② 꽃이 바야흐로 한창이다(1).

③ 흰 이슬이 서리가 된다(2).
④ 괜히 함께 죽지 말라(1). * 徒[부] 괜히.
⑤ 연못을 내려다보며, 고기를 부러워한다(3+3).
⑥ 도련님은 허망한 사람에 지나지 않는다(=일뿐이다)(1). * 耳[종] 일 뿐이다.

(2) ① 사슴을 가리켜서, (그것을) 말이라고 한다(3+5). 爲[불완전타동사] 爲馬 ← 爲之馬
② 다만 백 걸음이 아닐 뿐이다(2). * 不=非.
③ 내가 어째서 즐거워하지/즐겁지 않겠는가?(3/1).
④ 죽은 이는 다시 살아날 수 없다(1).
⑤ 나에게 옥을 주지 않으면, 어찌할꼬?(4+3).

(3) ① 적의 군사가 이르더라도, (강을) 건널 수 없다(1+3). 無以[조동사] 할 수 없다.
② 뽕나무 밭이 푸른 바다로 바뀐다(1).
③ 누가 그가/그것이 옳지 않음을 알지 못하/않겠느냐?(3). * 其[대명] 주어, 관형어로만 쓰임. 可(가) 옳다. 其不可[목적절].
④ 천지자연의 도리는 옳은 것인가, (그것은) 그른 것인가?(1+1). * 是, 옳다. 邪[의문종결사](야)
⑤ 공경하지 아니면, (그것을) 무엇으로 분별하겠느냐?(3+3). * 何[대] 무엇. 以[후] 으로써.
⑥ 군자는 글로써 벗을 모은다(3).
⑦ 남을 속인 자는 도리어 남에게 속힌다(S+P+M₂). * 欺(기) 속이다. 却(각) 도리어. 爲[전] 에게. 所[피동조동사].

(4) ① 나는 너와(함께) 오랑캐를 치겠다(3). * 與[전] 와(함께), 나와 너는 오랑캐를 치자(3). 與[접] 와.
② 힘을 쓴 것은 적으나, 공은 많다(1+1). 用[명사형].
③ 풀빛은 푸릇푸릇하고, 버들잎은 누르다(1+1).
④ (그는) 짐승들이 자기를 두려워하여 달아남을 알지 못한다(3=S+P+O(S+P+O -P)). 獸畏己而(獸)走[목적구].
⑤ 우야, 우야, 너를 어찌할꼬?(3) 虞(우) 우미인, 항우의 아내. 兮[후] 호격. 若, 너. 奈何(내하) 어찌할꼬. 奈何/如何 따위의 말은 두 글자 사이에 목적어를 가질 수 있음.
⑥ 바라는 것은 공자를 배우는 것이다(S+P(P+O)). * 所[불완전명사]. 學[명사형].

(5) ① 감히 노쇠한 몸을 가지고서, 남은 목숨을 아끼겠는가?(3+3) 肯(긍) 감히. 將, 가지다. 衰朽[명사형] 노쇠한 몸.
② 윗사람과 약속해 놓고서, 늦게 옴은 무슨 까닭이냐?(1+1) 後[동] 늦게 오다.
③ 그는 사나운 짐승을 쏘았으나, 역시 (그 짐승에게) 부상당했다(3+1). * 爲所傷(← 爲之所傷) 所는 피동조동사. 이 조동사 앞에 놓이는 爲는 전치사임.
④ 하늘의 운행은 돌고 도는 것이므로, 가서 되돌아오지 않는 일이 없다(1+1). * 環[명사형]. 往不得[주어구]. 不[명사형] 않는 일.
⑤ 흰 모래가 개흙에 있으면, 그것(개흙)과 함께 모두 검어진다(1+1). * 涅(녈) 개흙. 與[전] 과 함께. 黑[전성동사] 검어진다.
⑥ 그냥 앉아서 망하는 것을 기다리는 것은, 그들을 치는 것과 어느 쪽이 나으냐?(S(P−P+O)+P+M₂(P+O)). 孰與[동사구] 두 가지 사물이나 두 인물을 이 말의 아래 위에 들어, 어느 쪽이 낫냐고 묻는 말인데, 묻는 사람은 아래쪽이 낫다고 생각하여 하는 말임.

(6) ① 훌륭한 의사는 병인이 죽고 삶을 안다(S+P+O(S+P)). * 病—死[목적절].
    ② 사람이 쓰지 아니한다 하더라도, 신은 기필코 버리지 않는다(3+3).
    ③ 죽음은 사람이 절대로 면하지 못하는 것이다(1). 者[후] 은. 人—免[설명절]. 所, 것.
    ④ 대왕은, 그 신하가 없으면, 여생을 마칠 수 없습니다(1+3). 無以=不可.
    ⑤ 그가 성숙하면, 앞으로 그를 벗으로 삼으려 한다(1+5). * 乎[종] 이 종결사는 절에도 붙음. 以=以之의 준말.
(7) ① 부귀에 대하여 자기의 마음을 조금도 움직이지 아니한다(3). * 於[전] 에 대하여. 一[부] 조금도.
    ② 천 길의 둑이 개미집으로 무너진다(1). 蟻(의) 개미, 垤(질) 개미집.
    ③ 학업은 하루도 게을리 해서는 안 된다(3). 學業[목적어]. 一日[명사] 부사어가 되어 있음.
    ④ 죽고 삶에는 운명이 있고, 부와 귀는 하늘에 (달려)있다(1+1).
    ⑤ 여름에는 한더위 때문에 햇볕에 쬐어진다((S)+M₂+M₂+P+M₂). * S는 〈그곳〉 등의 뜻을 가진 말로 짐작됨. 문장(월)의 짜임을 더 상세히 풀면, S(其地)+M₂(夏則)+M₂(爲大暑之)+P(所暴)+M₂(炙)가 됨. 뒤에서 則은 후치사, 爲는 전치사, 之는 명사구(爲大暑)에 붙은 강조후치사임. 所[피동조동사]. 炙(구) 햇볕.
(8) ① 백성에게 먹을 것이 없으면, (그들은) 반드시 죽는다(1+1).
    ② 하루에 두 번 새벽이 오기는 어렵다(1). 一日[특수명사]. 晨[신] 새벽이 되다. 여기서는 명사형. 難[특수형용사].
    ③ 사람은 나면서 그것을 아는 것이 아니다(2). * 生而[부사어]. 而[부사어의 표지].
    ④ 훌륭한 작품을 짓지 아니하고서, 어찌 고상한 생각을 펼 수 있겠는가?(3+3) 有[자] 있다. [타] 가지다→짓다.
    ⑤ 초나라 회왕이 진나라에 속히서, (진나라에 가서) 입조했다(1+1). * 入朝, 벼슬아치가 조회에 들어감. 외국 사신 등이 조정에 들어가서 천자를 뵘. 爲[전] 에, 에게. 所[피동조동사]. 誘[동] (유) 꾀다. 거짓말하다.
(9) ① 어진 이에게는 반드시 용기가 있으나, 용감한 이에게는 반드시는 어짊이 있지 않다(1+1).
    ② 그가 (나에게) 말하지 아니한다 하더라도, 내가 어찌 마음에 부끄럽지 않겠느냐?(4+1) * 縱[접] 하더라도 獨, 어찌.
    ③ 백성들의 의식에 여유가 있게 하면, (그들은) 절로 도둑질을 하지 아니한다((S)+P(M₂+P+S)+3)). * 이 문장(월)의 앞 절의 주어는 〈통치자〉이고 뒷절의 주어는 〈백성들〉인데, 이들은 모두 생략되었음. 그리고 앞 절과 뒷 절을 잇는 접속사(而)도 생략되었음. 생략된 부분을 보충해서 문장(월)을 다듬어 보면 이렇다. 統治者使民衣食有餘而民自不爲盜 * 使[사동조동사] 본동사 有와 더불어 〈使有〉로써 설명어가 되어 있음. 自[부] 절로. 爲[동] 하다. 盜[명] 도둑질.
    ④ 도가 가까이에 있는데, 먼 데서 그것을 구한다(1+3). * 爾(이) 가깝다. 여기서는 명사형. 가까운 곳. 諸, 之於의 준말. 遠[명사형] 먼 데. 諸遠(=之於遠) 먼 데서 그것을.
    ⑤ 그는 젊어서 화랑이 되어서, 잘 사람들과 사귀었다(2+1). * 少而[부사어] 젊어서. 而는 부사어를 만들어 주는 후치사.
(10) ① 너는 너이고, 나는 나인데, 네가 어찌 나를 더럽힐 수 있겠느냐?(2+2+3). * 爾(이) 너. 焉(언) 어찌. 浼(매) 더럽히다.
    ② 이 문장(월)은 조금 긴 문장(월)이다. 그러므로 이 문장(월)에 대해서는 조금 자세히 설명

101

하기로 한다.
먼저 우리는 이 문장(월)에서 흔히 쓰지 않는 낱말 몇을 발견하게 되는데 올리면 이렇다 ―〈兎, 觸, 頸, 釋, 耒, 冀〉
한문(漢文)에서는 원칙적으로 한자(漢字) 한 자가 낱낱이 한 낱말[單語]이 된다. 그러니 먼저 이 낱말부터 조사해야 하겠다.

≪낱말≫ (1) 兎(토) 토끼. (2) 觸(촉) ① 닿다. ② 부딪치다. (3) 頸(경) 목. (4) 釋(석) ① 풀다=설명하다. ② 벗다(釋衣=옷을 벗다) ③ 내놓다(放釋) ④ 버리다. (5) 耒(뢰) 쟁기―농기구의 하나. (6) 冀(기) 바라다=희망하다.

처음 나타나는 낱말 〈宋人(송인)〉은 주어 같기도 하다. 그러나 우리의 머리는 곧 특수동사 〈有(유)〉를 바로 그 뒤에서 찾게 된다. 그러니 주어는 有 뒤에서 찾을 수밖에 없고, 이 때 有 앞의 명사는 〈―에〉에 해당되는 〈객어〉가 되는 것이 원칙이다. 그러면 有의 주어는 무엇일까?
〈有〉 바로 뒤에 나타나는 〈耕(경―갈다)〉은 동사로서 뒤에 〈田〉이란 목적어를 가지고 있으니, 耕은 주어가 될 수 없고, 〈耕田〉은 뒤의 불완전명사인 者(사람―반드시 앞에 관형어를 가짐)의 관형어가 되어 있으니, 耕田도 주어가 될 수 없다. 그러니 주어는 〈耕田者〉란 구의 〈者〉가 된다고 하겠으며, 宋人有耕田者는 〈문형 1형〉이 된다. 정리하면 이렇다.

宋人有耕田者(송나라 사람에 밭을 가는 사람이 있었다.)
* 耕은 과거로 옮긴 것은 宋은 옛날에 있었던 나라이기 때문임.

〈者〉 다음의 〈田中〉은 객어이고 〈株(그루터기)〉가 주어임은 앞 문장(월)에 준해서 알 수 있다. 정리하면 이렇다.

田中有株 〈문형 1형〉 밭 가운데(에) 그루터기가 있었다.

〈株〉 다음은 兎를 일단 주어로 잡을 만하다. 더구나 〈兎(주어)―走(설명어)〉의 통합마저 가능하니 더욱 그렇다. 그런데 〈走〉는 완전자동사이므로 혼자서 주어와 더불어 문장(월)이나 절이 되기도 하지만, 뒤에 객어를 가질 수 있다. 그러나 〈走〉 바로 뒤에 나타나는 觸(촉)은 완전자동사로서 바로 뒤에 〈株〉라는 객어를 가지고 있으니, 문장(월)은 결국 〈走〉에서 일단 끊어질 것 같다.
그런데 〈走〉 바로 뒤에 나타나는 〈觸〉도 주어는 같은 兎이니, 〈兎走(토끼가 달린다)〉는 여기서 문장(월)으로서 맺어지지 못하고 다음으로 이어가게 된다. 정리하면 이렇다.

兎走(토끼는 달리다가), 觸株(그루터기에 부딪친다)…
다시 말하면 〈觸〉의 줄어진 주어는 〈兎〉이고, 觸(완전자동사)은 뒤에 株(그루터기)란 객어를 가지고 있으니, 〈兎觸株(토끼가 그루터기에 부딪친다)〉는 〈주어―설명어―객어〉로 된, 〈문형 1형〉으로 귀착된다. 그리고 문장은 여기서 일단 끊어지는 것 같다.
그러나 〈株〉 뒤에 나타나는 折(타동 : 꺾다, 부러뜨리다―여기서는 부러뜨리다)의 주어도 역시 兎이다. 그러니 〈兎觸株〉에서는 문장(월)은 맺어지지 못하고, 또 다음으로 이어진다. 이상을 정리하면 이렇다.

兎走(토끼가 달리다가), 觸株(그루터기에 부딪쳐서), 折頸(목을 부러뜨린다)…

〈折頸〉에서 〈折〉의 줄어진 주어도 〈兎〉이고, 折(완전타동사)은 뒤에 頸(목)이란 목적어를 가지고 있으니, 결국 이 문장(월)은 〈兎折頸(토끼가 목을 부러뜨리다)〉란 〈문형 3형〉에 귀착된다.
그런데 〈頸〉 뒤에 나타나는 而는 접속사임이 분명하다. 그것은 〈折〉과 〈死〉는 다 같이 兎(주어)의 설명어이며, 이 두 낱말이 앞, 뒤 동작으로 나열되어 있기 때문이다. 곧 〈折頸而死〉는 〈兎折頸而兎死〉에서 뒤의 〈兎〉가 준 절이기 때문이다. 그러니 문장은 〈折頸〉에서는 문장(월)은 맺어지지 않고 다음으로 이어진다.
그러나 〈死〉 다음에 나타나는 因(그래서)은 접속사이고, 설명어 釋(타동사 : 버리다)의 주어는 兎가 아니고 〈宋人〉이다. 그러니, 위 문장은 死에서 맺어진다. 이상을 정리하면 이렇다.

兎走, 觸株, 折頸而死.(토끼는 달리다가 그루터기에 부딪쳐서 목을 부러뜨려서 죽었다.)

〈死〉 다음의 〈因〉은 접속사이니 이는 따질 필요가 없겠고, 釋(타동사)부터 살펴나가기로 한다. 釋은 〈宋人〉을 주어로 가지면서 뒤에, 耒(쟁기)란 목적어를 가지고 있는데, 그 뒤에는 접속사(而)가 나타난다. 그러니 절은 일단 耒에서 끊어지며, 〈宋人釋其耒(송나라 사람이 그의 쟁기를 버린다)〉는 〈문형 3형〉의 절임을 알 수 있데 된다.(아래의 예문 참조)
〈而〉 다음의 〈守〉의 주어도 宋人이다. 〈守株(그루터기를 지킨다)〉는 〈宋人守株〉에서 宋人이 준 절이니, 이 절 역시 〈문형 3형〉에 속하게 되는데, 〈株〉 다음의 冀(타동사)의 주어도 역시 宋人이니, 문장은 〈株〉에서 맺어지지 않고 뒤로 이어진다. 이상을 정리하면 이렇다.

因釋其耒而守株(그래서 (그는) 그의 쟁기를 버리고서, 그루터기를 지킨다). 冀復得兎…

〈株〉와 〈冀〉 사이에는 접속사 而(그러나)가 숨어 있는데, 〈冀〉는 타동사이므로, 우리는 冀 뒤에서 그 목적어를 찾아야 한다. 復(다시)는 得(동사)을 꾸미는 부사이니, 이는 따질 필요가 없고, 먼저 得을 살펴야 하겠다.
〈得〉은 타동사이니 목적어가 되기 어렵고, 그 뒤의 〈兎〉는 得의 목적어이니 더욱 그렇다. 이럴 때 우리는 〈得〉이 혹 명사형이 아닌가를 살펴야 한다. 곧 〈得兎〉가 〈토끼를 얻기〉란 목적구가 아닌가를 살펴야 하는 것이다.
판단이 여기까지 오면 성공이다. 〈得〉은 과연 명사형이다.—곧 〈宋人冀復得兎〉는 〈宋人—冀—得兎(주어—설명어—목적구)〉로 통합된 〈문형 3형〉의 절로 귀착된다고 하겠다.
그런데 이 문장은 兎에서 일단 끊어지기는 하나, 문장(월)으로서 맺어지지는 않는다. 그것은 이 절 뒤에 나타나는 뒷 절의 설명어 〈得〉의 주어 역시 宋人이기 때문이다. 이상을 정리하면 이렇다.

冀復得兎(다시 토끼를 얻기를 바란다)

兎不可復得에 있어 〈兎〉에서 출발한 절은 得에서 일단 끊어진다. 그것은 得 바로 뒤에 나타나는 〈而〉가 접속사이기 때문이다. ―이 절 〈兎不可復得〉에서 〈不可〉는 조동사이고, 이 조동사와 결합되는 본동사는 得이다. 그리고 復는 부사이다. ―부정조동사와 본동사 사이에 끼어드는 부사 〈復〉는 부분부정이나, 여기서의 復는 〈다시는〉의 뜻이 된다. ―그러니 중요한 것은 兎의 문장성분을 알아내는 일이다. 〈兎〉는 목적어이다. 왜냐면 兎와 得이 〈목적어―타동사〉의 통합 관계를 이루고 있기 때문이다.

문장을 분석할 때는 설명어가 타동사이면, 그것의 목적어가 주어가 되어서 주어 자리에 놓여 있지 않나 늘 살펴야 한다. 그런 세심한 주의만 하게 되면, 이 절의 풀이도 그렇게 어렵지 않다.

곧 〈兎不可復得(토끼는(←를) 다시는 얻을 수 없다)〉는 〈宋人, 不可復得兎〉에서 주어가 생략된 〈문형 3형〉의 변형이다.

그런데 문장은 〈復得〉에서도 끊어지지 않는다. 그것은 〈而〉가 절을 잇는 접속사이기 때문이다. 정리하면 이렇다.

兎不可復得(토끼는 다시 얻을 수 없었다) 而身爲宋國笑.

〈身爲宋國笑〉에서 〈宋國〉은 宋國之의 준말이며, 〈爲〉는 불완전자동사이고 笑(웃음거리)는 爲의 보어이니, 이는 〈身―爲―宋國笑〉곧 〈주어―설명어―보어〉로 통합된 〈문형 2형〉의 절이 분명하다. 정리하면 이렇다.

身爲宋國笑(몸은 송나라의 웃음거리가 되었다)

≪총정리≫ 宋人有耕田者. 田中有株. 兎走, 觸株, 折頸而死. 因釋其耒而守株, 冀復得兎, 兎不可復得而身爲宋國笑.

송나라 사람에 밭을 가는 사람이 있었다. 밭 가운데에 그루터기가 있었다. 토끼가 달리다가 그루터기에 부딪쳐서 목을 부러뜨리고 죽었다. 그래서 (그는) 그의 쟁기를 버리고서 그루터기를 지키면서, 토끼를 다시 얻기를 바랐으나, 토끼를 다시는 얻을 수 없었으며, 몸은 송나라의 웃음거리가 되었다.

위에서 〈兎走〉 뒤에 쉼표(,)가 붙어 있는데, 이런 경우는 앞 뒷절이 다 같이 너무 짧으므로 줄이는 것이 예사이다. 그리고 필요에 따라서는 접속사 앞이기는 하나 〈不可復得〉 등의 뒤에 쉼표를 찍을 수도 있다. 이는 앞 뒷절이 다 같이 길다고 생각될 경우이다.

---

20 다음 문장을 우리말로 옮겨라.

此時紅娘流一雙秋波審視座席放蕩之擧動水湧之言辭區區碌碌其中一個秀才坐

於末席草草之衣淡白之狀雖有貧士之踪跡氣像壓頭一席猶滄海神龍乘風而來紅娘心驚吾處靑樓許多閱人豈見如彼奇男子數擧目而察其動靜秀才亦注精神視紅娘之氣色.

위 문장은 우리나라 한문 구소설의 하나인 ≪옥루몽(玉樓夢)≫의 한 장면을 간추린 것이다. 이는 남주인공 양창곡와 여주인공 강남홍(紅娘)이 처음 만나는 장면이다.

우리는 이 문장과 같은 백문(白文=권점을 찍지 아니한 한문 문장)을 대하게 되면, 일단 권점부터 찍어야 한다. 그것은 크게 보아 문장을 문장(월)로 나누는 작업이며, 작게는 문장(월)을 주부와 설명부로 나누는 작업이기 때문이다.
더 말할 것 없이, 긴 문장은 문장(월)로 나누기 전에는 이를 번역한다는 것은 지극히 어렵다. 그러니 백문 해석에 있어 무엇보다 해야 할 일은 권점을 찍는 일이다.

권점을 찍는 데 있어서는, 문장(월)이 끝나는 자리에는 마침표(.)를, 절이 끝나는 곳이나 주부와 설명부 사이에는 쉼표(,)를 찍는 것이 가장 큰 규칙이다. 보기를 들면 이렇다.

　　世上之變, 如流水.(세상이 변함이 흐르는 물과 같다.)

그러나 구나 절의 길이가 너무 짧을 때는 쉼표는 줄이기도 한다.

　　春, 來 → 春來

이 밖에 짧은 문장성분도, 뒷 성분이 書窓爲螢窓과 같이 구가 되어 길이가 길면, 문장성분과 문장성분 사이에 쉼표를 찍기도 한다.

　　今人, 以書窓爲螢窓, 由此也(18번 문제의 (10)에서)
　　주부　　설명부　　설명부
　　　　　└─────┘
　　　　　　　주부

또 앞뒤로 두 절이 이어질 때는 앞절 끝에 쉼표를 찍는다. 보기를 들면 이렇다.

　　男子耕田, 女子植木(남자는 밭을 갈고, 여자는 나무를 심는다.)

우리는 백문을 대하게 되면, 먼저 〈주어〉부터 찾아야 한다. 그것은 특이한 경우가 아니면, 주어는 주부와 설명부의 경계가 되기 때문이다. 보기를 들면 이렇다. 其中一個秀才坐於末席(그 속에 한 수재가 끝자리에 앉았다)이란 문장(월)을 그림으로 풀어 보면 이렇다.

```
         (주어) (설명어)
    其中一個秀才 坐於末席
    └─────┘ └───┘
     (주부)   (설명부)
```

이렇게 주어는 특이한 경우가 아니면, 모든 경우에 있어 주부와 설명부의 경계를 제시해 준다.

그러면 20번 문제로 돌아가서, 첫째 문장(월)의 〈주어〉부터 찾아보기로 하자.
사람은 누구든 어떤 문장을 대하면 자기도 모르는 사이에, 머릿속에서 짧은 문장이면 〈무엇이 어찌한다(春, 來). 무엇이 어떠하다(花, 美). 무엇이 무엇이다(我(是)少年)〉란 세 잣대를 가지고 읽어 나가게 되고, 긴 문장이면 〈언제 무엇이 어디서 (무엇을)어찌한다〉나 〈언제 무엇이 어디서 어떠하다〉란 잣대로 읽어 나가게 된다. 그러면 위의 경우는 어떠한가?
우리는 맨 먼저 시간을 나타내는 특수명사 〈此時〉를 대하게 되는데, 이 순간 우리는 이것이 〈객어〉인가 아니면 〈주어〉인가를 판단하려 들며, 그 판단은, 그 다음 낱말[紅娘]을 참작하여 결정하게 된다.
〈紅娘〉은 "紅이란 아가씨"란 뜻이니 분명히 사람의 이름이다. 그러니 이 낱말은 〈무엇이〉에 해당되는 주어가 되기 십상팔구이다. 더구나 〈紅娘〉은 바로 뒤에 놓여 있는 〈流〉란 동사와 통합되어 문장(월)이 될 수 있다. 이로써 우리는 〈此時〉가 〈언제〉에 해당되어 객어임을 쉽게 판단하게 된다.
이때 해당 문장(월)이 긴 문장(월)이면, 주부의 앞에 놓이는 객어(←특수명사)는 뒤에 쉼표를 치는 것이 원칙이다. 그리고 紅娘을 일단 주어로 잡게 된다. 이 일이 끝나면 이번에는 〈紅娘〉의 설명어를 찾아야 한다. 이때 우리는 〈설명어〉를 〈流〉로 짐작하게 된다. 왜냐면 그 바로 뒤에 나오는 一雙이나 秋波(은근한 정을 나타내는 여자의 눈짓)는 체언이므로, 일차적으로는 이들은 설명어가 되지 못하기 때문이다.
〈설명어〉가 정해지면 우리는 다시 그것이 〈용언〉이냐 〈체언〉이냐를 살펴야 하고, 만일 용언이면 어떤 용언인가를 살펴야 하는데, 이 작업이 끝나면, 나아가 우리는 이 구절의 문형을 알아내어야 한다.
〈紅娘, 流一雙秋波〉에 나타나는 〈流〉에는, 크게 ① 흐르다(자동사), ② 흘리다(타동사), ③ 흐름(명사)의 세 뜻이 있음은, 모두가 다 잘 아는 바인데, 우리는 〈流〉가 〈一雙秋波〉와의 통합관계로 보아 그것이 타동사임을 쉽게 판단하게 된다. 그래서 우리는 이 절을 〈홍랑이 한 쌍의 추파를 흘린다.〉로서 〈流〉를 〈흘리다〉로 풀게 된다.
〈流〉가 타동사임이 판단되면, 우리는 이것이 〈완전타동사〉냐 〈불완전타동사〉냐를 밝혀야 하는데, 流는 불완전타동사는 아니다.─불완전타동사에는 "이르다(말하다)"의 뜻을 나타내는 〈言, 稱, 謂, 云, 道, 爲…〉 등과 "여기다, 삼다"의 뜻을 나타내는 〈爲…〉 등이 있을 뿐이기 때문이다. 그러니 〈流〉는 완전타동사이다.
완전타동사는 뒤에 〈목적어〉만 가지고서 〈문형 3형〉이 되는데, 이 때 목적어 이외에 부사어나 객어를 더 가지기도 한다. 그러므로 다시 이 문장(월)에 〈流〉와 통합되는 부사어나 객어가 들어 있나를 찾아볼 필요가 있다. 그러나 〈流〉와 통합되는 그런 문장성분은 나타나지 않는다. 그러니 이 문장(월)의 〈流〉의 지배 영역은 〈秋波〉에서 끝남을 알 수 있다. 이상을 정리하여 권점을 치면 이렇다.

   (주어절) (설명절)
  <u>此時紅娘, 流一雙秋波</u>, 審視…
    (선행절)

 다음으로 앞절을 이어서 나타나는 낱말 〈審視〉는 타동사이다. 그런데 이 동사의 〈주어〉는 문장에 보이지 않는다. 〈審視(살펴보다)〉는, 누가 뭣을 살펴본다는 말일까? 우리는 이를 알아내어야 한다. 〈주어〉인 누구는 〈紅娘〉이 분명하며, 여기서는 紅娘을 받는 대명사 〈其女〉가 생략된 것이다. 그러니 설명어 審視는 앞 절과 계속된다. 곧 이 문장(월)은 이렇게 밝혀 쓸 수 있다.

  此時紅娘, 流一雙秋波, (其女)審視…
 그러면 〈審視〉와 통합되는 낱말은 어느 말일까? 이는 바로 뒤에 나타나는 〈座席〉이며, 座席이 審視의 목적어임을 쉽게 알아낼 수 있다. 그리고 이 문장(월)에는 〈審視〉와 통합되는 객어는 없다. 왜냐면 座席 바로 뒤에 나타나는 〈放蕩之〉는 관형어이며 放蕩之를 받는 〈擧動〉은 문맥으로 보아 審視의 객어가 될 수 없기 때문이다. 擧動이 審視의 객어가 되려면, 〈審視(살펴본다)〉와 擧動(거동)과의 통합이 이루어져야 하는데, 이는 불가능하다. 그러니 (其女)審視는 뒤에 목적어만 가진 〈문형 3형〉의 문장(월)이 분명하며, 審視의 지배 영역은 座席에서 일단 끝나고, 문장은 다시 放蕩之로 이어진다.
 이상을 정리하면 이렇다.

  <u>此時紅娘, 流一雙秋波</u>, <u>(其女)審視座席</u>, 放蕩之擧動
    (절)   (절)

 放蕩之擧動에서 〈之〉는 용언을 관형어로 만들어 주는 후치사이니, 放蕩之(방탕한)는 擧動의 관형어가 되겠는데, 이때 擧動은 〈누구의〉 擧動인가부터 밝혀야 한다. 그런데 〈누구의〉는 생략되어 문장에 나타나 있지 않다. 생략된 〈누구의〉는 其(좌석에 앉은 사람들)이다. 한문의 대명사는 모두 단독으로 관형어가 된다. 그러니 〈放蕩之擧動〉은 〈其放蕩之擧動(그들의 방탕한 거동)〉의 준말이 분명하다.
 다음으로는 擧動의 문장성분에 대해서 살펴야 한다. 〈放蕩之擧動〉의 뒤에는 바로 〈水湧之言辭〉란 구가 나타나는데, 이 두 구는 짝이 되어 있다. 그러므로 우리는 일단 이를 동격으로 생각하게 된다(동격일 때는, 앞뒤의 구가 길 때는 가운뎃점(·)을 두 구의 사이에 찍기도 한다). ―放蕩之擧動·水湧之言辭
 그러면 擧動과 言辭의 문장성분은 무엇일까? 〈言辭〉 바로 뒤에 나타나는 〈區區碌碌〉은 〈區區(형)+碌碌(형)〉으로 된 말이다. 곧 區區碌碌은 〈구구하고 녹녹하다〉는 뜻이다. 그러니, 〈言辭―區區碌碌〉의 통합관계는 〈주어―설명어〉관계가 분명하다. 그러니 여기서의 〈擧動〉과 〈言辭〉는 주어이고, 〈區區〉와 〈碌碌〉은 설명어이다.
 또 〈區區〉와 〈碌碌〉은 형용사이므로 혼자서 주어와 더불어 문장(월)을 이룰 수도 있고(보기: 〈문형 1〉 山, 高, 水, 深), 다시 객어를 하나 더 덧붙여 문장(월)을 이룰 수도 있다(보기: 電燈明於

螢火=전등은 반딧불보다 밝다). 그러니 우리는 일단 〈區區〉와 〈碌碌〉이 객어를 가졌나를 찾게 된다.

그러나 이 두 말 다음에 나타나는 〈其中〉은 문맥상 이들의 객어가 될 수 없다. 그러니 〈放蕩之擧動水湧之言辭區區綠綠〉은 〈문형 1형〉이 분명하며, 이 구절은 碌碌에서 끝난다고 생각할 수 있다.

그런데, 다음 구절은, 〈其中一個秀才…〉란 말이 나타남으로 해서 화제는 〈紅娘〉이란 인물에서 〈秀才〉란 인물로 넘어간다. 그러니 첫째 문장(월)은 〈區區碌碌〉에서 분명히 끝나게 됨을 알 수 있다. 이상을 정리하면 다음과 같다.

　　　　此時紅娘, 流一雙(之)秋波, (其女)審視座席, (其)放蕩之擧動・水湧之言辭, 區區碌碌.
　　　　(이때 홍랑이 한 쌍의 추파를 흘리어 좌석을 살펴보니, 그들의 방탕한 거동과 물 끓는 듯한 언사가 구구하고 녹녹하다.)

첫째 문장(월)은 끝났으니, 이번에는 둘째 문장(월)을 살펴보기로 하자.

맨 먼저 나타나는 문장성분이 〈其中〉인데, 여기서 中은 위치를 나타내는 특수명사이므로, 其中은 객어가 되기 십상이다. 게다가 바로 뒤에 〈一個秀才〉란 명사가 나타나고, 〈秀才〉와 그 다음에 나타나는 동사 〈坐〉와의 통합관계는 〈주어−설명어〉관계가 분명하니, 이런 여러 점으로 미루어 보아, 특수명사 〈中〉은 주어 앞에 놓여 있는 객어임이 틀림없음을 알 수 있게 된다.

〈其中〉은 객어이고, 〈一個〉는 관형어, 〈秀才〉는 주어, 〈坐〉는 설명어임이 밝혀지면, 순서에 따라 이번에는 설명어 〈坐〉가 무슨 동사인가 알아보아야 한다.

〈坐〉는 동사 중에서도 〈자동사〉이고, 그 중에서도 〈완전자동사〉이다. 그러니 이는 단독으로 주어와 더불어 〈문형 1형〉이 되기도 하고, 뒤에 객어를 덧붙이기도 한다. 그러면 〈坐〉에 객어가 있다면 무엇일까? 이는 바로 〈於末席〉이다. 그러니 坐의 지배 영역은 於末席에까지는 미친다고 하겠다.

그러나 〈末席〉의 뒤에는 〈草草之衣(수수한 옷차림)〉란 구가 나타나는데, 〈草草之衣〉 앞에는 其(秀才)가 생략되어 있다. 곧 이 草草之衣는 秀才의 차림이다. 그러니 문장(월)은 〈於末席〉에서 맺어지지 않고 다시 뒤로 이어져 감을 알 수 있다.

이상을 정리하면 이렇다.

　　　　此時紅娘, 流一雙(之)秋波, (其女)審視座席, (其)放蕩之擧動水湧之言辭. 區區(而)碌碌,
　　其中一個秀才, 坐於末席,…

末席의 다음을 살펴보면, 草草之衣(수수한 옷차림)와 淡白之狀(담백한 모습)의 두 구는, 한눈에 그것이 〈수식어+체언 : 수식어+체언〉으로 된 대구임이 짐작되는데, 그 바로 뒤에 접속사 〈雖〉가 나타난다.

그런데 이 접속사는 〈敵雖千萬人, 我往(적군이 천만 사람이기는 하나, 나는 간다)〉 등에서 보듯이, 앞 절과 뒷 절을 〈앞 절(주어−雖−설명어)+뒷 절〉의 형식으로 이어 주는 구실을 할 경우가 많다. 그러니 〈一衣・一狀〉은 일견 주부가 될 것 같기도 하나, 여기서는 〈객어부〉이다. 그것은 〈有〉가 특수동사이므로, 그 뒤에 나타나는 貧士之踪跡의 〈踪跡〉이 주어가 되기 때문이다. 이제 이에 대해서 풀이하면 이렇다.

草草之衣(與)淡白之狀有貧士之踪跡[주어](수수한 옷과 담박한 모습에 가난한 선비의
　　자취가 있다.)

　그리고 이때는 〈有〉가 특수동사로서 그 자체가 하나의 표지가 되어 있으므로, 주부와 설명부 사이에 곧 有와 貧士 사이는 대개 쉼표를 찍지 않는다.
　주어 〈踪跡〉의 바로 뒤에 놓여 있는 〈氣像〉은 명사인데, 이는 〈秀才之氣像〉의 준말이다. 그러므로 문장은 이어져 가며, 우리의 머리는 일단 〈주어〉가 아닐까 생각하게 되고, 뒤이어 나타나는 동사 〈壓頭〉와의 통합관계를 살펴보면, 이 〈氣像-壓頭〉는 〈주어-설명어〉의 통합이 분명하다. 그것은 壓頭는 타동사인데, 〈氣像壓頭一席〉에서 一席이 목적어의 구실을 하기 때문이다.
　그리고 〈壓頭〉는 완전타동사이므로 목적어 이외에 〈객어〉를 가질 수 있는데, 위 문장에서는 객어는 보이지 않는다. 그러니 壓頭의 지배 영역은 一席에서 끝날 것 같다. 그러나 〈一席〉 뒤에 나타나는 형용사 〈猶〉의 주어를 살펴보지 않고서는 문장(월)이 一席에서 끝나는지 끝나지 않는지는 알 수 없다. 문맥으로 보아 猶(같다)의 주어는 생략되어 있고, 그것은 〈秀才〉이니, 앞 문장(월)은 一席에서 끝나지 못한다. 이상을 정리하면 이렇다.

　　　其中一個秀才, 坐於末席, 草草之衣・淡白之狀 雖有貧士之踪跡, 氣像壓頭一席, …(踪
　　跡 뒤의 쉼표는 절이 끝남을 나타냄)
　　　(그 속에 한 수재가 끝자리에 앉았는데, 수수한 옷과 담박한 모습에는 가난한 선비
　　의 자취가 있기는 하나, 기상이 온 자리를 압두한다.…)

　一席 다음에 나타나는 문장(월) 〈猶滄海神龍〉의 설명어 〈猶〉는 비교를 나타내는 형용사이며, 이는 〈무엇이, 무엇과 같다〉는 뜻을 이를 때 쓰인다. 그런데 위 문장에서는 猶 앞에 주어가 보이지 않고, 다만 그 뒤에 비교의 대상으로서 객어로 짐작되는 〈滄海神龍←滄海之神龍〉만 나타나 있다. 그러므로 우리는 猶의 〈주어〉는 생략되었고, 그것은 〈其(秀才)〉임을 깨닫게 되며, 〈滄海神龍〉을 일단 〈객어〉로 받아들이게 된다. 이상을 정리하면 이렇다.

　　　(其)猶滄海(之)神龍(그는 푸른 바다의 신령스러운 용과 같다)

　그러나 다음 순간 우리는 滄海神龍 뒤에 乘風이란 〈타동사＋설명어〉로 된 설명구를 발견하게 되고, 그 〈乘〉이 滄海神龍의 설명어임을 대번에 짐작하게 되며, 이로 말미암아 우리는 〈滄海神龍〉을 猶의 객어로 받아들임을 망설이게 된다.
　그리고 또 〈乘風〉과 그 뒤에는 오는 자동사 〈來-이루다〉를 이어 주는 〈而〉를 어떻게 받아들이느냐 하는 문제가 생겨나게 된다.
　문제를 안고 있는 구절을 올리면 이렇다.

　　　(其)猶滄海神龍乘風而來

　위에서 〈而〉는 乘風과 來를 이어 주는 〈접속사〉로도 볼 수 있고, 부사구 〈乘風〉 뒤에 붙는 고룸소리(調聲音)도 볼 수 있다. 그런데 윗글에서 〈乘〉의 주어도 滄海神龍으로, 〈來〉의 주어도 滄海神龍으로 볼 수 있기는 하나, 滄海神龍과 직접 통합관계로 이루어진 설명어는 문맥으로 보아

〈來〉가 분명하다.―그것은 滄海의 神龍이 이 자리에 참석한 것이 문제이지, 그가 바람을 타고 왔든 구름을 타고 왔든 그것은 자리와 아무런 관계가 없기 때문이다.

그러니 어떻든 우리는 윗글에서 〈乘風而(바람을 타고서)〉를 부사구로 받아들이지 않을 수 없게 되니, 猶의 객어는 자연 〈滄海神龍, 乘風而來〉란 절로 귀착된다. (절의 주어도 그 절이 길 때는 주어 뒤에 쉼표를 찍는 것이 원칙이다.) 그리고 〈來〉 다음에는 〈紅娘〉이란 새 주어가 〈秀才〉 대신에 등장하여, 문장(월)의 새 주제가 되니, 문장(월)은 〈來〉에게 맺게 된다. 이상을 정리하면 이렇다.

草草之衣·淡白之狀, 雖有貧士之踪跡, 氣像壓頭一席, 猶滄海神龍, 乘風而來.(수수한 옷과 담박한 모습에는 가난한 선비의 자취가 있기는 하나, 기상이 온 자리를 압두하며, 푸른 바다의 신령스런 용이 바람을 타고서 이른 것(과) 같다.)

乘風而來 뒤에는 〈紅娘〉이 나타나고, 그 뒤에 〈心驚〉이 나타나는데, 〈心驚〉은 매우 어려운 말이다. 心에는 '가슴'이란 뜻이 있으므로 이 낱말은 驚과 어울리면 복합어가 되어서 〈가슴이 두근거리다〉란 뜻을 나타내게 된다. 그러니 문맥으로 보아 〈紅娘―心驚〉은 〈주어―설명어〉의 통합관계가 분명하다.

그런데 心驚 다음의 〈吾〉는 吾處靑樓(←於靑樓)의 짜임으로 보아 홍랑이 자신을 가리키는 말이 분명하며, 문장성분으로서는 주어가 되겠다. 그리고 그 다음 문장(월)은 〈홍랑의 생각〉이다.

그러니 紅娘에서 시작된 문장(월)은 여기서 상황이 바뀌므로, 문장(월)은 心驚에서 일단 끝나게 된다.

紅娘心驚(홍랑은 가슴이 두근거린다)

〈心驚〉 뒤에 나타나는 吾處(於)靑樓는 〈주어―설명어―객어〉로 통합된 문장(월)로서, 〈문형 1형〉에 속하는데, 그 뒤에 나타나는 〈許多〉는 부사로서 동사 〈閱〉을 수식하고 있고, 閱의 〈주어〉는 吾이니, 〈吾處靑樓〉는 靑樓에서 문장(월)이 맺어지지 아니하고, 〈절〉이 되어서 뒤로 이어져 간다.

〈許多閱人(사람을 허다히 살펴보다)〉은 〈吾許多閱人〉에서 〈吾〉가 생략된 말로서 〈문형 3형〉에 속하게 되는데, 이 역시 人에서 문장(월)이 끝나지 아니하고 다시 뒤로 이어져 간다. 그것은 그 뒷 절의 설명어 〈見〉의 주어가 역시 〈吾〉이기 때문이다. 이상을 정리하면 이렇다.

吾處靑樓, 許多閱人…(내 청루에 살면서, 허다히 사람을 살펴보았다.)

다시 다음 절을 살펴보면 〈豈〉는 의문부사이며 〈見〉은 타동사로서, 뒤에 〈奇男子〉란 목적어를 가지고 있다. 그리고 〈如彼〉는 '저러하다'란 뜻을 가진 형용사인데, 여기서는 '저런'의 뜻을 가진 관형어로 쓰이고 있다.

그런데 見은 〈완전타동사〉이므로 목적어만 취하여 〈문형 3형〉이 되는 것이 원칙이나, 객어를 하나 더 가질 수 있다. 그러나 목적어(奇男子) 뒤에 객어는 보이지 않는다. 그러니 이 見의 지배 영역은 일단 〈奇男子〉에서 끝난다. 게다가 다시 다음 글에서는 주어가 〈吾〉에서 〈其(女)〉로 바뀌니, 지금까지의 문장(월)은 〈奇男子〉에서 맺어짐이 분명하다. 이상을 정리하면 이렇다.

吾處靑樓, 許多閱人, 吾見如彼奇男子.(내 청루에 살면서 사람들을 허다히 살펴보았으나, 어찌 저런 기이한 사내를 보았겠느냐?)

奇男子 뒤에 〈數擧目〉이란 말이 나타나는데, 이 말의 數는 문맥으로 보아 명사가 아니며 〈數(자주(삭))이란 부사이고, 그 다음의 〈擧〉는 타동사이며, 이 설명어의 〈주어〉는 줄어져서 나타나 있지 않다.―밝히면 〈其(紅娘)〉이다.

數擧目 다음의 〈而〉는 접속사이다. 왜냐면 〈而〉 앞의 〈擧〉나 〈而〉 뒤의 〈察〉은 다 같이 〈其〉의 설명어가 되어서 其의 앞, 뒤 동작을 차례로 나타내고 있기 때문이다. 이 밖에 〈目〉은 〈擧〉의 목적어이고 〈動靜〉은 察의 목적어이다. 그러니 이 글은 動靜에서 맺어진다. 그것은, 다음 글에서는 주어가 其女에서 秀才로 바뀌기 때문이다. 이상을 정리하면 이렇다.

(其女)數擧目而察動靜(그녀는 눈을 자주 들어서, 그의 동정를 살핀다)

動靜의 뒤에 나타나는 〈秀才(주어)〉의 설명어는 완전타동사 〈注(기울이다)〉이다.―亦은 부사이고―그러니 설명어 注는 목적어를 가져야 한다. 목적어는 精神이다. 그러니 문장(월)은 精神에서 일단 끊어질 것 같다. 그러나 뒤에 오는 절의 설명어 〈視〉의 주어도 역시 〈秀才〉이므로 문장(월)은 다시 이어져 간다.

뒷절의 설명어 視는 〈완전타동사〉이므로 뒤에 목적어 〈氣色〉을 가지고 있다. 그리고 이밖에 객어를 더 가질 수 있으나, 이 문장(월)에는 객어가 나타나지 않으니 문장(월)은 여기서 끝난다. 이상을 정리하면 이렇다.

秀才亦注精神, 視紅娘之氣色. (수재도 또한 정신을 기울여서, 홍랑의 기색을 살핀다)

≪총정리≫ 此時, 紅娘流一雙秋波, 審視座席, 放蕩之擧動・水湧之言辭, 區區碌碌, 其中, 一個秀才坐於末席, 草草之衣・淡白之狀, 雖有貧士之踪跡, 氣像壓頭一席, 猶滄海神龍, 乘風而來. 紅娘心驚, 吾處靑樓, 許多閱人, 豈見如彼奇男子. 數擧目而察動靜. 秀才亦注精神, 視紅娘之氣色.

(이때, 홍랑이 한 쌍의 추파를 흘리어, 좌석을 살펴보니, 방탕한 거동과 물 끓는 듯한 말씨가 구구하고 녹록하다. (그런데) 그 속에 한 수재가 끝자리에 앉았는데, 수수한 옷차림과 담박한 모습에 가난한 선비의 자취는 있으나, 기상은 온 자리를 압두하고, (흡사) 푸른 바다의 신령스런 용이 바람을 타고 온 것 같다. 홍랑은 가슴이 두근거렸다. 내가 청루에 살면서 허다히 사람을 살폈으나 어찌 저런 기이한 남자를 보았으랴? (그녀는) 자주 눈을 들어서 (그의) 동정을 살폈다. 수재 역시 정신을 기울여서 홍랑의 기색을 살폈다.)

제3장
한문법(漢文法)

한문법을 배울 때 유의할 일은, 한문은 이미 '죽은 언어'란 사실이다. 한문은 중국말의 옛말을 베낀 것이다. 때문에 우리는 이 글을 옮겨 읽는 일에만 주력할 것이지, 결코 작문(作文)에 유의할 필요는 없다. 작문에 유의한다는 것은 시간의 낭비이며, 한문을 배우는 목적에 어긋나는 일이다.

1. 한문의 품사와 문장성분

우리나라에서만도 '한문법'의 체계는 여러 가지가 있으나, 문장을 독해하기 위해 세워진 학교 문법(學校文法)은 거의 없다 해도 과언이 아니다.

'학교 문법'은, 그 나라 사람이 어떤 외국어를 배우는 데에 필요하게 체계 세워지는 것이 원칙인 만큼, 나도 이 책에서 한국 사람이 한문을 배우는 데에 잣대를 맞추어서 '한문법'을 짰다.

이제 그 대강을 보이면 이렇다.

1) 품사(品詞)

명사(名詞), 대명사(代名詞), 수사(數詞), 형용사(形容詞), 동사(動詞), 지정사(指定詞), 관형사(冠形詞), 부사(副詞), 조사(助詞 : 옛사람들은 흔히 語助詞라 했음) 감탄사(感嘆詞), 접속사(接續詞)가 있다.

동사는 다시 본동사(本動詞), 보조동사(補助動詞), 형용사는 본형용사(本形容詞), 보조형용사(補助形容詞), 조사는 전치사(前置詞), 후치사(後置詞), 종결사(終結詞)로 나뉜다.

2) 문장성분[文成分]

설명어(說明語), 주어(主語), 목적어(目的語), 보어(補語), 부사어(副詞語), 관형어(冠形語)가 있다.

3) 한문에만 나타나는 품사와 문장성분

① 보조용언(補助用言) : 본용언을 돕는 낱말(단어)로서, 반드시 본용언과 더불어 하나의 문장성분이 되며, 우리말과는 달리 반드시 본용언의 앞에 놓인다.

雨, 欲來(비가 오려 한다)[보조동사]
其花, 不美(그 꽃은 아름답지 않다)[보조형용사]

② 종결사(終結詞) : 문장(월)이나 절을 마쳐 주는 조사이다. 종결사가 붙으면, 그 문장(월)이나 절이 원칙적으로 거기에서 끝난다.

天圓也(하늘은 둥글다)

2. 낱말(단어)의 구성

낱말의 됨됨이에 대해서는 학자에 따라 여러 가지 설이 있다. 그러나 학교 문법에서는 단순말[單純語], 파생말[派生語], 합성말[合成語]로 나누는 것이 편리하다.

1) 단순말[單純語]

더 이상 쪼갤 수 없는 말을 단순말이라 한다. 우리말의 예를 들면 '소, 새, 사람, 아버지' 등이 단순말이다. '할아버지' 등은 이를 '할'과 '아버지'로 나눌 수 있으니 단순말이 아니다.

이제 단순말의 보기를 들면 다음과 같다.

> 人(인―사람), 鳥(조―새), 山(산―뫼), 水(수―물), 日(일―해), 花(화―꽃), 春(춘―봄), 雨(우―비), 書(서―책), 讀(독―읽다), 鳴(명―울다), 行(행―가다), 勝(승―이기다), 觀(관―바라보다), 無(무―없다), 高(고―높다), 美(미―아름답다) 등

2) 파생말[派生語]

단순말에 접사(接詞)가 붙어 된 말로서, 어떤 말에 파생되어 생긴 말이다. 접사는 얼마큼 따로 떨어지는 유리성을 지니고 있기는 하나, 능히 혼자서 문장(월)을 구성하는 재료로서 독립되지 못하고, 어떤 말의 한 조각이 되어서 그 으뜸말을 돕는 구실을 할 뿐이다. 접사 중에서도 낱말의 앞에 붙는 것은 '접두사' 뒤에 붙는 것은 '접미사'라 한다.

우리말에서, '할아버지, 버드나무, 걸레질, 게으름뱅이'에 있어 '할, 버드,

질, 뱅이' 등이 접사이다. 다음에 보기를 든다.

〈접두사〉 <u>所</u>感(소감—느낌), <u>第</u>十(제십—열째)

〈접미사〉 突<u>然</u>(돌연—갑자기), 莞<u>爾</u>(완이—빙그레)

所 어조사(소)	感 느낌(감)	第 차례(제)
突 갑작스러울(돌)	莞 웃을(완)	爾 어조사(이).

접사에는 소리의 가락이나 어감을 돕기만 하는 것이 있다. 다음의 유(有), 언(焉)은 그 좋은 보기이다.

<u>有</u>明(유명—명나라) 忽<u>焉</u>(홀언—문득)

有 어조사(유)	明 명나라(명)	忽 홀연(홀)	焉 어조사(언)

3) 합성말[合成語]

단순말과 단순말이 어울려서 한 낱말이 된 말을 합성말이라 한다. 이 합성말은 다시 포유합성말[包有合成語], 병렬합성말[竝列合成語], 융합합성말[融合合成語]의 셋으로 나누는 것이 편리하다.

① 포유합성말 : 두 단순말이 수식하는 말과 수식을 받는 말로 형성된 합성말[단어]이다.

다음의 노(老), 대(大), 빈(貧), 양(陽), 만(滿), 미(微)는 모두 수식어이다.

老人(노인—늙은 사람), 大國(대국—큰 나라), 貧家(빈가—가난한 집), 陽春(양춘—따뜻한 봄), 滿開(만개—활짝 피다), 微笑(미소—빙긋이 웃다)

老 늙을(로)	貧 가난할(빈)	陽 볕(양)
滿 찰(만)	微 작을(미)	笑 웃음(소)

② 병렬합성말 : 두 단순말이 같은 관계로 형성된 합성말이다.

　　前後(전후—앞뒤), 晝夜(주야—밤낮), 父母(부모—아버지와 어머니), 南北(남북—남쪽과 북쪽), 忠孝(충효—충성과 효도).

前 앞(전)	後 뒤(후)	晝 낮(주)	夜 밤(야)
父 아비(부)	母 어미(모)	南 남쪽(남)	北 북쪽(북)
忠 충성(충)	孝 효도(효)		

③ 융합합성말 : 두 단순말이 어울려서 완전히 다른 뜻으로 바뀌어 버린 합성말이다.

　　左右(좌우—옆), 日月(일월—세월), 秋夕(추석—한가위), 矛盾(모순—서로 일치되지 않음)

左 왼(좌)	右 오른(우)	日 해(일)	月 달(월)
秋 가을(추)	夕 저녁(석)	矛 창(모)	盾 방패(순)

3. 문장(월)의 구성

1) 부(部)

문장(월)은 크게 둘로 나뉘는데, 이때 주제(主題)가 되는 부분을 주부(主部)라 하고, 설명이 되는 부분을 설명부(說明部)라 한다. 문장(월)을 둘 이상의 부로 나누는 학자도 있으나, 학교 문법에서는 둘로만 나누는 것이 편리하다.

주 부	설명부	번 역
百 花	滿發	온갖 꽃이 활짝 핀다.
陽 春	方來	따뜻한 봄이 바야흐로 오려 한다.
我朝鮮	東方禮儀之國	우리 조선은 동방 예의의 나라이다.

- 百 온갖(백)　　發 필(발)　　方 바야흐로(방)
- 來 올(래)　　我 나(아), 우리(아)　　朝 아침(조)
- 鮮 고을(선)　　禮 예도(예)　　儀 거동(의)

문장(월)은 반드시 '주부'와 '설명부'로 되어 있으므로, 먼저 주부와 설명부를 찾아내어 주부부터 새겨 나가야 한다. 주부와 설명부는 각각 하나의 글귀로 되어 있는 것이 예사이나, 하나의 낱말(단어)로 되어 있는 경우도 많이 있다. 다음은 하나의 낱말로 된 보기이다.

　　山, 高(산이 높다)
　　水, 深(물이 깊다)
　　春, 來(봄이 오다)
　　鳥, 飛(새가 날다)

2) 문장성분[文成分]

앞에서 설명한 바와 같이 문장(월)은 두 개의 '부'로 되어 있으나, 이 두 개의 부는 다시 여러 조각의 말로 짜여 있다. 이때 이 낱낱의 조각을 문장성분[文成分]이라 한다.

문장성분에는 주어(主語), 설명어(說明語), 보어(補語), 목적어(目的語), 관형어(冠形語), 부사어(副詞語)가 있다.

① 주어 : 주부의 뼈대가 되는 문장성분을 '주어'라 한다. 다음의 밑줄을 친 말이 모두 주어이다.

<u>百花</u> 滿發(온갖 <u>꽃이</u> 활짝 핀다)
陽<u>春</u> 方來(따뜻한 <u>봄이</u> 바야흐로 오려 한다)
我<u>朝鮮</u> 東方禮義之國也(우리 <u>조선은</u> 동방 예의의 나라이다)

문장(월)에 따라서는 한 낱말(단어)이 주부와 주어를 겸하기도 한다. 다음의 밑줄 부분이 보기이다.

<u>山</u>, 高(산이 높다)
<u>水</u>, 深(물이 깊다)

② 설명어 : 설명부의 뼈대가 되는 문장성분을 '설명어'라 한다. 밑줄을 친 말이 설명어이다.

百花 滿<u>發</u>(온갖 꽃이 활짝 <u>핀다</u>)
陽春 方<u>來</u>(따뜻한 봄이 바야흐로 <u>오려 한다</u>)
我朝鮮 東方禮義之<u>國</u>也(우리 조선은 동방 예의의 <u>나라이다</u>)

셋째 문장(월)은 '我朝鮮 是東方禮義之國也'에서 是(시, 이다)가 줄어진 문장(월)이나, 학교 문법에서는 체언도 설명어가 된다고 보는 것이 편리하다.

③ 보어 : 설명어를 보충하는 문장성분을 '보어'라 한다. 원칙적으로 주어와 설명어가 어울리면 문장(월)이 되지만, 지정사나 불완전형용사(비교형용사)나 일부 동사(불완전자동사 등)는 보충하는 말을 뒤에 가져야 완전한 문장(월)이 된다. 이때 그 보충하는 문장성분을 보어라 한다.

我是少年(나는 소년이다) * I am a boy.

| 是 이다(시) | 少 젊을(소) | 年 나이(년) |

이 문장(월)의 설명어는 是인데, 이는 지정사(指定詞)이며, 뒤에 놓인 少年은 보어이다. 이 글에서 '少年'을 빼면 문장(월)은 성립되지 않는다.

乞人爲國王(거지가 임금이 된다)

| 乞 빌(걸) | 王 임금(왕) |

여기서는 國王(국왕)이 보어이고, 爲가 불완전자동사이다.

歲月如流(세월은 흐르는 물과 같다)

| 流 흐르는 물(유) |

위에서 流는 보어이고, 如는 불완전형용사이다.

④ 관형어 : 문장(월)에서 체언(體言=명사・대명사・수사)을 수식하는 문장성분을 '관형어'라 한다.

다음 문장(월)에서 관형어 其(기), 黃(황), 雲(운), 百世之(백세지)는 체언인 花(화), 鳥(조), 上(상), 師(사)를 수식하고 있다.

其花, 甚娟(그 꽃이 매우 아름답다)
黃鳥, 鳴(누런 새가 운다)
金剛山, 聳雲上(금강산이 구름 위에 솟았다)
聖人, 百世之師(성인은 백대의 스승이다)

- 甚 심할(심)　　娟 고울(연)　　黃 누를(황)
- 鳴 울(명)　　　聳 솟을(용)　　雲 구름(운)
- 上 위(상)　　　世 대(세)　　　師 스승(사)

⑤ 부사어 : 문장에서 동사, 형용사, 부사나 구, 문장(월)을 꾸미는 성분을 '부사어'라 한다. 이들 부사어는 설명어 앞에 놓인다.

其旣讀東西古典(그는 이미 동서의 고전을 읽었다)
白頭山太高(백두산은 아주 높다)
階伯殊大驚(계백이 너무 크게 놀랐다)
願先生救小生(부디 선생은 저를 구해 주십시오)

- 旣 이미(기)　　　　古 옛(고)　　　　典 법(전)
- 太 아주(태)　　　　殊 특히(수), 너무(수)　驚 놀랄(경)
- 願 부디(원), 원할(원)　救 구할(구)　　　小生(소생) 자기를 낮추어서 하는 말

위에서 부사어 <旣>는 동사 讀을, 부사어 <太>는 형용사 高를, 부사어 <殊>는 부사 大를, 부사어 <願>은 문장(월) 先生救小生을 각각 수식하고 있다.

> 부사어 중에서도 '체언으로 된 부사어'가 있는데, 이 부사어는 일반 부사어와는 달리 설명어의 뒤에 놓이는 것이 원칙이니, 유의해야 한다(체언부사어는 흔히 客語라 한다).
> 보기를 들면 다음과 같다.
>
> 春香歸家(춘향이 <u>집에</u> 돌아간다)
>
> 春 : 봄(춘), 香 : 향기(향), 歸 : 돌아갈(귀), 家 : 집(가)

3) 절(節)

문장(월)의 한 부분으로서 주어와 설명어를 갖춘 것이 있다. 이것을 특히 '절'이라 한다. 절에는 선행절(先行節), 종결절(終結節), 성분절(成分節)이 있다.

① 선행절과 종결절 : 문장(월)의 앞부분에서 문장(월)을 일으키는 절을 '선행절'이라 하고, 그 뒷부분이 되어 이를 끝맺어 주는 절을 '종결절'이라 한다.

月明, 星稀(달이 밝으면, 별이 드물다)
烏飛, 梨落(까마귀 날자, 배 떨어진다)

> 月 달(월)　　　明 밝을(명)　　　星 별(성)　　　稀 드물(희)
> 烏 까마귀(오)　　梨 배(리)　　　落 떨어질(락)

위에서 보듯이 '明月, 烏飛'는 선행절로서 문장(월)의 앞에 문장(월)을 일으키고 있고 ―'月, 烏'가 주어, '明, 飛'가 설명어― '星稀, 梨落'은 종결절로서 문장(월)을 끝맺어 주고 있다.

山高, 水深(산은 높고, 물은 깊다)

兄讀書, 弟作文(형은 책을 읽고, 아우는 글을 짓는다)

> 弟 아우(제)　　作 지을(작)　　文 글(문)

윗글 역시 山高나 兄讀書는 앞에서 문장(월)을 일으키고 있고, 水深이나 弟作文은 뒤에서 문장(월)을 끝맺어 주고 있다. 그러니 '山高, 兄讀書'는 '선행절'이 되고, '水深, 弟作文'은 '종결절'이 된다.

② 성분절 : 문장(월)에서 어떤 문장성분과 같은 구실을 하는 절을 특히 '성분절'이라 한다. 이에는 주어절, 설명절, 객어절, 보어절, 관형절, 부사절이 있다.

世上之變, 如流水(세상이 변함이 흐르는 물과 같다)
君子之交, 淡若水(군자의 사귐이 맑기가 물과 같다)
無窮花, 色姸滿發(무궁화가 빛이 곱게 활짝 핀다)

> 之 어조사(지), 우리말의 조사 '-의'에 해당된다.　　變 변할(변)
> 如 같을(여)　　交 사귈(교)　　淡 맑을(담)　　若 같을(약)
> 色 빛(색)　　姸 고울(연)

위에서 世上之變은 '주어'의 구실을 하고 있으니 '주어절'이요, 淡若水는 '설명어'의 구실을 하고 있으니 '설명절'이며, 色姸은 '부사어'의 구실을 하고 있으니 '부사절'이다.

4. 품사론(品詞論)

낱말[單語]을 그 성질에 따라 몇 갈래로 나눈 것을 '품사'라 한다. 품사에는 다음에서 설명하는 명사(名詞), 대명사(代名詞), 수사(數詞), 동사(動詞), 형용사(形容詞), 지정사(指定詞), 관형사(冠形詞), 부사(副詞), 조사(助詞), 감탄사(感歎詞), 접속사(接續詞) 등 11가지가 있다.

1) 명사(名詞)

사람이나 사물의 이름을 나타내는 품사를 '명사'라 한다. 명사는 문장(월)에서 모든 문장성분이 된다. 명사는 크게 완전명사(完全名詞), 불완전명사(不完全名詞), 전성명사(轉成名詞)로 나뉜다.

(1) 완전명사

능히 혼자 독립되어 쓰이는 명사를 이른다. 다음 글에서 溪(계), 風(풍), 國(국), 禮儀(예의)는 완전명사인데, 이들은 수식어 없이 혼자서 주어, 목적어, 관형어, 설명어의 구실을 한다.

淸溪流(맑은 시내가 흐른다)
風徐至(바람이 천천히 이른다)
我國禮儀之國(우리나라는 예의의 나라이다)

- 淸 맑을(청) 溪 시내(계) 流 흐를(류)
- 徐 천천할, 천천히(서) 至 이를(지)

(2) 불완전명사

반드시 수식어를 가지는 명사를 이르는데, 이에는 수식어를 앞에 가지는 것과 뒤에 가지는 것의 두 종류가 있다.

① 수식어를 앞에 가지는 것은 흔히 者(자) 하나가 쓰일 뿐인데, 뜻은 '이(사람), 것, 곳'이다.

다음 첫째 문장(월)의 <者>는 불완전명사이다. 이는 앞에 耕田(경전)과 같은 수식어 없이는 혼자 독립되어 쓰이지 못하며, 둘째 문장(월)의 <者> 역시 불완전명사로서 앞에 甚慽(심척)이란 수식구를 가지고 있다. 그리고 셋째 문장(월)의 <者> 역시 앞에 孟德之困於周郎이란 수식어(관형절)를 가지고 있다.

慶州有耕田者(경주에 밭을 가는 이가 있다)
貌若甚慽者(얼굴빛이 몹시 괴로운 것 같다)
此非孟德之困於周郎者乎(이곳은 맹덕이 주랑에게 곤란당했던 곳이 아니냐?)

- 有 있을(유), 자동사일 때는 '있다'의 뜻이 타동사일 때는 '가지다'의 뜻이 된다.
- 耕 갈(경)   田 밭(전)   者 이(자), *'이'는 사람의 뜻
- 貌 용모, 얼굴빛(모)   甚 매우, 몹시(심)   慽 슬플(척)
- 孟德(맹덕) 중국 삼국시대의 조조(曹操)의 자(字)
- 困 곤란할(곤) 여기서는 피동형으로 곤란을 당하다는 뜻
- 周郞(주랑) 적벽대전 때, 오나라 총사령관이었던 주유(周瑜)

② 수식어를 뒤에 가지는 것에는 所(소), 攸(유)/所以(소이)가 있는데, '바, 일, 곳/까닭, 때문, 방법' 등의 뜻을 나타낸다.

愚民有所欲言(어리석은 백성에게도 말하고자 하는 일이 있다)

위의 글에서 불완전명사 <所>는 欲言이란 수식구를 뒤에 가지고 있다. 곧 이 '所'는 뒤에 수식어 없이는 혼자 쓰이지 못한다.

先生無所有(선생에게는 가진 것이 없다)

- 有 가질(유) * 여기서의 有는 타동사이다.

윗글에서도 <所(소-것)>는 뒤에 수식어를 가지고 있다.

吾訪良人之所之(나는 남편이 간 곳을 찾아간다)

- 訪 찾을(방)　　　之 갈(지) 앞의 之는 '이'의 뜻이고, 뒤의 之는 '가다'의 뜻임.
- 良 人 (양인) '남편'을 이름.

윗글에서도 불완전동사 <所(소-곳)>는 뒤에 之(지-간)라는 수식어를 가지고 있다.

羊鹿攸伏爲遊覽地(염소와 사슴이 누워 있는 곳이 유람지이다)

- 羊 염소(양)　　　鹿 사슴(록)　　　攸 곳(유)　　　伏 엎드릴(복)
- 爲 이다(위). * 爲는 지정사이다.　　　遊 놀(유)　　　覽 볼(람)

윗글에서도 <攸>는 뒤에 수식어 伏을 가지고 있다.

尊師者所以傳道也(스승을 존경하는 것은 도를 전하는 때문이다)

'우리들이 스승을 존경하는 것은 스승이 도를 전하기 때문이다'의 뜻이다. 윗글에서도 所以(소이)는 뒤에 傳道(전도)란 수식구를 가지고 있다.

吾知所以拒子矣(나는 당신을 막을 방법을 압니다)

| 知 알(지) | 拒 막을(거) | 子 당신(자) | 矣 어조사(의) |

윗글에서 矣(의)는 종결사(문장(월)을 마쳐 주는 품사)로서 단정을 나타낸다. 그리고 불완전명사 所以(소이)는 拒子(거자)란 수식구를 뒤에 가지고 있다.

男子所當爲事, 修身齊家(남자가 마땅히 할 바의 일은, 몸을 닦고 집안을 다스리는 일이다)

| 當 마땅히(당) | 爲 할(위) | 修 닦을(수) | 齊 다스릴(제) |

> 위에서의 齊는 명사형이다. 명사형이란 동사나 형용사가 문장(월)에서 명사처럼 쓰인 용언을 이른다. 여기서의 齊는 '다스림, 다스리는 일/것' 등의 뜻이 된다.

(3) 전성명사

딴 품사가 바뀌어서 된 명사를 전성명사라 한다.

其求生於戰場(그는 싸움터에서 삶을 구했다)

| 求 구할(구) | 生 살(생), '생존하다'의 뜻. 여기서는 전성명사이니 '삶'의 뜻 |
| 於 에(어), 전치사로서 '에'로 쓰임. | 戰 싸울(전) | 場 터(장) |

윗글의 <生>은 전성명사이다. 이는 본디 '살다'란 뜻의 동사인데, 여기서

는 '삶'이란 명사로 바뀌어 쓰였다.

寒來暑往(추위가 오면 더위가 간다)

| 寒 추울(한)　　　來 올(래)　　　暑 더울(서)　　　往 갈(왕) |

윗글의 '寒, 暑'도 전성명사이다. <寒>은 본디 '춥다'는 형용사인데, 여기서는 '추위'란 명사로 쓰이고 있고, <暑>는 본디 '덥다'는 형용사인데, 여기서는 '더위'란 명사로 쓰이고 있다.

2) 대명사(代名詞)

명사 대신으로 사물을 <직접> 가리킬 때 쓰이는 품사를 대명사라 한다. 대명사는 문장(월)에서 모든 문장성분이 된다. 대명사는 인칭대명사(人稱代名詞), 지시대명사(指示代名詞), 대용대명사(代用代名詞), 의문대명사(疑問代名詞), 가시대명사(假示代名詞)로 나누는 것이 학습에 편리하다.

(1) 인칭대명사

사람을 가리키는 대명사를 인칭대명사라 한다.

① 제1인칭 : 吾(오), 我(아), 余(여), 予(여), 朕(짐) 등이 흔히 쓰인다.

　　吾不關(나는 관계하지 않는다)
　　雲英見我(운영은 나를 본다)
　　王悲予志(임금은 내 뜻을 슬퍼했다)

- 吾 나(오) 關 관계할(관) 雲 구름(운)
- 英 꽃(영) 見 볼(견) 我 나(아)
- 悲 슬플(비), 슬퍼할(비) 予 나(여) 志 뜻(지)

윗글에서 吾, 我, 予는 다 같이 1인칭 대명사이다. 그러나 吾, 余, 予는 '나'의 뜻을 가진 단수로만 쓰이는데, <我>는 '우리'의 뜻으로도 쓰인다. 그리고 <朕>은 황제만이 쓰던 자칭대명사이다.

吾等(오등), 吾儕(오제), 吾輩(오배), 我屬(아속) 등은 '우리들'의 뜻으로서, 복수를 나타내는 1인칭 대명사이다.

'等, 儕, 輩, 屬'은 접미사로서 앞 말을 복수로 만들어주는 구실을 한다.

② 제2인칭 : 若(약), 汝(여), 爾(이), 而(이), 乃(내) 등이 흔히 쓰인다.

汝學論語乎(너는 논어를 배웠느냐)
願女效之(부디 너는 그것을 본받아라)
爾爲爾, 我爲我(너는 너이고, 나는 나이다)
而忘越人之殺而父耶(너는 월나라 사람이 네 아버지를 죽인 것을 잊었느냐?)

- 汝 너(여) 學 배울(학) 論語 논어(책이름)
- 乎 어조사(호), 의문종결사 願 부디(원) 女 너(여)
- 效 본받을(효) 爾 너(이) 而 너(이) 忘 잊을(망)
- 越 나라(월) 之 어조사(지), 주격조사
- 殺 죽일(살), 여기서는 명사형(죽인 것) 耶 어조사(야), 의문종결사

若, 汝, 女, 爾, 而, 乃는 모두 '너'의 뜻을 가진 대명사이나, <乃, 而>는 목적어로는 쓰이지 못한다.

이 밖에, 子(자), 君(군)이 있는데, <子>는 '선생, 당신'의 뜻으로, <君>은 '그대'의 뜻으로 쓰인다.

子爲誰(당신은 누구십니까?)
君不見管鮑貧時之交(그대는 관중과 포숙의 가난한 때의 사귐을 보지 아니하였느냐?)

誰 누구(수)	君 그대(군)	管 鮑 '관중(管仲)'과 '포숙(鮑叔)'을 일컬음
貧 가난할(빈)	時 때(시)	交 사귈(교)

복수를 나타낼 때는 汝等(여등), 汝儕(여제), 汝輩(여배), 汝屬(여속), 若曹(약조) 등을 쓴다.

勸若曹一杯之酒(한 잔의 술을 너희들에게 권한다)

勸 권할(권)	若 너(약)	若曹 너희들
杯 잔(배)	酒 술(주)	

③ 제3인칭 : 3인칭은 가리킴을 받는 이가 있는 자리에 따라 근칭(近稱), 원칭(遠稱), 부정칭(不定稱), 타칭(他稱)으로 나뉜다.

• 근칭
是當爲河伯婦(이이는 마땅히 수신(水神)의 아내가 되어야 한다)
予爲此憫然, 新制二十八字(내가 이 사람들을 불쌍하게 생각하여 새로 스물 여덟 자를 만든다)

是 이(시), 이이(시). * 이이=이 사람	當 마땅할(당). 여기서는 부사
河 물(하)	河伯(하백) 물의 신을 이름
婦 지어미(부), 아내(부) 爲 생각할(위)	此 이(차), 이이(차)
憫然(민연) 불쌍하게 新 새(신), 새로(신)	制 지을(제) 字 글자(자)

윗글의 是(시), 此(차)는 3인칭을 나타내는 인칭대명사로, 가까운 곳에 있는 사람을 가리키는 '근칭대명사'이다.

• 원칭

彼亦大丈夫乎(그도 또한 사나이냐?)

還他馬, 赦汝罪(말을 저이에게 돌려주면, 네 죄를 용서한다)

我皆有禮, 夫猶鄙我(우리에게는 모두 예의가 있는데, 저이는 오히려 우리를 멸시한다)

君相之位, 皆渠輩爲之, 奈何(임금과 재상의 자리는 모두 그들이 그것을 차지하였으니 어찌할꼬?)

彼 그(피)	亦 또한(역)	大丈夫(대장부) 사나이를 말함
還 돌아갈(환), 돌이킬(환)	他 남(타), 저이(타)	赦 용서할(사)
罪 허물(죄)	夫 저(부)	鄙 천하게 여길(비) 相 재상(상)
位 자리(위)	皆 모두(개)	渠 저(거) 輩 무리(배)
爲 차지할(위)	之 그것(지)	奈何(내하) '어찌할까'의 뜻

윗글의 彼(피), 他(타), 夫(부), 渠(거) 등은 모두 멀리 있는 사람을 나타내는 '원칭대명사'이다. 이들은 거리의 멀기에 따라 '그이(그 사람)'도 되고 '저이(저 사람)'도 된다.

- 부정칭(不定稱)

    某胥也, 某商也(아무개는 서리이요, 아무개는 상인이다)

    或立或臥(어떤 이는 서고, 어떤 이는 눕는다)

    - 某 아무(모)　　　　胥 서리(서), * 서리는 아전이라고도 한다
    - 商 장수(상)　　　　或 혹(혹), 어떤 이(혹)　　立 설(립)　　臥 누울(와)

윗글의 某(모), 或(혹)은 칭을 정할 수 없는 부정칭대명사이다. 이들 말은 눈앞에 없는 상대를 막연히 가리킨다.

(2) 지시대명사

사물을 그 이름 대신에 지시하는 대명사인데, 이는 어떤 사물을 직접 가리킬 때 쓰이며, 멀고 가까움에 따라 '근칭, 원칭, 부정칭'으로 나뉜다.

- 근칭

    斯乃王之急務(이것이 임금의 급한 일이다)

    大王問是(대왕은 이 일을 물었다)

    此是何處(여기가 어느 곳이냐?)

    王定都於玆(왕은 여기에 서울을 정한다)

    - 斯 이(사), 이일, 이것, 여기　　　乃 이다(내)
    - 務 일(무)　　　　　　　　　　　此 이(차), 이일, 이것, 여기
    - 何 어찌(하), 어느(하)　　處 곳(처)　　定 정할(정)　　玆 이(자)

윗글의 是, 此는 가까운 곳에 있는 사물을 직접 가리키는 대명사이니, '근칭사물대명사'이다. 근칭에는 是, 此, 玆, 斯가 있다.

- 원칭

    彼一時, 此一時(그것도 한때요, 이것도 한때이다)

    賊夫人之子(도적은 저 사람의 아들이다)

    黃州在彼(황주가 저기에 있다)

    厥田有金(그 밭에 금이 있다)

彼 저(피), 그(피)	夫 저(부), 그(부)	黃 누를(황)
州 고을(주)	黃州 땅이름	厥 그(궐)

윗글의 彼, 夫, 厥은 '원칭사물대명사'이다. 이는 떨어진 곳이나 먼 곳에 있는 사물을 가리키고 있는데, 이는 문맥에 따라 '그일, 그것, 거기, 저것, 저기' 등의 뜻을 나타낸다.

- 부정칭

    從某至某從十里(아무데로부터 아무데로까지는 세로 십 리이다)

    或得日, 或不得日(어떤 데는 햇볕을 받았고, 어떤 데는 햇볕을 받지 못했다)

    - 從 따를(종), 여기에서는 조사, '부터'란 뜻으로 쓰임
    - 至 이를(지), 여기에서는 조사, '까지'란 뜻으로 쓰임.
    - 從 (종) [특수명사] '세로'의 뜻으로 쓰인 부사어
    - 里 리(리)　　　　　得 얻을(득)　　　　　日 해(일), 날(일)

윗글의 某(모), 或(혹)은 부정칭대명사이다. 이는 어떤 사물을 숨겨서 말할 때나, 막연히 말할 때 쓰인다. <某>는 문맥에 따라 '아무것, 아무데'의 뜻으로 쓰이고, <或>은 '어떤 것, 어떤 데'의 뜻으로 쓰인다.

(3) 대용대명사

앞글에 나오는 명사를 받아서, 그 명사 대신에 쓰이는 대명사를 특히 집어서 대용대명사라 한다.

　　松都有一村漢, 其好讀書(송도에 한 촌놈이 있었는데, 그는 책읽기를 좋아했다)
　　文士百人, 集亭上, 其中一人, 坐於末席(문사 백 사람이 정자에 모였는데, 그 속에 어떤 사람이 말석에 앉았다)
　　橋疊石構成, 望之圓月(다리는 돌을 쌓아서 만들었는데, 그것을 바라보니 둥근 달 같았다)

松都(송도) 곳 이름	村漢(촌한) 촌놈	集 모일(집)	亭 정자(정)
上 [후] 에	橋 다리(교)	疊 쌓을(첩)	石 돌(석)
構成(구성) 만들다	望 바랄(망)	圓 둥글(원)	

윗글에서 첫째 <其>는 앞 절의 村漢을 받고 있고, 둘째 <其>는 앞 절의 文士를 받고 있으며, 셋째 <之>는 앞 절의 橋를 받고 있다. 대용대명사에는 其(기), 之(지)가 있는데, 其는 주어, 관형어로 쓰이고, 之는 목적어, 객어(客語)로 쓰인다.

(4) 의문대명사

사람이나 사물 대신에 쓰이며, 특히 의문의 뜻을 나타내는 대명사를 이른다.

① 誰(수)・孰(숙)
　　子爲誰(당신은 누구십니까?)
　　孰爲汝多知乎(누가 너를 많이 안다고 하더냐?)

師不用命, 誰之罪(군대가 명령을 듣지 않으니 (이는) 누구의 죄이냐?)
問人道孰爲大(사람의 도리로서 무엇이 중요한 것인가를 묻는다)
禮與食孰重(예와 음식은 어느 것이 중하냐?)

子 당신(자)	誰 누구(수)	爲 할(위)	孰 누구(숙)
師 군대(사)	用 쓸(용), 들을(용)	人道 以人道의 준말	大 중요할(대)

윗글의 誰, 孰은 흔히 사람을 가리키는 데 쓰이나, 孰은 사물을 가리키기도 한다.

② 何(하), 奚(해), 安(안), 惡(오), 焉(언), 曷(갈)

內省不恥, 何憂何懼(안으로 반성해서 부끄럽지 않으면, 무엇을 근심하며 무엇을 두려워하겠느냐)
子將奚先(당신은 장차 무엇을 먼저 하겠습니까?)
沛公安在(패공이 어디에 있느냐?)
居惡在(거처는 어디에 있느냐?)
焉置土石(어디에 흙과 돌을 두겠느냐?)
曷令不行(어떤 명령도 행하지 않는다)

省 반성할(성)	恥 부끄러울(치)	何 무엇(하)	憂 근심할(우)
懼 두려워할(구)	將 장차(장)	奚 어찌(해), 무엇(해)	
沛公 (패공) 유방(劉邦)을 말함		安 어디(안)	居 살(거)
惡 어찌(오), 어디(오)	焉 어디(언)	置 둘(치)	曷 무엇(갈), 어떤(갈)

윗글의 何, 奚, 安, 惡, 焉, 曷은 모두 사물을 가리키는 의문대명사이다. 이 중 何만 흔히 쓰이고, 奚는 어쩌다가 쓰이며, 安, 惡, 焉은 거의 쓰이지 않는

다. 이들은 모두 문맥에 따라 '무엇, 어디, 어느 것, 어느 쪽' 등의 뜻으로 쓰이는데, '安, 焉'은 주로 '어디'의 뜻으로 쓰이며, '何'는 '누구, 어디, 어느 것'의 뜻으로 쓰인다.

의문대명사는 문장(월)에서 목적어나 객어(客語)로 쓰일 때는 차례바꿈을 하여 설명 앞에 놓이는 것이 원칙이다.

牛何之(소가 어디에 가느냐?)
於三者何先(셋이서 무엇을 먼저할꼬?)

> 之 갈(지), 之는 목적지를 향해 간다는 뜻   於 전치사 '에서'의 뜻

위 글에서 보는 바와 같이 牛何之(우하지)는 일반 구문에서 같으면 牛之何(주어 – 설명어 – 객어)가 되어야 하고, 於三者何先은 於三者先何로 되어야 한다. 그러나 이와 같이 의문대명사가 객어가 되면, 그 차례가 바뀐다.

(5) 가시대명사(假示代名詞)

속으로 무엇인가를 생각하면서 그것을 가리킬 때 쓰는 대명사로서, 이는 사물대명사를 빌려다 쓴다(이 대명사는 선행사(先行詞) 없이 쓰인다).

生而知之(나면서 그것을 안다)
以此道得之(이 도로써 그것을 얻는다)

> 而 면서(이)   以 써(이), 여기서는 전치사 '으로써'로 쓰이고 있음

가시대명사 之(지)는 흔히 仁義, 天下, 道를 가리킨다.

3) 수사(數詞)

사물의 수효를 나타내는 품사인데, 품사로서의 구실은 명사와 같다. 수사에는 단순수사(單純數詞)와 복합수사(複合數詞)가 있다.

年滿四十(나이 사십에 차다)
世宗大王, 新制二十八字(세종대왕이 새로 스물여덟 자를 만들다)

윗글에서 四十은 단순수사이요, 二十八字는 복합수사이다. 四十은 객어로 쓰였고 二十八字는 목적어로 쓰였다.

① 단순수사 : 一(일), 二(이), 三(삼), 四(사), 五(오), 六(육), 七(칠), 八(팔), 九(구), 十(십), 百(백), 千(천), 萬(만), 億(억), 兆(조), 幾(기)

> 幾 몇(기)

② 복합수사 : 一人(일인), 二個(이개), 三冊(삼책), 四十間(사십간), 五百里(오백리), 六千兩(육천냥), 數萬圓(수만원)….

> 數 몇(수)

弟(제)는 기본수사를 순서수사로 만드는 접미사이다.

一 하나 二 둘 /第一 첫째 第二 둘째

4) 동사(動詞)

사물의 동작·상태를 나타내는 품사를 동사라 한다. 동사는 문장(월)에서 설명어, 관형어가 되는데, 동사의 가장 큰 구실은 문장(월)에서 설명어가 되는 일이다. 동사는 크게 <본동사>와 <조동사>로 나뉜다. 이 밖에 동사는 문장(월)에서 체언처럼 쓰이는 일이 있는데, 이를 동사의 <체언법>이라 한다.

鳥, 啼(새가 운다)
落花, 飛去(떨어지는 꽃이 날아간다)
不忘愛慕之情(사랑하고 사모하는 정을 잊지 못한다)

| 鳥 새(조) | 啼 울(제) | 落 떨어질(락) | 飛 날(비) |
| 去 갈(거) | 忘 잊을(망) | 愛 사랑할(애) | 慕 그리워할(모) |

윗글에서 啼(제)는 본동사로서 <설명어>의 구실을 하고 있고, 落(락), 愛慕(애모)는 본동사로서 <관형어>의 구실을 하고 있는데, 동사가 관형어가 될 때에 그것이 2음절 이상이면 뒤에 원칙적으로 之(지)란 후치사(後置詞)를 가지게 된다.

동사의 가장 큰 구실은 설명어가 되는 일이다.

(1) 본동사

① 본동사의 분류 : 본동사는 크게 자동사(自動詞), 타동사(他動詞)로 나뉘며, 자동사는 다시 완전자동사(完全自動詞)와 불완전자동사(不完全自動詞)로, 타동사는 완전타동사(完全他動詞)와 불완전타동사(不完全他動詞)로 나뉜다.

본동사에는 이 밖에도 특수동사와 전성동사가 있다.

- 자동사 : 주체의 동작이 상대나 대상에 미치지 아니하고 자신의 동작으로서 그치는 동사를 자동사라 한다. 자동사는 뒤에 <-을>이란 목적어를 가질 수 없다.

　風吹(바람이 분다)
　春來花開(봄이 오니, 꽃이 핀다)
　烏飛梨落(까마귀 날자, 배 떨어진다)
　兄歸家(형이 집에 돌아간다)
　弟登學校(아우가 학교에 나간다)
　春水滿四澤(봄 물이 사방의 못에 가득 찬다)

| 吹 불(취) | 烏 까마귀(오) | 梨 배(리) |
| 歸 돌아갈(귀) | 登 나갈(등) | 澤 못(택) |

윗글에서 吹(취), 來(래), 開(개), 飛(비), 落(락), 歸(귀), 登(등), 滿(만) 등은 모두 자동사이다. 이들은 그 행동이 그 대상에게 미치지 아니한다. 그러므로 넷째 번부터의 글에 있어서는 객어인 家(가), 學校(학교), 四澤(사택)을 뗀 兄歸(형귀), 弟登(제등), 春水滿(춘수만)만으로도 문장(월)은 충분히 성립된다.

그런데 이 자동사도 자세히 살펴보면 크게 둘로 나뉘는데, 곧 혼자서 설명어가 되는 <완전자동사>와 반드시 뒤에 보충하는 문장성분(보어)을 가져야 하는 <불완전자동사>가 그것이다(위에서 설명한 것은 모두 완전자동사이다).

<불완전자동사>에는 爲(위), 以爲(이위), 曰(왈) 등이 있다.

　人有五子, 不爲多(사람들은 다섯 아들이 있더라도, 많다고 하지 않는다)
　其少年, 爲偉人(그 소년이 위인이 되었다)
　此兒爲大貴(이 아이가 크게 귀하게 된다)

王以爲然(왕은 그렇게 여긴다)

윗글에서, 爲, 以爲는 불완전자동사인데, 이들은 뒤에 多[형용사], 偉人[명사], 貴[형용사], 然[형용사]이라는 '보어'를 가지고 있다. 이들이 설명어가 된 문장(월)의 됨됨이는 영어와 비슷하다. 올리면 이렇다.

少年, 爲偉人(The boy became a great man)

불완전자동사 중에는 반드시 보어구(補語句)나 보어절(補語節)을 가지는 것이 있다. 다음의 曰(왈)이 그것이다.

退溪先生曰, 夫婦萬福之源(퇴계 선생은 "부부는 만복의 근원이다"고 말씀했다)

福 복(복)　　　源 근원(원)

윗글에서 退溪先生(퇴계선생)은 주어이고, 曰(왈)은 설명어, 夫婦萬福之源(부부만복지원)은 보어절(補語節)이다.

- 타동사 : 주어의 동작이 반드시 상대나 대상에 미치게 되는 동사를 타동사라 한다. 그러므로 타동사는 원칙적으로 목적어(대상어)를 가진다.

　兄, 讀書(형은 책을 읽는다)
　弟, 作文(아우는 글을 짓는다)
　君子, 愼言語(군자는 말을 삼간다)
　僧侶, 節飮食(승려는 음식을 절제한다)

> - 讀 읽을(독)   作 지을(작)   愼 삼갈(신)
> - 僧 중(승)   節 절제할(절)

　윗글에서 讀, 作, 愼, 節은 모두 타동사이다. 그래서 이들은 뒤에 목적어를 가지고 있다.
　타동사도 자세히 살펴보면 둘로 나뉜다. 곧 목적어만 가지는 <완전타동사>와 목적어에 보어(補語)를 겸해 가지는 <불완전타동사>가 그것이다(위에서 설명한 것은 모두 완전타동사이다).
　<불완전타동사>에는 言(언), 謂(위), 道(도), 云(운), 稱(칭), 號(호) 등이 있다. 이때 보어가 되는 말은 체언이나 형용사이다.

　　世人, 言金剛山秀麗(세상 사람들은 금강산을 아름답다고 한다)
　　衆人, 謂栗谷大學者(뭇 사람들이 율곡을 큰학자라 한다)
　　中國人, 稱我國禮儀之國(중국 사람은 우리나라를 예의 나라라고 한다)
　　國人, 云忠武公軍神(나라 사람들은 충무공을 군신이라 했다)
　　道吾惡者, 是吾師(나를 나쁘다고 하는 이는 내 스승이다)

> - 秀 빼어날(수)   麗 빛날(려)   衆 여럿(중), 뭇(중)   謂 이를(위)
> - 栗谷 (율곡) 이이(李珥)의 호   稱 말할(칭)   云 말할(운)
> - 道 말할(도)   惡 나쁠(악)

　윗글의 言(언), 謂(위), 稱(칭), 云(운), 道(도)는 모두 불완전타동사이며, 이들은 金剛山(금강산), 栗谷(율곡), 我國(아국), 忠武公(충무공), 吾(오)를 목적어로, 秀麗(수려), 大學者(대학자), 軍神(군신), 惡(악)을 보어로 취하고 있다.
　위에서 '秀麗, 惡'은 형용사이며, '大學者, 國, 軍神'은 명사이다.

이상에서 특히 유의할 일은 <云>인데, 云은 대개 과거에 말한 일을 인용할 때나, 말이 끝날 때에 쓰인다.

國人, 云忠武公軍神(나라 사람들은 충무공을 군신이라 했다)
秋潦則水至云(가을에 장마지면, 홍수가 이른다고 한다)

則 곧(즉)   潦 장마질(료)

윗글에서 보듯이 앞의 云은 과거의 사실을 인용해서 말하고 있고, 뒤의 云은 말이 거기서 끝나고 있다.

曰(왈)도 경우에 따라서는 불완전타동사로 쓰이는 일이 있다. 이때의 뜻은 稱과 비슷한데, 예를 들면 다음과 같다.

父之長兄 曰伯父(아버지의 맏형을 백부라 한다)

• 특수동사 : 자동사 중에는 주어를 뒤에 가지거나, 앞에 하나 더 가지거나 하는 동사가 있다. 이러한 동사를 '특수동사'라 한다. 특수동사에는 有 하나가 있다. 在와 有는 다 같이 '있다'의 뜻을 나타내나, 在는 주어를 반드시 앞에 가지며, '-에 있다'는 뜻으로 쓰인다.

上, 有天(위에 하늘이 있다)
兄, 在家(형은 집에 있다)
其後, 人有上書(그 후 어떤 사람이 글을 올리는 일이 있었다)

在 있을(재)   家 집(가)
上 올릴(상), 여기서는 명사형이니, 올리는 일   書 글(서)

셋째 문장(월)에서는 有는 앞에 <人>이라는 주어를 가지고 있는데, 뒤에 <上>(올리는 일)을 또다시 주어로 가지고 있다.

- 전성동사 : 딴 품사인 형용사, 명사, 부사 등으로부터 전성된 본동사를 말한다.

　　日漸高(해가 점점 높아간다)
　　明燭天南(하늘 남쪽을 훤히 밝힌다)
　　天可必乎(하늘은 꼭 믿을 수 있느냐?)

> 漸 점점(점)　　　　燭 비칠(촉)
> 可 옳을(가), 여기서는 '할 수 있다'란 조동사로 쓰였다.
> 必 반드시(필), 여기서는 꼭 믿을(필), 즉 '꼭 이루어지기를 기약함'의 뜻.

윗글에서 <高>는 형용사에서 동사로, <燭>은 명사에서 동사로, <必>은 부사에서 동사로 전성되었다.

　　近墨者黑(검정을 가까이하는 사람은 검어진다)
　　左右欲兵之(좌우가 그들을 치려했다)

> 墨 검정(묵)　　　　　　　　　　　　　　黑 검을(흑)
> 欲 하고자 할(욕), 여기서는 '~하려 한다'란 조동사로 쓰였다.　兵 군사(병)

윗글에서 <近>은 형용사에서 동사로, <兵>은 명사에서 동사로 전성되었다.

② 본동사의 구실 : 본동사는 문장(월)에서 서법(敍法), 동태(動態), 시제(時制) 등을 나타내는데, 이는 흔히 조사나 조동사를 더불어 나타내기도 하나,

문장(월)의 앞뒤 문맥에 따라 결정되는 것이 예사이다.

• 서법 : 이에는 서술(敍述), 의문(疑問), 청유(請誘), 명령(命令)의 4법이 있다.
  − 서술법 : 동사를 서술형으로 만드는 법. 다음 문장(월)의 歌(가), 舞(무)는 상대에게 대답이나 행동을 청하지 않고 그저 행동을 서술하는 데서 그치니, 이들 동사는 서술형이다.

  蜂歌(벌이 노래한다)
  蝶舞(나비가 춤춘다)

  > 蜂 벌(봉)　　　蝶 나비(접)　　　舞 춤출(무)

  − 의문법 : 동사를 의문형으로 만드는 법. 다음 문장(월)에는 그 속에 의문을 나타내는 奚(해), 何(하)란 물음말을 지니고 있으므로, 不爲(불위), 去(거)는 '의문형'이 된다.

  子奚不爲政(당신은 어째서 정치를 하지 아니하느냐?)
  君何處去(그대는 어느 곳에 가느냐?)

  > 奚 어찌(해)　　爲 할(위)　　君 그대(군)　　處 곳(처)

  − 청유형 : 동사를 청유형으로 만드는 법. 다음 문장(월)에는 그 속에 부탁을 나타내는 願(원)이란 부사를 지니고 있으므로 行(행)은 '청유형'이 된다.

  願先生同行(부디 선생은 함께 갑시다)

- 명령법 : 동사를 명령형으로 만드는 법. 다음 문장(월)에는 그 속에 금지를 나타내는 勿(물)이란 조동사가 들어 있으므로 食(식)은 '명령형'이 된다.

　　勿食河豚湯(복국을 먹지 말라)

> - 勿 말(물), '말라'의 뜻으로 조동사임　　河 물(하)
> - 豚 돼지(돈)　　河豚 '복'을 말함　　湯 국(탕)

- 동태 : 이에는 사동(使動)과 피동(被動)의 2법이 있다.
  - 사동법 : 다음 문장(월)에서는 忠誠(충성)이 주어이므로, 天地(천지)와 鬼神(귀신)은 위치로 보아 목적어 자리이니, 感(감), 泣(읍)은 문법적으로 보아 타동사라야 하므로 이들 말은 자연히 '사동형'이 된다.

　　其忠誠, 感天地泣鬼神(그 충성은 하늘을 감동하게 하고, 귀신을 울게 한다)

> - 泣 울(읍)

 위의 感과 泣 앞에는 사동을 나타내는 (보)조동사가 숨어 있다는 것을 똑똑히 알아야 한다.

  - 피동법 : 다음 문장(월)에서 法(법)은 주어자리에 있는데, 法不行(법불행)은 法不行國(법불행국 : 법이 나라에 행해지지 않으면)에서 객어인 國(국)을 줄인 말이다. 그러니, 行(행)은 자동사라야 하므로, 이 말은 결국 피동형이 된다.

法不行, 終其國亡(법이 행해지지 않으면 결국 그 나라는 망한다)

> 終 마침내(종), 마칠(종)

 위의 行 앞에는 피동을 나타내는 (보)조동사가 숨어 있다는 것을 똑똑히 알아야 한다.

- 시제 : 이에는 과거, 현재, 미래의 3법이 있다.
  - 과거형 : 다음 문장(월) 속에는 과거를 나타내는 부사 已(이)가 들어 있으니, 盡(진)은 '과거형'이 된다.

    杏花已盡(살구꽃이 이미 졌다)

    > 杏 살구(행)   已 이미(이)   盡 다할(진), 질(진)

  - 현재형 : 다음 문장(월) 속에는 方(방)이라는 현재를 나타내는 부사가 들어 있으니, 發(발)은 자연히 '현재형'이 된다.

    新春方來, 百花滿發(새 봄이 바야흐로 닥치니, 온갖 꽃이 활짝 핀다)

  - 미래형 : 다음 문장(월) 속에는 後日(후일)이란 미래를 나타내는 명사가 들어 있으므로 逢(봉)은 자연히 '미래형'이 된다.

    其國, 後日逢國難(그 나라는 뒷날 국난을 만날 것이다)

    > 逢 만날(봉)   難 어려울(난)

시제는 시제부사와 시간명사로 나타내는 일이 많으나, 대개 문맥에 따라 결정된다.

(2) 조동사

조동사란 혼자 독립되어 쓰이지 못하고, 원천적으로 다른 동사 위에 얹혀 그 동사와 더불어 하나의 문장성분이 되는 동사이다.

다음 문장(월)에서 조동사 不(불)은 본동사 鳴(명)과 더불어, 不鳴(불명)이란 하나의 문장성분이 되어 있다.

단, 그 다음 문장(월)에서와 같이, 조동사 <得(득)>은 동사 뒤에 놓이는 일도 있다.

其鳥不鳴(그 새는 울지 않는다)

脣焦, 口燥, 呼不得(입술은 타고, 입은 말라, 고함치를 수 없었다)

- 鳥 새(조)　　鳴 울(명)　　脣 입술(순)
- 焦 탈(초)　　燥 마를(조)　　呼 부르짖을(호)

 위 글에서 조동사 得은 본동사 呼의 뒤에 놓여 있다.

조동사는 당연, 소원, 가능, 부탁, 비유, 사동, 피동, 높임, 시제, 금지, 부정 등을 나타낸다.

① 당연 : 可(가)가 있다.

다음 문장(월)의 <可>는 '-해야 한다'는 뜻의 조동사로서, 본동사 助(조)와 더불어 可助(가조)가 하나의 문장성분이 되어 있다. 互(호)는 부사이다. 부사가 조동사와 본동사 사이에서 본동사를 수식하고 있다.

朋友者 可互助(벗은 서로 도와야 한다)

- 朋 벗(붕)   友 벗(우)   者 [후] 은
- 可 옳을(가), * 여기서는 조동사   互 서로(호)   助 도울(조)

② 소원 : 欲(욕), 願(원)이 있다. 둘 다 '-하고 싶다'는 뜻을 나타낸다.

我, 欲育英才(나는 영재를 기르고 싶다)
臣願奉璧往(제가 구슬을 받들고서, 가고 싶습니다)

- 育 기를(육)   奉 받들(봉)
- 璧 구슬(벽), 奉璧 – 보조동사와 본동사 사이에 놓인 부사구

③ 가능 : 能(능), 可(가), 可以(가이), 得(득), 得以(득이), 足(족), 足以(족이) 등이 있다.

我能食之(나는 그것을 먹을 수 있다)
瞬息可成(순식간에 이룰 수 있다)
終得伸其情(마침내 그의 생각을 펼 수 있다)

- 瞬 눈 깜짝할(순)   息 숨(식)   可 옳을(가), 여기서는 '-할 수 있다'의 뜻
- 成 이룰(성)   得 얻을(득), 여기서는 '-할 수 있다'의 뜻
- 伸 펼(신)   情 뜻(정), 생각(정)

④ 부탁 : 尙(상), 其(기) 등이 있다. 이들은 '-하여 달라'는 뜻을 나타낸다.

爾, 尙輔予一人(너는 나 한 사람을 도와 달라―나를 도와 달라)
爾, 其無忘乃父之志(너는 네 아버지의 뜻을 잊지 말아 달라)

> 爾 너(이)　　　尙 바랄(상), -해 달라　　　輔 도울(보)
> 其 그(기), -해 달라　忘 잊을(망)　　乃 너(내)　　志 뜻(지)

둘째 문장(월)의 無는 금지조동사로서, 勿과 같은 뜻으로 쓰였다.

⑤ 비유 : 如(여)가 있다.

　　音樂歌曲, 如搖樓閣(음악과 가곡이 누각을 흔드는 듯하다)

> 如 같을(여), -듯하다　搖 흔들(요)　　樓 다락(루), 누각(루)

⑥ 사동 : 使(사), 令(령), 敎(교), 遣(견), 俾(비)가 있다.

다음 글에서 <使>는 讀(독)과, <令>은 鍛鍊(단련)과, <敎>는 急(급)과, <遣>은 入(입)과 더불어 하나의 문장성분이 되어 있다.

다음 문장(월)의 令學生鍛鍊(영학생단련)과 遣相如入(견상여입)에 있어, '學生'과 '相如'는 객어이다. <객어>도 부사처럼 조동사와 본동사 사이에서 본동사를 한정한다.

　　先生每夜使讀書(선생은 밤마다 글을 읽게 한다→선생은 밤마다 글을 읽힌다)
　　令學生鍛鍊心身(학생에게 몸과 마음을 단련하게 한다→학생에게 몸과 마음을 단련시킨다)
　　敎急來(급히 오게 한다)
　　趙王遣相如入秦(조나라 임금이 상여에게 진나라에 들어가게 한다)

> 每 매양(매), 여기에서는 전치사로서 '마다'로 쓰임
> 使 하여금(사) -하게 하다　　令 (령) -하게 하다　　敎 가르칠(교), -하게 하다

⑦ 피동 : 被(피), 見(견), 爲(위), 所(소)가 있다.

아래에서 이들 피동조동사는, 동사 欺(기), 辱(욕), 譏(기), 殺(살), 賞(상)과 더불어 이들 말을 피동으로 만들어 주고 있다.

被人欺(남에게 속아진다→남에게 속한다)
騎士見辱(기사가 봉변당한다)
爲友人譏(친구에게 비난받는다)
所殺者皇帝之子(살해된 사람은 황제의 아들이다)
戰終, 爲國王所賞(전쟁이 끝나자, 국왕에게서 상받다)

被 입을(피)	欺 속일(기)	騎 말탈(기)	辱 욕(욕), 봉변
友 벗(우)	譏 나무랄(기)	殺 죽일(살)	終 마칠(종)
爲 (위) [전치사] -에게, 흔히 조동사 '所' 위의 체언에 얹혀 쓰임			賞 상줄(상)

⑧ 높임 : 請(청), 幸(행), 謹(근), 辱(욕), 忝(첨), 恭(공), 伏(복) 등이 있는데, 請, 幸, 謹, 辱, 忝은 <높임>을 나타내고, 竊, 伏은 <겸손>을 나타낸다.

璧有瑕, 請指示大王(옥에 흠이 있습니다. 대왕께 가리켜 보이겠습니다)
大王亦幸赦臣(대왕께서는 또한 저를 용서해 주시었습니다)
謹諾(알았습니다)
曩者, 先生辱賜書(전번에 선생은 (제게) 책을 주시었습니다)
臣竊以爲, 其人勇士(제가 생각하옵건대 그 사람은 용사입니다)
伏惟大王之德 不可勝量(대왕의 은덕을 생각하오면 모조리 헤아릴 수는 없습니다)

- 璧 옥(벽)　　　　瑕 흠(하)　　　　指 가리킬(지)　　　示 보일(시)
- 幸 다행(행), 여기서는 높임조동사　　　赦 용서할(사)
- 謹 삼갈(근), 여기서는 높임조동사　　　諾 승낙(낙)
- 曩 접때(낭), 曩者(낭자) [부사] 전번에　　辱 욕되게 할(욕), 여기서는 높임조동사
- 忝 더럽힐(첨), 여기서는 辱과 같은 뜻의 조동사　竊 몰래(절), 여기서는 겸손조동사
- 以爲 (이위) 생각하다　伏 엎드릴(복)　　惟 생각할(유)　　勝 모조리(승)
- 量 헤아릴(량)

⑨ 미래 : 흔히 欲(욕)이 쓰인다. 아래에서 본동사 來는 보조동사 欲과 더불어 바로 닥칠 미래를 나타내고 있다.

山雨欲來(산비가 오려 한다)

⑩ 금지 : 勿(물), 無, 无[＝無], 毋(무), 莫(막), 休(휴) 등은 모두 금지를 나타내고 있다.

勿登高樹(높은 나무에 올라가지 말라)
毋友小之輩(소인의 무리와 사귀지 말라)
無談人之短(남의 단점을 말하지 말라)
莫用衆人之議(뭇 사람의 논의를 받아들이지 마라)
休道其後之事(그 후의 일은 말하지 말라)

- 樹 나무(수)　　　毋 없을(무), 여기서는 금지조동사　　輩 무리(배)
- 無 없을(무), 여기서는 금지조동사　　　　　　　　　　短 짧을(단)
- 莫 말(막), 금지조동사　　　　　用 [동] 들어주다　　　議 의논할(의)
- 休 쉴(휴), 여기서는 금지조동사　　道 말할(도)

⑪ 부정 : 不, 弗(불), 未(미), 無, 毋(무), 勿(물), 莫(막), 末(말) 등은 '-하지 못한다'나 '-하지 아니한다'의 뜻을 나타내는 부정조동사이다.

그리고 無以(무이)는 '-할 수 없다'란 불가능을 나타내는 부정조동사이다.

  其鳥不鳴(그 새는 울지 아니한다)
  知人未易也(사람을 앎은 쉽지 아니하다)
  毋自欺((자기가) 자기를 속이지 못한다)
  人皆有是心, 賢者勿喪耳(사람이 모두 이 마음을 가졌는데, 어진 이는 잃지 아니할 뿐이다)
  何莫由斯道(어째서 이 길을 지나가지 않느냐?)
  末之難矣(그것을 어려워하지 않는다)
  臣, 生無以旣報陛下(신은 살아서 이미 폐하께 보답할 수 없었습니다)

> - 不 아니(불), 아니하다, 못하다　　鳴 울(명)　　知 알(지)
> - 未 아닐(미), 이 말은 不曾(아직 -하지 아니하다)의 준말로 쓰이기도 한다
> - 易 쉬울(이)　　自 자기(자)　　欺 속일(기)　　皆 다(개), 모두(개)
> - 有 있을(유), 자동사일 때는 '있다'의 뜻이나 타동사로 쓰이면 '가지다'의 뜻이 된다
> - 賢 어질(현)　　者 사람(자)　　喪 잃을(상)
> - 耳 귀(이), 여기서는 한정종결사 '뿐'의 뜻으로 쓰였음
> - 由 말미암을(유), 지나갈(유)　　斯 이(사)
> - 末 없을(말), 여기서는 '아니하다'의 뜻으로 조동사
> - 矣 어조사(의), 단정의 뜻을 나타내는 종결사　　臣 신하(신)　　旣 이미(기)
> - 報 갚을(보)

✕ ① **조동사의 겹침** : 조동사는 겹쳐 쓰이더라도 뜻이 변하지 않는다. 다음 문장(월)에서 不(불) 無(무)는 뒤의 조동사를 부정하고 있고, 請(청)은 뒤의 말을 높이고 있다.

  不可讀淫書(음서를 읽어서는 안 된다) – '不'은 '해야 한다(可)'의 부정.
  不得伸其情(그 생각을 펼 수 없다―그 뜻을 펴지 못한다) – '不'은 '할 수 있다(得)'의 부정.

無俾民憂(백성을 근심시키지 말라)-'無'는 '시키다(俾)'의 금지.
　　請無攻宋矣(송나라를 치지 맙시다-송나라를 치지 말기를 바랍니다)-'請'은 '하지 말라(無)'의 높임.

　　淫 : 음란할(음), 得 : 얻을(득), 조동사일 때는 -할 수 있다. 情 : 뜻(정), 無 : 뜻이 '勿'과 같음, 俾 : 하여금(비), 여기서는 사동조동사, 憂 : 근심(우), 請 : 청할(청), 존경조동사일 때는 '-읍시다. 으십시다'의 뜻.

② **부정조동사의 부정** : 부정조동사와 이를 부정하는 말이 결합될 때는, 그 사이에 부사어나 객어가 끼어들 수 있다.

　　다음 예에서 첫째 문장(월)의 莫(막)은 不可와 같은 뜻의 조동사이고, 敢(감)은 부사어이며, 둘째 문장(월)의 莫은 無와 같은 뜻의 부정형용사이며, '~誠'은 주부이고, 셋째 문장(월)의 爲水旱(위수한)은 객어구이다.

　　王好義, 民莫敢不服(왕이 의를 좋아하면, 백성이 감히 복종하지 않을 수 없다)
　　莫一不出於至誠(어느 하나 지성에서 나오지 아니함이 없다)
　　良農, 不爲水旱不耕(훌륭한 농부는, 큰물과 가뭄 때문에 농사일을 하지 아니하지 않는다)

　　義 : 옳을(의), 敢 : 감히(감), 服 : 좇을(복), 복종하다 ―[부사] '어느 하나가'의 뜻, 至 : 이를(지), 誠 : 정성(성), 良 : 좋을(량), 爲 : 할(위), 여기서는 전치사 '때문'으로 쓰임, 水 : 큰물(수), 旱 : 가물(한), 耕 : 밭갈(경), 농사하다.

③ **전체부정과 부분부정** : 부정보조사(否定補助詞 : 부정조동사와 부정형용사를 한꺼번에 이를 때는 이를 부정보조사라 한다)와 본용언이 통합될 때에, 부사 必(필), 常(상), 甚(심), 俱(구), 復(부) 등이 보조사(보조동사와 보조형용사) 앞에 놓이면 이 구는 '전체부정'이 되고, 보조사와 본용언 사이에 끼어들면 이 구는 '부분부정'이 된다.
　　다음의 첫째 문장(월) 不必有德(불필유덕)을 必不有德(필불유덕)으로 고치면 '반드시 덕이 있지 않다'가 되고, 둘째 문장(월) 不常讀書(불상독서)를 常不讀書(상불독서)로 고치면 '언제나 책을 읽지 아니한다'가 되며, 셋째 문장(월) 不復歌(불부가)를 復不歌(부불가)로 고치면 이는 '다시 노래하지 않았다' 곧 '결코 노래하지 않았다'가 된다.
　　곧 이들은 부분부정이 전체부정으로 바뀜을 일러주는 것이다.

　　智者, 不必有德(지혜로운 사람에게 반드시 덕이 있지는 않다)
　　其, 不常讀書(그는 언제나 책을 읽지는 않는다)
　　鬪, 不俱生(싸우면 함께 살지는 못한다)
　　於是其人, 不復歌(이에 그 사람은 다시는 노래하지 않았다)

　　智 : 지혜로울(지), 必 : 반드시(필), 德 : 덕(덕), 常 : 항상(상), 鬪 : 싸울(투), 俱 : 함께(구), 復 : 다시(부), 歌 : 노래(가).

(3) 동사의 체언법

　동사가 문장(월)에서 흔히 체언처럼 쓰이는 법을 이르는데, 이때 이러한 동사를 동사의 체언형이라 한다. 체언형은 문장(월)에서 쓰일 때, 동사에 우리말에서와 같이 <-음>, <-기>와 같은 뜻을 보태어 주는 일 이외에 <사람, 일, 물건, 곳, 때, 방법, 경우, 원인> 등의 뜻을 보태어 주기도 한다.

　다음 문장(월)에서 死(사), 知(지), 看(간), 做(주), 商量(상량), 濕(습), 燥(조)는 모두 동사이다.

　그런데 死는 목적어로, 知, 看, 做, 商量은 주어로, 濕, 燥는 객어로서 체언처럼 쓰였다. 곧 死는 '죽음' 知는 '알기' 看, 做, 商量은 '보는 것(일), 짓는 것(일), 생각하는 것(일)' 등의 뜻으로 쓰인 체언형이고, '濕, 燥'도 '젖은 데, 마른 데'의 뜻으로 쓰인 체언형이다.

　　　彼不畏死(그는 죽음을 두려워하지 않는다)
　　　人心難知(사람의 마음은 알기가 어렵다)
　　　文有三多, 看多, 做多, 商量多(글짓기(의 향상)에는 세 가지 많이 함이 있어야 하니, 보는 일이 많고, 짓는 일이 많고, 생각하는 일이 많아야 한다)
　　　水流濕, 火就燥(물은 젖은 데로 흐르고, 불은 마른 데로 나아간다)

> ・畏 두려워할(외)　　知 알(지)　　多 많을(다)　　看 볼(간)
> ・做 지을(주), 作과 뜻이 같음　　商 헤아릴(상)　　量 헤아릴(량)
> ・濕 젖을(습)　　就 나아갈(취)　　燥 마를(조)

5) 형용사(形容詞)

　사물의 성질이나 상태를 나타내는 품사를 형용사라 이른다. 형용사에는 본형용사(本形容詞)와 보조형용사(補助形容詞)가 있는데, '본형용사'는 문장(월)에서 설명어나 관형어가 되며, 보어가 되기도 한다. 그리고 '보조형용사'는 본형용사와 더불어 하나의 문장성분이 된다.

(1) 본형용사

문장(월)에서 설명어가 될 때에는 서술, 의문, 감탄, 피동, 사동, 시제를 나타내는데, 형용사가 피동, 사동, 시제를 나타냄은 우리말과 같다고 하겠다.

다음의 문장(월)에서 白, 溫順, 紅, 娟(연), 黑, 厚(후), 明은 모두 형용사로서의 문장(월)의 설명어가 되어 있다.

그런데 이들 중 '白, 溫順'은 단순히 서술만을 나타내고, '紅'은 의문을, '娟'은 감탄을, '黑'은 피동을, '厚'는 사동을 나타내며, '明'은 시제 중에서 미래를 나타내고 있다.

雪, 白(눈이 희다)
性質, 溫順(성질이 온순하다)
其, 問 此花, 亦紅(그는 물었다. 이 꽃도 또한 붉으냐?)
其花, 甚娟(그 꽃이 너무 아름답구나!)
近墨者, 黑(검정을 가까이 하는 이는 검어진다)
厚其牆垣(그 담장을 두껍게 한다)
明夜, 月明(내일 밤에는 달이 밝을 것이다)

- 雪 눈(설)　　性 성품(성)　　質 바탕(질)　　溫 따뜻할(온)
  亦 또(역)　　紅 붉을(홍)　　近 가까울(근)　　厚 두꺼울(후)
  牆 담(장)　　垣 담(원)　　夜 밤(야)

아래의 형용사 '暗, 淸, 明, 富貴, 大小'는 문장(월)에서 관형어가 되어, '暗'은 주어인 香을, '淸'은 주어인 風을 꾸미고 있고, '明'은 목적어 月을 꾸미고 있으며, '富貴, 大小'는 之와 더불어 명사 者, 獄事(옥사)를 꾸미고 있다.

  暗香, 浮動(그윽한 향기가 떠 움직인다)
  淸風, 徐來(맑은 바람이 천천히 불어온다)
  少年, 觀明月(소년은 밝은 달을 바라본다)
  富貴之者(넉넉하고 존귀한 사람)
  大小之獄事(작고 큰 소송 사건)

> 暗 어두울(암), 그윽할(암)   浮 뜰(부)   徐 천천할(서)
> 觀 볼(관), 바라보다   富 넉넉할(부)   貴 귀할(귀)
> 者 사람(자)   獄 송사(옥)   事 사건(사)

형용사가 관형어가 될 경우, 그것이 한 음절(한 글자)일 경우에는 위의 暗香, 淸風, 明月처럼 바로 아래 말을 꾸미지만, 2음절 이상일 경우엔 富貴, 大小처럼 그 말 뒤에 之라는 후치사를 붙여서 사용하는 것이 예사이다. - 이때 〈之〉를 우리말로 옮기면 '관형어미(-는, -은, -을, -던)'가 된다.

❶ 특수형용사
본형용사 중에는 특히 주어를 뒤에 가지거나, 뒤에 하나 더 가지거나 하는 것이 있는데, 이러한 형용사를 '특수형용사'라 한다. 특수형용사에는 無=无(무)=毋(무), 罔(망) 微(미) 易(이) 多, 少 등이 있는데, 이들이 주어를 뒤에 가지거나 하나 더 가짐은 특수동사와 같다고 하겠다.

1) 주어를 뒤에 하나 가지는 보기
 水淸無大魚(물이 맑으면, 큰 고기가 없다)
 微舜臣, 我被蠻服(순신이 없었다면 우리는 오랑캐옷을 입었을 것이다)
 地肥, 多産物(땅이 기름지면, 산물이 많다)
 食足, 少窮民(식량이 넉넉하면, 궁한 백성이 적다)

 魚 : 고기(어), 微 : 아닐(미), 없을(미), 被 : 입을(피), 蠻 : 오랑캐(만), 肥 : 걸(비), 땅이 기름지다, 多 : 많을(다), 産 : 낳을(산), 足 : 발(족), 넉넉할(족), 窮 : 궁할(궁)

2) 주어를 뒤에 하나 더 가지는 보기

다음 문장(월)들은 學(학), 少年(소년), 奢侈(사치)와 같은 총주어(總主語―문장(월) 전체의 주어) 이외에 다시 뒤에 成(성)―老(노)―極(극)이란 절의 주어를 가지고 있다.

學難成(학문은 이루기가 어렵다)
少年, 易老(소년은 늙기가 쉽다)
奢侈, 罔極(사치가 끝이 없다)

難 : 어려울(난), 易 : 쉬울(이), 奢 : 사치할(사), 侈 : 사치할(치), 罔 : 없을(망), 極 : 끝(극)

위 문장(월)에서 '難成, 易老, 罔極'은 모두 하나의 절(節―문장(월)의 한 부분으로서 주어와 술어를 갖춘 것)이다.

다음 문장(월)에서와 같이 특수형용사 중에는 극히 드물게 관형어가 되는 일도 있다. 그러나 無(무) 罔(망) 등은 원칙적으로 관형어가 되지 못한다.

海東有多士(한국에는 많은 인재가 있다)
是爲難問(이것은 어려운 물음이다)

士 : 선비(사), 인재, 是 : 이(시), 爲 : 할(위). 여기서는 지정사이며, '이다'의 뜻.

❷ 불완전형용사
본형용사 중에서 비교를 나타내는 형용사는 뒤에 반드시 보어를 가지게 된다. 그러므로 이러한 형용사를 불완전형용사라 한다. 불완전형용사에는 如(여), 若(약), 似(사) 등이 있다.

歲月如流(세월은 흐르는 물과 같다)
翼若垂天之雲(날개가 하늘에 드리운 구름과 같다)

❸ 전성형용사
다른 품사가 바뀌어서 형용사가 된 것을 전성형용사라 한다. 다음 문장(월)에서 樂(낙)은 본디 명사로서 '음악'의 뜻으로 쓰이던 것이 여기서는 '즐겁다'란 형용사로 바뀌었고, 笑(소)는 동사로서 '웃다'란 뜻으로 쓰이던 것이 여기서는 '우습다'란 형용사로 바뀌었다.

不亦樂乎(어찌 즐겁지 않겠느냐?)
豈不笑哉(어찌 우습지 않겠느냐?)

亦 : 또(역), 어찌(역), 樂 : 풍류(악), 즐거울(락), 笑 : 웃을(소), 우스울(소)

(2) 보조형용사

언제나 본형용사 위에 얹혀서 본형용사와 더불어 하나의 문장성분이 되는 형용사를 이른다. 보조형용사는 본형용사의 뜻을 도와, 부정, 추측, 사동, 피동을 나타내는데, 이는 우리말의 문법과 비교해 보면 쉽게 이해가 된다.

晚秋, 不美(늦은 가을은 아름답지 않다)—부정
日暮後開見, 似無妨(해가 진 후에 열어 보아도 거리낄 것이 없을 듯합니다)
—추측
使丈夫之心豪蕩(사나이의 마음을 호탕하게 한다)—사동
爲悅於父母(부모로 하여 즐거워진다=부모로 말미암아 즐거워진다)—피동

晚 늦을(만)	暮 해질(모)	後 뒤(후), 여기서는 객어 '후에'
開 열(개)	大丈夫(대장부) 사나이	豪 호협할(호)
蕩 클(탕), 넓다	悅 즐거울(열)	於 전치사, '-에 의하여'의 뜻

형용사도 동사와 마찬가지로 문장(월)에서 체언처럼 쓰이는 일이 있다. 이것도 동사에서처럼 <체언형>이라 한다.

다음 글에서 형용사 善(선-착하다)은 '착한 일'이란 뜻의 체언형으로 쓰여서 목적어가 되어 있고, 형용사 淡(담-맑다)은 '맑기'란 뜻의 체언형으로 쓰여, 주어가 되어 있다.

爲善者, 天報之以福(착한 일을 하는 이는 하늘이 그들에게 복으로써 갚는다)
君子之交, 淡若水(군자의 사귐은 맑기가 물과 같다)

爲 할(위)	善 착할(선)	報 갚을(보)	
之 갈(지), 여기서는 '그들'이란 대명사		以 써(이), 여기서는 '-으로써'란 뜻의 전치사	
福 복(복)	交 사귈(교)	淡 맑을(담)	若 같을(약)

6) 지정사(指定詞)

어떤 사물이 무엇이고 무엇이 아님을 지정해서 말하는 품사이다. 이에는 是(시), 爲(위), 非(비), 匪(비) 등이 있는데, 是, 爲는 '이다'의 뜻으로 '긍정'을 나타내므로 이를 긍정지정사(肯定指定詞)라 하고, 非, 匪는 '아니다'의 뜻으로 '부정'을 나타내므로 이를 부정지정사(否定指定詞)라 한다.

第一, 是自由(첫째가 자유이다)
四海之同胞, 爲兄弟(온 세상 동포가 형제이다)
鯨, 非魚類(고래는 물고기 종류가 아니다)
我心, 匪石(내 마음은 돌이 아니다)

- 第 차례(제)   四海 온 세상   之 어조사(지), -의   同 한 가지(동)
- 胞 배(포)   鯨 고래(경)   類 종류(류)

지정사는 문장(월)에서 서술, 의문, 시제를 나타낸다. 다음 문장(월)에서 <是>는 단순히 서술만 나타내고 있고, <非>는 의문을 나타내고 있으며, <爲>는 시제[과거]를 나타내고 있다.

我是少年(나는 소년이다)
八十生男豈非吾子(팔십에 아들을 낳았다 해서 어찌 내 자식이 아니랴?)
其時溫達爲大將軍(그때 온달은 대장군이었다)

- 豈 어찌(기)   溫達 고구려의 장군 이름

보조지정사(補助指定詞)
지정사에도 동사나 형용사와 마찬가지로 본지정사를 보조하는 보조지정사가 있다. 이에는 <不(불)> 하나가 있는 것 같다.

人不知而不慍, 不亦(爲)君子乎(남이 알아주지 아니하더라도 서운해 하지 아니하면 (그는) 어찌 군자이지 아니하겠느냐?)

知 : 알(지), 알아주다. 而 : 말 이을(이), 앞 말을 부사구로 만들어 줌. 慍 : 서운해 할 (온), 亦 : 또(역), 어찌(역).

윗 문장(월)은 『논어』에 나오는 말인데, 이 문장(월)에서 不亦(불역)의 '不'은 보조지정사이다. 이 문장(월)에는 지정사 〈爲〉가 나타나지 않으나, 그것은 '爲'가 없는 것이 아니라 생략된 것이다. 이 문장(월)은 흔히 의역해서 '남이 (나를) 알아주지 아니하더라도 서운해 하지 아니하면 어찌 군자가 아니겠느냐?'로 새기는데, 君子는 결코 '주어'가 아니다. 이는 爲君子(위군자)의 준말로서 君子는 '보어'이다. 이때 爲의 주어는 '其'이다. 이는 '不' 앞에 숨어 있다.
그리고 보조지정사와 본지정사 사이에 부사어가 들어갈 수 있는 것도 동사, 형용사의 경우와 같다. 위의 문장(월)에서는 亦(역)이 부사어이다.

위의 문장(월)에서 준 문장성분을 모두 보충해 보면, 문장(월)은 이렇게 된다.

人不知而不慍, (其)不亦(爲)君子乎.

7) 관형사(冠形詞)

반드시 체언 위에 얹혀, 그 체언을 꾸미는 품사를 관형사라 한다.

百花, 滿發(온갖 꽃이 활짝 피었다)

有神人, 降于白頭山頂(어떤 신인이 백두산 꼭대기에 내려왔다)

君子哉! 若人(군자로구나! 그런 사람이)

百 온갖(백)　　　滿 찰(만), 활짝(만)　　　降 내릴(강)
于 전치사(우)　　頂 이마(정), 꼭대기　　　哉 어조사(재), 여기서는 감탄종결사
若 그런(약)

위 문장(월)에서 百(백)은 수사가 되면 '백'의 뜻이 되고, 有(유)는 동사가 되면 '있다'의 뜻이 되며, 若(약)은 형용사가 되면 '같다'의 뜻이 된다.

그러나 有(유)는 다음과 같이, 흔히 소리를 고루는 뜻 없는 조성자(調聲字)로 쓰이기도 하니 유의해야 한다.

  有夏, 多罪(하나라는 죄가 많다)

> 夏 나라이름(하)

8) 부사(副詞)

부사는 문장(월)에서 동사, 형용사, 부사, 구, 절을 수식하며, 문장(월)의 위에 놓여서 문장(월) 전체를 수식하기도 한다.

(1) 부사의 직능

 ① 동사를 수식함

  我國必勝(우리나라가 반드시 이긴다)
  階伯大驚(계백이 크게 놀랐다)

> 勝 이길(승) 階伯 (계백) 백제의 장군 이름 驚 놀랄(경)

 ② 형용사를 수식함

  外貌尙小(외모가 오히려 작다)
  罰太重(벌이 너무 무겁다)

> 貌 짓(모), 모습 尙 오히려(상) 罰 벌(벌) 重 무거울(중)

 ③ 부사를 수식함

  階伯殊大驚(계백은 너무 크게 놀랐다)

諸將, 以爲其勇將良已死(여러 장수들은, 그 용감한 장수는 정말로 이미 죽었다고 생각했다)

- 諸 여러(제)
- 將 장수(장)
- 以爲 (이위) 생각하다
- 良 진실로(량), 부사 已를 수식하고 있다.
- 已 이미(이)

④ 구를 수식함

何不歸故國(어째서 고국에 돌아가지 않느냐?)

悠然見南山(멀리 남산을 본다)

- 悠然(유연) 멀리

⑤ 문장(월)을 수식함

旣彼, 讀東西古典(이미 그는 동서의 고전을 읽었다)

嘗彼, 居農村(일찍이 그는 농촌에 살았다)

- 彼 그(피)
- 嘗 일찍이(상)

(2) 부사의 구실과 분류

부사는 문장(월)에서 의문, 정도, 시늉, 시간, 분량, 지시, 가정, 강조, 감탄, 응답 등을 나타낸다.

① 의문을 나타냄(의문부사) : 奚(해), 何(하), 胡(호), 豈(기), 安(안) 등이 있는데 '어찌'라는 뜻으로서 문장(월)을 의문문으로 만든다.

子奚不爲政(선생은 어째서 정치를 하지 않소?)

豈望報乎(어찌 보답을 바라겠느냐?)

- 奚 어찌(해)　　　報 갚을(보)

② 정도를 나타냄(정도부사)

日, 漸高(해가 <u>점점</u> 높아진다)

復讐已甚矣(복수로서는 <u>너무</u> 심하다)

- 漸 점점(점)　　　已 너무(이)

③ 시늉을 나타냄(시늉부사) : 소리시늉과 짓시늉을 나타냄.

<u>簫簫</u>北風勁(<u>쏴쏴</u> 북풍이 힘차게 분다)

其大戚, <u>汪然</u>出涕(그는 크게 슬퍼하면서, <u>줄줄</u> 눈물을 흘린다)

- 簫(소) 바람 부는 소리　　勁 굳셀(경)　　　戚 슬퍼할(척)
- 汪(왕) 눈물이 넘치는 모양
- 涕 눈물(체). * 簫簫(소소)와 汪然(왕연)에서도 나타나듯이, 한문에서는 두 개의 글자를 겹치거나 낱말의 뒤에 然(如, 若, 乎, 焉…) 등의 접사를 붙이면 소리시늉 또는 짓시늉말이 된다.

④ 시간을 나타냄(시간부사) : 今, 方, 且, 初, 旣, 嘗, 鄕(접때), 將, 終 등이 흔히 쓰인다. 이때 이들 부사는 반드시 동사만을 수식한다.

吾<u>旣</u>讀三國史記(나는 <u>이미</u> 삼국사기를 읽었다)

<u>須臾</u>大王起(<u>이윽고</u> 대왕이 일어섰다)

彼<u>將</u>飮其酒(그는 <u>바야흐로</u> 술을 마시려 한다)

- 方 바야흐로(방)　　且 바야흐로(차)　　初 처음(초)　　　　旣 이미(기)
- 嘗 일찍이(상)　　　鄕 먼저(향)　　　　將 장차(장), 바야흐로(장)　終 마침내(종)
- 須 잠깐(수)　　　　臾 잠깐(유)　　　　起 일어날(기)　　　酒 술(주)

⑤ 수량이나 분량을 나타냄(수량부사) : 수사나 형용사에서 전성된 부사는 분량을 나타낸다.

劉備三顧草廬(유비는 세 번 초당을 찾았다)
顔色不少變(얼굴빛이 조금도 변하지 않는다)

- 劉備 (유비) 촉한 첫째 임금의 이름
- 草 풀(초)
- 廬 오두막(려)
- 顧 돌아볼(고), 찾을(고)
- 顔 얼굴(안)

⑥ 지시를 나타냄(지시부사)

其何妓女, 眼目如彼高尙(그녀는 어떤(어떠한) 기녀이기에, 안목이 그처럼 고상한고?)
如是我聞(이렇게 나는 들었다)

- 妓 기녀(기)
- 眼 눈(안), 볼(안)
- 目 눈(목), 눈여겨볼(목)

⑦ 가정을 나타냄(가정부사) : 가정을 나타내는 부사는 흔히 선행절 앞에 놓인다.

若不信, 問父母(만일 믿지 못하겠거든, 부모에게 물어라)
如知其非義, 斯速已矣(만일 그것이 옳은 일이 아님을 안다면 곧 빨리 중지해야 한다)

- 若 만약(약), 가정하여 하는 말
- 義 옳을(의), 여기서는 명사형
- 速 빠를(속)
- 信 믿을(신)
- 斯 곧(사), 그렇다면
- 已 그칠(이)

⑧ 강조를 나타냄(강조부사)

禽獸且不忘其恩(짐승도 또한 그의 은혜를 잊지 아니한다)

有朋, 自遠方來, 不亦樂乎(벗이 있어 먼 곳으로부터 오니, 어찌 즐겁지 않겠느냐?)

齊國人, 固善盜乎(제나라 사람은 본디 도둑질을 잘 하느냐?)

禽 새(금), 날짐승(금)	獸 짐승(수), 길짐승(수)	且 또(차)	
忘 잊을(망)	恩 은혜(은)	朋 벗(붕)	自 [전] 으로부터
亦 어찌(역)	樂 즐거울(락)	齊 제나라(제)	固 굳을(고), 본디(고)
善 착할(선), 잘할(선)	盜 도둑질할(도)		

⑨ 감탄을 나타냄(감탄부사) : 감동이나 탄식을 나타내는데, 何 한 말이 있는 것 같다.

孔子聖人與! 何其多能也(공자는 성인인가! 어쩌면 그렇게도 다능한가!) [감동]

將軍老矣, 何怯乎(장군은 늙었구나, 어쩌면 그렇게 겁이 많으냐)[탄식]

與 더불(여), 여기서는 의문종결사	怯 겁많을(겁)

⑩ 응답을 나타냄(응답부사) : 이는 형태상으로 보면, 언제나 혼자서 독립되어 쓰이므로 감탄사에 넣음직하나 여기에서는 부사에 넣어둔다. 그 까닭은 한문의 감탄사는 감동·탄식만을 나타내기 때문이다.

다음 문장(월)에서 諾(낙), 然(연)은 '예, 응'의 그리고 否(부)는 '아니, 아니오'의 뜻으로서 부사가 된다.

諾我明日去(응, 나는 내일 떠난다)
否不然(아니, 그렇지 않다)
'是魯孔丘之徒與?' 對曰 '然'('이는 노나라 공구의 제자인가?' 대답해 말했다. '그렇다')

- 諾 승낙할(낙)   否 아닐(부)   然 그럴(연)   魯 노나라(노)
  丘 언덕(구), 공자의 이름   徒 제자(도)   與 더불(여), 무리(여)

9) 조사(助詞)

체언이나 체언구(體言句)의 앞뒤에 놓여서 앞 말과 뒷말의 관계를 나타내는 품사와, 절의 끝에 놓여서 앞 절과 뒷 절과의 관계를 나타내거나, 문장(월)이나 절의 끝에 놓여서 그 문장(월)이나 절이 끝났음을 나타내는 품사를 조사라 한다.

조사는 크게 전치사(前置詞), 후치사(後置詞), 종결사(終結詞)로 나뉜다.

(1) 전치사

체언(구)의 앞에 놓여서, 그 말과 앞 말과의 관계를 나타내는 조사를 이른다. 전치사에는 본래전치사(本來前置詞)와 전성전치사(轉成前置詞)가 있다.

① 본래전치사 : 於(어), 于(우), 乎(호)의 세 말이 있는데, 이들의 구실은 대개 서로 같다. 이들은 체언과 더불어 체언부사어(객어)가 되어, 설명어의 뒤에 놓인다. 그리고 본래전치사는 흔히 처소, 상대, 비교를 나타낸다. 그러나 대상(목적물)을 나타내기도 한다. 이들은 대개의 경우 우리말의 '-에, -에서, -에게'와 '-과/와, -보다'와 맞선다.

다음 문장(월)을 살펴보면 <於, 于, 乎>는 그 뒤에 있는 체언과 더불어 하나의 문장성분이 되어, 체언부사어로서 앞에 있는 설명어 居(거), 勝(승), 餓(아), 達(달), 哭(곡), 生(생), 與(여), 勸(권), 美(미), 明(명), 異(이), 學(학), 告(고)를 한정하고 있다.

- 처소를 나타냄

    彼, 居於漢陽(그는 한양에 산다)
    忠武公, 大勝於閑山島(충무공은 한산도에서 크게 이겼다)
    伯夷叔齊, 餓于首陽山(백이 숙제는 수양산에서 굶주렸다)
    鷄鳴, 達乎四境(닭 울음이 사방의 경계에 이른다)

    > 居 살(거)　　　勝 이길(승)　　　餓 굶주릴(아)
    > 首陽山 중국에 있는 산 이름　　　鷄 닭(계)
    > 達 통달할(달), 이를(달)　　　境 경계(경)

- 시간을 나타냄

    子, 哭於是日(공자는 이 날에 울었다)
    其, 生乎吾前(그는 내 앞에 태어났다)

    > 哭 울(곡)　　　前 앞(전), 먼저(전)

- 상대를 나타냄

    其, 與書於部下(그는 부하에게 책을 준다)
    勸讀書于友人(친구에게 독서를 권하다)

    > 與 줄(여)　　　勸 권할(권)

167

- 비교를 나타냄 : 본래전치사는 형용사 뒤에서는 비교를 나타낸다. 다음 문장(월)의 美(미), 明(명), 異(이)는 형용사이다.

  其, 美於徐公(그는 서공보다 잘생겼다)

  電燈, 明乎燈火(전등은 등불보다 밝다)

  國之語音, 異乎中國(나라의 말이 중국과 다르다)

電 번개(전)	燈 등(등)	火 불(화)
語音 말	異 다를(이)	

- 대상을 나타냄 : 본래전치사가 목적어 앞에 놓이는 경우는 극히 드물다.

  君子, 博學於文(군자는 글을 널리 배운다)

  予, 告汝于難(내가 너희에게 어려운 점을 알린다)

博 넓을(박)	學 배울(학)	予 나(여)	告 알릴(고)
汝 너(여)	難 어려울(난), 여기서는 명사형이니 어려운 점		

② 전성전치사 : 自(자), 從(종), 由(유), 以(이), 爲(위), 與(여), 每(매) 등이 있다. 이들은 문장(월)에서 체언(구)과 더불어 체언부사어가 됨은 본래전치사와 같으나, 이들 체언부사어는 문장(월)에서 설명어의 앞에 놓임이 본래전치사의 경우와 다르다. 전성전치사는 흔히 시발(始發), 이유, 동반, 자료, 자격, 도수(度數)를 나타낸다.

- 시발을 나타냄 : <自, 從, 由>가 있는데, 그 뜻이나 용법이 비슷하다. 그러나 <自+체언>으로 된 체언부사어는 설명어의 뒤에 놓이기도 한다. 또 <以>도 간혹 시발을 나타내는 일이 있으니, 유의해야 한다.

我, 自釜山歸慶州(나는 부산으로부터 경주로 돌아간다)
崔鉉培, 從周先生受文法(최현배는 주 선생으로부터 문법을 배운다)
由此觀之, 王之蠻行甚矣(이로부터 그것을 보면, 왕의 만행이 심하다)

> 自 스스로(자), −으로부터　　從 어조사(종), −으로부터　　受 받을(수), 배울(수)
> 由 말미암을(유), −으로부터　　蠻 오랑캐(만)

王, 至自國內城(왕이 국내성으로부터 이르다)
以長沙往(장사로부터 간다)

> 至 이를(지)　　　　國內城 고구려의 서울
> 往 갈(왕)　　　　　以 어조사(이), −로부터

- 이유를 나타냄 : 以, 爲, 由가 있다.

  吾, 以三代獨子免出征(나는 삼대독자이기 때문에 전쟁에 나감을 면했다)
  彼, 爲貪財, 喪義(그는 재물을 탐냈기 때문에 의를 잃었다)
  郡守, 由我而死(군수는 나 때문에 죽었다)

  > 免 면할(면)　　　出 나갈(출)　　　征 칠(정), 전쟁(정)　　爲 할(위), 때문에
  > 財 재물(재)　　　喪 잃을(상)　　　義 옳을(의)
  > 而 어조사(이), 여기서는 접미사로서 由我(유아)를 부사구로 만들고 있음

- 동반을 나타냄 : 與가 있음.

  祖父, 與叔父觀月(할아버지는 작은아버지와 함께 달을 구경한다)

  > 祖 할아버지(조)　　　叔 아자비(숙)

- 자료를 나타냄 : 以가 있다.

    <u>以</u>衣溫我(옷<u>으로써</u> 나를 따뜻하게 한다)

    > 溫 따뜻할(온), 여기서는 사동사 衣 옷(의)

- 자격을 나타냄 : 以가 있다.

    <u>以</u>五十步笑百步(오십 걸음(달아나 멈춘 것)<u>으로서</u> 백 걸음(달아나 멈춘 것)을 비웃는다)

    > 步 걸을(보), 여기서는 전성명사로 '걸음'의 뜻 笑 비웃을(소)

- 도수(度數)를 나타냄 : 每가 있다.

    吾, <u>每</u>夜聞讀書聲(나는 밤<u>마다</u> 책 읽는 소리를 듣는다)

    > 每 매양(매), 어조사(매), -마다 聞 들을(문)

전치사는 문장(월)에서 쓰일 때, 흔히 뜻을 강조하기 위해 줄이는 일이 있으니, <전치사의 줄임>에 대해서는 유의해야 한다. 대개 이때는 '於, 以'가 줄게 된다. 다음 글에서 手(수)는 於手(어수)의, 秋波(추파)는 以秋波(이추파)의 준말이다.

   少年手擧弓(소년은 손에 활을 든다)
   少女秋波暗轉(소녀는 추파를 살그머니 옮긴다)

   > 暗 몰래(암) 轉 구를(전), 여기서는 사동형

(2) 후치사

체언(구)의 뒤에 붙어서 뒷말과의 관계를 나타내는 조사를 후치사라 한다. 후치사에는 '본래후치사'와 '전성후치사'가 있다. 후치사는 체언(구)의 뒤에 붙어서 그 체언(구)을 주어, 객어, 관형어, 독립어로 만들어 주기도 한다.

① 본래후치사 : <之>가 하나 있을 뿐이다. 이 후치사는 원칙적으로 체언이나 용언(구) 뒤에 붙어서 그 말을 '관형어'로 만들어 준다.

다음 문장(월)의 之는 관형어를 만들어 주는 후치사이며, 學者之(학자지), 放蕩之(방탕지), 刻字之(각자지)는 문장(월)의 관형어가 된다.

吾, 愛學者之良心(나는 학자의 양심을 사랑한다)
無放蕩之擧動(방탕한 거동이 없다)
有刻字之痕(글을 새긴 흔적이 있다)

> - 良 어질(량), 착할(량)   放 방자할(방)   蕩 방자할(탕)
> - 刻 새길(각)   痕 자취(흔)

<之>는 본디 관형격으로만 쓰였는데, 후에 주격, 목적격, 체언부사격으로도 쓰이게 되었다. 다음 문장(월)의 <之>는 각각 주격, 체언부사격(객어격), 목적격으로 쓰여 있다. 이와 같이 之는 경우에 따라 여러 문장성분으로 두루 쓰이므로, 통용후치사(通用後置詞)라고도 한다. 그리고 之가 목적격으로 쓰일 경우는 之를 가진 문장성분은 차례가 바뀌는 것이 원칙이다.

다음 문장(월)에서 道之의 <之>는 주격을, 滿座之의 <之>는 목적격을, 今之의 <之>는 체언부사격을 나타내고 있다.

道之不行, 已知之矣(도가 행해지지 아니함은, 이미 그것을 알고 있었다)
* 뒤의 之는 본디 목적구 〈道之不行〉이 놓여 있던 자리임을 나타낸다.

爲滿座之無色(만좌를 무색하게 만들었다)

今之爲仁者, 虛僞(오늘날에 어진 일을 하는 이는 허위이다)

- 行 행할(행), 여기에서는 피동형
- 滿座 (만좌) 가득히 늘어앉은 자리
- 虛 빌(허)
- 已 이미(이)
- 者 사람(자)
- 僞 거짓(위)

② 전성후치사 : 딴 품사에서 전성된 후치사를 이른다. 이들은 체언(구)의 뒤에 붙어서 앞 말을 주어, 목적어, 체언부사어, 독립어로 만들어 준다.

전성후치사에는 者(자), 也(야), 也者(야자), 焉(언), 以(이), 於(어), 是(시), 斯(사), 乎(호), 上(상), 中(중), 下(하) 등이 있다.

다음 글의 者, 也, 也者, 焉은 체언 뒤에 붙어서 이들 말을 주어로 만들어 주고 있다.

成三問者, 端宗時忠臣也(성삼문은 단종 때의 충신이다)

回也, 聞一知十(회는 하나를 들으면 열을 안다)

書也者, 志我心之紀綱政事者也(서경은 우리 마음의 기강과 정사를 기록한 것이다)

孝弟也者, 其爲仁之本與(효도하고 공경하는 것은, 그것은 인(仁)의 근본일 것이다)

國有道, 貧且賤焉恥也(나라에 도가 있는데, 가난하고 또한 천함은 수치이다)

- 者 어조사(자), -은/는   也 [후] -은/는   也 者 [후] -은/는   志 기록할(지)
- 者 [불완전명사] 것(자)   弟 공경할(제), 여기서는 명사형, 형을 공경하는 것
- 與 [종결사] 추측을 나타냄, -일 것이다   賤 천할(천), 여기서는 명사형
- 恥 부끄러울(치), 수치

다음 문장(월)의 <也, 乎>는 독립어로 만들어 주는 후치사(부름토씨, 호격조사)로서, 앞의 말을 '독립어'로 만들어 주고 있다. 熙也(희야), 參乎(삼호)는 독립어이다.

　　熙也, 女知五倫乎(희야, 너는 오륜을 아느냐?)
　　參乎, 吾道一以貫之(삼아, 내 도는 하나로써 그것을 꿰뚫는다)

- 熙 빛날(희), 여기서는 사람 이름   倫 인륜(륜)
- 參 참여할(참), 여기서는 사람 이름으로 공자의 제자 증삼(曾參)
- 以 [후치사] -으로써   貫 꿸(관)

다음 문장(월)의 <以>와 <上>은 체언(구)에 붙어서 앞의 말을 체언부사구로 만들어 준다.

　　信以得之(믿음으로써 그것을 얻는다)
　　文士百名集亭上(문사 백 명이 정자에 모였다)

다음 문장(월)의 전성후치사 <是, 斯, 於>는 모두 문장성분의 차례를 바꿀 때 그 문장성분에 붙이는 후치사인데, 이들은 대명사나 전치사가 전성된 것이다. 모두 앞 말에 붙어서 그 말을 목적어나 체언부사어로 만들어주며, 강조를 나타낸다.

仁義是修(인의를 닦는다) ← 修仁義
夷狄斯膺(오랑캐를 응징한다) ← 膺夷狄
衣食於奔走(의식에 분주하다) ← 奔走衣食

- 修 닦을(수)　　夷 오랑캐(이)　　狄 오랑캐(적)　　斯 어조사(사)
- 膺 칠(응)　　　奔 달릴(분)　　　走 달릴(주)

> 다음 문장(월)에서 〈而, 也〉는 앞 말에 붙어서 소리를 고르는 구실을 하는데, 흔히 시간을 나타내는 명사 뒤에 붙는다.
>
> 日而 行千里(하루에 천리를 간다)
> 今也 亡(이제 망한다)
> 今也 每食不飽(지금은 끼니마다 배부르지 않다)
>
> 今 : [부사] 이제(금), [명사] 지금(금), 食 : 끼니(식), 飽 : 배부를(포)

(3) 종결사

문장(월)이나 절이 끝남을 나타내는 조사를 종결사라고 한다. 종결사는 단정, 가정, 의문, 한정, 시간, 명령, 감탄 등을 나타낸다.

① 종결사의 종류
- 단정을 나타냄 : 也(야), 焉(언), 矣(의), 耳(이) 등이 있다.

　　天, 圓也(하늘은 둥글다)
　　凡人, 不能聽焉(범인은 그것을 들을 수 없다)
　　天之, 於民厚矣(하늘은 백성에게 후하다)

> - 圓 둥글(원)　　　也 어조사(야)　　　聽 들을(청)
> - 不能 '-할 수 없다'란 뜻의 복합조동사
> - 焉 어조사(언), 이 종결사는 '그것', '거기' 등의 대명사의 뜻을 겸하기도 한다.
> - 厚 두터울(후)

<已(이)>도 단정과 비슷한 뜻을 가진 종결사이다.

　予, 往已(나도 간다)
　神農以前, 吾不知已(신농씨 이전은(←을) 나는 알지 못한다)
　雖舜禹復生, 弗能改已(순임금과 우임금이 다시 태어나더라도, (그것을) 고칠 수 없다)

> - 予 나(여)　　　往 갈(왕)　　　神農 중국의 전설상의 인물, 신농씨
> - 雖 비록(수), [접속사] -하더라도　　舜 순임금(순)
> - 禹 우임금(우)　　　復 다시(부)
> - 弗 아니(불), '不'과 그 뜻이 비슷하나, 이 말이 타동사와 결합할 경우 타동사의 목적어는 원칙적으로 줄어들게 된다.
> - 弗能 (불능) [조동사] 할 수 없다.

• 가정을 나타냄 : 者(자)가 있다.
　若不殺者, 爲吾國患(만약 죽이지 아니하면, 우리나라의 근심이 된다)

> - 若 만약(약)　　　殺 죽일(살)　　　吾 나(오)　　　患 근심(환)

• 의문을 나타냄 : 乎(호), 邪=耶(야), 歟=與(여), 哉(재)가 있다.
　其間, 無訪我者乎(그 사이 나를 찾아온 이는 없더냐?)
　其國無馬耶(그 나라에는 말이 없느냐?)

南方之强與, 北方之强與(남쪽이 강하냐? 북쪽이 강하냐?)

奎報, 何如人哉(규보는 어떤 사람이냐?)

- 訪 찾을(방)   耶 어조사(야)   馬 말(마)
- 强 굳셀(강)   歟 어조사(여)   何如 (하여) 어떤, 어떠한

이 밖에 否(부), 未(미) 등도 의문종결사처럼 쓰이기도 한다.

視吾舌, 尙有否(내 혀를 보아라, 아직 있느냐?)

春梅著花未(춘매가 꽃을 나타내었느냐?)—피웠느냐의 뜻.

- 視 볼(시)   舌 혀(설)   尙 오히려(상), 아직(상)
- 否 아니(부)   春 봄(춘)   梅 매화(매)
- 著 나타날(저), 붙일(저)   未 아닐(미)

• 한정을 나타냄: 耳=爾(이)가 있다.

便於日用耳(일용에 편할 뿐이다)

唯謹爾(오직 삼갈 뿐이다)

而已(이이)와 而已矣(이이의)도 '한정'을 나타내는데, 而已(ii)는 耳(i) 소리가 겹쳐진 것이며 而已矣는 거기에 다시 단정을 나타내는 '矣'가 결합된 것이다.

我唯知種樹而已(나는 오직 나무를 심을 줄을 알 뿐이다)

夫子之道, 忠恕而已矣(공자의 도는 (오직) 충과 서뿐이다)

- 種 심을(종), 여기서는 명사형이며, 심을 줄   夫子 (부자) 공자
- 恕 용서할(서), 용서(서)   耳 귀(이), 뿐(이)   唯 오직(유)
- 謹 삼갈(근)   爾 뿐(이), 耳와 통함

- 시간을 나타냄 : 矣(의)는 동적인 행위 곧 과거나 미래를 나타낸다. 이 밖에 焉(언)은 미래를 나타내기도 한다.

    吾, 未聞之矣(나는 아직 그것을 듣지 못했다)
    諾, 吾將仕焉(좋다, 나는 장차 벼슬할 것이다)

    > 未=不曾(아직…못하다)　　諾 승낙할(낙)　　仕 벼슬(사), 벼슬할(사)

- 명령을 나타냄 : <矣>는 경우에 따라서는 명령을 나타내기도 한다.

    往矣, 吾將曳尾於塗中(가라, 나는 장차 진흙 속에서 꼬리를 끌고 있을 것이다)

    > 將 장차(장)　　曳 끌(예)　　尾 꼬리(미)　　塗 진흙(도)

- 감탄을 나타냄 : 哉(재), 夫(부)가 있다.

    汝不知文字, 哀哉(너는 글자를 알지 못하니, 슬프구나)
    名湮滅而不稱. 悲夫(이름이 없어져 버리고 불리지 아니하니, 슬프구나)

    > 哀 슬플(애)　　湮 빠질(인)　　滅 멸망할(멸), 사라질(멸)
    > 稱 일컬을(칭)　　夫 어조사(부), -하구나

② 종결사의 겹침 : 종결사가 겹쳐지면, 뜻이 강조되는데, 뜻은 맨 뒤의 말이 가지게 된다. 그러니 다음 문장(월)의 焉耳(언이)는 단정을 나타내는 耳(이)의 강조형이다.

人惟見利, 而不聞義焉耳(사람들은 오직 이익만 보고, (결코) 도의를 들으려 하지 않는다)

다시 보기를 들면 也已(야이)는 '단정'을 나타내는 '已'의 강조형이고, 也已矣(야이의), 焉耳矣(언이의)는 모두 '단정'을 나타내는 '矣'의 강조형인데, 셋이 겹쳐진 것이 뜻이 가장 강하다.

寡人盡心於國焉耳矣(나는 나라에 마음을 다했다)

> 寡人(과인) 寡德之人(과덕지인)의 준말로 임금이 자신을 겸손하게 표현하는 말. 寡德之人은 덕이 적은[寡] 사람이란 뜻.

③ 절이 끝남을 알려 주는 종결사 : 지금까지 살핀 종결사는 문장(월)을 마쳐 주는 구실을 하는 것이 주였는데, 이번에는 절이 끝남을 알려주는 종결사를 살펴보기로 한다. 이에는 <也, 矣, 焉> 등이 있다.

다음에서 둘째 문장(월)의 종결사 <矣>는 也를 대신 넣어도 무방하고, 셋째 문장(월)의 <焉> 역시 그 구실은 也와 같다.

山神聞之懼其不已也, 告之天帝(산신은 그것을 듣고서 그가 그만두지 아니할 것을 걱정하여서, 그것을 하느님께 아뢰었다)
漢之廣矣, 不可泳思(한수는 넓어서 헤엄쳐갈 수 없다)
天何言哉, 四時行焉, 百物生焉(하늘이 어찌 말씀하랴! (그러나) 사시는 거기서 행해지고, 온갖 물건이 거기서 생겨난다)

> - 聞 들을(문)　　　　懼 두려워할(구)　　　已 그칠(이)　　　　告 고할(고), 아뢸(고)
> - 漢 한수(한), 중국의 강 이름　　　　　　　之 어조사(지), 여기서는 주격
> - 廣 넓을(광)　　　　泳 헤엄칠(영)
> - 思 [어조사] 문장(월)의 앞이나 끝에 붙으며, 뜻이 없이 소리를 고르는 구실만 하는 글자
> - 何 어찌(하)　　　　言 말씀(언)　　　哉 (재) 감탄후치사
> - 焉(언) 대명사 '거기'를 속에 지니고 있는 종결사

10) 감탄사(感歎詞)

기쁨과 슬픔에 있어서의 느낌이나 부르짖음을 나타내는 품사를 감탄사라 한다. 한문의 감탄사는 우리말로 옮기면 모두 '아아!'가 된다. 감탄사에는 於(오), 惡(오), 於乎=嗚呼(오호), 於戱(오희), 吁(우), 唉(애), 噫=嘻(희), 咨(자), 嗟(차), 嗟夫(차부), 嗟呼(차호) 등이 있는데, 모두 감동이나 탄식을 나타낸다.

① 감동을 나타냄

嗚呼! 亦盛矣哉(아아! 너무도 성대하구나!)

> - 亦 클(역), '너무'의 뜻
> - 矣 哉 (의재) [종결사] 겹종결사이므로, 뜻은 哉에 있으니, 감탄을 나타낸다.

② 탄식을 나타냄

噫! 天喪予(아아! 하늘이 나를 망쳤다)

> - 噫 슬플(희)　　　　喪 복입을(상), 망할(상), 망칠(상)　　　予 나(여)

11) 접속사(접속사)

낱말, 구, 절, 문장(월) 등을 서로 이어 주든지 문장(월)을 일으키든지 하는 품사를 이른다.

(1) 한 문장(월) 안에서의 이음

① 체언(구)과 체언(구)의 이음 : 與(여), 及(급)이 있는데, '與'는 영어의 and 에 해당된다. '及'은 앞에 주되는 말을 가지고, 그 뒤에 종속되는 말을 가진다.

　　吳與越(오나라와 월나라)
　　有爵位者與七十者, 不爲奴(작위 있는 이와 칠십 대 사람은 종으로 삼지 아니한다)
　　皇帝及大臣(황제 및 대신)

> 爵 벼슬(작)　　者 사람(자), 이　　奴 종(노)　　及 및(급)

② 용언과 용언의 이음 : 且(차), 而(이), 且-且 등이 있다.
<且>는 원칙적으론 하나의 낱말과 하나의 낱말을 이어 주는 접속사이며, '且-且'는 어떤 두 동작이 한꺼번에 진행됨을 나타내는 접속사이다.
그러나 이들 두 접속사는 문장(월)과 문장(월)을 이어 주기도 한다(다음 항을 볼 일).

　　人且智, 聖(어질고 슬기로우면, 성인이다)
　　賢明且哲(현명하며 슬기롭다)
　　彼, 且戰且學武術(그는 싸우면서 무술을 배운다)

: 且 또한(차)　　　哲 밝을(철)　　　武術(무술) 무도의 기술

다음 문장(월)에서 보듯이 <而>는 용언과 용언을 잇는 접속사이나, 문맥에 따라 영어의 and나 but의 두 구실을 한다.

勇而仁(용감하고 어질다)
美而勇(아름다우며 용감했다)
仁而無勇(어질지만 용기가 없다)

: 勇 날랠(용), 용감할(용)

而는 접미사가 되어서, 앞 말을 객어나 객어구로 만들어 주는 구실도 한다.

未幾而城歸(미구에 성이 돌아왔다)

幾 : 얼마(기), 城 [주어] 성(성), 전쟁할 때의 근거지, 歸 : 돌아올(귀)

③ 주부와 설명부를 이음 : 卽(즉)이 있다. 이때 卽은 是(시)와 같은 지정사로 보는 이도 있다.

無窮花, 卽我國之國花也(무궁화는 바로 우리나라의 나라꽃이다)

(2) 문장(월)과 문장(월)의 이음

① 인과 관계를 나타냄 : 乃(내), 以(이), 而(이), 於是(어시), 因(인), 則(즉), 然則(연즉), 卽(즉), 然後(연후), 故(고), 由是(유시), 是故(시고), 是以(시이), 是用(시용), 以是(이시), 以此(이차), 然(연), 然而, 雖然(수연) 등이 있다.

181

• 다음 글의 접속사들은 모두 <순리적 인과>관계를 나타내고 있다.

公子顔色不變, 乃王謝過矣(공자의 얼굴빛이 변하지 않아서, 왕은 잘못을 사죄했다)

山有巨木, 則木工度之(산에 큰 나무가 있으면, 목수는 (자로써) 그것을 잰다)

公徐行, 卽免死(공은 천천히 가면 죽음을 면할 것이다)

彼力盡, 我充滿, 故結果觀火(그들은 힘이 다 되었고, 우리는 충만하다. 그러니 결과는 뻔하다)

漢有天下大半, 而諸侯附之(한나라가 천하의 대부분을 차지했다. 그러자 제후가 그에 따랐다)

相如曰, '臣願奉璧往', 趙王於是遣相如奉璧(상여는 '제가 구슬을 받들고 가고 싶습니다.'고 했다. 조왕은 그래서 상여에게 구슬을 받들게 했다.)—이 글의 '趙王於是遣相如奉璧'은 '於是趙王遣相如奉璧'으로 바꾸어도 된다.

世有伯樂, 然後有千里馬(세상에 백락이 나타난다. 그래야 천리마가 나타난다)

顔 얼굴(안)	色 빛(색)	變 변할(변)	乃 이에(내)
謝 사죄할(사)	過 허물(과), 잘못	木工 (목공) 목수	度 젤(탁)
徐 천천할(서)	免 면할(면)	盡 다할(진)	充 찰(충)
滿 찰(만)	故 고로(고), 그러므로	漢 한나라(한)	
有 있을(유), 가질(유)	半 반(반)	諸 모든(제)	
附 붙을(부)	之 [대] 거기, 그쪽	相如 조나라의 신하	臣 신하(신)
願 원할(원), '하고 싶다'의 뜻의 조동사		奉 받을(봉)	璧 구슬(벽)
往 갈(왕)	趙 나라(조)	於是 '그래서'의 뜻	
遣 보낼(견), 여기에서는 사동조동사			
伯樂 중국의 이름난 말 감정가, 여기서는 그저 이름난 말 감정가			

• 다음 문장(월)의 접속사들은 모두 <역리적 인과>관계를 나타내고 있다.

　　戰敗, 而不屈(전쟁에 졌다. 그러나 굽히지 않았다)
　　與之地, 卽無地(그에게 땅을 주려 한다. 하지만 땅이 없다)
　　日月蔽浮雲, 然光明無損失(해와 달은 뜬구름에 덮였다. 그렇지만 광명
에는 손실이 없다)

> - 戰 싸울(전)　　　敗 질(패)　　　屈 굽을(굴), 굽힐(굴)
> - 與 줄(여)　　　　蔽 덮을(폐)　　浮 뜰(부)
> - 然 그럴(연), 그러나　損 덜(손)　　　失 잃을(실)

• 다음 문장(월)의 접속사 不然(불연)은 '不'과 '然'이 어울려서 된 <복합접속사>이다. 이 접속사도 인과 관계를 나타낸다.

　　此, 公之言約, 不然 我, 何以至此(이것은 당신의 언약입니다. 그렇잖으면 내가 어째서 여기에 왔겠습니까?)

> - 公 어른(공)　　　　　不然 그렇지 않으면 → 그렇잖으면
> - 何以 '무엇 때문에, 어째서'의 뜻

② 첨가를 나타냄 : 而, 以, 乃, 而後 등이 있다. 다음 문장(월)의 접속사들은 모두 첨가를 나타내고 있다.

• 다음의 而에서 而後까지는 모두 <시간상의 첨가>이다. 곧 앞 절은 앞 행동을 나타내고, 뒷 절은 뒤의 행동을 나타내고 있다.

　　携竹杖, 而登山(대지팡이를 짚고서 산에 오른다)
　　其女具夕飯, 而至客館(그녀는 저녁밥을 갖추어서 객관에 이른다)

至影島<u>以</u>觀太宗臺(영도에 이르러서 태종대를 구경한다)
老人快樂, <u>乃</u>賣山蔘(노인은 쾌히 승낙한다. <u>그리하여</u> 산삼을 판다)
知理, <u>而後</u>可以擧兵(이치를 알<u>고서</u> 군사를 일으켜야 한다)

- 携 가질(휴)   杖 지팡이(장)   登 오를(등)   具 갖출(구)
- 夕 저녁(석)   飯 밥(반)   客 손(객)   客館 객지에서의 숙소
- 至 이를(지)   影島 부산에 있는 섬 이름   快 쾌할(쾌)
- 蔘 삼(삼)   理 다스릴(리), 이치(리) 擧 들(거), 일으킬(거)

③ 대등을 나타냄 : 以, 而, 且 등이 있다.

三問多識<u>以</u>謙遜(삼문은 많이 알면서 겸손했다)
侶魚<u>而</u>友鹿(고기를 벗하고 사슴을 벗한다)
王省政事, <u>且</u>助正音制定(왕은 정사를 돌보며 정음의 제정을 도왔다)

- 識 알(식)   謙 겸손할(겸)   侶 짝(려), 벗할(려)
- 鹿 사슴(록)   省 살필(성)   助 도울(조)

④ 선택을 나타냄 : 抑(억)=意(의)=且/與, 與其(여기) 등이 있다.
다음 문장(월)에서 抑, 意, 且는 비록 말은 다르더라도 모두 같은 뜻으로 쓰이며, <선택>을 나타내는 접속사이다.

黃帝人耶, <u>抑</u>非耶(황제는 사람이냐? <u>아니면</u> (사람이) 아니냐?)
世間無明君乎, <u>意</u>先生之道不通乎(세간에 밝은 임금이 없느냐? <u>아니면</u> 선생의 도가 통하지 않느냐?)
富貴者驕人乎, <u>且</u>貧賤者人乎(재산 많고 지위 높은 이가 남에게 교만하냐? <u>아니면</u> 가난하고 천한 이가 남에게 교만하냐?)

- 耶 어조사(야)   抑 누를(억), 또한(억)   世 인간(세)
- 意 뜻(의), 헤아릴(의), 추측함   通 통할(통)
- 乎 의문종결사   驕 교만할(교)   賤 천할(천)

다음 문장(월)에서와 같이 <선택>을 나타내는 접속사 與, 與其는 문장(월) 머리에 놓여서 종결절 위의 부사 寧(녕), 孰若(숙약) 등과 짝이 되어 쓰인다. 이들은 두 사물이 어느 쪽이 나으냐고 묻는 말인데, 묻는 사람은 아래쪽이 낫다고 생각하고 있다.

與人刃我, 寧自刃(남이 나를 죽이느니, 차라리 자결하겠다)
與其害於人民, 寧我獨死(인민을 해치기보다 차라리 나 혼자 죽겠다)
與其有樂於身, 孰若無憂於心(몸에 즐거움이 있느니보다 마음에 근심이 없는 것이 낫다)

- (與)其 (여기) -기보다, -느니보다   自刃 (자인) 자결
- 害 해할(해), 해칠(해)   寧 차라리(녕)   獨 혼자(독)

⑤ 가정을 나타냄 : 若, 鄕(향), 使, 如, 富使(부사) 등이 있는데, 이들 접속사도 주로 문장(월)의 맨 앞에 놓인다.

若備與彼協心, 與結盟好(만약 유비가 그들과 마음을 합친다면, 그들과 동맹을 맺어도 좋을 것이다)
鄕亡桓公, 中國其良絶矣(만약 환공이 없었더라면, 중국은 틀림없이 없어졌을 것이다)
富使虎豹失其爪牙, 則人必制之(만약 범이나 표범이 그들의 발톱이나 어금니를 잃는다면, 사람들은 틀림없이 그들을 제압할 수 있다)

與 어조사(여), -와/과	彼 그(피)	協 합할(협)	與 與彼의 준말
結 맺을(결)	盟 맹세할(맹)	亡 없을(무)	
桓公 중국 춘추 시대의 제나라 임금		其 주어 뒤에 붙는 강조후치사	
良 (량) 틀림없이	絕 끊어질(절)	虎 범(호)	豹 표범(표)
爪 손톱(조)	牙 어금니(아)		

⑥ 양보를 나타냄 : 雖(수), 縱(종)이 있는데, 접속사 雖는 주어 다음에 놓이는 것이 원칙이다.

昌曲, 雖有貧士之跡, 氣像壓頭一席(창곡은 가난한 선비의 흔적이 있기는 하나, 기상이 한 자리를 압두했다)
縱彼不言, 我無愧於心乎(그는 말하지 아니하기는 했으나, 나는 (어찌) 부끄러움이 마음에 없었겠느냐?)

雖 비록(수)	貧 가난할(빈)	跡 자취(적)	壓 누를(압)
頭 머리(두)	席 자리(석)	縱 비록(종)	愧 부끄러울(괴)

⑦ 의미 전환을 나타냄 : 況(황), 要之(요지) 등이 있다.

庸人羞之, 況於將相(어리석은 사람도 그것을 부끄러워하는데, 하물며 장수나 재상이 (어찌 그것을 부끄러워하지 않겠느냐?))
要之, 死後人間之是非乃定(요컨대 죽은 후에라야 인간의 시비는 그제야 정해진다)

* 의미전환을 나타내는 접속사 況으로 시작하는 종결절은 설명어가 줄어들게 된다. 그리고 況 뒤에는 뜻 없는 조성자 '於, 于, 乎' 등이 붙기도 한다.

庸 어리석을(용)	羞 부끄러울(수), 부끄러워할(수)
況 하물며(황)	乃 (내) '그제야'의 뜻.

⑧ 강조를 나타냄 : 此, 斯(사), 其 등이 있는데, 이들은 지시대명사에서 전성된 것으로 앞 말을 강조한다.

有池此有魚(물이 있으면 고기가 있다)
知其非義斯速已(그것이 의가 아님을 알면 재빨리 그만둔다)

- 池 못(지)　　　此 이(차)　　　魚 물고기(어)
- 斯 어조사(사)　　速 빠를(속)

12) 준말[略語]

두 말이 줄어서 한 말이 된 것을 <준말>이라 한다.

① 諸(저), 旃(전), 焉(언)은 조사와 대명사가 어울려서 된 말들이다.

投諸渤海=投之於渤海(발해에 그것을 던지다)
吾, 得而食諸=吾, 得而食之乎(내가 그것을 얻어먹겠느냐?)
願勉旃=願勉之焉(그 일에 힘쓰십시오) * 焉은 종결사.
吾夫, 又死焉=吾夫, 又死於他(내 남편도 또 그에게 죽었다)

- 投 던질(투)　　　　　諸 어조사(제), '諸'가 준말로 쓰일 때는 '저'로 읽는다
- 渤海 바다 이름　　　　願 부탁을 나타내는 조동사, -하십시오　　勉 힘쓸(면)
- 之 그것, 그 일　　　　焉 어조사(언), 종결사　　　　　　　　　　夫 지아비(부)
- 淵 못(연)　　　　　　深 깊을(심)

위의 첫째 문장(월)과 둘째 문장(월)에서 알 수 있듯이, 준말 '諸'는 문장(월)의 가운데 놓이면 <於+之>의 뜻이고, 문장(월)의 끝에 놓이면 <之+乎>의

187

뜻이다. 그리고 이 경우 '諸'의 독음은 '제'가 아니라 '저'이다.

② 曷(갈), 盍(합), 叵(파), 未는 부정동사 不과 딴 말이 어울려서 된 말이다.

　　曷飮食之=何不飮食之(어째서 그것을 먹지 아니하느냐?)
　　盍各言爾志=何不各言爾志(어째서 너희 생각을 각각 말하지 않느냐?)
　　劉備叵信=劉備不可信(유비는 믿을 수 없다)
　　我未果約束=我不曾果約束(나는 아직 약속을 지키지 아니하였다)

• 曷 어찌(갈)	飮 마실(음)	食 먹을(식)	盍 어찌(합)
• 爾 너(이)	志 뜻(지)	曾 아직(증)	果 이행할(과)

③ 爾(이), 若, 云(운)은 모두 '如此'의 준말로 쓰인다.

　　貴國風俗, 何以乃爾乎=貴國風俗, 何以乃如此(당신 나라의 풍속이 어째서 기껏해서 이와 같으냐?)

　　以若行爲, 求若所望, 猶緣木求魚也=以如此行爲, 求如此所望, 猶緣木求魚也(이런 행위로 이런 소망을 구하는 것은 나무에 올라가서 물고기를 구함과 같다)

　　吾, 欲云云=吾, 欲如此如此(나는 이러이러하게 하고 싶다)

• 何以 (하이) 어째서	乃 (내) [부사] 기껏(해서)	以 [전] 으로써
• 若 이와 같다, 이와 같은=이런	猶 같을(유)	緣 기어오를(연)
• 求 구할(구)	云 이와 같게, 이렇게=이러히	

5. 통어론(通語論)

　문장(월)에서, 각 문장성분[文成分]이 서로 어떻게 통합되어 '문장(월)'이나 '절(節)'을 구성해 나가는가에 대해서 밝힌 문법의 부문을, 통어론(구문론)이라 한다. 그러므로 이 통어론에서는 각 문장성분이 문장(월)에서 어떻게 쓰이는가를 밝히기로 한다.

1) 문장(월)의 됨됨이[漢文의 構造]

　문장(월)의 구조에서는 대개 단문(單文)이나 절의 구조를 풀이하기로 한다. 그것은, 이것이 문장성분 통합의 기본 지식이 되기 때문이다.

(1) 한문의 뼈대[문형(文型)]

　한문의 문장(월)은 5가지 형식으로 이루어져 있는데, 이때 <주어>가 되는 말은 원칙적으로 체언(명사, 대명사, 수사)이요, 설명어가 되는 말은 원칙적으로 용언(동사, 형용사, 지정사)이다.

　① 문장(월)의 제1형식 : <주어(S)+설명어(P, 자동사, 형용사, 체언)>로 되어 있다. 다음 문장(월)은 모두 제1형식이다.

　　月, 明(달이 밝다)
　　淸溪, 流(맑은 시내가 흐른다)

> 明은 형용사이고, 流는 동사이다.

다음의 문장(월)에서는 체언이 설명어가 되어 있으나, 실은 설명어 是, 爲가 생략된 형태이다. 그러나 학교 문법에서는 체언을 설명어로 보는 것이 편리하다.

  五人, 汝輩也(다섯 사람은 너희들이다)
  吾等, 新羅人也(우리들은 신라 사람이다)
  正音, 二十八字(정음은 스물여덟 자이다)

② 문장(월)의 제2형식 : <주어(S)＋설명어(P, 지정사, 불완전자동사, 불완전형용사)＋보어(C)>로 되어 있다.

다음 문장(월)에서 是, 非는 지정사요, 爲, 以爲는 불완전자동사이다. 그러나 <爲>는 지정사로 쓰이기도 한다.

이들은 모두 보어를 뒤에 가지는데, 이때 이들은 원칙적으로 체언을 보어로 가지나, 爲貴(위귀), 以爲然(이위연)에서처럼 형용사를 가지는 일도 있다.

  我, 是靑年(나는 청년이다)
  脫解, 爲龍王之子(탈해는 용왕의 아들이다)
  鯨, 非魚類(고래는 물고기 종류가 아니다)
  乞人, 爲國王(거지가 임금이 되었다)
  此兒, 爲貴(이 아이가 귀하게 된다)
  王, 以爲然(왕은 그렇게 여긴다)

다음 문장(월)의 如는 불완전(비교)형용사이므로, 뒤에 보어 玉盤之轉珠를 가지고 있다.

  少女之聲, 如玉盤之轉珠(소녀의 목소리는 옥쟁반에 구르는 구슬과 같다)

| 聲 소리(성) | 盤 쟁반(반) | 轉 구를(전) |

> 다음 문장(월)에서 보듯이 불완전자동사 중에서도 曰(왈), 謂(위)와 같은 말은 뒤에 보어구(補語句)나 보어절을 가진다.
>
> 退溪曰 '夫婦萬福之源'(퇴계는 '부부는 만복의 근원이다'라고 말한다)
> 人皆謂 '死將軍, 走生賊將'(사람들은 모두 '죽은 장군이 산 도둑의 장수를 쫓았다'고 말했다)
>
> 曰 : 말할(왈), 源 : 근원(원), 謂 : 말할(위), 賊 : 도둑(적)

③ 문장(월)의 제3형식 : <주어(S)＋설명어(P, 타동사)＋목적어(O)>로 되어 있다. 다음 문장(월)의 作, 修, 破, 讀은 모두 타동사로서 뒤에 漢詩, 身, 隋軍, 古典과 같은 목적어를 가지고 있다.

祖父, 作漢詩(할아버지가 한시를 짓는다)
學者, 修身(배우는 사람은 몸을 닦는다)
乙支文德, 大破隋軍(을지문덕은 수나라 군사를 크게 부쉈다)
彼旣讀書東西古典(그는 이미 동서의 고전을 읽었다)

| 修 닦을(수) | 身 몸(신) | 德 덕(덕) | 破 부술(파) |
| 隨 나라이름(수) | 軍 군사(군) | 旣 이미(기) | |

<목적어와 객어의 차례> '목적어'와 '객어'가 한꺼번에 쓰일 때는, <객어>는 목적어 뒤에 놓이는 것이 원칙이다.

吾, 觀丹楓於雪岳山(나는 설악산에서 단풍을 구경한다)

다음 문장(월)에서와 같이 객어는 전치사 없이 될 수도 있다. 곧 釜山(부산), 慶州(경주), 角干庾信(각간유신) 등은 모두 객어이다. 그러나 이들은 於釜山, 於慶州, 於角干庾信에서 전치사 '於'를 줄인 형태이다.

吾居釜山(나는 부산에 산다)
玉石出慶州(옥돌은 경주에서 난다)
武烈王問角干分信(무열왕은 각간 유신에게 물었다)

> 角干 신라 때의 가장 높은 벼슬

④ 문장(월)의 제4형식 : <주어(S)＋술어(P)＋목적어(O_1)＋객어(O_2)>로 되어 있다.

다음 문장(월)에서처럼 問, 敎, 請, 與, 講, 告와 같은 <수여동사(주받기동사)>는 목적어 외에 '-에게'라는 객어를 하나 더 가지게 되는데, 이 경우 객어는 원칙적으로 목적어 뒤에 놓인다. 그리고 이들 객어는 모두 앞에 본래전치사를 가지는 것이 원칙이다.

孔子問禮於老子(공자가 노자에게 예의를 묻는다)
分信敎兵法于部下(유신이 부하에게 병법을 가르친다)
我與一書於汝(나는 너에게 한 책을 준다)
先生講論語於弟子(선생이 제자에게 논어를 강의한다)
新羅請兵于高句麗(신라가 고구려에 군사를 청한다)
吾告其緣故於汝(내가 너에게 그 까닭을 일러준다)

> 兵 병사(병)　　　請 청할(청)　　　汝 너(여)
> 講 풀이할(강)　　緣故 (연고) 까닭

<문장(월)의 4형식에서의 목적어와 객어의 차례> 이때 목적어와 객어의 차례가 바뀌면, 객어 앞의 전치사는 줄어진다. 다음은 '先生, 講論語於弟子'란 문장(월)에서 '論語'와 '於弟子'가 차례가 바뀌어 된 꼴이다.

先生講諸子論語(선생은 논어를 제자에게 강의한다)

⑤ 문장(월)의 제5형식 : <주어(S)＋설명어(P, 불완전타동사)＋목적어(O)＋보어(C, 체언, 형용사)>로 되어 있다.

다음 문장(월)에서 稱, 謂, 云, 道 등은 모두 '(말)하다'란 뜻을 가진 불완전타동사이다. 그러므로 이들은 문장(월)에서 목적어와 보어를 함께 가진다(더 자세한 것은 141쪽을 볼 일).

첫째 문장(월)의 <稱>은 목적어 吾(오)와 보어 幼兒를, 둘째 문장(월)의 <謂>는 목적어 栗谷과 보어 大學者를, 셋째 문장(월)의 <云>은 목적어 此와 보어 知己를 뒤에 가지고 있다. 그러나 마지막 문장(월)의 <道>는 목적어가 생략되어 있다. 吾를 보충하면 된다. 곧 '莫道(吾)不如在京時'로 생각할 일이다.

父母, 稱吾幼兒(부모는 나를 어린애라 한다)
時人, 謂栗谷大學者(그때 사람은 율곡을 대학자라 했다)
我, 云此知己(나는 이것을 지기라 한다)
莫道不如在京時(서울에 있을 때에 미치지 못한다고 하지 말라)

幼 어릴(유)	云 이를(운)	莫 말(막), [조동사] 말라
如 미칠(여)	在 있을(재)	京 서울(경)

다음 문장(월)의 <爲>도 일종의 불완전타동사인데, 이는 특별한 꼴을 취한

다. 곧 아래의 爲는 以乙巴素(이을파소)를 목적어로, 國相(국상)을 보어로 취하고 있다.

곧 '주어＋목적어(以－체언)＋서술어＋보어'란 특이한 형태로 되어 있다.

> 王, 以乙巴素爲國相(왕이 을파소를 국상으로 삼았다)

2) 문장성분의 수식

수식어는 크게 체언을 수식하는 관형어(冠形語)와 용언을 수식하는 부사어(副詞語)로 나누어지고, 부사어는 다시 용언으로 된 용언부사와 체언으로 된 체언부사로 나누어지는데, 용언으로 된 부사어는 흔히 그저 '부사어'라 하고, 체언으로 된 부사어는 체언부사어 또는 객어(客語)라 한다.

수식어가 문장(월)에서 쓰일 때 이들은 피수식어 앞에 놓이나, <체언부사어(객어)>는 피수식어 뒤에 놓인다.

(1) 관형어

용언으로 된 것과 체언으로 된 것이 있는데, 이들은 용언과 체언만으로 되기도 하고 거기에 후치사 <之>가 붙어서 되기도 한다. 보기를 들면 다음과 같다.

> 良書(좋은 책)
> 落花(떨어지는 꽃)
> 其日相對之人(그날 서로 대한 사람)
> 放蕩之擧動(방탕한 거동)
> 地形(땅의 모양)
> 兄之文章(형의 문장)

父母之恩惠(부모의 은혜)

> ✗ '兄之文章'이란 말에서 볼 수 있듯이 후치사 '之'는 수식받는 말이 2음절 이상일 경우에도 수식어 뒤에 붙는다.

(2) 부사어

이에는 용언으로 된 부사어와 체언으로 된 부사어가 있다.

① 용언부사어
　　厚待(두텁게 대접한다)
　　泣訴(울면서 하소한다)
　　博愛(널리 사랑한다)

② 체언부사어 : 체언부사어(객어)는 문장(월)에서 쓰일 때, 於, 于, 乎와 같은 본래 전치사의 뒤에 붙어서 쓰이는 것이 원칙이나 이 전치사는 줄일 수도 있다.

다음에서 於金鰲山(어금오산), 乎中國 등은 체언부사어(객어)이고, 隱(은), 起(기), 富, 遊學, 餓(아), 小, 放(방), 問, 明, 異(이) 등은 설명어이다.

이들 설명어에는 주로 동사가 쓰이나 富, 小, 明, 異와 같이 형용사도 쓰인다. 이때 이들 객어 앞에 놓이는 전치사는 동사 뒤에서는 '처소, 상대'를, 형용사 뒤에서는 '비교'를 나타낸다.

　　時習隱於金鰲山(시습이 금오산에 숨었다)
　　泗溟堂起於金剛山(사명당이 금강산에서 일어났다)
　　百濟富於新羅(백제는 신라보다 부유했다)

遊學于中國(중국에 유학한다)

伯夷叔齊, 餓于首陽山(백이, 숙제는 수양산에서 굶주렸다)

雀小于鳩(참새는 비둘기보다 작다)

彼放乎高句麗(그는 고구려에서 추방되었다)

或人問乎分信(어떤 이가 유신에게 물었다)

電燈明乎燈火(전등은 등불보다 밝다)

國之語音異乎中國(나라말이 중국과 다르다)

- 隱 숨을(은)   富 넉넉할(부)   于 어조사(우)   雀 참새(작)
- 鳩 비둘기(구)   放 추방할(방)   問 물을(문)

3) 복문의 됨됨이[復文의 構造]

문장(월)의 한 부분으로서 주부(主部)와 설명부(說明部)를 갖추고 있는 것을 절이라 하는데, 복문은 두 개 이상의 절로 되어 있다.

절에는 선행절(先行節), 종결절(終結節), 접속절(接續節), 성분절(成分節)의 네 가지가 있다.

(1) 선행절과 종결절

문장(월)의 앞부분이 되어 문장(월)을 일으키는 절을 선행절이라 하고, 문장(월)을 끝맺어 주는 절을 종결절이라 하며, 선행절과 종결절을 이어주는 절을 <접속절>이라 한다.

다음 문장(월)에서 보듯이 春來, 烏飛(오비), 農夫耕田(농부경전)이란 절은 앞에서 문장(월)을 일으키고 있으므로 이를 '선행절'이라 하고, 花開, 梨落(이락), 其婦植木은 문장(월)을 맺어 주고 있으므로 이를 '종결절'이라 하며, 鳥啼(조제)는 절과 절을 이어주므로 '접속절'이라 한다.

春來, 花開(봄이 오면, 꽃이 핀다)
春來, 鳥啼, 花開(봄이 오면, 새가 울고, 꽃이 핀다)
烏飛, 梨落(까마귀가 날자, 배가 떨어진다)
農夫耕田, 其婦植木(농부는 밭을 갈고, 그의 아내는 나무를 심는다)

- 啼 울(제)   烏 까마귀(오)   農 농사(농)   耕 갈(경)
- 婦 지어미(부)   植 심을(식)   木 나무(목)

(2) 성분절

문장(월) 속에서 그것이 어떠한 문장성분의 구실을 하는 절을 '성분절'이라 한다. 이에는 주어절, 설명절, 객어절, 보어절, 관형절, 부사절이 있다.

다음에서 道之不行은 주어절, 甘如醴(감여례)는 설명절, 於公之守城은 객어절(체언부사절), 金剛山秀美는 보어절, 無憂(무우)는 관형절, 夜深(야심)은 부사절에 해당된다.

道之不行, 如此也(도가 행해지지 않음이 이와 같다)
小人之交, 甘如醴(소인의 사귐은 달기가 단술과 같다)
大義, 在於公之守城(대의는 공이 성을 지킴에 있었다)
世人, 稱金剛山秀美(세상 사람들은 금강산은 매우 아름답다고 한다)
無憂者, 惟鄭萬瑞乎(근심이 없는 사람은 오직 정만서뿐이냐?)
王, 夜深不寐(왕은 밤이 깊도록 잠자지 못했다)

交 사귈(교)	甘 달(감)	醴 단술(례)	義 옳을(의)
守 지킬(수)	城 성(성)	秀 빼어날(수)	憂 근심(우)
惟 오직(유)	寐 잠잘(매)		

4) 문장성분의 차례바꿈

문장(월)에서 어떤 성분을 강조하기 위해서 그 문장성분을 앞세우는 일이 있는데, 이때는 문장성분과 문장성분의 차례를 바꾸어야 한다. 이를 문장성분의 차례바꿈[倒置]이라 한다.

그런데 이때 有, 無, 難(난), 易(이), 多, 少 등과 같은 <특수용언>을 설명어로 가진 문장(월)이나, 전성전치사와 체언이 어울려서 된 객어를 가진 문장(월)이나, 의문사(의문대명사, 의문부사)를 가진 문장(월)은 반드시 차례바꿈 현상이 일어나므로, 이는 차례바꿈으로 보지 않고 바뀐 그 자체를 바른자리로 보기로 한다.

① 慶州有佛國寺(경주에 불국사가 있다)에서 보다시피 '특수동사'는 반드시 뒤에 주어를 가지니, 이들은 '설명어+주어'를 바른자리로 본다.
② 順伊從釜山來(순이가 부산으로부터 온다)에서와 같이 전성전치사와 체언이 어울려서 된 객어는 반드시 설명이 앞에 놓이니, 이들은 '객어+설명어'를 바른자리로 본다.
③ 汝何之(너는 어디에 가느냐)에서와 같이 의문사가 든 문장(월)에서는 의문사가 설명어의 앞에 놓인다. 이 경우도 '의문사+설명어'를 바른 자리로 본다.

(1) '주어+설명어' → '설명어+주어'

감탄이나 추측을 강조할 때에 흔히 쓰이는 형식이다. 이때 설명어가 有 등 특수용언일 때는 오히려 반대가 된다. 왜냐하면, 이들은 주어를 뒤에 가지니, 차례바꿈하면 주어가 앞에 가기 때문이다.

烈哉! 宋象賢之節槪(대단하구나! 송상현의 절개가)

死矣, 其女(죽었는지 모른다, 그 여인은)

有矣夫, 苗而不秀者(있구나! 싹터서 패지 아니한 것이)

- 烈 매울(렬), 장렬할(렬)　　　　哉 [재] 감탄을 나타내는 종결사
- 矣 [의] 추측을 나타내는 종결사　苗 싹(묘), 싹틀(묘)　而 [접] 그리하여
- 秀 팰(수), 벼 따위의 이삭이 나와 꽃이 핌　夫 [부] 감탄을 나타내는 종결사

(2) '설명어+목적어' → '목적어+설명어'

① 목적어는 주제어가 되어 그 뜻을 강조할 때는 주어 자리에 놓인다.

容貌, 不可變(모습은 바꿀 수 없다) ← 모습을 바꿀 수 없다.

王命, 伏聽(왕명은 엎드려서 듣는다) ← 왕명을 엎드려 듣는다.

- 貌 모습(모)　　變 변할(변), 바꿀(변)　命 목숨(명), 명령(명)
- 伏 엎드릴(복)　聽 들을(청)

② 목적어를 설명어 앞에 내세울 때는, 그 앞에 '以'를 붙이거나 뒤에 '之, 是'를 붙이는 일이 있다.

韓人以愛國爲根(한국 사람은 나라 사랑을 근본으로 삼는다)

爲滿座之無色(만좌를 무색하게 한다)

③ 목적어를 주어 앞에 내세울 때는 대명사 '之'를 본 자리에 대신 놓는다.

善政民畏之(착한 정치를, 백성들은 (그것을) 두려워한다)

(3) '설명어 + 객어' → '객어 + 설명어'

壯元者施重賞(장원한 이는 후한 상을 준다)

| 壯 장할(장) | 施 베풀(시) | 重 무거울(중) | 賞 상(상) |

이 문장(월)은 '施重賞於壯元者 → 於壯元者施重賞 → 壯元者施重賞'으로 바뀐 형태이다. 이때 객어는 목적어의 차례바꿈에서처럼 주제어가 된다. 이때 객어를 우리말로 옮기면 '-는(은)'이 된다.

5) 문장성분의 줄임

문장(월)이 지루해짐을 비끼고 뜻을 강조하기 위해서 문장성분을 줄이는 일이 있다. 이를 '문장성분의 줄임'이라 한다.

(1) 주어의 줄임

다음 문장(월)에서 不知[부지]는 설명어이고, 事理는 목적어이며, 世上은 世上之의 준말로서 관형어이다. 그러니 이 문장(월)에는 '주어'가 줄어져 있다.

不知世上事理(세상의 사리를 알지 못한다)

(2) 설명어의 줄임

다음 문장(월)에서 已十年[이십년]은 已過十年[이과십년]에서 설명어 過가 줄어진 말이다.

虛送歲月, 已十年(헛되이 세월을 보낸 지, 이미 십년)

> 虛 빌(허), 헛되이　　送 보낼(송)　　已 이미(이)　　過 지낼(과)

(3) 목적어의 줄임

다음 문장(월)에는 설명어 敬의 목적어가 줄어져 있다. 敬의 목적어는 上이다. 그러니 民莫敢不敬(민막감불경)은 民莫敢不敬王(백성은 감히 임금을 공경하지 아니하지 못한다)에서 王이 준 형태이다.

上好禮, 則民莫敢不敬(임금이 예의를 좋아하면, 백성은 감히 (임금을) 공경하지 아니하지 못한다)

> 好 좋을(호), 좋아할(호)　　　　敢 구태여(감), 감히(감)

(4) 체언부사어(객어)의 줄임

다음 문장(월)에서는 告(고)의 객어가 줄어져 있다. 子路(자로)는 공자의 제자이니, 이 문장(월)에는 告 다음에 孔子가 생략되어 있다.

子路行以告(자로는 가서 그리하여 아뢰었다)

> 以 써(이) [접속사] 그리하여

붙 임   문법 학습을 위해 꼭 익혀 두어야 하는 낱말들

(1) 불완전명사 : 소(所)・所以(소이)・攸(유) / 者(자)

(2) 인칭대명사

　　1인칭 – 吾(오)・我(아)・余(여)・予(여)・朕(짐)

　　2인칭 – 若(약)・汝(여)・女(여)・爾(이)・而(이)・乃(내)・子(자)

　　3인칭 – 彼(피)・他(타)・渠(거)・其(기)・夫(부)・之(지)

(3) 사물대명사

　　근칭 – 是(시)・此(차)・玆(자)・斯(사)

　　원칭 – 彼(피)・他(타)

　　부정칭 – 某(모)・或(혹)

　　타칭 – 其(기)・之(지)

(4) 의문대명사 : 誰(수)・孰(숙)・何(하)・安(안)・惡(오)・焉(언)

(5) 대용대명사 : 其(기)・之(지)

(6) 특수동사 : 有(유)

(7) 수여동사

　　① 受(수)・得(득)・學(학)・聞(문)…

　　② 與(여)・救(구)・敎(교)・語(어)…

(8) 불완전타동사 : 言(언)・謂(위)・呼(호)・稱(칭)・號(호)・道(도)・曰(왈)・云(운)・爲(위)

(9) 특수형용사 : 無(무)・罔(망)・微(미)・難(난)・易(이)・多(다)・少(소)

(10) 지정사 : 是(시)・爲(위)・非(비)・匪(비)

(11) 조동사

　　당연 – 可(가)

　　소원 – 欲(욕)・願(원)

　　　　가능 - 能(능)・可(가)・可以(가이)・得(득)・得以(득이)・足(족)・足以(족이)

　　　　부탁 - 尙(상)・其(기)

　　　　사동 - 使(사)・令(령)・敎(교)・遣(견)・俾(비)

　　　　피동 - 被(피)・見(견)・爲(위)・所(소)

　　　　높임 - 請(청)・幸(행)・謹(근)・辱(욕)・恭(공)・敬(경)・伏(복)

　　　　미래 - 欲(욕)

　　　　금지 - 勿(물)・無・无・毋(무)・莫(막)・休(휴)

　　　　부정 - 不・弗(불)・末(말)・無・毋(무)・勿(물)・莫(막)・無以(무이)

(12) **보조형용사** : 不(불)・爲(위)・若(약)・如(여)・似(사)

(13) **관형사** : 百(백)・有(유)・若(약)

(14) **본래전치사** : 於(어)・于(우)・乎(호)

(15) **전성전치사** : 自(자)・從(종)・由(유)・以(이)・爲(위)・與(여)・每(매)

(16) **본래후치사** : 之(지)

(17) **전성후치사** : 者(자)・也(야)・焉(언)・以(이)・於(어)・斯(사)・乎(호)・是(시)

(18) **종결사** : 也(야)・矣(의)・焉(언)・耳(이)・已(이)・而已(이이)・爾(이)・與=歟(여)・耶(야)・哉(재)・乎(호)

(19) **감탄사** : 於(오)・惡(오)・於乎(오호)・嗚呼(오호)・唉(애)・吁(우)・咨(자)・嗟(차)・嗟夫(차부)・嗟乎(차호)・噫(희)

(20) **접속사**

　　　　인과관계 - 乃(내)・則(즉)・然則(연즉)・卽(즉)・斯(사)・此(차)・而(이)・而(이)・因(인)・以(이)・故(고)・於是(어시)・然後(연후)・由是(유시)・是故(시고)・是以(시이)・是用(시용)・以是(이시)・以此(이차)・然(연)・然而(연이)・雖然(수연)

　　　　첨가관계 - 而(이)・乃(내)・且(차)・況(황)・而後(이후)

　　　　대등관계 - 以(이)・而(이)・且(차)

선택관계 - 抑(억)・意(의)・且(차)・其(기)・與(여)・與其(여기)

강조 - 斯(사)・此(차)・其(기)

(21) 준말 : 諸(저)・旃(전)・諺(언)・之(지)・曷(갈)・盍(합)・回(파)・未(미)・爾(이)・若(약)・云(운)

(22) 접사

접두사 - 所(소)・有(유)

접미사 - 而(이)・然(연)・爾(이)・焉(언)

제4장
한문 해석 연구

앞에서 한문법의 전반에 대하여 살펴보았다. 여기서는 원전읽기에 들어가기에 앞서 우선 한문문장을 어떻게 문법적으로 분석하여 해석할 수 있는지에 대하여 살펴보기로 한다.

한문은 어려운 글로서 널리 알려져 있다. 그 이유는 과연 어디에 있을까? 먼저 우리말과 비교하여서 한문이 어려운 이유를 살펴보기로 하자.

우리말의 어절(語節)[1]은, 대개의 경우 뜻을 나타내는 의미소와 문법을 나타내는 문법소의 결합으로 이루어져 있다.

　　꽃이 달을 본(보ㄴ)다.

이 문장(월)은 3어절로 되어 있는데, 이 문장(월)에서 문법소인 '-이'는 앞 명사에 붙어서 이를 문장(월)의 주어로 만들어 주고 있고, '-을'은 앞의 명사에 붙어서 이를 목적어로 만들어 주고 있으며, '-ㄴ다'는 앞의 어근에 붙어서

---

1) 대개의 경우 띄어쓰기의 단위가 한 어절이 된다.

그 말을 설명어로 만들어 주고 있다.

　이와 같이 우리말의 문장성분은 문법소가 결정해준다. 그러므로 우리말은 성분의 차례를 어떻게 옮기더라도 의사 전달에 하등의 지장이 생기지 않는다. 곧 위의 문장(월)은,

　　달을 꽃이 본다.
　　달을 본다 꽃이.
　　꽃이 본다 달을.
　　본다 달을 꽃이.
　　본다 꽃이 달을.

이와 같이 어떻게 차례를 바꾸어도 괜찮다. 이렇게 되는 것은 우리말의 성분 결정은 완전히 문법소가 하기 때문이다.

　그러나 한문은 그렇지 않다. 漢文은 문법소가 없어도 얼마든지 문장(월)이 성립되며, 대개의 경우 문법소 없이 문장(월)을 이룬다. 그러므로 다음과 같은 경우 의미 파악에 있어 큰 장애를 느끼게 된다. 다음은 신라의 문인 최치원(崔致遠, 857~?)의 시이다.

　　因風離海上, 伴月到人間.
　　徘徊不可住, 漠漠又東還.

　　바람을 따라서 바다로 떠났다가
　　달을 벗하다가 속세에 왔더니
　　거닐다 머무를 만한 곳이 없어
　　아득히 또 다시 동으로 돌아가네.

　위의 시에서 '因風離海上'의 '海上(해상)'은 '바다에서'의 뜻인지 아니면 '바다로'의 뜻인지 도저히 알 수가 없다.

다만 위 귀가 최치원이 고향을 떠나는 장면을 묘사한 것이므로, '海上'을 '바다로'로 번역했을 뿐, 시에 대한 설명이 없으면 '-에서'도 되고 '-으로'도 된다.

이와 같이 한문은 문법소를 생략하는 경우가 많으므로 뜻이 모호할 때가 많다. 여기에 한문의 어려움이 있는 것이다.

'我觀花'란 문장(월)이 있다고 하자. 이 문장(월)을 우리말로 옮기면 '나는 꽃을 본다.'가 된다. 그러나 이때, 이 문장(월)의 낱말의 차례를 바꾸면 뜻이 다음과 같이 달라진다.

　　我觀花(내가 꽃을 본다)
　　花觀我(꽃이 나를 본다)
　　觀花我(꽃을 보는 나)

이렇듯 뜻이 달라지는 것은, 한문의 문장성분은 낱말의 차례가 결정해 주기 때문이다.

그런데, 위와 같은 경우, 한문에서는 타동사가 설명어가 될 때에는 앞에서 설명했듯이 S(주어)＋P(타동사)＋O(목적어)와 같은 문형(Sentence pattern)을 가지게 된다는 것만 잘 알아두면 된다.

그러나 긴 문장(월)에서는 판단이 그리 쉽지 않다. 보기를 들면 '有朋自遠方來'란 문장(월)이 있다. 이는 『논어(論語)』「학이(學而)」편의 첫머리에 나오는 절(節)이다. 그런데 이 절은 다음과 같이 4가지로 옮길 수 있다.

　　1) 어떤 벗이 멀리서 온다.
　　2) 벗이 있어, 멀리서 온다.
　　3) 벗이 멀리서 옴이 있다.

4) 벗이 멀리서 온다.

　1)은 '有'를 '어떤'이란 수식어로 본 것이요
　2)는 '有'를 선행절의 설명어(술어)로 본 것이며,
　3)은 '有~來'를 주어절로 보고서 '有'를 이 절의 설명어로 본 것이요
　4)는 '有'를 조성자(調聲字, 고룸소리)로 본 것이다.

　이 경우 일본 사람들은 대개 2)로 새기고 있고[2] 우리나라에서는 대개 4)로 보았는데,[3] 이런 일은 모두가 문장(월)에서 문법소를 줄임에서 온 결과이다.
　어떻든, 이러한 문장(월)의 해석은 순전히 문맥에 따라야 하니, 여기에 또한 한문의 어려움이 있는 것이다.
　물론 한문에서도 문법소를 반드시 줄이는 것은 아니다. '乙支文德與李舜臣, 朝鮮之名將也'란 문장(월)에서 '與(와)', '之(의)', '也(이다)' 등은 문법소이다. 그러나 이런 문장(월)은 '乙支文德李舜臣朝鮮名將'으로 줄여 쓸 수 있고, 또한 줄여 쓰는 것이 오히려 예사이니, 이런 경우도 역시 한문의 어려움은 면할 수 없는 것이다.
　결국 한문이 어렵다는 것은, 대개의 문장(월)이 거의 의미소만으로 이루어져 있기 때문이다.
　곧 우리말의 어절은 대개의 경우 <의미소+문법소>로 이루어져 있으므로, 문법소를 통하여 곧 문장성분을 알게 되는데, 한문에서는 그것이 대개 의미소로만 되어 있어, 위치에 따라서 성분이 결정되므로, 한문의 해석은 모호할 때가 많은 것이다.

---

2) 簡野道明:『논어신역(論語新釋)』, 일본, 명치서원(明治書院), 1954, 1쪽.
　吉川幸次郎:『중국고전선(中國古典選) 3, 논어(論語), 상』, 일본, 조일신문사(朝日新聞社), 1978, 22쪽.
3) 大提閣:『원본영인(原本影印) 한국고전총서(韓國古叢書) 논어언해(論語諺解)』, 1972, 1쪽.

그러면 <한문의 해석>은 어떻게 해야 정확히 할 수 있겠는가?

여기서는 앞에서 배운 한문문법 지식을 바탕으로 하여 '한문 산문(散文)'과 '한시(漢詩)'의 해석법에 대하여 구명하기로 하겠다.

1. 산문의 해석

권점이 찍힌 산문 한편을 두고서, 그 해석을 연구해 보기로 한다. 흔히 우리들의 입에 잘 오르내리는 숙어 '오십보백보(五十步百步)'의 출전에서 그 한 부분을 해석해 보기로 한다.

> 梁惠王曰 寡人之於國也, 盡心焉耳矣. 河內凶, 則移其民於河東, 移其粟於河內. 河東凶亦然. 察隣國之政, 無如寡人之用心者. 隣國之民不加少, 寡人之民不加多, 何也
>
> 『맹자(孟子)』「양혜왕(梁惠王), 하」

연 구

梁惠王曰 寡~也 - 이 문장(월)은 梁惠王(S)＋曰(P)＋寡~也(C)로 되어 있으니, 문장(월)의 제2형식이며, <寡~也>는 보어구이다. 그러니 이 문장(월)은 <양혜왕은(S)＋말하였다(P)…라고(C)>로 새겨진다.

그러면 이번에는, 양혜왕이 한 말을 밝혀 보기로 하자.

이 문장은 (1) 寡人~焉耳矣, (2) 河內~河內, (3) 河東~然, (4) 察~者, (5) 隣國~也의 5문장(월)로 되어 있다. 이제 이를 하나씩 검토해 보기로 하자.

(1) 寡人之於國也, 盡心焉耳矣

 '之'는 대동사(代動詞)로서, 뒤의 '盡心'을 받고 있고 있다. 곧 이 문장(월)은 '寡人盡心於國焉耳矣'란 문장(월)에서 '盡心(진심)'이란 술부를 강조하기 위하여 차례를 바꾸어 이를 문장(월)의 뒤에 놓고 그 자리에 문장성분의 차례바뀜이 있었다는 것을 보여주는 '之'를 대동사로서 그 자리에 둔 것이다.

 술어(부)가 문장(월)의 뒤로 자리를 옮기고 그 자리에 대동사 '之'가 놓이는 것은 한문에서 자주 볼 수 있는데, 보기를 들면 이렇다.

　　　天之於民厚 ← 天厚於民(하늘은 백성에게 두텁다)

 '也'는 구의 뒤에 붙는 종결사로 여기서는 성분의 차례가 바뀐 문장(월)의 주어구 '寡人之於國'에 붙어있다. 그리고 '焉耳矣'는 단정을 나타내는 복합종결사이다.

 이 문장(월)에서 '盡'은 타동사요, '心'은 목적어이다. 그러니 이 문장(월)의 구조는 <S+P(之)+O+M₂>이다.

 이상을 종합하여, 문장(월) (1)을 우리말로 옮기면 이렇다.

　　　'나는 나라에 정성을 다하였다.'

(2) 河內凶, 則移其民於河東, 移其粟於河內

 이 문장(월)은 선행절 '河內凶'과 접속절 '移其民於河東'이 접속사 '則'에 의하여 이어지고, 거기에 다시 종결절 '移其粟於河內'가 이어져서 된 문장(월)이다.

 여기서 접속절과 종결절에는 주어 '寡人'이 생략되어 있다. 곧 선행절은 <河內(S)+凶(P)>으로 되어 있고, 접속절은 <寡人(S)+移(P)+其民(O)+於河東(M₂)으로 되어 있으며, 종결절은 <寡人(S)+移(P)+其粟(O)+於河東(M₂)>로 되어 있다.

그러니 이 문장(월)을 우리말로 옮기면 이렇게 된다.

하내가 흉년이 되면 (나는) 하동으로 그 백성을 옮겨 주고, (옮길 수 없는 노약자를 위해서는) 하내로 그(=하동) 곡식을 옮겨 준다.

(3) 河東凶, 亦然

이 문장(월)은 <河東(S)＋凶(P)>의 선행절과 <寡人(S)＋亦(M)~然(P)>의 종결절로 되어 있다. 이 문장(월)의 '然'은 동사이다. 그러니, 문장(월) (3)을 우리말로 새기면 이렇게 된다.

하동이 흉년이 되면 나는 또한 그렇게 한다.

(4) 察隣國之政, 無如寡人之用心者

이 문장(월)은 선행절 <察隣國之政>과 종결절 <無如寡人之用心者>로 되어 있는데, 이 선행절에는 주어 <寡人>이 생략되어 있다.

곧 이 문장(월)은 <寡人(S)＋察(P)＋隣國之(M)~政(O)>으로 짜여져 있다.

종결절을 살펴보면, 설명어 '無' 앞에 객어 '隣國'이 생략되어 있다. 이 종결절의 설명어 '無'는 '有'와 같이 주어를 뒤에 취하든지, 아니면 앞뒤로 하나씩 취하든지 하는 특수용언이다.

그런데 이 절의 '無'는 뒤에 주어구 '如~者'를 취하고 있으니, 구성은 <隣國(M₂)＋無(P)＋如~者(S)>로 되어 있다.

이제 이 절의 주부 <如寡人之用心者>를 분석해보면, 이는 如寡人之用心(M)~者(S)로 나누어지고, <如寡人之用心>은 다시 如(P)＋寡人之用心(C)으로 나누어지며, <寡人之用心>은 寡人之(S)＋用(P)＋心(O)으로 나누어진다.

이 절의 '用'은 명사형이며 뜻은 '쓰는 것'이고, '者'는 불완전명사로서 뜻은 '일'이다. 종결절을 새겨 보면 이렇다.

이 절은 <隣國(M₂)＋無(P)＋如寡人之用心者(S)>로 되어 있으니 뒤에서부터 새겨야 하겠다.

- 주부 : 用心=마음을 쓴다→寡人之用心=과인이 마음을 쓴다→如寡人之用心= 과인이 마음을 쓰는 것과 같다→如寡人之用心者=과인이 마음을 쓰는 것과 같은 일.
- 설명부 : (隣國)無=(이웃 나라에는) 없다.
- 주부＋설명부 : (隣國)無如寡人之用心者=과인이 마음을 쓰는 것과 같은 일이 (이웃 나라에는) 없다.

이상을 마무리하면, 문장(월) (4)는 다음과 같이 새겨진다.

　이웃 나라의 정치를 살펴보니, (거기에는 내가) 마음을 쓰는 것과 같은 일이 없다.

(5) 隣國之民不加少寡人之民不加多何也

이 문장(월)의 <隣國之民不加少>와 <寡人之民不加多>는 동격으로서 주부이며, '何'는 설명어이다. 이는 <S(절＋절)＋P>로 된 문장(월)이다. 더 분석하면 <隣國之民不加少>는 隣國之(M)~民(S)＋不加少(P)로 이루어져 있고, <寡人之民不加多>는 寡人之(M)~民(S)＋不加多(P)로 이루어져 있다.

'不加少'와 '不加多'는 不(조동사)＋加(부사)＋少, 多(동사)로 이루어져 있는데, 이 구에서 加의 뜻은 '더'이고 '少'는 '적어지다', '多'는 '많아지다'이다.

<何也>의 '也'는 종결사로서 설명부를 맺어주는 구실을 하고, 何는 의문 대명사로서 '무슨 까닭'이란 뜻인데, 여기서는 체언으로서 설명어의 구실을 하고 있으므로, '무슨 까닭이다'란 뜻이 된다. 그런데 이 말은 의문사이므로 결국은 '무슨 까닭인가?'란 뜻이 된다.

문장(월) (5)를 우리말로 새겨 보면 이렇다.

이웃 나라 백성은 더 줄지 아니하고, 나의 백성은 더 붙지 아니함은 무슨 까
　닭이냐?

　끝으로, 지금까지의 풀이에 따라 보기로 올린 문장(월) 전체 곧 <梁惠王~
何也>를 새겨 보면 이렇게 된다.

　　양의 혜왕은 "나는 나라에 정성을 다하였다. 하내가 흉년이 되면, 나는 하동
　으로 하내의 백성을 옮겨 주고, 하내로 하동의 곡식을 옮겨 주었다. 하동이 흉년
　이 되면, 나는 또한 그렇게 하였다. 이웃 나라의 정치를 살펴보니, 내가 마음을
　쓰는 것과 같은 일이 없다. (그런데) 이웃 나라 백성은 더 줄지 아니하고 나의
　백성은 더 붙지 아니함은, 무슨 까닭이냐?"고 하였다.

　이상에서 본 바와 같이, 한 외국어를 제 나라 말로 옮기려면, 우리는 문법
의 힘을 빌어야 하며, 그것이 산문인 경우는 더욱 그렇다.
　한시의 경우도 한가지이다. 여기에 한문 해석의 올바른 길이 있는 것이며,
한문의 독해는 바로 여기서 시작되는 것이다.

2. 한시(漢詩)의 해석 - 오언(五言), 칠언(七言) 시의 경우

　한시라면 대개 오언시가 아니면 칠언시이니 '한시의 해석'에 있어 <오언,
칠언> 시를 두고서 논한다는 것은 결코 지나친 일은 아닐 것이다.
　우리는 곳곳에서 흔히 한문으로 적힌 족자나 액자를 대하게 된다. 이때 우
리는 그 글이 낯선 문장이면 시인지 산문인지 몰라 망설이게 된다. 이러한 경
우 우리들은 어떻게 하여야 그 글을 쉽게 풀이할 수 있을까?
　어떤 곳에 다음과 같은 글들이 걸려 있었다고 하자.

(1) 對酒不覺暝落花盈我衣醉起步溪月鳥還人亦稀
(2) 雨歇長堤草色多送君南浦動悲歌大同江水何時盡別淚年年添綠波
(3) 周生名檜字直卿號梅川世居錢塘年少時聰銳能詩年十八爲太學士
(4) 林亭秋已晚騷客意無窮遠水連天碧霜楓向日紅山吐孤輪月江含萬里風塞鴻何處去聲斷暮雲中
(5) 昔人已乘黃鶴去此地空餘黃鶴樓黃鶴一去不復返白雲千載空悠悠晴川歷歷漢陽樹芳草萋萋鸚鵡洲日暮鄉關何處是煙波江上使人愁

우리가 이 글이 산문인지 아니면 한시인지를 구별해 내려면, 그리고 그것이 '시'이면 어떠한 형태의 시인지를 알아내려면 우리는 다음과 같은 방법으로 이를 분석해 가야 한다.

그러면 위의 5문장을 차례로 하나씩 살펴보기로 하자.

(1) 對酒不覺暝落花盈我衣醉起步溪月鳥還人亦稀

이 문장은, 글자의 수를 세어 보면 모두 20자로 되어 있다. 그러니 5언 4행(行)의 오언시가 될 가능성이 있다. 이제 5자씩 4줄로 바꾸어 보면 아래와 같다. 또, 얼핏 보아 앞뒤 행이 서로 문맥이 통할 것 같다. 그러므로 일단 오언시로 생각해 본다.

對酒不覺暝, 落花盈我衣
醉起步溪月, 鳥還人亦稀

이 문장이 시가 되려면 먼저 오언시의 한시 작법에 따라 2행과 4행의 끝자가 같은 운(韻)이라야 한다. 곧 '衣'와 '稀'가 같은 운이면 특별한 경우가 아니면 오언시로 단정이 된다.

위에서 '衣'는 음이 '의'이고, '稀'는 음이 '희'이니 현재 음으로 따지면 운은 같은 '의'가 된다(운(韻)은 어떤 글자의 <중성+종성>으로 생각하면 된다).

그러나 이들 한자의 본디 음이 과연 '의', '희'였을지는 의심스럽다. 따라서 이번에는 자전(字典)을 찾아보기로 한다. 자전에서 이 두 글자를 찾아보면 '衣'와 '稀'는 다같이 '微(미)'자 운에 속한다.

이렇게 되면 우리는, 위의 문장이 특별한 경우가 아니면 오언시임이 틀림없다고 믿어도 좋다.

그것이 오언고시(五言古詩)이든 오언절구(五言絶句)이든 오언시라는 것을 알게 되면, 우리는 한시 '오언시 작법'에 의거하여, 이 시의 각 행을 <2자/3자>로 두 조각으로 나누어서 이를 문법에 따라 분석해 나갈 것이며, 오언시는 이를 통해 자연히 해석이 된다.

이제 이 시를 위의 방법에 따라 분석해 보기로 하자. 그러면 먼저 <2자/3자>로 띄어 보자.

  對酒/不覺暝, 落花/盈我衣
  醉起/步溪月, 鳥還/人亦稀

다음으로 이렇게 나누어서 얻어진 조각들을 그 선후 관계에 따라 문법적으로 풀이하면, 이 시는 쉽게 해석되는 것이다.

위 시 4行을 문법을 따라 분석해서 우리말로 옮기면, 다음과 같이 된다.

① 對酒, 不覺暝 : 이 행의 선행절인 <對酒>는 吾對酒의 준말인, 吾(S)＋對(P)＋酒(O)가 되겠고, 종결절은 <吾不覺暝>의 준말이니, 吾(S)＋不覺(P)＋暝(O)이 되겠다.

곧 이 행은 <P＋O―P＋O>의 형식으로 된 문장(월), 곧 <문장(월)의 제3형식＋문장(월)의 제3형식>으로 이루어져 있는 것이다. 不는 부정조동사이요, '暝(명)'은 '어두워지다'는 뜻인데, 여기서는 명사형으로 '어두워짐'의 뜻이 된다.

이 행을 우리말로 옮기면 이렇게 된다.

(내) 술을 대하고 있노라고 (날이) 어두워짐을 깨닫지 못하였다.

② 落花, 盈我衣 : 이 행은 落(M)~花(S)＋盈(P)＋我(M)~衣(M₂)로 되어 있다. <S＋P＋M₂> 곧 문장(월)의 제1형식이다. 옮기면 이렇다.

(문득 보니) 떨어지는 꽃이 내 옷에 가득 찼다.

③ 醉起, 步溪月 : 이 행의 선행절은 醉(P)＋起(P)이니 <吾醉＋吾起>의 준말이다. 이는 <제1형식＋제1형식>으로 이루어져 있다. 종결절은 <吾步溪月>의 준말이며, 이것은 步(P)＋溪(M)~月(M₂)>로 분석되니 <제1형식>이다. 우리말로 옮기면 이렇다.

취해서 (잤다가 깨어나) 일어나서 골짜기의 달빛 (속으로) 걸어간다.

④ 鳥還, 人亦稀 : 이 행은 선행절 <鳥(S)＋還(P)>과 종결절 <人(S)＋亦(M)~稀(P)>로 이루어져 있다. 곧 <문장(월)의 제1형식＋문장(월)의 제1형식>이다. 우리말로 옮기면 이렇다.

새는 (보금자리로) 돌아가고 사람 그림자도 또한 드물다.

마무리

이상으로서, 우리는 이 시가 P＋O－P＋O(제1연), S(M~S)＋P＋M₂(M~M₂)(제2연), P＋P－P＋M₂(M~M₂)(제3연), S＋P－S＋P(M~P)(제4연)로 이루어진 것임을 알 수 있으며, 이로서 우리는 이 시를 쉽게 해석할 수 있게 된다(이 시는 이백(李白)이 지은 오언절구 <自遣(자견)>이다).

(2) 雨歇長堤草色多送君南浦動悲歌大同江水何時盡別淚年年添綠波

　이 문장의 글자 수를 세어 보면 모두 28자이다. 그러니 이 글은 7언 4행으로 된 칠언시가 될 가능성이 있다.

　곧 이 글을 7자씩 4열로 바꾸어 놓으면 다음과 같이 된다.

　그리고 일견 앞뒤 행이 서로 문맥이 통할 것 같기도 하다. 그러므로 일단 칠언시로 생각해 본다.

　　　雨歇長堤草色多, 送君南浦動悲歌.
　　　大同江水何時盡, 別淚年年添綠波.

　이 문장이 칠언시가 되려면, 먼저 한시 칠언시의 작법에 따라, 1행, 2행과 4행의 끝 자가 같은 운이라야 한다. 곧 <多>와 <歌>와 <波>가 같은 운이면 칠언시로 보아도 대개 틀림없는 것이다.

　이들 한자의 음은 우리말의 음에 따르면, '多'는 <다> '歌'는 <가>이며, '波'의 음은 <파>이니, 우리 현재 음으로 따지면 이 3글자의 <운>은 같은 <아>이다.

　그러니 얼핏 보아 같은 <운> 같기도 하다.

　그러나 이들 한자의 본음이 과연 <다, 가, 파>였을지는 의심스럽다. 그러므로 이번에는 이 3글자의 음을 자전에서 찾아보기로 한다.

　이 3글자를 자전에서 찾아보면, 모두 '歌'자 운에 속한다. 이렇게 되면 위의 문장은 그것이 칠언고시이든 칠언절구이든 칠언시에 거의 틀림없다.

　이 문장이 칠언시로 밝혀지면, 우리는 먼저 한시 칠언시의 작법에 의거하여, 이분법에 따라서 이 시의 각 행을 <4자/3자>로 나누고, 앞의 <4자>를 또 다시 이분법에 따라서 <2자/2자>로 나누어서, 이것을 문법에 따라 분석해 나가면, 이 시는 자연히 해석된다. 그러면 이 시를 풀이해 보자(/은 1차 분석이요, //은 2차 분석이다).

　　雨歇//長堤/草色多, 送君//南浦/動悲歌.
　　大同//江水/何時盡, 別淚//年年/添綠波.

이제 이렇게 나누어서 얻어진 조각들을, 앞에서 하였듯이 그 선후 관계에 따라서 문법적으로 풀어 나가면 이 시의 뜻은 쉽게 풀어진다. 칠언시는 <2·2·3>으로 구성되는 것이 원칙이기 때문이다.

위 시 4행을 문법에 따라 분석하여 우리말로 옮기면 이렇다.

① 雨歇, 長堤, 草色多 : 雨(S)＋歇(P)〜長堤(M_2)＋草色(S)＋多(P)로 된, 곧 <S＋P－M_2＋S＋P>로 된 문장(월)인데, <長堤> 앞에는 전치사 <於>가 생략되어 있고, <多>는 '짙다'는 뜻이다. 그리고 <長>과 <草>는 관형어이다.

이 행은 우리말로 옮기면 이렇다.

　　비가 개니, 긴 언덕에 풀빛이 짙다.

② 送君, 南浦, 動悲歌 : 이 행은 선행절 送(P)＋君(O)＋南浦(M_2)와 종결절 動(P)＋悲歌(S)로 이루어진 문장(월)인데, 종결절은 <S＋P>가 <P＋S>로 성분의 차례가 바뀐 변형이다. 이 행은 <제3형식＋제1형식>으로 되어 있다. <南浦> 앞에는 전치사 <於>가 생략되어 있고, <悲>는 관형어가 된다.

이 행은 우리말로 그대로 옮기면 이렇다.

　　(내가) 남포로 그대를 보내려 하니 움직이는구나! 슬픈 노래가.

③ 大同, 江水, 何時盡 : 이 행은 단문으로 보는 것이 옳겠다. 大同(M)〜江水(S)＋何(M)〜時(M_2)＋盡(P)으로 이루어져 있기 때문이다. 이는 <S＋M_2＋P> 곧

문장(월)의 제1형식에 속한다.

여기서 객어 <時>가 설명어 앞에 놓여 있는 것은, 성분의 차례바꿈 현상이 아니다. 곧 <의문사+명사>가 설명어 앞에 놓이는 것은, 일반적인 현상이기 때문이다. 그리고 <江水>의 <江>은 관형어이며, <大同江>의 大同도 실은 관형어이다. 이는 '大同의 江'의 뜻이다.

그러므로 <大同江>은 <大同, 江>의 두 어절로 나누어지는 것이다. 그리고 이 문장(월)에는 '何'라는 의문부사가 들어 있으므로, 문장(월)은 의문문이 된다.

이상에 따라 이 문장(월)을 우리말로 옮기면 이렇게 된다.

　　대동의 강물은 언제 다하랴?(다 없어지겠는가?)

④ 別淚, 年年, 添綠波 : 이 행은 別淚(S)+年年(M_2)+添(P)+綠波(O)로 된 단문이며, 구성은 문장(월)의 제3형식으로 되어 있다. 年年은 특수명사이므로, 문장(월)에서 부사어가 된다. <別>과 <綠>은 관형어가 된다.

이상에 따라 이 문장(월)을 우리말로 옮기면 이렇다.

　　이별의 눈물은 해마다 푸른 물결을 더해 준다.

마무리

이 시는, $S+P-M_2+S+P$(제1연), $P+O+M_2-P+S$(제2연), $S+M_2+P$(제3연), $S+M_2+P+O$(제4연)으로 이루어져 있다(이 시는 고려 때의 시인 정지상(鄭知常)이 지은 칠언절구로 제목은 <大同江(대동강)>이다).

(3) 周生名檜字直卿號梅川世居錢塘年少時聰銳能詩年十八爲太學士

이 글도 28자로 되어 있으니, 외형으로는 7언 4행으로 된 칠언시가 될 가능성이 있다.

이 글을 7자씩 4열로 바꾸어서 나열해 보면, 일견 앞뒤 행이 서로 문맥이 통할 것 같기도 하다.

周生名檜字直卿 號梅川世居錢塘
年少時聰銳能詩 年十八爲太學士

이 문장이 칠언시가 되려면, 먼저 <卿(경)>, <塘(당)>, <士(사)>가 같은 <운>이라야 하는데, 우리 현대말의 음으로 따져 보아도 벌써 너무 다른 운(韻)임을 곧 알 수 있다. 곧 <卿>의 운은 <영>이요, <塘>의 운은 <앙>이며, <士>의 운은 <아>이니, 더 생각해 볼 필요조차 없이, 이 문장은 산문이다.

따라서 이 문장의 해석은 산문의 해석법을 따라야 한다.

이제 이 문장을 문법에 따라 직접성분(어떤 말을 크게 직접 둘로 나눈 문장성분(成分)을 말하는 것)으로 나누면 다음과 같다.

周生名檜, 字直卿, 號梅川, 世居錢塘.
年少時, 聰銳能詩, 年十八, 爲太學士.

이 문장을 분석해 보면 다음과 같다.

[제1행] 周生(S_1)＋名(S_2)＋檜(P)＋字(S_2)＋直卿(P_2)－號(S_2)＋梅川(P_2)

[제2행] 世(M)~居(P)＋錢塘(M_2)－'世'는 특수명사이므로 설명어 위에 놓여서 부사어가 되어 있다. 居의 주어는 周生.

[제3행] 年少時(M_2)＋聰(P)＋銳(P)＋能(P)＋詩(M_2)－年少時는 〈年(S)＋少(P) → 年少(M)~時(M_2)〉의 구조이다.

[제4행] '年十八'은 '年十八時'의 준말이다. 年十八(M_2)＋爲(P)＋太學士(C)

이 문장을 우리말로 옮기면 다음과 같다.

주생은 이름은 회요, 자는 직경이며, 호는 매천이다. 대대로 전당에 살았다. 나이가 젊을 때부터 총명하고 영특하며 시에 능했고, 나이 18살 때에 태학사가 되었다. (이 글은 우리나라의 구소설 <周生傳(주생전)>의 첫머리이다.)

(4) 林亭秋已晚騷客意無窮遠水連天碧霜楓向日紅山吐孤輪月江含萬里風塞鴻何處去聲斷暮雲中

이 문장의 글자 수를 세어 보면 모두 40자이니 이 글은 5언 8행으로 된 오언시가 될 가능성이 있다. 곧 이 문장을 5자씩 8열로 늘여 놓아 보면 다음과 같이 되며, 일견 앞뒤 행이 서로 문맥이 통할 것 같기도 하다.

그러므로 일단 오언시로 생각해 본다.

林亭秋已晚, 騷客意無窮.
遠水連天碧, 霜楓向日紅.
山吐孤輪月, 江含萬里風.
塞鴻何處去, 聲斷暮雲中.

이 문장이 오언시가 되려면, 한시의 작법에 따라, 2행, 4행 6행, 8행의 끝 자가 같은 운이어야 한다. 곧 <窮>과 <紅>과 <風>과 <中>이 같은 운이라야 한다.

이들 한자의 음은 우리의 현재 음에 따르면 窮은 <궁>이요, 紅은 <홍>이며, 風은 <풍>이요, 中은 <중>이다.

곧 우리의 현재 음에 따른다면 <窮, 風, 中>의 운은 다 <웅>이며, <紅>의 운은 <옹>이다. 그러므로 우리는 이를 다시 자전을 통하여 조사해 보지 않을 수 없다.

자전을 찾아보면 <窮, 紅, 風, 中>은 모두 <東>자 운에 속한다. 그러니 이 문장은 오언시로 보아도 대체로 괜찮을 것 같다.

221

이번에는 한시 작법에 따라 앞에서와 같이 나누어 본다.

　　林亭/秋已晚, 騷客/意無窮. 遠水連/天碧, 霜楓/向日紅.
　　山吐/孤輪月, 江含/萬里風. 塞鴻/何處去, 聲斷/暮雲中.

이렇게 하여 얻어진 조각들을 다시 앞에서 한 것과 같이 그 전후 관계에 따라 문법적으로 풀어나가면, 이 시는 쉽게 풀어낼 수 있게 된다.
위 시 8행을 문법에 따라 분석하여서 우리말로 옮기면 다음과 같다.

① 林亭, 秋已晚은 <林(M)~亭(M_2)＋秋(S)＋已(M)~晚(P)>로 이루어진 단문이며, 구조는 M_2＋S＋P로 된 제1형식이다. 우리말로 옮기면 이렇다.

　　숲 속의 정자에는 가을이 이미 늦었다.

② 騷客, 意無窮은 <騷客(M)~意(M_2)＋無(P)＋窮(S)>으로 짜여있으며, 이것은 <M~M_2＋P＋S>로 된 단문으로서 제1형식에 속한다. <窮>이 주어가 되는 것은 <無>가 특수형용사이기 때문이다. 우리말로 옮기면 이렇다.

　　시인의 생각에는 끝이 없다.

③ 遠水, 連天碧은 <遠(M)~水(S)＋連(P)＋天(M_2)－碧(P)>으로 이루어져 있으며 구조는 <S＋P＋M_2－S＋P>로 된, 곧 <제1형식＋제1형식>으로 된 복문이다. 우리말로 옮기면 이렇다.

　　먼 (곳의) 물은 하늘에 이어져 푸르다.

④ 霜楓, 向日紅은 <霜(M)~楓(S)＋向(P)＋日(O)－紅(P)>으로 이루어져 있으며, 구조는 <S＋P＋O－S＋P>로 된 복문이다. <霜>은 명사의 용언형인데,

여기서는 <楓(풍)>을 수식하는 관형어이므로 '서리맞은'의 뜻이다. 이 문장(월)을 우리말로 옮기면 다음과 같이 된다.

　　　서리맞은 단풍은 해를 바라보고서 붉어 있다.

⑤ 山吐, 孤輪月은 <山(S)＋吐(P)＋孤輪(M)~月(O)>로 되어 있으며, 구성은 <S＋P＋O>로 된 제3형식이다.
月을 수식하는 관형어 <孤輪>은 <孤(M)~輪>으로 짜여 있다. 우리말로 옮기면 이렇다.

　　　산은 외로운 수레바퀴의(같은) 달을 토하였다.

⑥ 江含, 萬里風은 山吐孤輪月과 대구(對句)를 이루고 있다. 그러니 이 행은 <江(S)＋含(P)＋萬里(M)－風(O)>으로 되어 있으며, 구조는 <S＋P＋O>로 된 제3형식이다.
<萬里(만리)>는 더 나눌 필요가 없다. 곧 '萬里'는 하나의 수사이다. 우리말로 옮기면 이렇다.

　　　강은 만 리의 바람을 머금었다.

⑦ 塞鴻, 何處去은 <塞(M)~鴻(S)＋何(M)~處(M₂)＋去(P)>로 되어 있으며, 이 문장(월)의 구조는 <S＋M₂＋P>로 된, 제1형식이 변형이다. <S＋P＋M₂>가 <S＋M₂＋P>로 차례 바꿈을 한 것은 <何>가 의문관형사이기 때문이다. 우리말로 옮기면 이렇다.

　　　변방의 기러기는 어느 곳으로 가는가?

⑧ 聲斷, 暮雲中은 <聲(S)＋斷(P)＋暮雲(M)~中(M₂)>으로 이루어져 있으며, 구조는 <S＋P＋M₂>로 된 제1형식이다.

<暮雲>은 다시 <暮(M)~雲>으로 분석되고 <暮雲中> 앞에는 전치사 <於>가 생략되어 있다. 우리말로 옮기면 이렇다.

(기러기) 소리는 저녁 구름 속에서 끊어진다.

마무리

이상으로서 우리는 이 시가 M₂＋S＋P(1연), M₂＋P＋S(2연), S＋P＋M₂－(S)＋P(3연), S＋P＋O－(S)＋P(4연), S＋P＋O(5연), S＋P＋O(6연), S＋M₂＋P(7연), S＋P＋M₂(8연)로 구성된 것임을 알 수 있으며, 이 분석으로, 우리는 이 시를 쉽게 해석해 낼 수 있게 된다(이 시는 이이(李珥)가 지은 <登坡州栗谷花石亭(등파주율곡화정)>이다).

(5) 昔人已乘黃鶴去此地空餘黃鶴樓黃鶴一去不復返白雲千載空悠悠晴川歷歷漢陽樹芳草萋萋鸚鵡州日暮鄕關何處是煙波江上使人愁

이 문장의 글자 수는 모두 56자이다. 그러니 이는 7언 8행의 칠언시가 될 가능성이 있다. 곧 이를 7자씩 8줄로 바꾸어 늘여보면 다음과 같이 된다. 그리고 일견 앞뒤 행의 문맥이 서로 통할 것 같다. 그러므로 일단 칠언시로 생각해 본다.

昔人已乘黃鶴去, 此地空餘黃鶴樓.
黃鶴一去不復返, 白雲千載空悠悠.
晴川歷歷漢陽樹, 芳草萋萋鸚鵡州.
日暮鄕關何處是, 煙波江上使人愁.

이 문장이 시가 되려면 한시 작법에 따라 원칙적으로 1행, 2행, 4행 그리고 6행, 8행의 끝 자가 같은 운이라야 한다.

곧 <去(거), 樓(루), 悠(유), 州(주), 愁(수)>가 같은 운이면 거의 칠언시로 단정된다. 그런데 윗 다섯 자의 운을 자전에서 찾아보면 <去>는 <御>자 운이요, 나머지 4자는 <尤>자가 운이다. 그러니 여기에 문제가 있다.

그러나 8행시에 있어서는 1행의 끝자리는 반드시 운을 맞출 필요는 없는 것이니, 이 시는 훌륭한 칠언시가 된다. 이 시는 칠언율시(七言律詩)이다.

오언시와 칠언시에 있어서는, 4행이나 8행이 아니고 행이 그 이상이 되면 운이 한자 정도는 벗어나는 것이 있는데, 이것은 변형으로 보면 크게 틀림이 없다. 이 경우는 모두 고시(古詩)이다.

이 시는 칠언시임이 거의 틀림없으니, 앞에서처럼 <2, 2, 3>으로 떼어서 살펴보자.

① 昔人, 已乘黃鶴, 去 : 이 행은 <昔(M)~人(S)+已(M)~乘(P)+黃鶴(O)-去(P)>로 이루어져 있는데, <黃>은 엄격히 따지면 <鶴>을 수식하는 관형어이다.

이 문장(월)은 <2, 2, 3>로 짜여있지 않다. 변형이다.

이상에 따라 이 문장(월)을 우리말로 옮기면 이렇다.

  옛 사람이 이미 황학을 타고 가버렸다.

② 此地, 空餘, 黃鶴樓 : 이 행은 <此(M)~地(M₂)+空(M)~餘(P)+黃鶴樓(O)>로 짜여있으며, 구조는 <M₂+P+O>로서 문장(월)의 제3형식이다.

이 문장(월)에서 문제가 되는 것은 '黃鶴樓'의 성분이다. 이 문장(월)은 우리나라 사람이면 대개 '黃鶴樓'를 주어로 보고서 <이 땅에 헛되이 황학루가 남았다>로 새기기 쉬운데, 중국적인 사고로서는 첫째 구를 이어 받아서 "옛 사람이 이미 황학을 타고 갔으며, (그는) 이 땅에 黃鶴樓(황학루, 누각 이름)만을 헛되이 남겨 놓았다."로 보는 것이 옳다. 따라서 이 문장(월)을 우리말로 옮기면 이렇다.

　　　이 땅에 헛되이 황학루만을 남겨 놓았다.

　③ 黃鶴, 一去, 不復返 : 이 행은 선행절 <黃鶴(S)＋一(M)~去(P)>와 종결절 <不復返(P)>으로 이루어져 있는데, <不復返>은 다시 <不(조동사)＋復(부사)＋返(본동사)>로 분석이 된다. 이 문장(월)의 종결절에는 주어가 생략되어 있으며, 문장(월)의 구성은 <S＋P－(S)＋P>로 되어 있다. '不復'는 부분부정이다.
　이 문장(월)을 우리말로 새기면 이렇다.

　　　황학은 한번 가서 다시는 돌아오지 않는다.

　④ 白雲, 千載, 空悠悠 : 이 행은 <白(M)~雲(S)＋千載(M_2)＋空(M)~悠悠(P)>로 이루어져 있다. 千載는 시간을 나타내는 특수명사이므로 문장(월)에서 부사어가 되어 설명어 위에 놓일 수 있다.
　이 문장(월)을 우리말로 옮기면 이렇다.

　　　흰 구름은 천년 동안 헛되이 너울너울 떠 있다.

　⑤ 晴川, 歷歷, 漢陽樹 : 이 행은 <晴(M)~川(S)＋歷歷(P)＋漢陽樹(O)>로 이루어져 있으며 <S＋P＋O> 곧 문장(월)의 제3형식이다. 이 문장(월)을 우리말로 옮기면 다음과 같이 새겨진다.

　　　맑은 시내가 한양의 나무를 역력히 (비추어 준다).

　⑥ 芳草, 萋萋, 鸚鵡州 : 이 행은 앞 구와 짝을 이루고 있다. 그러니 이 문장(월)은 <芳(M)~草(S)＋萋萋(P)＋鸚鵡州(M_2)>로 이루어져 있는 것이 분명하며,

<S+P+M₂>로 된 문장(월)의 제1형식이다.

이 문장(월)을 우리말로 옮기면 이렇다.

꽃다운 풀은 앵무주에 무성하다.

⑦ 日暮, 鄕關, 何處是 : 이 행은 선행절 <日(S)＋暮(P)>와 종결절 <鄕關(S)＋何(M)~處(C)＋是(P)>로 이루어져 있으며, 문장(월)의 제1형식인 <S＋P>에 제2형식 <S＋P＋C>의 변형인 <S＋C＋P>가 어울려서 된 문장(월)이다. <何>는 의문관형사이므로 何處는 설명어 앞에 놓여 있다.

이 문장(월)을 우리말로 옮기면 다음과 같이 새겨진다.

해는 저문데 (내) 고향은 어느 곳인고?

⑧ 煙波, 江上, 使人愁 : 이 행의 짜임은 매우 모호해서 의견이 구구하므로, 문법에 맞추어 풀기로 한다.

이 행은 <煙(S)＋波(P)＋江上(M₂)－使人愁(P)>로 이루어져 있으며, 문장(월)의 구조는 <S＋P＋M₂－(S)＋O＋P>로서 제1형식과 3형식이 어울린 복문이라 하겠다.

<使人愁>는 조동사 <使>와 본동사 <愁> 사이에 목적어 <人>이 끼어 있는 형태이다. 煙은 <안개>이고, 江上은 <강 위>이다.

이상에 따라 이 문장(월)을 우리말로 옮기면 이렇게 된다.

안개가 강 위에 물결처럼 나부끼니, 사람을 수심에 잠기게 한다.

마무리

이상으로서, 우리는 이 시가 S＋P＋O－(S)＋P(제1연), M₂＋P＋O(제2연), S＋P－(S)＋P(제3연), S＋P(제4연), S＋P＋O(제5연), S＋P＋M₂(제6연), S＋P－S＋P＋

C(제7연), S＋O＋P(제8연)으로 구성된 것임을 알 수 있다. 그리고 이러한 분석으로써 우리는 이 시를 쉽게 해석할 수 있게 된다(이 시는 최호(崔顥)가 지은 <黃鶴樓(황학루)>이다).

한문은 외국어이다. 그러니 한문의 해석은 문법에 의지해야 한다.
문장은 크게 산문과 시로 나누어지는데, 한문도 역시 한가지이다. 이제 한문의 해석법을 산문과 시로 나누어서 구명해 보면 이렇다.
산문을 해석하는데 있어서는, 그것이 문장(월)의 몇 형식에 속하는가부터 알아내어야 한다. 이것이 시작이며 마지막이다.
문장의 해석에 있어서는 이 형식의 변형에 대해서도 잘 알아두어야 하며, 복문은 절로 나누어서 각 절의 형식도 문장(월)에 준해서 밝혀야 한다.

한시는 대부분 오언시와 칠언시이다. 따라서 여기서는 오언, 칠언시에 대해서만 언급하였다.
어떤 문장이 산문인지 시인지를 분별해야 하는데 있어서는, 그 문장을 5나 7로 나누어서, 나누어지면 일단 시일 가능성이 있다고 본다.
그리하여 다음으로 운을 따져서, 그것이 시인가 아닌가를 결정하면 대개는 알아 낼 수 있다.
그 문장이 시임이 밝혀지면, 오언시는 <2자, 3자>, 칠언시는 <2자, 2자, 3자>로 뗀 후, 이것을 문법에 따라 해석하는 것이다.
오언시를 <2/3자>로 칠언시를 <2/2/3자>로 띄어서 읽는 것은, 이들 시가 원칙적으로 그렇게 구성되어 있기 때문이다.
물론 여기에도 가다가는 변형이 있기는 하다. 그때는 그 행만 산문에 준해서 해석하면 된다.
어떻든 이것이 한시 해석의 바른 길이 된다.

제 5 장
원전 읽기(原典講讀)

 지금까지 우리는 열심히 '한문법'을 공부해왔다. 이제 그 지식을 이용해서 실제로 원전 한 편을 읽어 보기로 하자.
 원전을 읽는데 가장 유의해 둘 일은 '문장(월)의 5형식', '낱말의 줄임', '문장성분의 차례바꿈'에 대한 일이다. 그러므로 이를 다시 한 번 머리에 정리해 두기로 한다.

---

1. 문장(월)의 5형식 정리
 (1) 주어＋설명어 : 花開(화개), 舜臣忠臣(순신충신)
 (2) 주어＋설명어＋보어 : 我是少年(아시소년), 脫海爲龍王之子(탈해위용왕지자), 乞人爲王子(걸인위왕자), 此兒爲貴(차아위귀), 王以爲然(왕이위연)
 (3) 주어＋설명어＋목적어 : 祖父作漢詩(조부작한시), 乙支文德破隋軍(을지문덕파수군)
 (4) 주어＋설명어＋목적어＋객어 : 我與一書於汝(아여일서어여), 先生講論語於弟子(선생강론어제자)
 (5) 주어＋설명어＋목적어＋보어 : 世人謂汝天才(세인위여천재)
 이때의 설명어는 불완전타동사이며, 이에는 謂, 稱, 云, 道, 爲 등이 있다.

 [붙임] 주어＋설명어＋객어(체언부사어) : 泗溟堂起於金剛山(사명당기어금강산), 彼遊學于中國(피유학우중국)

2. 조사 생략의 정리

전치사 以, 於는 줄이는 일이 흔히 있으니, 한문을 읽을 때 이것이 줄어져 있지 않나 늘 유의해야 한다.

我居慶州(나는 경주에 산다 - 我居於慶州의 준말)
其女秋波暗轉(그녀는 추파를 살그머니 옮겼다 - 其女以秋波暗轉의 준말)

3. 문장성분의 차례바꿈

來客不得待接(온 손님을 대접하지 못했다)

문장(월)을 대할 때는 언제나 설명어부터 찾아놓고, 그것이 타동사일 때는 혹 목적어의 차례가 바뀌지 않나 유의해야 한다. 이는 가장 요긴한 일이다. 위 문장(월)에서 설명어는 待接(대접)이며 타동사이다. 그러니 來客(내객)은 목적어이다.

1. 소설 – 월하미소년(月下美少年)

작품 설명 • • •

월하미소년(月下美少年)은 우리나라의 고전(古典) ≪옥루몽(玉樓夢)≫ 속에서 가장 가경(佳境)인 남주인공 양창곡(楊昌曲)과 여주인공 강남홍(江南紅)이 처음 만나는 장면을 뽑아 간추린 것이다.
이는 실로 흥미진진한 연애소설로서 읽는 이의 마음을 흥겹게 하는 만큼, 한문을 처음 배우는 이에게는 좋은 읽을거리가 된다.

일러두기 • • •

먼저 원문을 싣고 말뜻풀이를 하고, 번역을 덧붙였다.
말뜻풀이에서의 약물 기호의 풀이는 다음과 같다.

관 관형사   대 대명사   명 명사   부 부사   불명 불완전명사
불자 불완전자동사   불타 불완전타동사   수 수사   자 자동사   전 전치사
접미 접미사   접속 접속사   조동 조동사   종 종결사   지 지정사
타 타동사   특명 특수명사   형 형용사   후 후치사

南方有一名山, 周圍五百餘里, 高可三萬六千尺, 是爲玉蓮峰也. 峰下村落有一處士, 姓楊, 名賢. 登山採菜訪水釣魚, 眞君子, 但年滿四十, 無一子女.

南方(남방) 남쪽. 有(유) 있다. 특수동사이므로 주어를 뒤에 가짐. 곧, 명산(名山)이 그 주어임. 名山(명산) 이름난 산. 周圍(주위) 둘레. 餘(여) 수 몇. 高(고) 명 높이. 可(가) 부 대체로, 약. 萬(만) 일만. 尺(척) 자. 是(시) 이것. 爲(위) 지 이다. 玉蓮峰(옥련봉) 봉우리의 이름. 也(야) 종 단정을 나타냄. 峰(봉) 봉우리. 下(하) 아래. 村落(촌락) 마을. 處士(처사) 처사. 姓(성) 성. 楊(양) 성의 하나. 名(명) 이름. 賢(현) 사람 이름. 登(등) 오르다. 山(산) 산. 採(채) 타 캐다. 菜(채) 나물. 訪(방) 타 찾다. 釣(조) 타 낚다. 魚(어) 고기. 眞(진) 참다운. 君子(군자) 군자. 但(단) 부 다만. 年(년) 나이. 滿(만) 차다. 無(무) 없다. 특수형용사. 주어를 뒤에 가짐. 子女(자녀) 자녀.

남쪽에 한 명산이 있는데, 둘레는 5백여 리요, 높이는 약 3만 6천자이니, 이것이 옥련봉이다.

봉우리 밑의 촌락에 한 처사가 살고 있었는데, 성은 양이요 이름은 현이었다. 산에 올라 나물을 캐고 물을 찾아 고기를 낚으니, 참다운 군자였는데, 다만 나이 마흔에 찼으나 한 자녀도 없었다.

一日, 三月暮春, 夫人許氏悄然而坐, 自然淚沾衣襟, 楊處士曰 '今日天氣淸朗, 一登玉蓮峰若何?' 許氏大喜, 携竹杖, 而登玉蓮峰. 至中峰, 奇岩怪石羅於左右.

一日(일일) 어떤 날. 독립어이다. 三月(삼월) 삼월. 暮(모) 형 늦은. 春(춘) 봄. 夫人(부인) 부인. 許氏(허씨) 허씨. 悄然(초연) 부 쓸쓸히. 而(이) 소리를 고루는 음. 흔히 부사 다음에 붙음. 坐(좌) 앉다. 自然(자연) 부 자연히. 淚(루) 눈물. 沾(첨)의 주어. 沾(첨) 타 적시다. 衣襟(의금) 옷깃. 曰(왈) 불자 말하다. 다음의 ' ' 속의 말은 보어절. 今日(금일) [총 주어] 오늘. 天氣(천기) [절의 주어] 날씨. 晴朗(청랑) 좋다. 一(일) 부 한번. 登(등) 오르다. 옥련봉(玉蓮峰)의 설명어. 若何(약하) 어떠하냐. 一登玉蓮棒 [주어절] 한 번 옥련봉에 올라가는 것. 大(대) 부 크게. 喜(희) 기뻐하다. 携(휴) 타 쥐다. 而(이) 접속 그리하여. 至(지) 이르다. 中峰(중봉) 산허리. 奇(기) 기이하다. 岩(암) 바위. 주어임. 怪(괴) 괴상하다. 石(석) 돌, 주어임. 羅(라) 벌어서다. 於(어) 전 -에. 左右(좌우) 옆. 좌우.

어떤 날, (그것은) 3월의 늦은 봄이었다. 부인 허씨가 쓸쓸히 앉았으니, 자연히 눈물이 옷깃을 적신다.

양 처사는 말했다. "오늘은 날씨가 좋으니, 한번 옥련봉에 올라가 보는 것이 어떻겠습니까?"

부인 허씨가 크게 기뻐했다. (그녀는) 대지팡이를 짚고서 그리하여 옥련봉에 올랐다. 산허리에 이르니, 기이한 바위와 괴상한 돌이 옆에 늘어서 있다.

夫人望見一處, 石壁半空聳立, 有刻字之痕, 剝苔而見, 乃觀音菩薩. 夫人謂處士曰 '此佛在名山, 必有靈驗矣, 我今祈禱, 求子如何?' 夫婦二人恭敬禮拜.

望見(망견) 바라보다. 處(처) 곳. 石壁(석벽) 돌벼랑. 半空(반공) 반공에. 半空은 위치를 나타내는 특수명사이므로 여기서는 부사어가 되어 있음. 於半空(어반공)의 준말. 半空聳立(반공용립) 聳立於半空(용립어반공)의 차례가 바뀐 꼴. 聳立(용립) 솟아서다. 刻(각) 타 새기다. 字(자)의 설명어. 之(지) 후 刻字(각자)를 관형어로 만들어 줌. 刻字之(각자지) 或刻字之에서 주어 或(어떤 이)이 줄어서 된 글귀이니 관형절이다. 痕(흔) 흔적. 剝(박) 벗기다. 苔(태) 이끼. 而(이) 접속 그리고서. 見(견) 보다. 乃(내) 접속 바로. 주부와 설명부를 이음. 謂(위) 이르다. 此(차) 대 이. 佛(불) 부처. 在(재) 있다. 必(필) 반드시. 靈驗(영험) 영검. 矣(의) 종 단정을 나타냄. 我(아) 우리. 今(금) 이제. 祈禱(기도) 자 기도하다. 求(구) 타 구하다. 子(자) 아들. 求(구)의 목적어. 求子(구자) 我求子에서 주어 我가 줄어서 된 글귀인데, 이는 주어절이다. 如何(여하) 어떠하냐? 恭敬(공경) 부 공경히. 禮拜(예배) 절하다.

부인이 한 곳을 바라보니 돌벼랑이 반공에 솟아 서 있는데, 글자를 새긴 흔적이 있었으므로 이끼를 벗기고서 보니, (그것은) 바로 관음보살이었다.

부인은 처사에게 말했다. "이 부처는 명산에 있었으니, 틀림없이 영검이 있습니다. 우리 이제 기도해서, 자식을 구하는 것이 어떻겠습니까?"

부부 두 사람은 공경히 절을 올렸다

果, 自此月夫人有胎氣, 生一貴男子, 眉宇帶山川精氣, 兩眼凝日月之光, 眞是英雄君子也. 適有僧過去, 大驚, 曰 '此我, 文昌星·武曲星之精氣合成, 他日必爲大貴'. 處士兒子之名呼昌曲.

果(과) 부 과연. 自(자) –부터. 전성전치사이므로 객어. 自此月(자차월)은 뒤에 놓인 설명어 有(유)를 꾸밈. 胎氣(태기) 아기 밴 기미. 生(생) 타 낳다. 貴(귀) 귀하다. 男子(남자) 남자. 眉宇(미우) 눈썹 가장자리. 帶(대) 타 띠다. 山川精氣(산천정기) 자연의 정기. 兩眼(양안) 두 눈. 凝(응) 타 머금다. 日月(일월) 해와 달. 光(광) 빛. 眞是(진시) 부 정말. 英雄(영웅) 영웅.

君子(군자) 군자. 也(야) 종 단정을 나타냄. 適(적) 부 마침. 有(유) 관 어떤. 僧(승) 중. 過去(과거) 지나가다. 驚(경) 놀라다. 설명어임. 兒(아) 아이. 文昌星(문창성) 武曲城(무곡성) 별 이름. 合成(합성) 어울려서 되다. 他日(타일) 뒷날. 爲(위) 불자 되다. '貴(귀)'가 보어. 兒子(아자) 아이. 名(명) 이름. 목적어. 呼와 차례가 바뀌어 있다. 呼(호) 불타 일컫다.

과연 이 달부터 부인에게 태기가 있어 한 귀한 아들을 낳으니, 눈썹 가장자리는 산천 정기를 띠었고 두 눈은 해와 달의 빛을 머금어, 정말 영웅군자였다. 마침 어떤 중이 지나다가 크게 놀라면서 "이 아이는 문창성과 무곡성의 정기가 어울려서 되었으니, 뒷날 반드시 크게 귀하게 될 것이다"고 했다. 처사는 아이의 이름을 창곡이라 일컬었다.

歲月如流 昌曲年至十六, 儼然成長, 文章識見出衆, 昌曲告父曰'小子行皇城而登科欲顯父母之名'. 處士良久曰'男兒留意於學問, 不顧區區之情' 昌曲準備行裝, 以一匹驢·一個家僮, 擇日登程.

歲月(세월) 세월. 如(여) 같다. 流(류) 물. 至(지) 이르다. 儼然(엄연) 엄연히. 然(연)은 부사를 만드는 접미사. 成長(성장) 성장하다. 文章(문장) 문장. 識見(식견) 식견. 出(출) 빼어나다. 衆(중) 뭇사람. 告(고) 자 아뢰다. 小子(소자) 저. 부모님께의 낮춤말. 行(행) 가다. 皇城(황성) 서울. 而(이) 접속 그리하여. 登(등) 동 오르다. 科(과) 과거. 欲(욕) 조동 하고 싶다. 顯(현) 나타내다. 良久(양구) 부 이윽고. 男兒(남아) 사내. 留(류) 두다. 意(의) 뜻. 留(유)의 목적어. 於學問(어학문) 학문에. 不(불) 조동 아니하다. 顧(고) 동 돌보다. 區區(구구) 형 구구하다. 之(지) 후 앞말을 관형어로 만듦. 情(정) 정. 準備(준비) 준비하다. 行裝(행장) 행장. 以(이) 타 거느리다. 一疋(일필) 한필. 驢(려) 나귀. 一個(일개) 하나. 家僮(가동) 집안 종. 擇(택) 가리다. 程(정) 길.

세월이 물과 같아서, 창곡의 나이 열여섯에 이르니, 엄연히 정상하여 문장과 식견이 뭇 사람 속에서 빼어났다. 창곡은 아버지께 말씀드렸다. "소자는 서울에 가서 과거에 붙어서 부모의 이름을 나타내고 싶습니다."

처사는 한참 후에 말했다. "사내가 뜻을 학문에 두었으면 구구한 정을 돌보지 않는다."

창곡은 행장을 준비하여 한 필 나귀와 한 종을 거느리고 날을 가려 길에 올랐다.

> 行十餘日, 到蘇州璟內, 投宿客店, 有兩個少年入來, 手中擧弓, 豪氣滿面. 兩少年呼主人而請酒, 見昌曲, 一個少年笑曰 '秀才必文士, 能知文矣'.

行(행) 가다. 到(도) 이르다. 蘇州(소주) 중국에 있는 땅 이름. 境(경) 지경. 內(내) 안. 投宿(투숙) 자 여관에 머물러 자다. 客店(객점) 지나가는 길손이 밥을 사 먹기도 하고 쉬기도 하던 집. 여기서는 於客店(어객점)의 준말. 有(유) 관 어떤. 兩個(양개) 부 두. 少年(소년) 소년. 入來(입래) 들어오다. 手中(수중) 於手中의 준말. 中은 처소를 나타내는 특수명사이므로, 이 말은 설명어 앞에 놓인다. 擧(거) 들다. 弓(궁) 활. 豪氣(호기) 호탕한 기운. 滿(만) 가득 차다. 面(면) 얼굴. 呼(호) 부르다. 請(청) 청하다. 酒(주) 술. 笑(소) 웃다. 笑(소)와 曰(왈) 사이에는 접속사 而(이)가 생략되어 있음. 秀才(수재) 수재, '미혼 남자'의 높임. 文士(문사) 글을 하는 선비. 能(능) 부 능히. 知(지) 알다. 부사 能의 수식을 받는 동사에는 '할 수 있다'는 뜻이 첨가된다. 그러니 여기서의 知는 '알 수 있다'로 번역된다. 矣(의) 종 단정을 나타냄.

열 몇 날을 가서, 소주 지경 안에 이르러 객점에 투숙했더니, 어떤 두 소년이 들어오는데, 손에 활을 들었으며 호탕한 기운이 얼굴에 가득 찼다.

두 소년은 주인을 불러 술을 청하고는 창곡을 보더니, 한 소년이 웃으면서 말했다. "수재는 틀림없이 문사일 것이니, 능히 글을 알 수 있겠습니다."

> 一個少年又曰 '明日蘇州刺史設大宴於壓江亭, 使作壓江亭詩, 壯元者施重賞, 秀才一往如何? 其中有奇妙曲折. 中國之妓樂杭州第一, 杭州妓女之有名者江南紅……'

又(우) 또. 明日(명일) 특명 내일. 刺史(자사) 고을의 원. 設(설) 타 베풀다. 大宴(대연) 큰 잔치. 壓江亭(압강정) 정자 이름. 使(사) 조동 하게 하다. 作(작) 짓다. 詩(시) 시. 壯元(장원) 장원. 壯元之(장원지)의 준말, 관형어로 씌었으므로 '장원한'이 됨. 壯元者(장원자) 於壯元者

의 준말. 壯元者施重賞(장원자시중상)은 施重賞於壯元者의 차례바뀜 꼴. 施(시) 베풀다. 重賞(중상) 후한 상. 重(중)은 관형어로 '후한'. 往(왕) 가다. 여기서는 주어절 '秀才一往'의 설명으로 쓰임. '가는 것'. 有(유) 있다. 특수동사로서 曲折(곡절)을 주어로 취함. 奇妙(기묘) 형 기묘하다. 曲折 명 곡절. 中國(중국) 중국. 妓樂(기악) 기녀의 음악. 杭州妓女之(항주기녀지) 항주기녀의.

한 소년은 또 말했다. "내일 소주자사는 압강정에서 큰 잔치를 베풀어 압강정의 시를 짓게 해서 장원한 사람에게는 후한 상을 준다고 합니다. 수재도 한 번 가보는 것이 어떻겠습니까? 그 중에는 기묘한 곡절이 있지요. 중국의 기생과 음악은 항주가 제일인데, 항주 기생의 유명한 사람은 강남홍입니다……."

'江南紅, 歌舞・文章・志操・姿色江南第一. 方今十八, 未曾有敢近者. 今, 蘇州刺史年幾三十, 以文章聞皇城, 風采能壓古人. 素耽風流酒色, 故期引江南紅而欲置左右' 二少年大笑而去.

江南紅(강남홍)은 총 주어. 歌舞(가무) 노래와 춤. 文章(문장) 문장. 志操(지조) 지조. 姿色(자색) 예쁜 여자의 얼굴. 歌(가)-色(색)은 절의 주어임. 江南(강남) 특명 양자강 남쪽의 뜻, 여기서는 於江南(어강남)의 준말. 方今(방금) 부 이제. 未 조동 하지 아니하다. 曾(증) 부 아직. 敢(감) 감히. 近 타 가까이하다. 今(금) 이제. 幾(기) 형 가깝다. 以(이) 전 으로써. 聞(문) 알리다. 風采(풍채) 풍채. 壓(압) 누르다. 古(고) 옛. 素(소) 본디. 風流(풍류) 풍류. 酒色(주색) 술과 여자. 故(고) 접속 그러므로. 期(기) 부 기어이. 引(인) 타 끌다. 而(이) 접속 그리하여. 欲(욕) 조동 하려 한다. 置(치) 두다. 去(거) 가버리다.

"강남홍은, 노래와 춤과 문장과 지조와 얼굴이 강남에서 제일입니다. 방금 열여덟인데, 아직 감히 가까이한 사람이 있지 않습니다. 지금 소주지사는 나이 서른에 가까운데, 문장으로써 서울에(까지) 알려져 있으며, 풍채는 능히 옛 사람을 누를 수 있습니다. 본디 풍류와 주색을 즐기므로, 기어이 강남홍을 끌어다가 곁에 두려 합니다." 두 소년은 크게 웃으면서 가버렸다.

> 楊公子心中暗思 (江南紅何妓女, 意志眼目如彼高尙?) 翌日, 公子東方行數里, 景槪絶勝. 隨流水而更行數里, 果有一亭子, 規模宏莊. 乃壓江亭也. 音樂歌曲如搖樓閣.

公子(공자) 지체 높은 집의 자제. 도령님. 心中(심중) 마음 속. 여기서는 中이 특수명사이므로 설명어 위에서 부사어가 되어 있다. '마음 속으로'로 새겨진다. 暗(암) 가만히. 思(사) 생각하다. 何(하) 관 어떤. 意志(의지) 의지. 眼目(안목) 사물을 분별하는 눈. 如彼(여피) 부 그처럼. 복합어로서 언제나 '그처럼/저처럼'의 뜻. 高尙(고상) 형 고상하다. 翌日(익일) 특명 이튿날. 東方(동방) 특명 동쪽으로, 行을 꾸밈. 數(수) 몇. 里(리) 리. 景槪(경개) 경치. 絶(절) 아주. 勝(승) 뛰어나다. 隨(수) 따르다. 流水(유수) 흐르는 물. 更(갱) 다시. 亭子(정자) 정자. 規模(규모) 규모. 宏壯(굉장) 형 굉장하다. 乃(내) 접속 바로. 乃 앞에 주어가 생략되었음. 音樂(음악) 음악. 歌曲 노래. 如(여) 조동 -듯하다. 搖(요) 흔들다. 樓閣(누각) 누각.

양 도령은 속으로 가만히 생각해 보았다(강남홍은 어떤 기생이기에 의지와 안목이 그처럼 높은고?). 이튿날 도령이 동쪽으로 몇 리를 갔더니, 경치가 아주 뛰어났다. 흐르는 물을 따라 다시 몇 리를 가니, 과연 한 정자가 나타나는데 규모가 굉장했다. (그것이) 바로 압강정이었다. 음악과 가곡이 누각을 흔드는 듯했다.

> 公子登亭而視之, 廣數百間, 眞江南第一樓. 東便半醉而坐蘇州刺史, 西便紅顔白髮杭州刺史. 蘇杭文士數百滿集亭上, 分坐東西, 妓女百餘人以巧笑嬌態相誇顔色.

視(시) 보다. 之(지) 거기. 廣(광) 명 넓이. 間(간) 간. 眞(진) 부 진실로. 江南(강남) 양자강 남쪽. 第一樓(제일루) 제일 가는 누각. 東便(동편) 특명 동쪽에. 半(반) 부 반쯤. 醉(취) 취하다. 而(이) 접속 그리하여. 坐(좌) 앉다. 여기서는 명사형 '앉은 이'. 西便(서편) 서쪽. 紅顔(홍안) 붉은(젊어 혈기있는) 얼굴. 白髮(백발) 흰머리. 滿(만) 가득히. 集(집) 모이다. 亭上(정상) 정자 위에, 於亭上(어정상)의 준말. 分(분) 나누다. 分坐(분좌) 分而坐의 준말, 나뉘어서 앉다. 東西(동서) 於東西(어동서)의 준말, '동서로'의 뜻. 以(이) 전 으로써. 以는 전성전치사이므로, '以+체언'으로 된 객어는 설명어 위에 놓임. 巧(교) 교묘하다. 笑(소) 명 웃음.

嬌(교) 아양떨다. 態(태) 태도. 巧笑嬌態(교소교태) 巧笑與嬌態의 준말. 與는 접속사로서 - 와/과의 뜻. 相(상) 서로. 誇(과) 자랑하다. 顔色(안색) 얼굴빛.

양 도령이 정자에 올라가서 거기를 살펴보니, 넓이가 몇 백 간이나 되며, 정말 양자강 남쪽의 제일가는 누각이었다. 동쪽에 반쯤 취해서 앉은 이는 소주자사이요, 서쪽의 홍안백발은 항주자사였다. 소주·항주의 문사 몇 백 명이 정자 위에 가득히 모여서 동서로 나뉘어 앉았고, 기생 백 몇 명이 교묘한 웃음과 아양 떠는 태도로써 서로 얼굴빛을 자랑하고 있었다.

公子流秋水兩眼, 一一審視, 其中一妓悄然而坐, 冷淡氣色, 冰壺如含秋月, 聰明才質, 滄海明珠如隱光明, 猶於沈香亭上海棠花之睡也.

流(류) 흘리다. 秋水(추수) 가을물. 여기서는 秋水之의 준말이며, 관형어이므로 '가을물 같은'의 뜻. 兩眼(양안) 두 눈. 목적어. —— 부 일일이. 審視(심시) 살펴보다. 中 특명 속에. 悄然(소연) 쓸쓸히. 而(이) 소리를 고르는 음. 冷淡(냉담) 냉담하다. 氣色(기색) 기색, 如含(여함)의 총 주어. 氷壺(빙호) 얼음 항아리. 설명절의 주어. 如含(여함) 머금은 듯하다, 如는 조동사, 含(함) 머금다. 聰明(총명) 총명하다. 才質(재질) 재주와 기질. 如隱(여은)의 총 주어. 滄海(창해) 푸른 바다. 明珠(명주) 맑은 구슬. 如隱(여은) 숨긴 듯하다. 猶(유) 같다, '흡사 무엇 무엇과 같다'는 뜻에 쓰임. 沈香亭(침향정) 당나라 궁중에 있던 정자로서 당 명황과 양귀비가 노닐던 곳. 海棠花(해당화) 해당, 睡(수)의 주어. 之(지) [주격조사] -가. 睡(수) 졸다. 여기서 객어절의 설명어로서 '조는 것'의 뜻.

양 도령은 가을물 같은 두 눈을 흘리어 일일이 살펴보니, 그 속에 한 기녀가 쓸쓸히 앉았는데, 냉담한 기색은, 얼음 항아리가 가을 달을 머금은 듯하고, 총명한 재질은, 푸른 바다의 맑은 구슬이 빛을 숨긴 듯하며, 그것은 흡사 침향정 위에서 (한 송이의) 해당화가 (가물가물) 졸고 있는 것(과) 같았다.

公子暗思 (吾自古書知傾國之色, 今見其人, 不禁敬嘆. 彼女必少年所言江南紅). 公子從諸士而坐於末席.

吾(오) 나. 吾는 흔히 주어로만 쓰이고, 我는 두루 쓰이는데, 吾가 목적어로 쓰일 때는 부정사(不 등) 뒤에서만 쓰인다. 自(자) 전 으로부터. 위에서 自古書는 객어이나, '전성전치사+체언'으로 되었으므로 설명어 知의 앞에 놓여 있다. 傾國之色(경국지색) 절세미인. 이 말은 양귀비를 가리킨 데서 나왔다 함. 傾國은 '나라를 기울이는' 곧 '나라를 망치는'의 뜻이며, 色은 미인. 其(기) 그. 不禁(불금) 금하지 못하다. 不(불)은 보조동사로 '하지 못하다'의 뜻. 敬嘆(경탄) 경탄하다. 곧 '우러러보며 감탄하다'의 뜻. 彼(피) 저. 所言(소언) 말한, 이는 少年의 설명어이며, 江南紅의 관형어임. 所는 뒷 체언을 관형어로 만드는 어두(語頭)임. * 少年所言은 少年[주어]+所言[설명어]으로 된 관형절. 從(종) 따르다. 諸(제) 관 모든, 여러. 於(어) 전 에. 末席(말석) 끝자리.

양 도령은 가만히 생각해 보았다.

(나는 옛 책에서 절세의 미인을 알았으나, 이제 그 사람을 보니 우러러 감탄함을 금하지 못하겠구나! 저 여인이 틀림없이 소년이 말한 강남홍이리라.)

양 도령은 여러 선비를 따라서 끝자리에 앉았다.

> 此時, 紅娘流一雙秋波, 審視座席, 放蕩之擧動·水湧之言辭區區碌碌. 其中, 一個秀才坐於末席, 草草之衣·淡白之狀雖有貧士之踪跡 氣像壓頭一席, 猶滄海神龍乘風而來.

此時(차시) 특명 이때. 紅娘(홍랑) 紅(홍)은 '江南紅(강남홍)'의 준말. 娘(낭)은 '아가씨'의 뜻. 一雙(일쌍) 한 쌍. 秋波(추파) 추파. 放蕩之(방탕지) 방탕한. 之는 앞 말을 관형어로 만드는 후치사. 擧動(거동) 행동거지. 水湧之(수용지) 물이 끓는 듯한. 湧 자 솟다. 言辭(언사) 말. 區區(구구) 구구하다. 碌碌(녹록) 녹록하다. 草草之(초초지) 수수한. 衣(의) 옷. 淡白之(담백지) 담백한. 狀(상) 모습. 雖(수) 접속 하기는 하더라도. 貧(빈) 가난하다. 踪跡(종적) 자취. 氣像(기상) 기상. 壓頭(압두) 억누르다. 滄海(창해) 넓고 큰 바다. 神龍(신룡) 신령스런 용. 乘(승) 타다. 風(풍) 바람. 而(이) 접속사임. 滄海神龍乘風而來는 猶의 보어절. 이 보어절은 선행절 滄海神龍乘風과 종결절 而來(來의 주어는 창해신룡)로 짜여 있음.

이때 홍랑이 한 쌍의 추파를 흘리어 좌석을 살펴보니, 방탕한 거동과 물 끓듯 시끄러운 인사가 구구하고 녹록하다. 그 속에 한 수재가 말석에 앉아 있는데, 수수한 옷차림과 담박한 모습에 가난한 선비의 자취는 있기는 하나, 기상이 한 자리를 억누르며, (그것은) 흡사 푸른 바다의 신령스런 용이 바람을 타고서 찾아온 것(과) 같았다.

> 紅娘心驚. 吾處靑樓, 許多閱人, 豈見如彼奇男子? 數擧目而察動靜. 秀才亦注精神, 視紅娘之氣色. 良久, 蘇州刺史顧紅娘曰 '今, 文人才士滿座, 娘奏一淸歌, 以助諸公之興如何?'

心(심) 心中의 준말. 中은 특수명사이므로 心이 설명어 앞에 놓여 있다. 驚(경) 놀라다. 處(처) 살다. 靑樓(청루) 기생의 거처. 許多(허다) 📖 허다히. 閱(열) 📖 겪다. 豈(기) 어찌. 數(삭) 📖 자주. 擧(거) 📖 들다. 察(찰) 📖 살피다. 動靜(동정) 동정. 亦(역) 또한. 注(주) 📖 기울이다. 氣色(기색) 기색. 良久(양구) 📖 이윽고. 顧(고) 📖 돌아보다. 今(금) 📖 이제. 才士(재사) 재주 있는 선비. 滿(만) 가득 차다. 座(좌) 자리. 奏(주) 부르다. 淸歌(청가) 맑은 목소리로 부르는 노래. 助(저) 📖 돕다. 諸公之興(제공지흥)이 이 타동사의 목적구임. 公(공) 분. 존경을 나타내는 인칭대명사. 助諸公之興 주어절이며, 이 절의 설명어는 如何임. 如何(여하) 어떠하냐?

홍랑은 속으로 놀랐다. 내 청루에 살면서 허다히 사람을 겪었으나, 어찌 저러한 기이한 남자를 보았으랴! 자주 눈을 들어 (그의) 동정을 살폈다. 수재도 또한 정신을 기울여 홍랑의 기색을 눈 여겨 보았다. 이윽고 소주자사는 홍랑을 돌아보면서 말했다. "이제 문인과 재사가 자리에 가득 찼으니, 아가씨는 한 (곡조) 맑은 노래를 불러 여러분의 흥을 돕는 것이 어떻겠느냐?"

> 紅娘悄然低首曰 '文士騷客滿座之席, 豈以俗歌汚壓江亭哉? 當得諸公之文章, 繼古人之文.' 諸士齊聲而快諾. 刺史心中不悅, 欣然笑曰 '紅娘之言定合我意'. 急下詩令, 作壓江亭之詩.

低(저) 숙이다. 首(수) 머리. 騷客(소객) 시인. 滿(만) 가득 차다. 관형절 文士騷客滿座之의 설명어. 座(좌) 앉은 좌석. 於座의 준말. 之(지) 📖 앞 말을 관형절로 만들어 주고 있음. 席(석) 자리, 멍석. 文-席은 객어구. 於文-席에서 於가 준 꼴. 豈(기) 어찌. 以(이) 📖 으로써.

俗歌(속가) 속된 노래. 汚(오) **타** 더럽히다. 哉(재) **종** 하겠느냐. 의문을 나타냄. 當(당) 마땅히. 이 부사의 수식을 받는 동사에는 '해야 한다'는 뜻이 보태어진다. 得(득) 얻다. 諸(제) 여러. 諸公(제공) 여러분. 繼(계) 잇다. 文(문) 글. 士(사) 선비. 齊(제) **타** 같이하다. 快(쾌) **부** 쾌히. 諾(낙) 승낙하다. 悅(열) 기쁘다. 欣然(흔연) **부** 흔연히. 言(언) 말. 定(정) **부** 바로. 꼭. 合(합) 맞다. 我(아) 나. 我意(아의) 於我意(어아의)의 준말. 急(급) 급히. 下(하) 내리다. 令(령) 영. 作(작) 짓다. 여기서는 사동사이니 '짓게 하다'.

홍랑은 쓸쓸히 머리를 숙여 말했다. "문사와 시인이 좌석에 가득찬 자리에서, 어찌 속된 노래로써 압강정을 더럽히겠습니까? 마땅히 여러분의 문장을 얻어서, 옛사람의 글을 이어야 하겠습니다." 여러 선비들은 소리를 같이하여 쾌히 승낙했다. 자사는 속으로 즐겁지 않았으나, 흔연히 웃으면서 "홍랑의 말이 내 뜻과 꼭 맞다." 하고, 급히 시령을 내려 압강정에 관한 시를 짓게 했다.

秀才聞時令, 微微而笑, 無難色. 頃刻構成三首詩, 投於席上. 紅娘故取蘇杭諸士之詩, 先看數十章, 都是陳談. 遂拾見秀才之投箋, 鍾王之筆法如龍蛇飛騰, 李杜之文章可爲鏡中之花.

時令(시령) 시를 짓게 하는 일. 微微(미미) **부** 가벼이. 而(이) 소리를 고루는 음. 흔히 부사 뒤에 붙음. 難色(난색) 어려워하는 기색. 여기서는 難(난)은 관형어. 頃刻(경각) **특명** 잠깐 동안. 構成(구성) **타** 구성하다. 三首(삼수) 세 수. 投(투) 던지다. 故(고) 짐짓. 取(취) 집다. 蘇杭(소항) 소주(蘇州)와 항주(杭州)를 겹쳐 부르는 말. 看(간) 보다. 바라보다. 자세히 보다. 都是(도시) **부** 모두. 陳(진) 묵다. 談(담) 얘기. 遂(수) 마침내. 拾見(습견) 주워 보다. 之(지) [주격조사] -가. 箋(전) 쪽지. 鍾王(종왕) 중국의 서도가 종요(鍾繇)와 왕희지(王羲之). 筆法(필법) 글씨 쓰는 법. 如(여) [비교형용사] 같다. 뒤에 보어(구, 절)를 가짐. 龍蛇(용사) 용과 뱀. 용. 飛騰(비등) 날다. 龍蛇飛騰(용사비등) [보어절] 용이 나는 것. 飛騰은 명사형. 李杜(이두) 이백(李白)과 두보(杜甫). 可(가) **조동** -함직하다. 爲(위) 되다. 鏡(경) 거울.

수재는 시령을 듣더니, 가벼이 웃는데 어려워하는 기색이 없었다. 잠깐 동안에 세 수의 시를 구성해서 자리 위에 던졌다. 홍랑은 짐짓 소항 여러 선비의 시를 집어서, 먼저 몇 십 장을 보았으나 모두 묵은 얘기였다. 마침내 수재가 던진 쪽지를 주워 보았더니, 종왕의 필법은 용이 나는 것 같고, 이두의 문장은 거울 속의 꽃이 됨직하다.

> 紅娘熟視, 丹脣半開, 抽出金鳳釵, 擊酒壺, 轉淸音而歌, 似靑天孤鶴唳於雲間. 紅娘曲終, 雙手奉箋, 獻兩刺史, 蘇州刺史最有不悅之色, 杭州刺史再三吟詠, 讚嘆, 催其開見名字.

熟(숙) 익히. 丹(단) 붉다. 脣(순) 입술. 開(개) 열리다. 抽出(추출) 타 뽑아내다. 金鳳釵(금봉채) 금으로 봉황을 새겨서 만든 비녀. 擊(격) 치다. 酒壺(주호) 술항아리. 轉(전) 타 굴리다. 而(이) 그리면서. 似(사) [비교형용사] 같다. '흡사 무엇 무엇과 같다'는 뜻. 靑天(청천) 푸른 하늘. 孤鶴(고학) 외로운 학. 唳(려) 울다. 雲間(운간) 구름 사이. 靑-間 [보어절] 似의 보어절이 되어 있음. 曲(곡) 가락. 終(종) 자 끝나다. 雙手(쌍수) 以雙手의 준말. 두 손으로써. 奉(봉) 받들다. 獻(헌) 바치다. 最(최) 가장. 有(유) 타 가지다. 나타내다. 悅(열) 즐겁다. 再(재) 두 번. 吟詠(음영) 읊다. 讚嘆(찬탄) 칭찬하여 감탄함. 催(최) 타 재촉하다. 其(기) 대 그. 開見(개견) 열어 보이다. 名字(명자) 이름 자. 其開見名字 [목적절].

홍랑은 익히 보더니, 붉은 입술이 반쯤 열리더니 금봉채를 뽑아내어, 술항아리를 치면서 맑은 소리를 굴려서 노래하니, 흡사 푸른 하늘의 외로운 학이 구름 속에서 우는 것 같았다. 홍랑은 가락이 끝나자, 두 손으로 쪽지를 받들어 두 자사께 올렸다. 소주 자사는 온통 즐겁지 않은 기색을 나타냈으나, 항주 자사는 재삼 읊어보더니 크게 칭찬하며, 그녀가 이름자를 열어 보이기를 재촉했다.

> 紅娘更思. (彼秀才, 天愛紅, 以君子成就紅之宿願. 秀才之行色必非蘇杭之士. 若露出姓名, 蘇州刺史無賴·諸文士之不法必陷苦境矣). 紅娘忽思一計.

彼(피) 저. 紅(홍) 江南紅의 준말. 以君子(이군자) 군자로써. 以가 전성전치사이므로 객어인 以君子는 설명어 앞에 놓임. 成就(성취) 성취시켜준 것. 成就는 여기서는 사동사이며 명사

242

형이다. 그리고 이 말의 주어는 天임. 宿願(숙원) 오래된 소원. 行色(행색) 행색. 必(필) 부 틀림없이. 非(비) 지 아니다. 行色非蘇杭之士(행색비소항지사)는 문장(월)의 제2형식이다. 若(약) 부 만약. 露(로) 나타내다. 露出(노출) 나타내다. 無賴(무뢰) [형용사의 명사형] 믿을 수 없음. 不法(불법) [명사형] 법을 따르지 않음. 陷(함) 빠지다. 여기서는 '빠뜨리다, 빠지게 하다'의 뜻. 苦境(고경) 괴로운 지경. 矣(의) 종 추측을 나타냄. 計(계) 꾀.

홍랑은 다시 생각해 보았다. (저 수재는 하늘이 나를 사랑하여 군자로써 내 숙원은 성취시켜 준 것이다. 수재의 행색이 틀림없이 소주·항주의 선비는 아니다. 만약 (그의) 성명을 나타내면, 소주 자사의 믿음성 없는 몸가짐과 여러 문사들의 함부로 하는 행동들이, 틀림없이 (그를) 괴로운 지경에 빠지게 할 것이다.) 홍랑은 문득 한 꾀를 생각해 냈다.

> 紅娘告兩刺史曰'今日, 妾以諸公之詩奏歌, 欲助盛會之樂, 非敢明其才優劣, 欲爲滿座之無色. 願不露其名, 終日同樂. 日暮後開見, 似無妨.' 兩刺史許之.

告(고) 아뢰다. 사뢰다. 今日(금일) 특명 오늘. 妾(첩) 저. 여자가 자기 자신을 낮추어 하는 말. 以 전 으로써. 妾-歌는 주어절. 欲助(욕조) 돕고자 함. 欲은 조동사. 盛會(성회) 성대한 모임. 樂(락) 즐거움. 非(비) 아니다. 非는 보어구 敢-色을 뒤에 가지고 있음. 敢(감) 감히. 明(명) 밝히다. 뒤에 其-劣이란 목적구를 가지고 있음. 優劣(우열) 낮고 못함. 欲 조동 –하고자 한다. 爲 불자 하다. 滿座之 [목적구] 만좌를. 無色 형 면목이 없다. 敢-色 [보어구] 敢-色은 선행절 敢-劣과 종결절 欲-色으로 짜여 있다. 願(원) 부 제발, 부디. 露(로) 드러내다. 終日(종일) 특명 하루 동안. 同(동) 부 함께. 暮(모) 지다. 日暮(일모) 관형절. 後(후) 특명 후에. 似(사) 같다. 無[명사형] 없을 것. 妨(방) 거리끼다. 無妨(무방) 거리낄 것이 없을 것. 許(허) 허락하다.

홍랑은 두 자사께 말씀드렸다. "오늘 제가 여러분의 시로 노래를 부름은 성대한 모임의 즐거움을 돕고자 함이요, 감히 그 재주의 우열을 밝히어 만좌를 면목없게 하고자 함이 아닙니다. 제발 그 이름을 드러내지 말고, 종일 함께 즐기다가 해가 진 후에 열어서 (이름을) 보아도 거리낄 것이 없을 것 같습니다."

두 자사는 이를 허락했다.

> 已而進盃盤, 笙管歌舞江天震動, 八珍之味座上狼藉. 秀才本有過人酒量, 連飮, 不辭, 有微醉之色. 紅娘慮或有失, 起, 與諸妓次第獻酒, 及秀才, 故傾座上, 秀才知其意, 固辭巡盃.

> 已而(이이) 🅱 이윽고. 進(진) 🅣 내다. 盃盤(배반) 술잔과 상. 술과 요리. 笙管(생관) 기악. 江天(강천) 멀리 바라보이는 강 위의 하늘, 여기서는 於江天의 준말. 震動(진동) 크게 울려 퍼짐. 八珍之味(팔진지미) 여덟 가지 진기한 맛있는 음식. 座上(좌상) 여럿이 앉아 있는 장소 위, 上은 특수명사. –에. 狼藉(낭자) 낭자하다. 本(본) 본디. 過人(과인) 過於人의 준말, 남보다 낫다, 여기서는 관형어. 酒量(주량) 술을 마시는 분량. 連飮(연음) 이어 마시다. 辭(사) 사양하다. 微(미) 🅱 약간. 色(색) 기색. 慮(려) 염려하다. 失(실) 실수. 有失 [목적절] 실수가 있을 것. 起(기) 일어나다. 與(여) [전성전치사]과 함께. 次第(차제) 🅱 차례로. 獻(헌) 바치다. 及(급) 미치다. 故(고) 짐짓. 傾(경) 🅣 기울이다. 固(고) 🅱 굳이. 巡盃(순배) 돌림잔.

이윽고 술과 요리를 내놓는데, 기악과 노래와 춤은 강천에 진동하고, 맛있는 음식이 자리에 흐트러진다. 수재는 본디 남다른 주량을 지니고 있었으므로, 이어 마시며 사양하지 않아서 약간 취한 기색이 있었다. 홍랑은 혹 실수가 있을 것을 염려하여, 일어나서 여러 기생과 함께 차례로 술을 따라 올리더니, 수재에게 이르러 짐짓 자리 위에 (술을) 쏟으니, 수재도 그 뜻을 알고 굳이 돌림잔을 사양했다.

> 酒過十餘盃, 座中大醉. 文士數人起, 請刺史曰 '生等猥參盛會, 以荒雜之句不欺紅娘之眼, 無所怨尤. 聞, 紅娘所唱之詩非蘇杭文士之所作. 願雪兩州之恥.'

盃(배) 잔. 座中(좌중) 좌중. 請(청) 청하다. 生等(생등) 저희들. 等은 복수를 나타내는 접미사. 猥(외) 🔟 외람되이. 參(참) 참여하다. 以 [전성전치사] 으로써. 荒(황) 거칠다. 雜(잡) 잡되다. 之 🔟 위의 말을 관형어로 만들어 줌. 句(구) 글귀. 欺(기) 속이다. 〈以-眼〉 [총 주어]. 所 불명 것. 怨尤(원우)를 꾸밈말로 가지고 있음. 怨尤(원우) 원망하고 탓하다. 〈所怨尤〉 無의 주어구. 所唱(소창) 부른. 唱 [동] 紅娘의 설명어. 所는 뒷말을 관형어로 만들어주는 말. 詩 [주어] 시. 非 🔟 아니다. 蘇-作을 보어구로 가지고 있음. 所作(소작) 지은 것. 所는 불완전명사. 願(원) 조동 -고 싶다. 雪(설) 씻다. 州(주) 고을. 恥(치) 수치.

술이 열 몇 잔 넘어서자, 좌중은 크게 취했다. 문사 몇 사람이 일어나서, 자사에게 청해서 말했다. "저희들이 외람되이 성대한 모임에 참여하여, 거칠고 잡된 글귀로써 홍랑의 눈을 속이지 못함은 원망하고 탓할 것이 없습니다. (그러하오나) 들으니, 홍랑의 부른 시는 소주·항주 문사의 지은 것이 아니라 합니다. 두 고을의 수치를 씻고 싶습니다."

> 紅娘心中大驚. 卽擧手中檀板, 就座曰'蘇杭文士之有名於天下, 一世所知. 今日衆士忿鬱, 妾不免詩眼不明之罪, 以數曲贖不明之罪.' 杭州刺史笑而稱善.

擧(거) 들다. 목적어로서 '檀板'을 취하고 있다. 中 [전성후치사] -에. 檀板(단판) 박자 맞추는 널조각. 就(취) 나아가다. 之 🔟 -가. 一世(일세) 온 세상. 所知(소지) 아는 일. 所는 불완전명사로서 知를 관형어로 취하고 있음. 〈蘇杭-天下〉 문장(월) 蘇杭-所知의 주어절. 今日 특명 오늘. 衆(중) 여러. 忿鬱(분울) 울분하다. 不免(불면) 면하지 못하다. 詩眼(시안) 시를 보는 눈. 不明의 주어. 之 🔟 不明을 관형어로 만들어 줌. 〈詩眼不明之〉 관형절. 以 전 으로써. 曲(곡) 곡조. 贖(속) 갚다. 笑而(소이) 웃으면서. 而(이)는 접속사. 稱(칭) 불타 말하다. 稱善(칭선) 稱之善(칭지선)의 준말, '之'는 목적어임. 이는 문장(월)의 제5형식.

홍랑은 마음속으로 크게 놀랐다. 즉시 단판을 손에 들고서 자리에서 나아가 말했다. "소항 문사가 천하에 유명함은 온 세상이 다 아는 일입니다. 오늘 여러 선비들께서 심한 분노를 터뜨리시니 저는 시를 보는 눈이 밝지 못한 죄를 면하지 못하겠사옵기에, (노래) 몇 곡으로 시안이 밝지 못한 죄를 씻을까

합니다."

항주 자사가 웃으면서 좋다고 했다.

> 紅娘擊檀板, 而唱情歌二曲. '錢塘明月下採蓮兒, 泛舟十里淸江, 莫言水波艶. 爾歌驚潛龍, 恐起風波. 回入杭州城, 大道靑樓幾處? 門前碧桃花井上亂開, 牆頭樓閣江南風月分明. 此處呼兒來蓮玉.'

擊(격) 치다. 唱(창) 부르다. 而 그리하여. 情歌(정가) 사랑의 노래. 錢塘(전당) 항주에 있는 호수 이름. 下 특명 錢-下는 於錢-下에서 於가 준 꼴. 採(채) 캐다. 採蓮(채련) [관형절] 연을 캐는. 蓮(련) 연. 兒(아) 아이. 독립어임. 泛(범) 띄우다. 十里淸江(십리청강) 於十里淸江의 준말. 莫言(막언) 말하지 말라. 莫은 조동사. 言은 불완전자동사, 라고 말하다. 水波(수파) 물결. 艶(염) 곱다. 水波艶은 보어절. 爾(이) 너. 潛(잠) 숨다. 爾歌驚潛龍 네 노래가 숨어 있는 용을 놀라게 하면. 恐(공) 아마. 起(기) 일으키다. 風波 [목적어] 바람과 물결을. 回入(회입) 돌아들다. 城(성) 성. 大道(대도) 큰 길. 여기서는 객어. 於大道의 준말. 處(처) 곳. 門前(문전) 於門前의 준말, 前은 특수명사. 碧桃花(벽도화) 벽도나무의 꽃. 井(정) 우물. 上(상) 가. 亂(란) 부 흐트러지게. 牆頭(장두) 담 머리. 分明(분명) 분명하다. 江南-分明은 설명절. 來(래) 나오다. 시이므로 설명어가 주어 앞에 와 있음. 蓮玉(연옥) 아이 이름.

홍랑은 단판을 치면서 사랑의 노래 두 곡을 불렀다. "전당호 밝은 달에 연을 캐는 (저) 아이야! 십리 청강에 배를 띄워 물결이 곱다 말라. 네 노래 잠든 용 깨우면 풍파일까 하노라." "항주성 돌아들면, 한길에 청루가 몇 곳인고? 문전에 벽도화가 우물가에 활짝 피고, 담 머리의 (솟은) 누각에 강남 풍월 분명하다. 이곳에서 아이 부르면 나오리라 연옥이가."

> 此歌, 紅娘之倉卒間所作. 初章, 刺史與諸士猜秀才之才, 言起風波之意, 二章, 紅娘指渠家之意. 此時, 刺史及蘇杭之士共醉, 喧嘩, 皆不得詳聞, 秀才大驚, 卽託如厠, 起身下樓.

紅娘之(홍랑지) 홍랑이. 倉卒間(창졸간) 특명 급작스러운 동안. 所 불명 것. 所作(소작) 지은 것. 初章(초장) 첫 장. 與(여) 접속 와. 猜(시) 시기하다. 起(기) 일으키다. 본뜻은 '일어나다' 이나 여기서는 사동사로 쓰였음. 風波를 목적어로 가짐. 之 후 이 후치사는 起風波를 관형절로 만들어 줌. 指(지) 가리키다. 渠(거) 그, 여기에서는 관형어이니 '그의'가 됨. 家(가) 집. 之 이 후치사는 指渠家를 관형구로 만들어 줌. 紅娘-家之은 관형절. 此時(차시) 특명 이때. 及(급) 접속 및. 共(공) 함께. 醉(취) (술에) 취하다. 喧嘩(훤화) 떠들썩하다. 皆(개) 모두. 不得 조동 하지 못하다. 詳(상) 부 자세히. 大(대) 부 크게. 卽(즉) 부 즉시. 託(탁) 핑계하다. 如(여) 가다. 여기서는 명사형. 廁(측) 뒷간. 如廁 목적절. 下(하) 내려가다.

이 노래는 홍랑이 창졸간에 지은 것이다. 첫 장은 자사와 여러 선비가 수재의 재주를 시기하여, 풍파를 일으킬 것이라는 뜻을 일러주고 있고, 둘째 장은 홍랑이 그녀의 집을 가리켜 준다는 뜻이다. 이때 자사 및 소항의 선비는 다 같이 취해서, 떠들썩했으므로 모두 자세히 듣지 못했으나, 수재는 크게 놀라 뒷간에 가는 것을 핑계하여 몸을 일으켜, 누각에서 내려왔다.

> 且說, 楊公子卽率童子, 策驢而向杭州, 夜深人稀. 行數里, 遠村鷄聲喔喔, 曙色彷彿東方. 更行數十里, 天色已明. 問杭州里程於行人, 不過三十餘里云.

且說(차설) 접속 그건 그렇고, 이는 전환을 나타내는 접속사. 率(솔) 거느리다. 童子(동자) 남자아이. 策(책) 채찍질하다. 驢(려) 나귀. 向(향) 향하다. 深(심) 깊다. 稀(희) 드물다. 行(힝) 가다. 遠村(원촌) 먼 마을. 於遠村의 준말. 鷄(계) 닭. 喔喔(악악) 꼬꼬하다, 닭 우는 소리. 曙色(서색) 새벽빛. 彷彿(방불) 희미하다. 天色(천색) 하늘빛. 已(이) 부 이미. 明(명) 밝다. 問(문) 묻다. 里程(이정) 곳과 곳 사이의 길의 거리. 行人(행인) 길손. 問-人은 문장(월)의 제4형식. 不過(불과) 형 불과하다. 지나지 않다. 云(운) -고 한다. 云이 문장(월)의 끝에 오면 불완전자동사가 되어 앞에 보어를 가짐, 不-里가 보어절임.

그건 그렇고, 양 도령은 즉시 동자를 거느리고서 나귀를 채찍질하여 항주로 향하니, 밤이 깊어 사람이 드물었다. 몇 리를 가니 먼 마을에서 닭 우는 소리가 꼬꼬하더니 새벽빛이 동쪽에 희미하다. 다시 몇 십 리를 가니, 하늘빛이 이미 밝다. 길손에게 항주까지의 이정을 물으니, '삼십 리에 지나지 않는다.'고 한다.

> 已而到杭州, 直入城中, 遵大路而去, 市井繁華非蘇州之比也. 公子左右審視, 果有迂回之路. 紅之歌曰 '杭州城門回入之際, 大道靑樓幾處?' 豈不分明哉.

到(도) 이르다. 直(직) 곧. 入(입) 들어가다. 城中(성중) 성 안. 遵(준) 따르다. 而 접속 그리하여. 去(거) 가다. 지금까지 '가다'의 뜻을 가진 말에 行, 往, 如, 之, 去가 나왔는데, 뜻은 다음과 같이 조금씩 다르다. 行은 걸어가다, 往은 앞쪽으로 가다, 如는 갈 수 있는 데까지 가서 장소를 바꾸어 가다. 之는 목적지를 향해 가다. 去는 떠나다, 지나가다. 市井(시정) 시가. 繁華(번화) 번화하다. 市井繁華 [주어절] 시가의 번화함이. 比(비) 비교. 左右(좌우) 특명 좌우로. 果(과) 부 과연. 迂(우) 멀다. 回(회) 돌다. 迂回(우회) 멀리 돌다. 之 후 迂回를 관형어로 만들어 줌. 紅之歌(홍지가) 홍랑의 노래에서. 於紅之歌의 준말. 城門(성문) 성곽의 문. 回入之(회입지) 돌아들. 回入은 杭州城門의 설명어. 之(지) 回入을 관형어로 만들어 주고 있음. 杭州-回入之은 관형절. 際(제) 특명 때. 道(도) 길. 豈不-哉(기불-재) [구] 어찌-하지 않겠느냐? 分明(분명) 분명하다.

이윽고 항주에 이르러, 곧 성 안으로 들어가서 큰길을 따라서 가니, 시가의 번화함이 소주의 비가 아니다. 양 도령이 좌우로 살펴보니 과연 멀리 돌아가는 길이 있다. 홍랑의 노래에서 "항주 성문 돌아들 때 대도에 청루가 몇 곳인고?"하더니, 어찌 분명하지 않겠느냐?

> 從此路而下, 靑瓦朱欄照夕陽, 弱柳奇花間間相雜, 絲竹之音·歌曲之聲隨風嘹喨, 使心情豪蕩. 公子過三十五樓, 望見一處, 粉牆高, 而樓閣華麗, 淸川布明沙.

從(종) 따라서. 下 [동] 내려가다. 菁(청) 푸르다. 瓦(와) 기와. 朱(주) 붉다. 欄(란) 난간. 照(조) 비취다. 夕陽(석양) 저녁볕. 弱(약) 약하다. 柳(류) 버드나무. 奇花(기화) 기이한 꽃. 間間(간간) 於間間(사이사이에)의 준말. 相(상) 서로. 雜(잡) 섞이다. 絲竹(사죽) 거문고와 퉁소, 현악기와 관악기. 絲는 '실'이요, 竹은 '대'임. 歌曲(가곡) 노래. 隨(수) 따르다. 風(풍) 바람.

瞭(료) 아득하다. 喨(량) 멀리 들리다. 使 조동 사동을 나타냄. 心情(심정) 목적어이므로 조동사와 본동사 사이에 놓일 수 있음. 樓(루) 누각. 粉牆(분장) 하얀 담. 粉은 화장품의 하나로서 빛깔이 흼. 華麗(화려) 화려하다. 川(천) 시내. 布(포) 펴다. 明(명) 밝다. 환하다. 沙(사) 모래.

이 길을 따라서 내려가니, 푸른 기와와 붉은 난간은 저녁볕에 비취어 있고, 가냘픈 버드나무와 기이한 꽃이 사이사이에 서로 섞여(서)있는데, 음악 소리와 가곡 소리가 바람에 따라 아득히 멀리 들려와, (양 도령의) 심정을 호탕하게 해 준다. 양 도령이 서른 다섯 누각을 지나서 한 곳을 바라보니, 흰 담장은 높고 누각은 화려한데, 맑은 시내가 환한 모래를 (주르르) 깔았다.

> 行數十步, 果有碧桃樹, 花開井上, 下驢, 而到門前. 自東便, 一帶粉牆隱映柳間, 層層樓閣聳出牆頭, 粉壁紗窓垂下珠簾, 江南風月四字分明寫掛.

行(행) 걸어가다. 碧桃樹(벽도수) 벽도화나무. 驢(려) 나귀. 到(도) 이르다. 自東便(자동편) 동쪽으로부터, 自는 전성전치사. 一帶(일대) 어느 한 지역 전부. 隱(은) 부 은은히. 映(영) 비치다. 層(층) 층. 이층집 등의 층. 聳出(용출) 솟아나다. 牆頭(장두) 담 머리. 粉壁(분벽) 흰 벽. 紗(사) 깁. 비단. 紗窓(사창) 깁으로 바른 창. 垂下(수하) 아래로 드리우다. 珠(주) 구슬. 簾(렴) 발, 햇빛을 가리는 데 씀. 風月(풍월) 대자연의 아름다운 경치. 風은 청풍(淸風-맑은 바람)이요, 月은 명월(明月-밝은 달)을 가리킴. 寫(사) 쓰다. 설명어임. 掛(괘) 걸다. 寫掛(사괘) 寫而掛의 준말.

몇 십 걸음을 걸어가니 과연 벽도화나무가 나타나는데, 꽃이 우물가에 피어 있으므로, 나귀에서 내려 문 앞에 이르렀다. 동쪽으로부터 일대의 흰 담은 버드나무 사이에 그윽하게 비취어 있고, 여러 층의 누각이 담 머리에 솟아났으며, 흰 벽, 비단 창은 구슬발을 아래로 드리우고 있고 '강남풍월(江南風月)' 넉 자가 분명히 쓰여 걸려 있다.

> 公子敲門, 一個少女出. 問曰 '汝名非蓮玉乎?' 答曰 '公子何以知得小女之名乎?' '主人在家否?' '昨往壓江亭' '何時可還耶?' '今日回還' '主人歸, 更來' 擇酒店而休, 待紅娘之歸.

敲(고) 두드리다. 汝(여) 너. '너'란 말에는 女(여), 若(약), 而(이) 등이 있는데, 이들은 서로 통한다. 何以(하이) [부사] 어찌. 得 -할 수 있다. 이 조동사는 동사 뒤에도 붙을 수 있음. 小女(소녀) 저, 여자들이 쓰는 자기의 낮춤말. 主人(주인) 주인. 否(부) 종 '乎'와 거의 같은 뜻으로 쓰임. 이는 실은 在家否하면 집에 있느냐 아니냐(否)의 뜻이나 종결사로 봄이 편리함. 昨(작) 특명 어제. 何時 [의문사, 명사] 어느 때. 언제. 可 부 대개. 還(환) 돌아오다. 耶(야) 종 '야(邪)'와 같음. 의문을 나타냄. 回還(회환) '돌아오다'의 뜻. 歸(귀) 돌아오다. 이 말에는 '돌아가다'는 뜻도 있음. 擇(택) 가리다. 酒店(주점) 술집. 休(휴) 쉬다. 待(대) 기다리다. 紅娘之歸 [목적절] 홍랑이 돌아오기를.

양 도령이 문을 두드리니, 한 소녀가 나왔다. (양 도령은) 물어 말했다. "네 이름이 연옥이 아니냐?" (소녀는) 답해 말했다. "도련님은 어떻게 제 이름을 알아낼 수 있었습니까?" "주인은 집에 계시냐?" "어제 압강정에 갔습니다." "언제 대개 돌아올 것 같으냐?" "오늘 돌아옵니다." "주인이 돌아오면 다시 오겠다." (그는) 주점을 가리어 쉬면서, 홍랑이 돌아오기를 기다렸다.

> 且說, 紅娘驅車而歸家, 問曰 '其間無訪我者乎?' 玉曰 '俄者一秀才訪娘子而來, 娘子出, 故留前村酒店而待'. 紅娘笑曰 '來客, 因主人之不在, 不得款待, 甚無禮也. 汝持酒果, 前往酒店, 接待秀才……'

且說(차설) 그건 그렇고. 驅(구) 몰다. 車(거) 수레. 訪(방) 찾다. 訪我(방아) [관형구] 나를 찾아온. 俄者(아자) 부 아까. 娘子(낭자) 아가씨, 처녀. 故 그러므로. 留(류) 머무르다. 待(대) 기다리다. 來客(내객) 온 손님. 여기서의 來客은 목적어로서, 不得待의 주제어가 되어 있음. 因(인) 접속 때문에. 여기서의 因은 선행절 '主-在'와 다음 절을 이어 줌. 不得(부득) 조동 하지 못하다. 款(관) 정성껏. 조동사와 본동사 사이에 놓인 부사어. 甚(심) 심히. 持(지) 가지다. 酒果(주과) 간단한 술상. 본디는 酒果脯醯(주과포혜)의 준말이니, '술, 과실, 포, 식혜'의 뜻. 前(전) 먼저. 接待(접대) 손을 맞아서 대접하다.

그건 그렇고, 홍랑은 수레를 몰고서 집으로 돌아오자 물어 말했다. "그 사이 나를 찾아온 이는 없더냐?" 연옥이 말했다. "아까 한 수재가 아기씨를 찾아(서) 왔다가, 아기씨가 출타했으므로 앞 마을의 술가게에 머무르면서, 기다리고 있습니다." 홍랑은 웃으면서 말했다. "온 손을 주인이 있지 않기 때문에, 정성껏 대접하지 못했다니, 심히 무례하구나. 너는 주과를 가지고서, 먼저 술가게에 가서 수재를 대접해라……"

公子獨坐孤店, 經半日, 斜陽掛山, 夕烟四起, 自覺待人難, 忽然蓮玉持酒而來, 喜, 問曰 '主人還來否?' 玉曰 '爲蘇州刺史所留, 五六日後還歸云.' 公子聽罷, 氣色落寞.

孤(고) 외딸다. 經(경) 보내다. 斜陽(사양) 저녁 해. 夕(석) 저녁. 四 **부명** 사방. 於四方의 준말. 自 **부** 스스로. 覺(각) 깨닫다. 여기서는 사동형. 難(난) 어렵다. 待人難(대인난) 사람을 기다리기의 어려움. 忽然(홀연) 문득. 持(지) 가지다. 喜(희) 기쁘다. 還來(환래) 돌아오다. 爲蘇州刺史所留(위소주자사소류) 소주자사에게 만류되어. 爲는 전치사, '에게'이고 所는 피동조동사로서 본동사 留(만류하다)를 피동으로 만들어 주고 있음. 이런 경우 객어 〈爲−〉는 언제나 본동사 앞에 놓임. 後 **부명** 후에. 還歸(환귀) 돌아오다. 五六日後還歸 보어절. 云(운) **불자** 고 한다. 문장(월)의 끝에 놓임이 원칙. 聽(청) 듣기, 동사의 명사형. 罷(파) 끝나다. 落寞(낙막) 마음이 쓸쓸하다. 여기서는 피동형.

양 도령은 홀로 외따른 가게에 앉아서 반나절을 보내더니, 석양은 산에 걸리고, 저녁 (짓는) 연기가 사방에서 일어나자 스스로 사람을 기다림의 어려움을 깨달았다. 문득 연옥이 술을 가지고서 찾아오므로, 기뻐서 물어 말했다. "주인이 돌아왔느냐?" 옥은 말했다. "소주자사에게 만류되어, 오륙일 후에나 돌아온다고 합니다." 양 도령은 듣기가 끝나자(=다 듣고 나더니) 기색이 쓸쓸해졌다.

> 公子良久曰'吾行期甚急, 不可久留, 今天日已暮矣, 不得登程. 宿所未定, 汝爲我定一旅店乎?''小女之家, 公子雖留多, 無妨.'公子大喜, 隨蓮玉而至其家, 定一間客室而休.

良久(양구) 이윽고. 期(기) 기약. 久(구) 오래. 今 특명 이제. 天日(천일) 해. 暮(모) 저물다. 矣 종 절이 끝남을 일러줌. 不得(부득) 조동 하지 못하다. 登(등) 오르다.
'오르다'의 뜻을 가진 말에는 登, 上, 陞(승), 騰(등)이 있는데, 이들은 뜻이 모두 다름. 登은 물건 위에 오르다. 上은 밑에서 위로 오르다. 陞은 계급이 오르다. 騰은 뛰어오르다.
程(정) 길. 宿所(숙소) 머물러 묵는 곳. 未(미) 여기서의 未는 不曾(부증)의 준말. 曾은 부사, 아직. 爲(위) 전 위하여. 旅店(여점) 여관. 小女之家 [주제어] 소녀의 집에는. 雖(수) 접속 하더라도. 多(다) 오래. 이 부사는 앞 말을 수식할 수 있음. 妨(방) 거리끼다. 無妨(무방) 거리낌이 없다. 무방하다. 其 대 其는 앞의 말을 받는 대명사. 여기서는 蓮玉을 받음.

양 도령은 이윽고 말했다. "나는 갈 기약이 심히 급하니, 오래 머무를 수가 없으나, 이제 날이 이미 저물었으니 길에 오르지 못하겠다. 숙소가 아직 정해지지 않았으니, 너는 나를 위해 한 여관을 정해 주겠느냐?" "제 집은 도련님께서 오래 머무르시더라도 거리낌이 없을 것입니다." 양 도령은 크게 기뻐하며, 연옥을 따라 그녀의 집에 이르러, 한 칸 객실을 정해서 쉬었다.

> 玉回來, 一一告紅娘. 紅娘笑曰,'吾當供夕飯矣, 少勿漏泄'. 玉應諾, 具夕飯而至客室. 公子食畢, 向蓮玉而謝曰,'一時過客款待太甚, 心甚不安'玉笑而請夜間安寢, 歸, 報紅娘.

回來(회래) 돌아오다. 一一(일일) 부 일일이. 告(고) 여쭈다. 當(당) 부 마땅히. 供(공) 제공하다. 飯(반) 밥. 少 부 조금. 勿 조동 말라. 금지를 나타냄. 漏泄(누설) 새다. 누설하다. 應諾(응낙) 응낙하다. 具(구) 갖추다. 至(지) 이르다. 食(식) 먹기, 명사형으로서 설명어와 주어를 겸해 있으나, 명사로 보고 '식사'로 옮기는 것이 좋겠음. 畢(필) 끝나다. 向(향) 바라보다. 謝(사) 사례하다. 一時(일시) 한때. 특수명사이므로 문장(월) 앞에 와 있음. 過(과) 지나가다. 客(객) 손. 여기서는 목적어나 주제어가 되어 있다. 款待(관대) 형 정성껏 대접하다. 여기서는 명사형. 過客款待 이는 一時~太甚의 주어절. 太(태) 크게. 甚(심) 지나치다. 請(청) 조동 寢의 존칭을 나타낸다. 夜間 특명 밤사이. 寢(침) 자다. 報(보) 보고하다.

연옥은 돌아와서 일일이 홍랑에게 여쭈었다. 홍랑은 웃으면서 말했다. "내 마땅히 저녁 진지를 올려야 하겠는데, 조금이라도 누설하지 말라." 연옥은 응낙하고는, 저녁밥을 갖추어서 객실로 갔다. 양 도령은 식사가 끝나자, 연옥을 바라보고서 사례하여 말했다. "한때 지나가는 손에게 관대함이 너무 지나치니, 마음이 심히 편안하지 못하구나." 연옥은 웃으면서, "밤새 편안히 주무십시오." 하고는 돌아와서 홍랑에게 보고했다.

紅娘笑曰 '吾見公子, 非碌碌書生, 帶風流男兒之氣, 今夜入吾計而受困' 紅娘暗謂蓮玉曰 '汝更往客室, 見公子之動靜而來.' 玉笑曰至客室, 隱身於窓外, 窺視動靜, 寂, 無鼻息之聲.

碌碌(녹록) 녹록하다. 書生(서생) 공부하는 선비. 帶(대) 띠다. 風流男兒(풍류남아) 풍치가 있고 멋있는 남자. 今夜 특명 오늘밤. 計(계) 꾀. 受(수) 받다. 困(곤) 곤란. 괴로움. 暗(암) 부 가만히. 謂(위) 전치사로 처리하는 것이 편리하다. ―에게. 更(갱) 다시. 動靜(동정) 일이 벌어져 가는 낌새. 隱(은) 숨다. 여기서는 사동형으로 '숨기다'의 뜻.
* '숨다'란 뜻으로서 흔히 쓰이는 말에 隱(은), 潛(잠), 匿(닉)이 있는데, 이들은 모두 뜻이 약간 다르다. 隱은 물건이 가려져 보이지 않다. 潛은 몰래 숨다. 匿은 달아나 숨다.
窺(규) 엿보다. 視(시) 엿보다. 窺視(규시) 엿보다. 寂(적) 고요하다. 적적하다. 鼻(비) 코. 息(식) 숨. 숨 쉬다. 鼻息之(비식지) 콧숨 쉬는.

홍랑은 웃으면서 말했다. "내 도련님을 보니, 녹록한 서생이 아니며 풍류남아의 기상을 띠었는데, 오늘밤 내 꾀에 들어 괴로움을 받는구나." 홍랑은 가만히 연옥에게 말했다. "너는 다시 객실에 가서 도련님의 동정을 살피고 오너라." 연옥은 웃으면서 객실에 이르러 창 밖에 몸을 숨기고서 동정을 엿보니, (사방은) 적적하고 콧숨 쉬는 소리도 없다.

> 忽有挑燈之跡. 玉從窓隙窺視, 公子悄然對燈而坐, 怊悵之色·凄凉之懷露出面上, 或作長嘆. 玉欲潛跡而歸, 自房中更有呻吟之聲, 公子開門出. 玉避於牆後, 隱身窺之.

忽(홀) 문득. 挑(조) (심지를) 돋우다. 燈(등) 등, 등불. 여기서는 燈心(심지)의 준말. 挑燈(조등) [관형절] 등 심지를 돋우는. 公子挑燈心의 준말. 跡(적) 흔적. 기미. 從(종) 전 으로부터. 隙(극) 틈. 對(대) 마주보다. 怊(초) 슬퍼하다. 怊悵之(초창지) 괴로워하는. 凄凉之(처량지) 쓸쓸한. 懷(회) 회포. 마음 속에 품은 생각. 面(면) 낯. 얼굴. 上(상) 후 에. 或(혹) 접속 가다가. 嘆(탄) 탄식하다. 欲(욕) 조동 –려 하다. 歸(귀)의 조동사. 潛(잠) 숨기다. 潛跡而(잠적이)는 부사구임. 自 [전성전치사] 으로부터. 房中(방중) 방안. 呻吟之(신음지) 신음하는. 窺之(규지) 그를 엿보다. 之(지) 그. 公子를 받음.

문득 등 심지를 돋우는 기미가 있었다. 연옥이 창 틈으로부터 엿보니, 양 도령은 쓸쓸히 등을 마주보고서 앉았는데, 괴로워하는 기색과 쓸쓸한 기색이 얼굴에 나타나며, 가다가는 길게 탄식도 한다. 연옥이 자취를 감추어 돌아오려니, 방 안으로부터 다시 신음하는 소리가 있더니, 양 도령이 문을 열고 나왔다. 연옥은 담 뒤로 비껴, 몸을 숨겨 그를 엿보았다.

> 公子下庭而步, 夜已三更, 半輪明月掛西山. 公子茫然而立, 忽吟詩一首. 鍾殘漏促, 轉星河, 客館孤燈屢剪花, 緣何風掇浮雲起, 難向月中見素娥.

步(보) 걷다. 三更(삼경) 한밤중. 半輪(반륜) 반달. 掛(괘) 걸다. 여기서는 피동형. 걸리다. 茫然(망연) 멍히. 而(이) 부사 뒤에 붙는 소리를 고르는 음. 立(립) 서다. 吟(음) 읊다. 鍾(종) 종. 옛날 시계 역할을 했음. 여기서는 종소리. 殘(잔) 약해지다. 鍾殘(종잔) 종소리는 사라져 간다. 漏(루) 누수=물시계. 促(촉) 재촉하다. 漏促(누촉) 물시계가 시간을 재촉한다. 轉(전) 자리를 옮기다. 星河(성하) 은하수. 轉의 주어. 산문이 아니고 시이므로, 주어와 설명어의 차례가 바뀌어 있다. 屢(루) 여러 번. 剪(전) 베다. 자르다. 花(화) 등화. 孤燈(고등) [객어] 외로운 등잔에서, 곧 외로운 등잔 아래서. 緣(연) 인연. 何(하) 부 어찌하여. 무슨 까닭으로. 風 [목적어] 바람. 소주자사를 가리킴. 掇(철) 당기다. 浮雲(부운) 뜬구름. 두 사람의 만남을 방해함을 가리킴. 起(기) 타 일으키다. 難(난) 어렵다. '見' 앞에 놓임이 바른 자리임. 素娥(소아)

달 속에 산다는 선녀. 여기서는 강남홍. '見'의 목적어. 月(월) 항주의 강남홍의 숙소를 가리킴. 見素娥(견소아) 難의 주어절.

양 도령은 뜰에 내려서 걷는데, 밤은 이미 삼경이므로 반 조각 밝은 달이 서산에 걸려 있었다. 양 도령은 멍히 서 있더니, 문득 시 한 수를 읊는다.

종소리는 사라져 가고 누수는 시간을 재촉하며, 은하도 자리를 옮겼는데, 객관의 외로운 등잔 아래서 몇 번이나 등화만 잘랐었구나!

인연은 어찌하여 바람을 당겨 뜬구름을 일으켰느뇨? 달 속을 바라보면서 항아는 보기 어렵구나.

蓮玉歸, 告顚末. 紅娘曰'公子之容貌如何?''顔色憔悴, 寒霜紅葉如含蕭條之色.'紅娘心中思量 (自古大丈夫無不見欺於兒女子, 吾不能過嘲). 卽時自篋取出一套男服.

顚末(전말) 어떤 일의 경과와 결말. 容貌(용모) 모습. 顔色(안색) 얼굴빛. 憔悴(초췌) 초췌하다. 寒霜(한상) 찬서리, 여기서는 관형어이므로 '찬서리 맞은'의 뜻. 紅葉(홍엽) 붉은 단풍잎. 如(여) 같다. 含(함) 머금다, 여기서는 명사형이니 '머금은 것' 蕭條(소조) 쓸쓸하다. 思量(사량) 생각하며 헤아리다. 自(자) —으로부터. 古(고) 옛날. 大丈夫(대장부) 사내답고 씩씩한 남자. 見 조동 피동을 나타냄. 欺(기) 속다. 不見欺(불견기) [주어절] 속지 아니함 이, 은은 명사형. 兒女子(아녀자) 여자를 낮추어 하는 말. 不能 조동 할 수 없다. 過 부 지나치게. 嘲(조) 희롱하다. 卽時 특명 곧. 篋(협) 상자. 取出(취출) 집어내다. 一套(일투) 한 벌. 男服(남복) 사내 옷.

연옥은 돌아와서 전말을 아뢰었다. 홍랑은 말했다. "도련님의 모습이 어떻더냐?" "안색이 초췌하여 찬서리 맞은 단풍잎이 쓸쓸한 빛깔을 머금은 것 같았습니다." 홍랑은 속으로 헤아려 보았다. (옛날부터 대장부가 여자들에게 속히지 아니한 일이 없었으나, 나는 지나치게 희롱할 수는 없다.) 곧 상자에서 한 벌의 남복을 집어내었다.

紅娘衣男服, 玉笑曰 '娘子着男服, 容貌風采恰似公子 面上尙有粉痕, 不能藏本色.' 紅娘笑曰 '世間多有白面書生. 況夜間視之者, 豈能明辨?' 兩人呵呵大笑. 紅娘引玉之耳, 低言, 飄然而出門外.

衣(의) 입다. 着(착) 입다. 容貌(용모) 모습. 風采(풍채) 풍채. 恰似(흡사) 흡사하다. 上 후 에. 尙(상) 부 아직. 粉(분) 분바르다. 痕(흔) 흔적. 不能 조동 할 수 없다. 藏(장) 감추다. 本色(본색) 본디의 면목. 世間(세간) 세상. 白面書生(백면서생) 글만 알고 세상 경험이 전혀 없는 사람. 여기서는 '얼굴이 여자같이 흰 선비'의 뜻. 況(황) 하물며. 夜間 특명 야간. 之(지) [목적어] 그 사람. 者 면. 能(능) 할 수 있다. 明(명) 부 분명히. 辨(변) 구별하다. 呵呵(가가) 깔깔(웃는 모양). 引(인) 당기다. 耳(이) 귀. 低(저) 부 나직이. 飄然(표연) 부 훌쩍. 而는 부사 뒤에서 소리를 고르는 접미사.

홍랑이 남복을 입으니, 연옥이 웃으면서 말했다. "아기씨가 남복을 입으니, 모습과 풍채는 도련님과 흡사합니다만, 얼굴에 아직 분 바른 흔적이 있으니, 본색을 감출 수는 없습니다." 홍랑은 웃으면서 말했다. "세상에 백면서생이 많이 있다. 하물며 밤 사이에 그 사람을 본다면, 어찌 능히 분명히 구별할 수 있겠느냐?" 둘은 깔깔 크게 웃었다. 홍랑은 연옥의 귀를 당겨 나직히 말하고는, 훌쩍 문 밖으로 나가버렸다.

却說, 楊公子於壓江亭暫見紅娘, 愛慕之情不忘於寤寐, 至夜深而睡不能成, 徘徊月下. 忽有吹來讀書聲, 傾耳, 靜聽, 雖難辨男女之音, 誦聲清雅, 節節合律呂, 如秋天歸雁之尋侶, 似深山孤鳳之喚偶.

却說(각설) 그건 그렇고. 暫(잠) 잠깐. 愛慕(애모) 사랑하고 그리워하다. 之 후 앞 말을 관형어로 만듦. 愛慕之情은 목적구, 뜻을 강조하기 위해 차례바꿈을 하여 설명어 앞에 내세웠음. 寤(오) 깨다. 寐(매) 자다. 寤寐(오매) [객어] 깨어 있을 때와 자고 있을 때. 잠깐 동안. 深(심) 깊다. 여기서는 명사형 '깊음'. 夜深은 객어절임. 睡(수) 잠. 목적어인데, 뜻을 강조하기 위해 설명어 앞에 내세움. 不能(불능) 조동 할 수 없다. 하지 못하다. 徘徊(배회) 배회하다. 거닐다. 吹(취) (바람이) 불다. 吹來(취래) (바람에) 불려오다. 여기서는 관형어 '불려오는'. 傾(경) 기울이다. 靜(정) 가만히. 聽(청) 듣다. 雖(수) 하더라도. 辨(변) 분별하다. 辨男女 之聲 [주어절] 남녀의 소리를 분별하기. 誦(송) 읽다. 雅(아) 고아하다. 節(절) 마디. 雁(안) 기러기. 之 [주격조사] 尋(심) 찾다. 侶(려) 벗. 짝. 〈秋天-尋侶〉 객어절. 鳳(봉) 봉새. 喚(환) 부르다. 偶(우) 짝.

그건 그렇고, 양 도령은 압강정에서 홍랑을 잠깐 보고서, 사랑하고 그리워하는 정을 잠시도 잊지 못해, 밤이 깊음에 이르렀으나 잠을 이루지 못해 달 아래 거닐고 있었다. 문득 (바람에 따라) 들려오는 글 읽는 소리가 있었으므로 귀를 기울여 가만히 들어 보니, 남녀의 소리를 판별하기가 어렵기는 하나, 읽는 소리가 맑고 고아하며 마디마디가 가락에 맞아서, 가을 하늘에 돌아가는 기러기가 짝을 찾는 것 같고, 깊은 산의 외로운 봉새가 짝을 부르는 것 같았다.

公子甚奇之, 誦諸葛亮出師表而和之. 其聲東西相應, 西聲喨喨, 如玉盤之轉珠, 東聲豪放, 如刀槍之相應. 忽然而聲絶, 良久門外有剝啄之聲, 公子急出, 視之, 一個秀才立於月下, 玉顔星眸非塵世人物.

寄(기) 기이하다. 괴상하다. 괴상히 여기다. 之(지) 그것. 諸葛亮(제갈양) 중국 삼국 시대 촉한의 정치가. 성은 제갈. 出師表(출사표) 제갈 양이 위(魏)를 칠 군사를 출전시킬 때 왕에게 올린 글. 師는 군사, 表는 임금에게 올리는 글. 和(화) 화답하다. 東西 [특명, 객어] 동서로. 應(응) 응하다. 喨喨(량량) 형 맑고 맑다. 之 후 -에. 轉(전) 구르다. 豪放(호방) 형 기개가 장해서 작은 일에 구애되지 아니하다.. 刀(도) 칼. 槍(창) 창. 之 -이. 應 [명사형] 응하는 것. 刀槍之相應 [객어절] 칼과 창이 서로 응하는 것. 而(이) 부사 뒤에 붙는 소리 고르는 후치사. 絶(절) 끊어지다. 門外(문외) 문 밖. 剝(박) 두드리다. 啄(탁) 쪼다. 두드리다. 之, 이 후치사는 剝啄을 관형어로 만들어 줌. 一個(일개) 수 하나. 한. 眸(모) 눈동자. 塵世(진세) 속세.

양 도령은 그것을 심히 괴상히 여기며 제갈량의 출사표를 읽어서 거기에 화답했다. 그 소리가 동서에서 서로 응하니, 서쪽 소리는 맑고 맑아서 옥으로 된 쟁반에 구르는 구슬과 같으며, 동쪽 소리는 호방하여 칼과 창이 서로 응하는 것 같았다. 문득 소리가 끊어지더니, 이윽고 문 밖에서 문 두드리는 소리가 있으므로, 양 도령이 급히 나가 거기를 보니, 한 수재가 달 아래 섰는데, 옥같은 얼굴과 별 같은 눈동자가 속세의 인물이 아니다.

> 公子慌忙迎之曰 '夜已深矣, 客館寂廖, 何許秀才幸勤來訪耶?' 秀才笑曰 '弟西川人. 有山水之癖, 遊覽天下, 留於近隣客店, 適聽兄之讀書聲, 帶月而來. 半夜閒談將欲相慰客懷'.

慌忙(황망) **부** 황망히. 迎(영) 맞이하다. 之(지) **명** 그, 秀才를 가리킴. 矣(의) **종** 절이 끝났음을 나타냄. 寂廖(적료) 적막하다. 何許(하허) 어떤. 어느 곳. 幸(행) **조동** 존칭을 나타냄. 勤(근) **부** 수고롭게. 來訪(내방) 찾아오다. 耶(야) **종** 의문을 나타냄. 弟(제) 저, 친구 사이에 자기를 낮추어 일컫는 말. 兄의 반대. 山水之癖(산수지벽) 산수를 사랑하는 버릇. 癖(벽) 버릇. 隣(린) 이웃. 適(적) 마침. 帶(대) 대동하다. 半夜 **특명** 한밤. 閒談(한담) 한가한 얘기. 以閒談의 준말. 將(장) **부** 바야흐로, 지금부터, 앞으로. 欲 **조동** 하려 한다. 相 **부** 함께. 慰(위) 위로하다. 근심을 풀어주다. 客懷(객회) 객지에서 일어나는 울적한 생각.

양 도령은 그를 황망히 맞이하면서 말했다. "밤은 이미 깊었고 객관은 적막한데, 어느 곳 수재께서 수고로이 찾아오셨습니까?" 수재는 웃으면서 말했다. "저는 서천 사람이올시다. 산수를 사랑하는 병이 있어 천하를 유람하다가, 가까운 이웃 객점에 머물러 있었는데, 마침 형의 글 읽는 소리를 듣고서, 달을 대동하고 왔습니다. 한밤에 한담으로써 지금부터 서로 객지에서 생겨난 수심을 함께 풀어 보고 싶습니다.

> 公子大喜, 請入客室. 秀才曰 '捨如此月色, 深入房中而何爲.' 兩人微笑而向月對坐. 以公子之聰明豈不知半日相對之紅娘, 月色雖耀, 不同白晝, 又無半點羞澁之態. 公子心思怳惚, 精神如狂如醉.

大(대) **부** 크게. 喜(희) 기뻐하다. 請入(청입) 청해 들이다. 捨(사) 버리다. 如此(여차) **관** 이러한. 深(심) 부 깊이. 깊숙이. 房中(방중) 방 안. 何(하) [대, 목적어] 무엇. 의문사이므로 설명어 앞에 놓여 있음. 對坐(대좌) 마주앉다. 豈(기) 부 어찌. 半日(반일) 특명 반날. 對之 대한. 之는 관형어를 만들어 주는 후치사. 雖(수) 접속 하기는 하나. 耀(요) 밝다. 同(동) 똑같다. 白晝 명 대낮. 又(우) 또. 半點(반점) 조금. 羞(수) 부끄럽다. 澁(삽) 어렵다. 態(태) 태도. 恍惚(황홀) 착잡하다. 如狂如醉(여광여취) 어리둥절하다. 글자대로 새기면 '미친 것 같고 술에 취한 것 같다'는 말.

양 도령은 크게 기뻐하며, 객사에 청해 들였다. 수재는 말했다. "이러한 (좋은) 달빛을 버리고서, 방안에 깊숙이 들어가 무엇을 하겠습니까?" 두 사람은 빙실 웃으면서, 달을 바라보고서 마주 앉았다. 양 도령의 총명으로써 어찌 반날이나 서로 대한 홍랑을 알아보지 못했으랴만, 달빛이 밝기는 하나 대낮과 똑같지 못하고, 또 (그녀에게는) 조금의 부끄러워하고 어려워하는 태도가 없었던 것이다. 양 도령은 심사가 착잡하고 정신이 어리둥절했다.

公子暗思 (雖男子或有如女子者, 豈有如此美男子) 秀才問曰 '兄將往何處?' 公子笑曰 '弟本汝南人. 欲赴擧而向皇城, 訪此處親友來, 因其友人雲遊, 逗留客館.'

暗(암) 부 가만히. 雖(수) 접속 하기는 하나. 男子(남자) 남자에. 或(혹) 부 가다가. 豈(기) 어찌. 如此(여차) 관 이런. 問(문) 묻다. 兄(형) 상대방을 높이어 부르는 말. 將(장) 부 장차. 何(하) 어느. 處(처) 곳. 本 명 조상. 欲(욕) 조동 하고자 하다. 赴(부) 보다. 擧(거) 과거. 赴擧(부거) 과거를 보다. 向(향) 향하다. 親友(친우) 친구. 因(인) 접속 때문에, 으로. 선행절 其友人雲遊(기우인운유)와 종결절 逗留客館(두류객관)을 잇고 있음. 其(기) 그. 앞 말을 받음. 雲遊(운유) 멀리 출타하다. 逗(두) 머무르다. 逗留(두류) 한곳에 머물러 있음. 客館(객관) 여관.

양 도령은 가만히 생각해 보았다. (남자에도 가다가 여자와 같은 사람이 있기는 하나, 어찌 이런 미남자가 있으랴?) 수재는 물어 말했다. "형은 장차 어디로 가시려 합니까?" 양 도령은 답해 말했다. "저의 본은 여남입니다. 과거를 보려 하여 서울로 가다가, 이 곳의 친구를 찾아서 (여기까지) 왔더니, 그

친구가 멀리 출타했으므로, 객관에 머물고 있습니다."

秀才曰　男兒之萍水相逢如此, 此蜉蝣人生未易得之寄緣. 豈蕭然相對, 虛送時間? 吾於囊中有數葉靑銅, 問外有率來之童子, 兄不辭一盃春酒乎? 秀才笑開錦囊, 呼童子, 沽酒而來, 兩人對酌.

之(지) **후** -가. 萍(평) 개구리밥. 부평초. 逢(봉) 만나다. 萍水相逢(평수상봉) 부평초와 물이 서로 만난다는 뜻으로 타향에서 우연히 서로 만남을 이름. 男兒-相逢. 주어절. 蜉蝣(부유) 하루살이. 未(미) 不과 같음. 易(이) **부** 쉽사리. 之(지) 未易得(미이득)을 관형어로 만들어 주는 후치사. 蜉蝣人生未易得之 관형절. 寄緣(기연) 此의 설명어, 기이한 인연. 蕭然(소연) 쓸쓸히. 然(연) 부사를 만들어 주는 접사. 虛(허) **부** 헛되이. 送(송) 보내다. 囊(낭) 주머니. 有(유) **타** 가지고 있다. 葉(엽) **접미** 닢. 靑銅(청동) 청동으로 만든 돈. 率(솔) 거느리다. 辭(사) 사양하다. 盃(배) 잔. 乎 **종** -지요? 錦(금) 비단. 呼(호) 부르다. 沽(고) 사다. 而(이) 그리하여. 對酌(대작) 대작하다.

수재는 말했다. "사내가 타향에서 우연히 서로 만남이 이와 같으니, 이는 하루살이 (같은) 인생이 쉽사리 얻지 못하는 기이한 인연이올시다. 어찌 쓸쓸히 서로 마주보고서 시간만 헛되이 보내겠습니까? 내가 주머니 속에 몇 닢의 청동화를 가지고 있으며, 문 밖에는 데리고 온 동자가 있으니, 형은 한 잔의 봄 술을 사양하지 않겠지요?" 수재는 웃으면서 비단 주머니를 열더니, 동자를 불러 술을 사 오게 하여, 둘은 마주하여 술을 마셨다.

秀才笑曰 '我等如此相會, 無不可留跡'. 說罷, 請公子之扇, 出囊中之筆硯, 須臾題一首詩.
曲坊三十問東西, 烟雨樓臺處處迷. 莫道無心花裏鳥, 變音更欲盡情啼.

我等(아등) 우리들. 如此 **부** 이렇게. 會(회) 만나다. 不可 **조동** 해서는 안 된다. 留(류) 남기다. 跡(적) 자취. 不可留跡 [주어절] 자취를 남겨서 안 될 것, 無의 주어절. 說(설) 말. 請(청) 청하다. 달라고 하다. 扇(선) 부채. 筆(필) 붓. 硯(연) 벼루. 須臾(수유) **부명** 잠깐 동안. 題

(제) 적다. 曲坊(곡방) 마을. 曲坊三十 [목적어] 마을 서른 곧 서른 마을. 烟(연) 연기, 안개. 處(처) 곳. 迷(미) 헤매다. 莫 조동 말라. 道 불타 이르다. 裏(리) 속. 鳥(조) 새, 강남홍을 가리킴. 變(변) 바꾸다. 更(경) 잇다. 情(정) 부 정겹게.

수재는 웃으며 말했다. "우리들이 이렇게 서로 만났으니, (우리들이) 자취를 남겨서 안 될 것이 없습니다." 말이 끝나자 양 도령의 부채를 달라 하더니, 주머니 속의 붓과 벼루를 내어서, 잠깐 동안에 한 수 시를 적었다.

곡방이라 삼십을 동서로 물어, 누대엔 안개 끼고 비마저 왔소
꽃떨기 속 (저) 새를 무심타 마오 소리소리 정을 실어 울길 다했소

[직역] (당신은) 서른 동네를 묻고 다니면서, 안개 끼고 비 내리는 누대의 곳곳을 헤매었구려. 꽃 속의 (숨은) 새를 무심하다고 말하지 마오. (나는) 소리를 바꾸어 연이어 정겹게 울기를 다하려 했소.

公子覽畢, 雖歎服文章之妙, 詩情之逼盡, 惟詩外有意, 怪有所托意, 再三熟視, 請秀才之扇, 和一首詩.
芳草萋萋日已斜, 碧桃樹下訪誰家. 江南歸客仙緣薄, 只見錢塘不見花.

覽(람) [명사형] 보기, 畢의 목적어. 歎服(탄복) 탄복하다. 詩情(시정) 시적인 정취. 逼盡(핍진) 형세의 급박함이 극에 이름. 惟(유) 부 생각건대. 怪(괴) 타 수상히 여기다. 所托(소탁) 맡겨진. 所는 피동조동사. 有所托意(유소탁의) 怪의 목적절임. 再三(재삼) 두 번 세 번. 熟(숙) 익히. 和(화) 화답하다. 芳(방) 향기롭다. 萋萋(처처) 무성하다. 斜(사) 기울다. 誰家(수가) 누구네 집. 江南(강남) 양자강 남쪽. 곧 창곡의 고향을 가리킴. 歸(귀) 가다. 江南歸客 薄(박)의 총 주어. 仙緣(선연) 신선과의 인연. 곧, 강남홍과의 인연. 薄(박) 엷다. 只(지) 다만. 花(화) 꽃, 강남홍을 가리킴.

양 도령은 보기를 끝내자, 문장이 묘함에 탄복하기는 했으나, 시정이 극도로 급박해 있고, 아무래도 시 밖에 (딴) 뜻이 있으므로, 맡겨진 뜻이 있음을 수상하게 여겨, 두 번 세 번 익히 살펴보고는 수재의 부채를 달라 해서, 한 수의 시로 화답했다.

방초는 푸릇푸릇 날은 이미 저문데, 벽도수 아래서 누구네 집을 찾았소
강남으로 가는 손 인연도 엷어, 전당호 보았을 뿐 꽃은 보지 못했구나.

秀才見之, 朗吟曰 '兄之文章, 弟之所難及, 然, 第二句云碧桃樹下訪誰家, 其指誰家?' 公子笑曰 '偶然所發', 紅娘暗思 (公子之文章不須更試, 試其心). 傾其餘酒 而勸於公子

朗(낭) 낭랑히. 吟(음) 읊다. 弟之(제지) 제가. 難(난) 어렵다. 及 자 미치다. 여기에서는 명사형 '미치기'로서 難의 주어가 되어 있음. 難及 [관형절] 所를 수식하고 있음. 然 접속 그러나. 第二句(제이구) 於第二句의 준말. 所云(소운) 이른. 指(지) 가리키다. 偶然(우연) 부 우연히. 發(발) 나타나다. 所의 수식어. 須(수) 부 절대로. 更(갱) 다시. 試(시) 시험하다. 不須更試(불수갱시) 절대로 다시 시험하지 아니하다. 試는 조동사 不과 더불어 설명어가 된다.
* 이 구에는 조동사와 본동사 사이에 부사가 둘 들어 있다. 傾(경) 기울이다. 餘(여) 나머지. 勸(권) 권하다.

수재는 그것을 보더니, 낭랑히 읊고서 말했다. "형의 문장은 제가 미치기가 어려운 바입니다. 그런데 둘째 구에서 '벽도수 아래에서 누구네 집을 찾았소?'라고 하셨는데, 그것은 누구 집을 가리킵니까?" 양 도령은 웃으면서 말했다. "우연히 나타난 것입니다." 홍랑은 가만히 생각했다. (도련님의 문장은 결코 다시 시험하지 않겠으나, 그의 마음은 시험해 보아야지.) (그녀는) 그 나머지의 술을 부어서, 양 도령에게 권했다.

※ 여기서부터는 홑월(단문) 사이의 쉼표는, 붙이지 않기로 한다. 그것은 읽는 이에게 문장 해석의 힘을 좀 더 길러주기 위해서이다.

秀才曰 '如此月下非醉而何. 吾聞杭州靑樓著名天下. 今夜我等帶月色暫賞若何'. 公子良久曰 '以士子遊於靑樓不可. 又兄與我同是秀才, 往於熱鬧之處爲他人所覺則恐有毀損.

曰(왈) 말하다. 如此(여차) 이러한. 如此月下(여차월하) 於如此月下의 준말. 非(비) 아니하다. 不과 같음, 여기서는 조동사. 何(하) 무엇 하랴? 靑樓(청루) 기생들이 거처하는 집. 著名(저명) 이름이 있다. 帶(대) 대동하다. 暫(잠) 잠간. 賞(상) 즐기다. 若何(약하) 어떠하냐? '如何'와 같음. 士子(사자) 선비. 不可(불가) 옳지 않다. '不'은 보조형용사요, '可'는 본형용사. 與 접속 -과. 同 부 다같이. 是 지 이다. 秀才(수재) 아직 과거에 붙지 아니한 젊은 선비. 熱(열) 왕래가 빈번하다. 鬧(뇨) 시끄럽다. 爲 전 에게, 이 전치사는 주로 피동조동사 所 앞에 놓임. 所(소) 피동을 나타내는 조동사. 覺(각) 알다. 所覺(소각) 발각되다. 恐(공) 아마. 毁損(훼손) 체면의 손실.

수재는 말했다. "이러한 달빛 아래서 취하지 않고 무엇 하겠습니까? 내 들으니, 항주의 청루는 천하에서 유명하다 합니다. 오늘밤 우리들은 달빛을 대동하여 잠시 즐기는 것이 어떻겠습니까?" 이윽고 양 도령은 말했다. "선비로서 청루에서 노는 것은 옳지 않습니다. 또 형과 나는 다 같이 (아직) 수재입니다. 번잡한 곳에 가서 남에게 들키게 되면 아마 체면의 손실이 있을 것입니다."

秀才笑曰 '兄言太過, 古語云人論於酒色之外. 漢之蘇子卿忠烈如冰雪, 近胡姬生通國, 司馬長卿文章絕世, 慕卓文君, 奏鳳凰曲. 由此觀之則色界無正人君子'.

言(언) 말씀. 太(태) 너무. 過(과) 지나치다. 古語(고어) 옛말. 云 불자 말하다. 人-外를 보어로 취하고 있음. 論(론) 논하다. 酒色(주색) 술과 여자. 漢之(한지) 한나라의. 子卿(자경) 한나라의 충신, 蘇武(소무)의 자. 忠烈(충렬) 충성스럽고 절의가 굳음. 冰雪(빙설) 얼음과 눈. 近 타 가까이하다. 胡姬(호희) 오랑캐의 여자. 生(생) 타 낳다. 長卿(장경) 한나라의 대문장가 司馬相如(사마상여)의 자. 絕(절) 뛰어나다. 慕(모) 그리워하다. 卓文君(탁문군) 사마상여의 아내, 본디 과부로 친가에 있었는데, 어떤 날 손으로 간 상여가 거문고를 타서 꾀어내어 아내로 삼음. 奏(주) 타다. 鳳凰曲(봉황곡) 곡의 이름. 由此(유차) 이로써. 由(유)는 전치사. 으로써. 觀之(관지) 그 일을 살펴보다. 則 접속 하면, 그러면. 正人(정인) 올바른 사람.

수재는 웃으면서 말했다. "형의 말씀은 너무 지나칩니다. 옛말에 '사람은

263

주색의 밖에서 논하라' 했습니다. 한나라 소자경은 충렬이 (매섭기가) 빙설과 같았으나, 오랑캐의 여인을 가까이하여 통국을 낳았고, 사마 장경은 문장이 세상에서 뛰어났으나, 탁문군을 그리워 하여, 봉황곡을 탔습니다. 이로써 살펴보면, 색계에는 정인도 군자도 없습니다.

> 公子曰 '惟長卿之文章當世獨步, 忠足以諷諫人君, 風采氣像輝煌, 後世以風流酒色之小過不能遮其名, 兄我之文章不能當古人, 名望又不及, 今不言古人之德業, 但願效其過豈不誤哉'.

惟(유) [설명어] 생각하건대. 當世(당세) 그때 세상. 獨步(독보) 남이 감히 따를 수 없이 뛰어남. 忠(충) 충성. 足以 조동 할 수 있다. 諷諫(풍간) 넌지시 간함. 人君(인군) 임금. 輝煌(휘황) 아주 찬란하다. 後世 특명 뒷세상. 過(과) 허물, 잘못. 遮(차) 막다. 其 대 그, 앞 말을 받는 대명사. * 이것이 목적어, 객어일 때는 之로 바뀜. 여기서는 長卿을 받음. 當(당) 당하다. 名望(명망) 명성과 인망. 及(급) 미치다. 德業(덕업) 인덕과 공업(功業). 但(단) 다만. 願(원) 원하다. 效(효) 본받다. 여기서는 명사형 '본받기'. 誤(오) 그릇되다.

양 도령은 말했다. "생각하건대, 장경의 문장은 당대의 독보이요 충성은 임금을 돌려 간할 수 있었고, 풍채와 기상이 뛰어나, 후세에 풍류 주색의 작은 허물로써 그 이름을 가릴 수 없었습니다. (그러나) 형과 나의 문장은 옛사람을 당해 낼 수 없고, 명망도 또한 (그들에게) 미치지 못하는데, 이제 옛사람의 덕업은 말하지 않고, 다만 그들의 잘못만을 본받기를 원하니, 어찌 그릇되지 않겠습니까?"

※ 여기서부터는 해석의 힘을 더욱 더 길러주기 위해, 문장의 모든 부호는 다 빼고 백문으로 적는다.

> 紅娘心中敬嘆(吾徒知公子之風流男兒豈知兼道學君子之風範) 良久秀才微笑而起身曰夜深客中失睡非調養之道也無盡情話更期明日公子不忍別離握秀才之手琓月色.

心中(심중) 마음속. 객어. 徒(도) **부** 한갓. 之 **후** -가. 風流男兒(풍류남아) 풍치가 있고 멋있는 남자. 목적어. 豈(기) 어찌. 知 **타** 알다. 뒤에 兼-範(범)을 목적구로 가짐. 兼 **타** 겸하다. 뒤에 道-範을 목적구로 가짐. 風範(풍범) 본보기가 되는 풍치. 微笑(미소) 微는 부사. 방실 웃다. 客中(객중) 객지에 있는 동안. 이는 객어로서 於客中의 준말임. 睡(수) 잠. 調養(조양) 몸을 돌보다. 無盡(무진) 끝이 없다. 관형절임. 情話(정화) 정겨운 얘기. 期(기) 기약하다. 忍(인) **부** 차마. 別離(별리) 이별. 떠나가다. 握(악) 쥐다. 琓(완) 감상하다. 琓月 달구경하다.

홍랑은 속으로 경탄했다.

(나는 한갓 도련님이 풍류남아인 줄 알았지, 어찌 도학 군자의 풍범을 겸하고 있음을 알았으랴?)

이윽고 수재는 웃으면서 몸을 일으키며 말했다.

"밤이 깊어서 객중에서 잠을 잃음은 몸을 돌보는 길이 아닙니다. 끝없는 정겨운 얘기는 다시 내일로 기약합니다."

양 도령은 차마 떠나보내지 못해, 수재의 손을 잡고 달빛을 감상하였다.

> 秀才忽吟一首詩點點疎星耿耿河綠窓深鎖碧桃花那識今宵看月客前身曾是月中娥公子聞秀才詠詩甚異之必有所意欲試問秀才拂袖飄然而去.

點點(점점) **부** 점점이. 疎(소) 성기다. 疎星(소성) 성긴 별. * 달이 밝으므로, 별이 드물게 보임을 말함. 耿耿(경경) 불빛이 반짝반짝함. 河(하) 강. 은하수. 綠(록) 푸르다. 綠窓 **명** 부녀가 거처하는 방의 창. 深鎖(심쇄) 깊이 잠그다. 綠窓深鎖碧桃花(녹창심쇄벽도화) 푸른 창(안)에 깊숙이 숨은 벽도화, '벽도화'는 강남홍을 가리킴. 那(나) 어찌. 識(식) 알다. 今宵(금소) 오늘밤. 客(객) 손. 前身(전신) 바뀌기 전의 본체. 曾(증) 일찍이. 是 **지** 이다. 娥(아) 항아. 詠(영) 읊다. 異(이) 이상히 여기다. 所意(소의) 뜻한 바, 意는 所의 수식어이며, 有의 주어. 試(시) 시험하다. 여기서는 부사어. 시험삼아. 拂(불) 떨치다. 袖(수) 소매.

수재는 문득 한 수의 시를 읊었다.

성긴 별들 드문드문, 은하는 반짝이고,
푸른 사창 깊은 속에 벽도화 은은하다.
이 밤에 달 보는 손 어찌 알 거냐.
이 몸이 일찍이 항아일 줄야.

양 도령은 수재가 읊은 시를 듣고서, 그것을 심히 이상히 여겨, (거기에) 틀림없이 뜻한 바가 있겠으므로 물어 보려 했으나, 수재는 소매를 떨치면서 훌쩍 가버렸다.

公子送秀才眼前閃閃如醉如夢移臥枕上更思秀才之容貌忽然大覺乃笑曰吾爲紅娘之所欺窓外忽有人跡蓮玉微笑曰主人方歸請公子來昌曲又微笑而隨蓮玉.

送(송) 보내다. 閃閃(섬섬) 삼삼하다. 如醉如夢(여취여몽) 술에 취한 것 같고, 꿈을 꾸는 것 같다. 移臥(이와) 옮겨 눕다, 몸을 바꾸어 눕다. 枕上(침상) 베개 위에서, 於枕上의 준말. 思(사) 생각하다.
'생각하다'는 뜻의 말로서 흔히 다음과 같은 것이 쓰인다. 想(상)은 형상을 마음에 비추어 생각하다. 念(염)은 언제나 염두에 두고 잊지 않다. 憶(억)은 생각해 내다, 기억하다. 思(사)는 사모하다, 마음속으로 생각하다.
覺(각) 깨닫다. 容貌(용모) 모습. 乃 접속 그래서. 爲紅娘之所欺(위홍랑지소기) 홍랑에게 속였다. 爲는 에게. 之는 뜻이 없이 소리를 고루는 구실만 하는 후치사. 欺(기) 속이다. 方(방) 바야흐로.

양 도령은 수재를 보내고 나니, (수재의 모습이) 눈앞에 삼삼하며, 술에 취한 듯한 꿈을 꾸는 듯했다.

(그는) 베개 위에서 몸을 바꾸어 누워, 다시 수재의 모습을 속으로 생각해 보고, 문득 크게 깨달았다. 그래서 웃으면서 말했다. "내가 홍랑에게 속했구나."

(그때 마침) 창 밖에 문득 인기척이 나는데, (창문을 여니) 연옥이 방실 웃으며 말했다. "주인이 방금 돌아왔으므로, 도련님을 모시러 왔습니다."

창곡도 벙실 웃으며 연옥을 따랐다.

2. 한시 강독(漢詩講讀) – 한중 명시(韓中名詩)에서

다음으로 한시에 대해서 살펴보기로 하겠는데, 우리나라의 것으로는 민족적으로 가장 감명 깊은 것 넷을, 그리고 중국의 것으로는 우리나라에 가장 널리 소개된 것 넷을, 시대 차례에 따라 간추려 소개하기로 한다.

술어 풀이 • • •

- 구(句) : 행 곧 줄과 같음. 보기를 들면 다음과 같은 것은 2구이다.

  天地日月古今同   하늘과 땅과 해와 달은 옛날과 지금이 한가지인데,
  世態人心朝夕變   세상 형편과 사람들의 마음은 아침과 저녁이 다르다.

- 운(韻) : 한자 음에 있어 초성을 제외한 나머지 음을 이른다. 한자에는 평성(平聲)과 측성(仄聲 : 上聲・去聲・入聲) 합해서 106운이 있다.

  月落烏啼霜滿天
  江楓漁火對愁眠
  姑蘇城外寒山寺
  夜半鐘聲到客船

  위의 시에서 방점이 찍힌 글자에 운이 들어 있는데, 天[천]・眠[면]・船[선]은 모두 같은 운이며, 평성으로서 [ən]이란 운으로 되어 있다.

- 평측(平仄=평성과 측성) : 높낮이 악센트를 이른다. 곧 평(平)은 낮은 소리이요, 측(仄)은 높은 소리인데, 한시는 이 높낮이 악센트로 된 음성률을 가지고 있다.
  그러나 우리나라 사람이 한시를 읽을 때는, 이를 느끼지 못한다. 우리나라 사람이 한시를 읽을 때는, 이 음성률과 관계없이 읽고 있다.
- 오언시(五言詩) : 한 행이 다섯 글자로 된 시.
- 칠언시(七言詩) : 한 행이 일곱 글자로 된 시.
- 고체시(古體詩) : 당나라 이전에 널리 유행하던 형식의 시. 이에는 오언 고시(五言古詩)・칠언 고시(七言古詩)와 악부(樂府)가 있다.
- 신체시(新體詩) : 고체시에 대치되는 말. 이는 절구(絶句)・율시(律詩)・배율(排律)로 나뉘고, 이들은 다시 오언 절구・칠언 절구・오언 율시・칠언 율시・오언 배율・칠언 배율로 나뉜다.

이제 이를 도표로 나타내면 다음과 같다.

시형태	행 수	한행의 글자수	각 글자의 평측	운
오언 고시	정해져 있지 않음	대개 5	정해져 있지 않음	대체로 짝수행 끝에 같은 운이 들어 있음(측성도 운이 됨)
칠언 고시	정해져 있지 않음	대개 7	정해져 있지 않음	
악부	정해져 있지 않음	정해져 있지 않음	정해져 있지 않음	
오언 절구	4행	5자	일정함	(1)·2·4행 끝에 있음
칠언 절구	4행	7자	일정함	1·2·4행 끝에 있음
오언 율시	8행	5자	일정함	2·4행 끝에 있음
칠언 율시	8행	7자	일정함	1행·짝수행 끝에 있음
오언 배율	10행 이상	5자	일정함	없음
칠언 배율	10행 이상	7자	일정함	없음

* 신체시의 운은 평성으로 이루어짐

秋夜雨中(추야우중 : 가을밤에 비내리는 속에서)

신라 최치원(崔致遠)

秋風惟苦吟　　世路少知音
窓外三更雨　　燈前萬里心

惟(유) 홀로. 苦(고) 근심하다. 吟(음) 읊다. 世路(세로) [객어] 세상. 少(소) 적다. 특수형용사이므로 뒤에 주어 知音을 가지고 있음. 知音(지음) 마음을 알아주는 벗. 三更(삼경) [설명어] 밤 열한 시와 한 시 사이, 곧 한밤. 雨(우) 비내리다. 燈(등) 등잔. 前 특명 앞에서. 萬里(만리) [관어] 만리로, '고국으로'의 뜻.

가을 바람에 홀로 쓸쓸히 시를 읊는다.
세상엔 내 마음 알아 줄 이 별반 없구나.
창 밖은 삼경인데 비마저 오고,
등 앞에서 만리로 (달리는) 마음

지은이 최치원(崔致遠, 857~?)

호는 해운(海雲) 또는 고운(孤雲). 신라 말기의 학자. 대문호. 열두 살에 당나라에 들어가서 급제하여 한림학사(翰林學士)가 되었다. 885년에는 고국에 돌아왔으나 나라는 이미 기울고 있었으므로, 894년 나라에 상소문을 올리고 그 후 해인사에 들어가 여생을 보냈다 한다.

작품 해설

이 시는 고운 최치원이 멀리 당나라에 가 있을 때 지은 것이라 생각된다. 고국 생각에 잠을 이루지 못하는데 어느덧 밤은 3경이 되었고, 창 밖에는 비가 내리고 있으니, 쓸쓸한 마음 감당할 길 없어 홀로 앉아 자기의 심경을 한 수의 시에 부쳤다고 본다.
秋風(추풍)·惟(유)·苦吟(고음)·少(소)·三更(삼경)·燈(등)·萬里(만리) 등의 말들은 모두 쓸쓸하고 향수를 느끼게 한다.

奉使入金(봉사입금 : 사신일을 받들고 금 나라에 가다)

고려 진화(陳澕)

西華已蕭索　　北塞尙昏濛
坐待文明旦　　天東日欲紅

華(화) 중화. 여기서는 남송(南宋)을 가리킴. 已(이) 이미. 蕭(소) 쓸쓸하다. 索(삭) 다하다. 塞(새) 변방. 험한 땅. 이때는 금(金)과 몽고가 이곳에 있었음. 尙(상) 아직. 昏(혼) 어둡다. 濛(몽) 흐릿하다. 待(대) 기다리다. 旦(단) 아침. 天東(천동) 하늘 동쪽에. 於天東의 준말. 日(일) 날. 欲(욕) 하려 하다. 紅(홍) 붉어지다. 欲紅(욕홍) 붉어지려 하다.

서쪽 중화는 이미 시들고,
북쪽 땅 오랑캐는 아직도 어둡다.
앉아서 문명의 아침을 기다리더니,
하늘 동쪽에 (새)해는 뜨려 하는 구나

지은이 진 화(陳澕)

고종 때의 한학자이며 문장가. 호는 매호(梅湖). 시에 능했는데 그의 시는 문장이 맑고 고와서 세상에 널리 알려졌다. 당시의 시인 이규보와 아울러 높이 평가 되고 있다.

작품 해설

이는 고려 사람이 가지고 있던 시대적 자각과 민족적 긍지를 보여 주는 시이다. 중국은 이미 노쇠의 경지에 들어갔고 북방 민족은 아직 몽매한 상태에 있는데, 새로운 문명의 아침이 동쪽에서 틔어 온다는 것이다. 곧 긴 암흑시대에, 빛은 동방에서 온다는 것이니, 이 동쪽이란 두 말 할 것도 없이 '고려'를 말한 것이다.

송(宋)나라와 단절된 후의 고려는 문명의 나라로서 영광된 고립을 지키는 데서 그칠 뿐 아니라, '인간의 낙원'을 실현시킬 가능성을 지니고, 나아가 다가오는 새 시대의 역사 위에 문명의 서광을 비추어 주리라는 것이다.

고려에 다가온 그 후의 역사는 고려에겐 더 한층 가혹한 시련 그것이었다. 몽고의 30년간의 침범은 고려의 모든 문화를 파괴하였다. 고려 사람이 본 몽고는 조국의 침략자인 동사에 문명의 파괴자였다.

다른 민족의 침략으로부터 조국을 방위하고 야만인의 파괴로부터 문명을 수호한다는 것이 고려 사람들의 몽고에 대한 전쟁 의식이었던 것이다(이상의 해제는 이우성(李佑成) 교수의 논문 "고려 시인에 있어서의 문명 의식의 형성"에서 인용한 것임).

이 시는 실로 '문명(文明)'을 지키겠다는 고려 사람들의 역사의식을 단적으로 표현한 것이라 하겠다.

閑山島(한산도)

조선 이순신(李舜臣)

水國秋光暮　　驚寒雁陳高
憂心輾轉夜　　殘月照弓刀

光(광) 경치. 暮(모) 저물다. 驚(경) 놀라다. 寒(한) 명 추위. 雁(안) 기러기. 陳(진) 명 진. 憂(우) 근심하다. 輾轉(전전) 잠이 오지 않아서 엎치락뒤치락하다. 夜(야) 밤. 殘月(잔월) 새벽달. 照(조) 비추다. 弓(궁) 활. 刀(도) 칼.

물나라의 가을 경치 저물어지더니,
추위에 놀란 기러기가 진 위에 높이 떴네.
근심하는 마음에 뒤척이던 밤,
새벽달은 (어느덧) 활과 칼을 비추네.

지은이 이순신(李舜臣, 1545~1598)

선조 때의 삼도 수군 통제사(三道水軍統制使). 조선왕조 일대의 명장이며 대 충신·대 애국자. 글에도 능하여 ≪난중일기(亂中日記)≫와 시조 한 수에 한시 몇 수가 전한다.
세종대왕과 더불어 우리 역사상 2대 인물로 평가되고 있는 인물로서 시호는 충무(忠武), 아산의 현충사에 모셔져 있다.

작품 해설

'한산섬 진 위에 높이 앉아서 오직 적군의 동정만 살피다 보니, 나도 모르게 또 가을해는 저물었구나. 이런 생각 저런 생각 수심에 잠겨 있노라니, 때는 이미 삼경으로 날이 몹시 차고, 기러기도 추위에 놀라서인지 진 위에 높이 떠 날아간다. 나라 일이 걱정되어 잠을 못 이루어 엎치락뒤치락 뒤척이고 있는데, 어느덧 날은 새어 활과 칼을 새벽달이 비추어 주고 있다'는 뜻. 이는 충무공이 한산섬 진중에서 왜적과 싸우기 직전에 지은 시로 보이는데, 실로 우리는 이 시를 통해 공이 진중에서 하룻밤 내내 한잠도 온 잠을 이루지 못했음을 넉넉히 짐작할 수 있다. 어떻든 이 시는 천고에 드문 애국 충성의 시라 하겠다.

聞安重根報國讐事
(문안중근보국수사 : 안중근이 나라 원수를 갚았다는 소식을 듣고)

대한제국 김택영(金澤榮)

平安壯士目雙張　　快殺邦讐似殺羊
未死得聞消息好　　狂歌亂舞菊花傍

報(보) 타 갚다. 뒤에 國讐를 목적어로 취하고 있음. 事 명 일, 행위. 安重根報國讐 [관형절] 주어-설명어-목적어로 되어 있음.

平安壯士(평안장사) 평안도 장사. 안중근을 이름. * 안중근은 1904년 홀로 평양에 나와 석탄상을 경영했고, 을사조약의 체결을 보자 상점을 팔아서 그 돈으로 남포에 돈의학교를 세워 인재 양성에 힘썼음.

雙(쌍) 둘. 張(장) 부릅뜨다. 快(쾌) 상쾌하다. 여기서는 부사. 殺(살) 죽이다. 邦(방) 나라. 讐(수) 원수. 殺邦讐 [목적절] 나라의 원수를 죽이기를. 殺은 명사형. 似(사) 전 처럼. 殺 [명사형] 잡는 것. 未(미) 아직 -하지 아니하다. 得(득) 조동 할 수 있다. 得聞(득문) 들을 수 있다. 消息(소식) 소식. 好(호) 좋다. 狂(광) 자 미치다. 여기서는 부사형이니 미친 듯이. 亂(란) 흐트러지다. 여기서는 부사형. 傍(방) 곁.

평안도 장사가 눈 둘을 부릅뜨고,
통쾌히, 나라의 원수를 잡았구나 염소를 잡듯이.
아직 죽지 않아 들을 수 있었는데 그 소식 좋으니,
미친 듯이 노래하며 흐트러지게 춤을 추네, 국화 옆에서.

지은이 김택영(金澤榮, 1850~1927)

지사(志士)·학자. 호는 창강(滄江). ≪문헌비고(文獻備考)≫를 증보할 때 편찬위원을 지냈고, 을사조약 체결 후 중국에 망명했음. 저서에 ≪한국 소사(韓國小史)≫ 등이 있음.

작품 해설

이 시를 읽고 나면, 통쾌한 기분과 경건한 생각을 가지게 된다. 첫째 구에서는 안 의사의 기상을, 둘째 구에서는 통쾌하게 원수를 갚았음을, 셋째 구에서는 지은이의 평생의 집념을, 넷째 구에서는 나라에 대한 위대한 사랑을 읊었기 때문이다.

飮酒(음주 : 술을 마시며)

도 잠(陶潛)

結廬在人境	而無車馬喧
問君何能爾	心遠地自偏
採菊東籬下	悠然見南山
山氣日夕佳	飛鳥相與還
此中有眞意	欲辯已忘言

飮(음) 마시다. 結(결) 얽다. 廬(려) 오두막집, 하잘것없는 집. 境(경) 지경, 곳. 人境(인경) 사람이 사는 마을. 而 접속 그러나. 車(거) 수레. 喧(훤) 시끄럽다. 시끄러운 소리. 君(군) [2인칭대명사] 그대. 能(능) 할 수 있다. 爾(이) 그렇게 하다. 何能爾(하능이) 어찌 그럴 수 있을까. 목적구임. 遠(원) 멀어지다. 곧 속세에서 멀어지다. 自 부 자연히. 偏(편) 외지다. 採(채) 꺾다. 籬(리) 울타리. 悠然(유연) 천천히. 멀리. 山氣(산기) 산 경치. 日夕(일석) 해질 녘. 佳(가) 아름답다. 與(여) 함께. 還(환) 돌아가다. 眞意(진의) 참된 뜻. 辯(변) 설명하다. 已(이) 이미.

사람 사는 마을에 집을 지었으나
수레와 말의 시끄러운 소리는 없다.
묻나니 그대여, 어찌 그럴 수 있는가?
마음이 멀어지면 땅도 스스로 외지는 것.
동쪽 울타리 밑에서 국화를 꺾다가
멀리 남산을 바라다본다.
산 경치는 해질녘이라 아름다운데,
날아가는 새들은 서로 함께 돌아간다.
이 속에 인생의 진실이 있으나,
말하려 하면 이미 말을 잊는다.

지은이 도 잠(陶潛, 365~427)

자는 연명(淵明). 진(晉)나라 말기에서 송나라 초기 사이의 시인. 명문의 후예로 일찍이 벼슬길에 올랐으나 사퇴하고 시인으로서 평생을 보냈다. 〈귀거래사(歸去來辭)〉로 유명하다.

작품 해설

음주(飮酒) 20수 가운데의 다섯 번째 시이다. 술에 취해서 읊은 것이지 직접 '술 마시는 데'에 대해서 읊은 것은 아니다. 오언 고시(五言古詩)인 만큼 형태가 절구나 율시보다 자유스러움을 알 수 있다. 벌써 운에 크게 구애되지 않고 있다.

제1·2구에서는 속세에 살면서 소란스럽지 않다고 모순된 말을 한데에 독자의 마음을 끌어당기려는 지은이의 생각이 엿보인다. 그리고 다음으로 '그대에게 묻는다(問君)'와 같이 다른 각도에서 (시에서는 흔히 쓰는 방법이지만) 같은 문제를 끄집어낸 것을 보니, 지은이에게 있어서는 이 속세를 초월해서 사는 경지가 매우 소중했으리라 생각된다.

이에 비하면 제5구에서 제8구는 매우 자연스럽다. 더구나 동쪽(東離) → 남쪽(南山) → 서쪽(日夕)에 이어서, 제8구의 결론적인 것으로 끌어간 데에는 감히 아무도 따를 수 없는 높은 기교가 엿보인다.

지은이는 이 시 하나로써 하나의 독립된 세계를 이룩하고 있으며, 거기에 지은이의 자연에 대한 생각, 곧 자연을 속세·인간 세계와는 차원을 달리한 세계로 설정해 놓고, 거기에서 이상을 찾으려는 태도를 엿볼 수 있는 것이다.

5구와 6구, 7구와 8구는 대구(對句)로 볼 수는 없으나, 서로 대응시킨 의도는 엿볼 수 있다. 이 시는 사람이 자연과 하나가 되었을 때 일어나는 즐거움을 읊은 것으로서, 자연이 간직하고 있는 그윽한 진실미를 느끼려는 작가의 참뜻이 엿보인다.

春望(춘망 : 봄을 바라보며)

두 보(杜甫)

國破山河在　　城春草木深
感時花濺淚　　恨別鳥驚心
烽火連三月　　家書抵萬金
白頭搔更短　　渾欲不勝簪

望(망) 바라보다. 國(국) 수도, 여기서는 당나라 수도 장안(長安). 破(파) 깨어지다. 感(감) 느끼다. 時(시) 시세(時世), 그때그때의 세상. 濺(천) 뿌리다. 花 [객어] 꽃에. 恨(한) 원망하다. 別(별) 이별, 여기서는 가족과의 이별. 驚(경) 놀라게 하다. 烽火(봉화) 봉화. 連(련) 계속하다. 家書(가서) 가족에게서 오는 편지. 抵(저) 해당하다. 頭(두) 머리. 搔(소) 긁다. 更(경) 더욱. 渾(혼) 전혀. 欲不 조동 하지 못하려하다. 勝(승) 이기다. 簪(잠) 비녀. * 그때는 사내들도 비녀를 꽂았다.

서울은 부서졌으나 산과 강은 남아 있고,

성은 봄이라서 풀과 나무가 우거졌다.

어려운 때를 느꺼워하니, 꽃을 보고서도 눈물 뿌리고,

이별을 탄식하니, 새소리도 마음에 사무친다.

봉화는 석 달이나 계속되고,

집에서 오는 편지는 만금에 해당된다.

(탄식하며) 흰머리를 긁고 하니, 더욱 짧아져,

전혀 (꽂힌) 비녀를 견뎌내지 못할 것 같구나.

지은이 두 보(杜甫, 712~770)

중국 당나라 때의 시인. 스물두 살 때 진사 시험을 보았으나 낙방. 이백(李白) 등과 시와 술로써 사귀었다. 후에 현종에게 초빙되었으나, 안녹산(安祿山)의 난과 함께 유랑하며 어려운 만년을 보냈다. 그의 시에는 전란의 어두운 사회 상태가 반영되어 있고, 사회악에 대한 풍자가 많으며, 만년의 작품은 애수에 찬 것이 특징이다. 형식적인 면에서도 그 기교가 기발하여, 이백과 더불어 당나라 시에 있어서 두 대가로 꼽히며. 특히 시성(詩聖)으로 불린다.

작품 해설

이 시에 나타난 전란은 '안녹산의 난'이다. 두 보는 가족을 부주(鄜州)에 소개시키고, 자기는 숙종(肅宗)을 뵈러 가다가 도중에서 반란군에게 체포되었는데, 이 시는 그때 지은 것이라 한다. 두터운 돌울타리로 된 성 위에 올라가서, 평소의 봄과는 다른 정경에 마음을 상하게 하고 있는 지은이의 모습을 그리면서, 읽어 보는 것이 좋겠다.

山中對酌(산중대작 : 산 속에서의 대작)

이 백(李白)

兩人對酌山花開　　一杯一杯復一杯
我醉欲眠君且去　　明朝有意抱琴來

對(대) 마주 대하다. 酌(작) 따르다. 對酌(대작) 마주 앉아 술을 따라서 서로 권하며 마시다. 開(개) 피다. 杯(배) 잔. 復(부) 다시. 醉(취) 취하다. 眠(면) 자다. 君(군) 그대. 且(차) 또한. 去(거) 떠나다. 明朝(명조) 날이 밝는 아침 곧 내일 아침. 意(의) 뜻. 抱(포) 안다. 琴(금) 거문고.

둘이 마주하여 술을 마시니 산꽃이 핀다.
한 잔 한 잔에 또 한 잔.
내 취해 자려는데 그대 또한 떠나누나.
내일 아침 뜻이 있거든 거문고를 안고 오라.

지은이 이 백(李白, 701~762)

당나라 때의 시인. 자는 태백(太白). 현종 때 벼슬길에 오르기는 했으나, 대개 여러 지방을 방랑하며 시와 술에 탐닉되어 품고 있던 심정을 시에 의탁하였다. 지난날의 시풍(詩風)을 집대성한 시인으로서, 두 보와 함께 당나라 2대 시인으로 알려지고 있으나, 현실과 유리된 점이 두 보와 좋은 대조를 이루고 있다. 시선(詩仙)으로 불린다.

작품 해설

'산 속에 있는 초당에 친구가 찾아와서, 둘이서 맞대고 술을 마시니 즐거운 화제에 온 산에 문득 꽃이 필 것 같다. 권하고 잡고 하여 한 잔 한 잔 또 한 잔에 날 저무는 줄 모르고 같이 마셨다. 어느덧 취해서 나오는 졸음을 이기지 못하는데, 친구도 또한 떠나려 한다. 친구여! 미진한 생각이 있거든 내일 아침에는 아예 거문고까지 가져오라. 술과 음악을 같이 즐겨 보자꾸나.' 하는 뜻의 시이다.

春夜(춘야 : 봄밤)

소 식(蘇軾)

春宵一刻直千金　　花有淸香月有陰
歌管樓臺聲細細　　鞦韆院落夜沈沈

宵(소) 밤. 一刻(일각) 한 시각. 刻(각)은 15분. 直(치) 값나가다. 値(치)와 같음. 有(유) 가지다. 陰(음) 그늘. 管(관) 관악기. 歌管(가관) [관형어] 노래 소리와 피리 소리. 樓臺(누대) 누각. 寂(적) 고요하다. 鞦韆(추천) 그네. 院(원) 집. 院落(원락) 주택 안에 있는 가운데 마당. 沈(침) 잠기다. 沈沈(침침) 밤이 깊어 조용함.

봄밤의 한 시각은 천금에 값나가는데,
꽃은 맑은 향기를 품고 달은 으스름을 머금었다.
음악소리 (한창이던) 누대엔 그 소리 적적하고,
그네 뛰는 안마당엔 밤만 깊어 간다.

지은이 소 식(蘇軾, 1036~1101)

북송(北宋)의 문사. 호는 동파(東坡). 당송 팔대가(唐宋八大家)의 한 사람. 서화에도 뛰어났다. 문장 〈적벽부(赤壁賦)〉로써 널리 알려져 있다.

작품 해설

'봄날 밤이란 일각이 천금처럼 값진 귀중한 밤이다. 여러 꽃들은 맑은 향기를 풍기면서 흐트러져 피어 있고, 으스름달은 고즈넉한 정서를 일으켜 준다. 저 정서어린 누대에서는 노랫소리와 피리소리가 너무도 고요히 들려오더니, 이제 소리마저 그쳤고, 그네 뛰는 안마당에서는 그저 밤이 깊어만 간다.'는 뜻의 시. 봄의 고즈넉한 밤의 정서를 읊은 시이다.

제6장
고사성어(故事成語)

'信'이란 한자(漢字)는 본디 약속한 일은 반드시 지킨다. 또는 거짓말을 하지 않는다는 뜻이다. 이것은 인간관계의 基本인 것이며, 또한 사회인으로서의 기본적인 조건이라고도 할 수 있을 것이다. 왜냐면 거짓말을 하거나, 약속을 지키지 않는 사람은 다른 사람들로부터 신뢰를 받을 수 없기 때문이다. 그런데 이런 점에서 볼 때, '信'은 미덕(美德)이 된다.

그러나 그 어떤 미덕이라도 그 극단(極端)에 이르게 되면, 도리어 좋지 않은 일이 생겨나게 된다. '信'도 이 점에서는 예외가 될 수 없다. 곧 그 극단에 이르게 되면, 유연성이 없어지게 되고, 따라서 융통성도 없어진다.

이와 관련된 고사(故事)에 '尾生之信'이란 말이 있다. 올리면 이렇다.

옛날 중국 춘추시대(春秋時代), 노(魯)나라에 미생이란 남자가 있었다. 그는 참으로 의리(義理)가 있는 사람이었으므로, 다른 사람들과의 약속은 어기는 일이 없었다. 그런데 그 미생이 어느 날 연인(戀人)과 데이트를 하기로 했다. 그리고 만날 장소는 그들이 늘 만났던 다리 아래로 정했다.

미생은 약속 시간이 되자 다리 아래로 나갔다. 그런데 아무리 기다려도 연인의 모습은 보이지 않았다. 보통 사람들이라면 늦어야 20-30분쯤 기다리다가는 돌아갔겠지만, 그는 의리 있는 사람이었다. 그래서 계속해서 기다렸다. 그러는 중 만조(滿潮)가 되어 강물이 불어났다. 물은 점점 불어나 다리로부터 무릎, 무릎으로부터 가슴까지 차올랐으나, 그는 약속을 지키기 위해 기다렸다. 그러다가 결국 익사해버렸다.

위의 이야기는 미생의 신의를 칭찬하고 있는 것이 아니라, 그의 융통성 없음을 비웃고 있다. 그리고 아울러 '信'과 같은 미덕도 그 극단에까지 이르게 되면, 좋지 않은 일을 만들어 낼 수 있다는 것을 말하고 있다.

'고사성어'에는, 위의 尾生之信과 같이 삶의 지혜를 담고 있는 것들이 매우 많다. 그리고 이 말들은 우리들의 언어생활을 풍부하게 해 줄 수 있다.

1. 출전의 원문과 그 주석

蛇足(사족 ; 뱀의 발)
畵蛇添足(화사첨족)의 준말. 뱀을 그리어 다리를 붙인다는 뜻으로, 소용 없는 일을 함에 비유하는 말.

楚有祠者, 賜其舍人卮酒. 舍人相謂曰, '數人飮之, 不足, 一人飮之, 有餘. 請畵地爲蛇, 先成者飮酒.' 一人蛇先成. 引酒且飮之. 乃左手持卮, 右手畵蛇曰, '吾能爲之足' 未成, 一人之蛇成. 奪其卮曰, '蛇固無足, 子安能爲之足.' 遂飮其酒, 爲蛇足者, 終亡其酒.

－戰國策

楚(초) 초나라. 有(유) 있다. 祠(사) 봄 제사, 봄 제사를 지내다. 賜(사) 주다. 舍人(사인) 식객. 卮(치) 서너 잔이 들어가는 큰 잔. 卮酒 명 한잔 술. 相(상) 서로. 謂(위) 바라 보고 말하다. 數人(수인) 몇 사람. 飮(음) 마시다. 不(불) –하지 아니하다. 足(족) 넉넉하다. 曰(왈) 말하다. 請(청) [존칭조동사] 합시다. 飮酒의 飮과 더불어 설명어가 됨. 畵(화) 그리다. 畵地 [부사구] 爲(위) 만들다. 成(성) 이루다. 引(인) 당기다. 且(차) 바야흐로 乃 접 하더니. 左手(좌수) 以左手의 준말. 持(지) 가지다. 能(능) 할 수 있다. 之(지) 이것에. * 其가 아니므로 관형어로 볼 수 없으며 객어이다. 之는 목적어·객어로만 쓰임. 足(족) 발. 未(미) 不曾의 준말, 아직 –하지 않다. 奪(탈) 빼앗다. 固(고) 본디. 子(자) 당신. 安(안) 어찌. 遂(수) 결국. 亡(망) 잃다.

초나라에 봄 제사를 지내는 사람이 있었는데, 그의 식객들에게 큰 잔술(한 잔)을 주었다. 식객들은 서로 일러 말했다. "몇 사람이 이것을 마시면 넉넉하지 못하고, 한 사람이 이것을 마시면 남음이 있다. (그러니) 땅에 (그림을) 그려 뱀을 만들되, 먼저 이룬 사람이 (이) 술을 마시기로 합시다."

한 사람의 뱀이 먼저 이루어졌다. (그는) 술을 당기어 바야흐로 그것을 마시려 하더니, 왼손으론 잔을 쥐고, 오른손으론 (다시) 뱀을 그리면서 말했다.

"나는 이놈(뱀)에게 발도 만들어 줄 수 있다." (그것이) 아직 이루어지지 아니하여 (다른) 한 사람의 뱀이 이루어졌다. (그는) 그 잔을 뺏으면서 "뱀은 본디 발이 없는데, 당신이 어찌 뱀에게 발을 만들어 줄 수 있겠소?" 하고는, 결국 (그가) 그 술을 마셨다. (그리하여) 뱀의 발을 만들던 사람은 마침내 그 술을 잃고 말았다.

- 전국책

2. 출전 일부와 그 고사

推敲(퇴고 ; 미느냐 두드리느냐)
시나 문장을 지을 때 낱말이나 구를 여러 번 생각해서 고치는 일.

"중국 당나라에 가도(賈島)란 스님이 살고 있었는데, 어떤 날, 그는 말을 타고 가다가 시 한 수를 생각해 냈다. 그 중에 '새는 못가의 나무에서 잠자고(鳥宿池邊樹), 중은 달빛 아래서 문을 두드린다(僧敲月下門).'란 구절이 있었다. 미구에 그는 그것이 '敲(두드린다)'보다는 '推(밀다)'는 말이 낫지 않을까? 하는 생각이 들었다. 두 갈래로 헤매게 된 가도는 말 위에서 '두드리는' 흉내와 '미는' 흉내를 되풀이하면서 생각에 잠기고 있던 동안, 말은 주인의 마음도 알지 못하고, 때마침 지나가던 서울의 장관이며 대 문장가인 한유(韓愈)의 행렬에 부딪치고 말았다. 성낸 부하에게 잡혀 간 가도는 자기가 무아지경에 있었던 까닭을 말했다. 듣기를 마친 한 유는 '그것은 '敲(두드린다)'가 좋겠소' 했다. 그 후부터 둘은 친한 사이가 되었다"는 고사가 있다.

3. 여러 성어와 고사들

刻舟求劍(각주구검 ; 배에 새겨서 칼을 찾음)
　　미련해서 융통성이 없음에 비유해 쓰는 말.

"중국 초나라에 어떤 사람이 배를 타고 강을 건너가다가 잘못하여 물에 칼을 빠뜨렸다. 그는 깜짝 놀라서 그 배에다 금을 그어 놓고는 '여기가 내 칼이 떨어진 곳이다'고 말하였다. 배가 기슭에 닿았을 때, 그는 표를 해 두었던 자리로부터 물 속으로 들어가 칼을 찾았으나, 칼을 찾을 수 없었다."는 고사가 있다.

結草報恩(결초보은 ; 풀을 묶어서 은혜를 갚음)
　　죽은 넋이라도 받은 은혜는 잊지 않고 갚음을 일컫는 말.

"진(晉)나라 위무자(魏武子)는 아들 위과(魏顆)에게 자기가 죽은 후에는 첩을 개가시키라고 유언해 두었다가, 죽을 때에는 마음이 변하여 첩을 죽여 순장(殉葬)해 달라고 부탁했었다. 아버지가 죽자 위과는 아버지가 몸이 성할 때 한 유언에 따라 첩을 개가시켜 주었다.

그 후 위과는 진(秦)나라와의 싸움에 출정했다. 이때 난데없이 어떤 노인이 나타나더니, 풀을 잡아 묶어서 가로막아 진(秦)나라 용사 두회(杜回)를 넘어뜨려 위과의 포로가 되게 하였다. 훗날 위과의 꿈에 그 노인이 나타나 '나는 네 아버지의 첩의 아비다. 내 딸을 개가시켜 준 은혜를 이로써 갚는다'고 하였다"는 고사가 있다.

鷄鳴狗盜(계명구도 ; 닭처럼 우는 사람과 개시늉을 하여 도둑질 하는 사람)

* 鳴・盜[명사형]

사대부가 취하지 않는 천한 기능을 가진 이나, 비천한 행동을 하는 이를 일컫는 말.

"제(齊)나라 선왕(宣王)의 이복동생인 전영자(田嬰者)의 아들 맹상군(孟嘗君)은 여러 천 명의 식객을 거느리고 있었으므로, 그 이름이 널리 제후에게까지 알려졌다. 진(秦)나라 소왕(昭王)이 맹상군이 어질다는 말을 듣고서 스스로 인질을 제나라에 보내어 만나기를 청했다. 맹상군은 의심하지 않고 진나라에 갔으나, 소왕은 그를 죽이려 했다. 맹상군은 소왕의 첩인 행희(幸姬)에게 사람을 보내 구해 달라고 했더니, 행희는 '대가로 맹상군이 가지고 온 여우 갖옷을 달라'고 했다. 그러나 그 갖옷은 이미 소왕에게 바치고 없었다.

마침 맹상군의 식객 중에 개 짖는 소리의 흉내를 내어 도둑질을 잘 하는 자가 있었다. 그는 밤에 몰래 창고 속에 들어가서 전에 바쳤던 여우 갖옷을 꺼내 와서 행희에게 바쳤다. 행희는 크게 기뻐하여 소왕에게 말하여 맹상군을 놓아 주게 했다.

풀려 나온 맹상군은 밤을 타서 함곡관까지 도망쳐 갔으나, 관문이 꼭 닫혀 있었다. 이 관문은 법에 따라 닭이 울어야 열게 되어 있었는데, 한 시의 여유도 없었다. 늑장을 부리고 있으면 소왕이 놓아 준 것을 후회하고 뒤쫓아올지도 모를 일이다. 이번에도 마침 식객 중에 닭울음소리를 흉내내는 사람이 있었다. 그가 닭 울음소리를 내니 관소의 닭이 일제히 따라 울었다. 관소의 관리들은 문을 열고 수레를 통과시켰다. 일행이 관소를 빠져나오자, 얼마 후 그들을 잡으러 포리들이 달려왔다. 그러나 이미 때는 늦었었다."는 고사가 있다.

鼓腹擊壤(고복격양 ; 배를 두드리면서 흙덩이를 침)
태평세월을 일컫는 말

"중국 고대의 성군인 요(堯)는 어진 정치를 했으므로, 온 나라가 태평했다. 그는 즉위한 지 50년이 되던 해 변장을 하고 순찰에 나섰는데, 어떤 마을에 이르니, 한 노인이 배를 두드리고 땅을 치면서, 다음과 같은 노래를 부르는 것이었다.

해가 뜨면 갈고 해가 지면 쉰다. 샘을 파서 마시고 밭을 갈아 먹는다. 임금님의 힘이 내게 무슨 아랑곳.

요는 그제야 기뻐하며 돌아갔다."는 고사가 있다.

管鮑之交(관포지교 ; 관중과 포숙의 사귐)
친구 사이의 매우 다정하고 허물없음을 일컫는 말.

"중국 춘추 시대, 관중(管仲)과 포숙(鮑叔)은 친한 사이였다. 일찍이 그들은 함께 장사를 했는데, 이익을 나눌 때 관중이 포숙보다 많이 가져갔으나, 포숙은 그를 탓하지 않았다. 관중이 가난함을 알았기 때문이다. 또 언젠가 관중은 포숙을 위하여 일을 해 준 일이 있었는데, 오히려 그를 궁지에 빠뜨리고 말았다. 그러나 포숙은 관중을 어리석다고 하지 않았다. 그는 일에는 이로운 때와 이롭지 않은 때가 있음을 알았기 때문이었다. 관중은 세 번 싸움터에 나간 일이 있었는데, 그때마다 도망쳐 왔다. 그러나 포속은 관중을 비겁한 자라 하지 않았다. 그는 관중에게 늙은 어머님이 계심을 알았기 때문이다. 훗날 관중은 '나를 낳아 준 이는 부모이나, 나를 알아주는 사람은 포숙이다'고 했다."는 고사가 있다.

刮目相對(괄목상대 ; 눈을 비비고 서로 대함)
남의 학식이나 재주가 갑자기 늘어난 데에 놀라, 인식을 새롭게 함을 일컫는 말.

"중국 오나라 손권(孫權)의 장수인 여몽(呂蒙)은 매우 무식하여 손권이 그에게 책 읽기를 권했다. 그 후 오나라의 장군 노숙(魯肅)이 여몽을 만나보고 여몽의 학문과 식견이 높은 데 깜짝 놀랐다.

노숙은 '전에 그대는 공부를 안 한 것으로 들었는데, 오늘 그대의 고매한 식견은 참으로 놀랍구려. 과연 그대는 천하의 위인이오.'하고 크게 칭찬하자, 여몽은 '선비는 헤어져 사흘만 되면, 학식의 진보에 놀라, 서로 눈을 비비고 바라보아야 합니다'고 답했다."는 고사가 있다.

南柯一夢(남가일몽 ; 남가의 한 꿈)
꿈과 같은 '한때의 헛된 부귀 권세'를 일컫는 말.

"중국 당나라 때 순우분(淳于棼)이란 선비가 술에 취해 제 집 남쪽에 있는 묵은 홰나무(槐) 밑에서 잠이 들었는데, 꿈에 두 사람의 사자가 나타나서, '저희들은 괴안국(槐安國) 왕의 분부를 받고서 선생님을 모시러 왔습니다.' 했다. 분은 그들을 따라 어떤 구멍 속으로 들어갔다. 거기는 대괴안국(大槐安國)이었다. 분이 임금 앞에 이르니, 임금은 '우리나라의 남가(南柯=남쪽 가지)군이 잘 다스려지지 않으므로 경을 군수로 삼아 이를 다스리게 하려 하오.'했다. 분이 군수로 부임한 지 20년이 되었을 때, 왕은 그를 돌아가게 했다. 깨어보니 꿈이었다.

꿈에서 깬 그가 홰나무를 찾아가 보니, 과연 큰 구멍이 있어 따라 들어가니 커다란 광장이 나타났는데, 큰 개미가 한 마리 있었다. 곧 임금이었다. 또 하나의 구멍은 남쪽으로 뻗은 가지(柯)에 있어져 있었는데, 바로 그가 다스리던 남가군이었다."는 고사가 있다.

斷機之戒(단기지계 ; 베틀의 직물을 끊는 경계)
 * 機(기) 베틀의 직물.
 학업을 중지해서는 안 된다는 것을 경계해서 일컫는 말.

"맹자가 어렸을 때 일이다. 유학갔던 그는 글을 다 배웠다면서 돌아왔다. 어머니는 마침 배를 짜고 있다가 아들에게 물었다. '너는 학문이 어느 정도에 이르렀느냐?'

맹자는 대답했다. '전과 같습니다.' 어머니는 문득 칼로써 짜던 베틀의 직물을 끊어 버렸다. 맹자는 두려워서 그 까닭을 물었다. '네가 학문을 중도에서 폐지하는 것이나, 내가 짜던 직물을 중지하는 것이나 꼭 같다. 지금 학문을 폐지하는 것이 어찌 이 짜던 직물을 중지하는 것과 다르겠느냐?' 맹자는 느낀 바 있어 그 후 분발하여 아침 저녁으로 공부하며 쉬지 않더니, 드디어 이름을 중국 천하에 떨치게 되었다."는 고사가 있다.

望雲之情(망운지정 ; 구름을 바라보는 심정)
 타향에서 부모를 그리는 심정을 일컫는 말.

"중국 당나라의 적인걸(狄仁傑)이 병주(幷州)의 법조 참군(法曹參軍) 자리에 있을 때, 그의 부모는 하양(河陽) 땅에 살고 있었다. 한번은 그 곳 태행산(太行山)에 올라가 흰구름이 외롭게 떠가는 것을 멀리 바라보고 있더니, 옆에 있는 사람들에게, "내 어버이께서는 저 구름이 가고 있는 그 아래에 계시는데, 나는 구름만 멀리 바라볼 뿐 가뵙지 못하고 슬퍼한 지가 오래 되었다" 하더니, 이윽고 구름이 다 지나가 버린 후에야 산에서 내려갔다."는 고사가 있었다.

孟母三遷(맹모삼천 ; 맹자 어머니가 세 번 이사함)
자식을 가르치기 위해서는 좋은 환경을 가려서 살아야 함을 일컫는 말.

"맹자의 집은 처음에 공동묘지 가까이에 있었다. 그러므로 맹자는 어릴 때에 즐거이 장례지내는 놀이를 했다. 어머니는 이곳이 자식을 기를 곳이 못 된다고 하여, 시장 옆으로 집을 옮겼다. 그러자 맹자는 장수들의 팔고 사는 장사놀이를 했다. 어머니는 다시 학교 옆으로 집을 옮겼다. 그랬더니 맹자는 학생들이 하는 행동에 따라, 어른을 보면 공경스레 예(禮)하는 놀이와 제사지내는 놀이를 했다. 어머니는 여기야말로 자식을 기를 곳이라 하여 눌러 살았다."는 고사가 있다.

武陵桃源(무릉도원 ; 무릉의 도원)
아름다운 별천지를 일컫는 말.

"중국 진(晉)나라 태원 연간(太元年間, A.D. 376~396)에 무릉(武陵)에 한 어부가 살고 있었다. 어느 날 그는 시내를 따라 올라가다가 길을 잃었다. 문득 복숭아나무가 우거져 있는 숲을 만났는데, 양편 언덕엔 복숭아꽃이 활짝 피어 있었다. 어부는 심히 이상하게 여겨 다시 앞으로 나아가니, 산이 있는데, 조그만 구멍이 뚫려 있었다. 그는 배를 버리고 그 구멍을 따라 들어가니, 처음에는 겨우 한 사람 정도 지나갈 만하더니 이윽고 넓고 평평한 땅이 나타나고, 집들이 서 있었다. 그리고 닭 우는 소리·개 짖는 소리가 원근에서 들려오며, 사람들은 농사를 짓고 있었다. 그들은 어부를 보더니 놀라면서 거기 온 연유를 묻고, 자기네 집으로 데리고 가서 닭을 잡고 술을 대접해 주었다. 며칠 후에 어부가 돌아가겠다고 하니, 사람들은 어부에게 밖에 나가서 절대로 이곳 얘기는 하지 말아 달라고 신신당부했으며, 굴 속에 살던 사람들은 진(秦)나라 때 전란을 피해 피난 온 사람들이라 했다."는 고사가 있다.

四面楚歌(사면초가 ; 사방에서의 초나라 노래)
매우 외로운 처지에 놓여 있음을 일컫는 말.

"중국 초나라 항우(項羽)의 군사가 해하(垓下)에 진을 치고 한나라와 싸울 때, 그들의 군사는 적고 군량은 떨어졌는데, 한나라와 몇몇 제후들의 군사들이 몇 겹으로 항우의 진을 포위했다. 그런데 밤에 사면에서 들리는 소리가 다 초나라 노랫소리뿐이었다. 그것은 한나라 군사들이 모두 초나라 노래를 불렀기 때문이다. 항우는 그것이 한군의 심리 작전인 줄을 모르고 크게 놀라 '한나라가 이미 초나라를 다 빼앗았구나. 어쩌면 한군 속에 초나라 사람이 저렇게 많을까?' 하며 자신의 운이 다했음을 느끼고 자결하고 말았다."는 고사가 있다.

三顧草廬(삼고초려 ; 세 번이나 초당을 찾음)
* 顧 : 찾다.
지체 높은 몸이 비천한 사람을 여러 번 찾음을 일컫는 말.

"중국 한나라 때 유비(劉備)는 참모였던 서서(徐庶)의 말에 따라 제갈양(諸葛亮)을 만나기 위해 그의 초당을 찾았다. 공명(孔明)은 산 속에 숨어 살지만 천하를 경륜할 수 있는 덕과 재주를 갖춘 사람이었다. 첫 번째 방문에서, 유비는 공명을 만나지 못해 머나먼 여정이 헛일로 돌아갔다. 얼마 후 다시 공명을 찾았으나 또 헛일이었다. 세 번째 유비는 다시 찾아갔다. 날씨는 몹시 추웠다. 유비가 공명의 집에 이르러 그의 동정을 물으니, 낮잠을 자고 있다고 한다. 유비는 그가 잠에서 깨어날 때를 기다려 공명과 인사를 나누고 그를 초빙했다. 공명도 마침내 그의 몸가짐에 감격해서 그의 밑에서 일할 것을 허락했다."는 고사가 있다.

塞翁之馬(새옹지마 ; 새옹의 말)
화(禍)와 복은 한 군데 머물러 있지 않고 빙빙 돌아다닌다는 것을 일컫는 말.

"중국 변방[塞]에 살던 한 늙은이[翁]가 말을 가지고 있었는데, 그 말이 까닭없이 오랑캐 땅으로 도망해 갔다. 이웃 사람들이 와서 위로의 말을 하니, 그는 '이것이 어찌 복이 되지 않는다고 하겠소?' 하였다. 과연 몇 달 후에 그 말이 오랑캐의 준마를 한 필 데리고 돌아왔다. 이웃 사람들이 축하의 말을 하니, 그는 '이것이 어찌 화가 되지 않는다고 하겠소?' 하였다. 그후 말타기를 좋아하던 그의 아들이 그 말을 타다가 떨어져 다리를 부러뜨렸다. 이웃 사람들이 위로의 말을 하니, 그는 '이것이 어찌 복이 되지 않는다고 하겠소?' 했다. 1년 후에 오랑캐가 쳐들어와, 젊은 장정들은 싸움터에 나가 싸우다가 거의 다 죽었으나, 그의 아들은 다리가 병신이었기 때문에 싸움터에 나가지 않아도 되었으므로 무사하였다."는 고사가 있다.

臥薪嘗膽(와신상담 ; 장작 위에 눕고, 쓸개를 맛봄)
* 臥(와) 눕다. 薪(신) 섶, 장작. 嘗(상) 맛보다. 膽(담) 쓸개.
심한 괴로움과 어려움을 참고 견디며 노력함을 일컫는 말.

"중국 춘추 시대 오(吳)나라의 임금 합려(闔閭)는 월(越)나라를 공격했다. 그러나 월나라의 임금 구천(勾踐)은 오나라를 크게 무찔러, 오히려 싸움터에서 부상을 입은 합려는, 이것이 원인이 되어 세상을 떠나고 말았다.

새 임금이 된 아들 부차(夫差)는 아버지의 원한을 잊지 않기 위해서 밤에는 장작[薪] 위에서 자며, 원한을 씻을 날을 기다렸다. 이 사실을 알고 월나라가 먼저 쳐들어갔다. 그러나 월나라는 오나라 군사에게 포위되어 오의 속국이 됨으로써 화해했다.

풀리어 고향으로 돌아온 구천은, 몸소 밭을 갈면서 백성들과 괴로움을 나누었고, 쓸개[膽]를 곁에 두고 여가나 식사 때 그것을 핥아 쓰디쓴 맛을 보면서, 원수 갚을 일을 맹세하곤 했다. 그리하여 12년이 지난 후 구천은 마침내 오나라를 쳐서 왕자를 사로잡아 부차가 월나라를 독립시켜 준다는 약속을 받고 왕자를 돌려보냈다."는 고사가 있다.

朝三暮四(조삼모사 ; 아침에는 셋, 저녁에는 넷)
* 朝(조) [특수명사] 아침. 暮(모) [특수명사] 저녁.

간사한 꾀로 어리석은 사람을 속이며 희롱함을 일컫는 말

"중국 송(宋)나라 때 저공(狙公)이란 사람이, 원숭이를 사랑하여 이를 길러 떼를 이루었다. 그러므로 그는 능히 원숭이의 뜻을 잘 알았다. 그는 원숭이의 떼가 너무 많았으므로, 마침내 먹이를 줄여야 하게 되었다.

그는 원숭이가 말을 잘 듣지 않을 것을 걱정해서, 먼저 원숭이들에게 '너희들에게 먹이를 아침에는 세 개를 주고 저녁에는 네 개를 주겠다'고 했더니, 원숭이들은 모조리 일어나서 성을 내었다. 그는 다시 '그러면 아침에는 네 개를 주고 저녁에는 세 개를 주겠다'고 말했더니, 그때는 모든 원숭이들이 엎드려 절을 하며 기뻐했다."는 고사가 있다.

他山之石(타산지석 ; 남의 산의 돌)
'다른 사람의 나쁜 언행일지라도 자기의 지혜와 덕을 닦는 일에 도움이 됨'을 이르는 말.

중국에서 가장 오래된 시집인 <시경(詩經)>의 소아편(小雅篇)에 이런 구절이

있다.

"남의 산의 못 생긴 돌멩이라도 숫돌 삼아 옥돌을 갈작한 것을."

이는 남의 산에서 나는 나쁜 돌도, 자기의 옥을 갈고 닦는 데에 도움이 된다는 뜻이다.

> **畵龍點睛**(화룡점정 ; 용을 그리고서 동자를 그려 넣음)
> * 點(점) 점찍다. 睛(정) 눈동자
> 가장 요긴한 곳에 손을 대서 사물을 완성시킴을 일컫는 말.

"중국 당나라 때 금릉(金陵) 땅에 살던 장승요(張僧繇)는 안락사(安樂寺)에 두 마리의 용을 그려 놓고는 눈동자를 그려 넣지 않았다. 그리고는 매양 '여기 눈동자만 그려 넣으면 용이 곧 하늘로 올라가 버린다'고 했다. 사람들은 그를 미친놈이라 했는데, 그 후에 장승요가 그중에서 한 마리에만 눈동자를 그려 넣었더니, 잠깐 사이에 우레가 울고 번개가 치더니, 벽이 쪼깨지면서 그 용은 하늘로 올라가 버렸다."는 고사가 있다.

4. 중요한 고사성어와 그 문법적 풀이

> * ( )속의 아라비아 숫자는 문장(월)이나 각 절의 문형을 나타낸다.
> (1)은 문형 1, (2)는 문형 2, (3)은 문형 3, (4)는 문형 4, (5)는 문형 5를 가리킴.
> [기움] 문형 1 [주어+설명어(자동사/형용사)]
> 　　　　문형 2 [주어+설명어(불완전자동사/지정사)+보어]
> 　　　　문형 3 [주어+설명어(타동사)+목적어]
> 　　　　문형 4 [주어+설명어(수여동사)+직접목적어+간접목적어]
> 　　　　문형 5 [주어+설명어(불완전타동사)+목적어+보어]

(1) 苛斂誅求(가렴주구 ; 가혹하게 거두고, 책망하며 요구함) [1+1]
　　백성들에게 세금 등을 가혹하게 거두고, 물품을 강제로 요구함을 이르는 말.

(2) 刻骨難忘(각골난망 ; 뼈에 새겨 두고, 잊기를 어려워함) [1+3]
　　입은 은혜를 깊이 새겨 두고 잊지 아니함을 이르는 말.

(3) 甘呑苦吐(감탄고토 ; 달면 삼키고, 쓰면 뱉음) [1+1+1+1]
　　자기의 비위에 맞으면 좋아하고, 맞지 않으면 싫어함을 이르는 말.

(4) 改過遷善(개과천선 ; 허물을 고쳐서, 옳은 일로 옮김) [3+1]
　　허물을 고치고서 옳은 길로 들어섬을 이르는 말.

(5) 改善匡正(개선광정 ; 고쳐서 좋게 하고, 바르게 고침) [1+1+1]
　　匡 바를(광), 匡正 바르게 고침.
　　좋게 고치고, 잘못을 바로잡음을 이르는 말.

(6) 蓋棺事定(개관사정 ; 널(뚜껑)을 덮어야 일이 정해짐) [3+1]
　　사람의 공과 허물은 죽은 후라야 정해짐을 이르는 말.

(7) 隔靴搔痒(격화소양 ; 신을 사이에 두고, 가려운 데를 긁음) [3+3]
　　隔(격) 사이에 두다. 搔(소) 긁다. 痒(양) 가렵다. 여기서는 명사형이니, 가려운 데.
　　신 위에서 발의 가려운 곳을 긁는다는 말로, 마음으로 애써하려 하나 아무리 해도 실제 효과를 얻지 못함을 이르는 말.

(8) 牽强附會(견강부회 ; 끌어다가(牽) 억지로(强) 붙여서(附) 맞춤) [1+1+1]
　　말을 억지로 끌어와서 억지로 붙여서, 이치에 맞게 하려 함을 이르는 말.

(9) 見危授命(견위수명 ; 위태로움을 보면 목숨을 바침) [3+3]
　　授(수) 주다.
　　나라가 위태로워지면 목숨을 바쳐서 싸움을 이르는 말.

(10) 見物生心(견물생심 ; 물건을 보면 마음이 생겨남) [3+3]
　　물건을 보면 욕심이 생겨남을 이르는 말.

(11) 經國濟世(경국제세 ; 나라를 경륜하고 세상을 구제함) [3+3]
　　나라를 잘 다스려서 도탄에 빠진 백성을 구제함을 이르는 말.

(12) 敬而遠之(경이원지 ; 공경하면서 그를 멀리함) [3+3]
　　而 접 하면서.

295

상대를 공경하기는 하나 가까이하지 아니함을 이르는 말.

(13) 驚天動地(경천동지 ; 하늘을 놀라게 하고 땅을 움직이게 함) [3+3]
　　　세상을 몹시 놀라게 함을 이르는 말.

(14) 孤掌難鳴(고장난명 ; 한쪽 손바닥만으로는 소리내기 어려움) [1=M₂+P(P+S)]
　　　혼자서는 일이 잘 되지 아니함을 이르는 말.

(15) 苦盡甘來(고진감래 ; 괴로운 일이 끝나면, 달콤한 일이 옴) [1+1]
　　　苦 [명사형] 괴로운 일. 甘 [명사형] 달콤한 일.
　　　고생이 끝나면 즐거운 일이 닥쳐옴을 이르는 말.

(16) 曲學阿世(곡학아세 ; 굽어진 학문으로 세상에 아첨함) [1=M₂+P+M₂]
　　　曲學而阿世의 준말. 바른길에서 벗어난 학문으로 세상에 아첨함을 이르는 말.

(17) 過猶不及(과유불급 ; 지나친 것은 미치지 못한 것과 같음) [1(S+P+C)]
　　　過 [명사형] 지나친 것. 不 [명사형] 못하는 것.
　　　지나친 것이나 모자란 것이나 다 올바르지 못함을 이르는 말.

(18) 君子不器(군자불기 ; 군자는 그릇이 아님) [2]
　　　不=非
　　　군자는 찻잔이나 밥그릇과 같이 그 쓰임이 정해져 있으며, 응용할 수 없는 것이 아니라는 뜻으로, '군자는 모든 일에 다 능함'을 이르는 말.

(19) 捲土重來(권토중래 ; 땅을 말아서, 다시 옴) [3+1]
　　　국토를 똘똘 말아서 다시 쳐들어간다는 뜻으로, '한번 패하였다가 세력을 회복하여, 있는 힘을 다하여 다시 쳐들어감'을 이르는 말.

(20) 近墨者黑(근묵자흑 ; 먹을 가까이하는 사람은 검어짐)[(1(S+P)]
　　　近 [명사형] 가까이하는 이. 黑 [동] 검어지다.
　　　나쁜 사람과 사귀면 나빠짐을 이르는 말.

(21) 錦上添花(금상첨화 ; 비단 위에 꽃수를 놓음) [3]
　　　上 [객어] 위에. 添(첨) 보태다.
　　　잘된 일에 잘된 일을 더함을 이르는 말.

(22) 錦衣夜行(금의야행 ; 비단옷으로 밤에 걸어감) [1]
　　　錦衣 [객어] 以錦衣의 준말. 夜 [특수명사] 밤에.

성공은 했으나 보람이 없음을 이르는 말.

(23) 氣高萬丈(기고만장 ; 기개의 높이가 일만 길임) [1]
　　萬丈 [설명어] 만 길이다.

　　일이 뜻대로 잘 되었을 때 기꺼워하는 모양이나 성을 내었을 때 그 기운이 펄펄 나는 듯한 모양을 이르는 말.

(24) 男負女戴(남부여대 ; 사내는 (무엇을) 지고 여자는 (무엇을) 임) [3+3]
　　가난한 사람이 집을 떠나서 떠돌아다니는 모습을 이르는 말.

(25) 難兄難弟(누구를) 형이라 이르기도 어렵고, (누구를) 동생이라 이르기도 어려움) [1+1]
　　難(난) 주어를 뒤에 가지는 형용사이다. 兄=謂兄(주어구)의 준말. 弟=謂弟(주어구)의 준말. 謂 [불완전자동사] 이르다. 여기서는 명사형이니 이르기.

　　사물의 어느 쪽이 낫고 어느 쪽이 못함을 분간하기 어려움을 이르는 말.

(26) 勞心焦思(노심초사 ; 마음으로 애쓰며, 생각[마음]을 태움) [1+3]
　　心 [객어] 以心의 준말.

　　속을 태울 대로 태움을 이르는 말.

(27) 多聞博識(다문박식 ; 들은 것이 많고, 널리 앎) [1+1]
　　聞 [주어] 형용사 多는 주어를 뒤에 가짐. 識 알다.

　　견문이 많고, 지식이 풍부함을 이르는 말.

(28) 膽大心小(담대심소 ; 담은 크게 가지려 해야 하고, 마음은 섬세하게 가지려 해야 함) [3+3]
　　이 숙어는 '膽欲大而心欲小'에서 欲과 而가 줄어서 된 말이다. 膽 [목적어]. 心 [목적어].

　　일을 할 때 기국은 크게 가지되 하나하나 낱낱이 살펴야 함을 이르는 말.

(29) 大器晚成(대기만성 ; 큰 인물은 늦게 이루어짐) [1]
　　器 인물

　　크게 될 인물은 오랜 공적을 쌓아 나이 많아져서야 성공하게 됨을 이르는 말.

(30) 道聽塗說(도청도설 ; 길에서 들은 것과 길에서 말한 것)[1+1]
　　道 [객어] 於道의 준말. 塗 [객어] 길, 途와 같음, 於塗의 준말.

　　길거리에 떠도는 뜬소문을 이르는 말.

(31) 同病相憐(동병상련 ; 같은 병인은 서로 불쌍하게 여김) [3]
　　病 통 앓다. 여기서는 명사형이니 앓는 사람 곧 병인. 憐 타 불쌍히 여기다.

　　처지가 비슷한 사람끼리는 서로 동정하게 됨을 이르는 말.

(32) 得隴望蜀 (득롱망촉 ; 농을 얻으면 촉을 바라봄) [3+3]
    隴 중국의 지금의 甘肅省(감숙성). 蜀 중국의 지금의 四川省.

    서쪽의 농을 손에 넣으면, 남쪽의 촉을 다시 손에 넣으려 한다는 뜻으로, '사람의 욕심은 한이 없음'을 이르는 말.

(33) 燈火可親 (등화가친 ; 등불에 가까이할 만함) [1]
    可 [조동사] 할 만하다. 親 동 가까이하다. 燈火 [객어] 등불에.

    글읽기에 알맞음을 이르는 말. (가을이 독서의 계절임을 가리켜 말할 때 씀)

(34) 無不通知 (무불통지 ; 통하여 알지 못하는 것이 없음)
    無 [특수형용사] 주어를 뒤에 가짐. 不通知 [주어구] 不 [조동사] 아니하다. 여기서는 명사형임. 아니한 것.

    무슨 일이든지 모르는 것이 없음을 가리켜 이르는 말.

(35) 無所不爲 (무소불위 ; 하지 못할 일이 없음) [1]
    所 [불완전명사] 것, 일, 바…. 수식어를 뒤에 가짐이 특징. 不 [조동사] 하지 아니하다, 하지 못하다. 不爲 – 所의 수식어.

    못할 일이 없음을 가리켜서 이르는 말.

(36) 背恩忘德 (배은망덕 ; 은혜를 저버리고, (받은) 혜택을 잊음) [3+3]
    背 동 저버리다. 忘 동 잊다.

    남에게서 입은 은혜를 저버리고, 받은 혜택을 잊는다는 뜻으로, '남의 은덕을 저버림'을 가리켜서 이르는 말.

(37) 百折不屈 (백절불굴 ; 백 번 꺾여도 굽히지 아니함) [1+1]
    百 [부사어] 수사는 문장(월)에서 동사를 수식할 수 있음. 折 동 꺾다. 여기서는 피동형.

    의지가 굉장히 강함을 가리켜 이르는 말.

(38) 附和雷同 (부화뇌동 ; 온화한 이에게도 붙고, 사나운 사람과도 함께 함) [1+1]
    和 형 온화하다. 여기서는 명사형 온화한 이. 雷 (뢰) [객어] 성질이 사나움의 비유, 곧 사납다의 뜻. 여기서는 명사형이니 사나운 사람.

    아무 주견 없이, 남의 말에 덩달아 좇음을 이르는 말.

(39) 粉骨碎身 (분골쇄신 ; 뼈를 가루로 만들고 몸을 조각조각으로 만듦) [3+3]
    粉 가루, 여기서는 타동사로 가루로 만들다. 碎 부수다, 조각조각으로 만들다.

    자기 몸을 돌보지 않고 있는 힘을 다함을 이르는 말.

(40) 不問曲直 (불문곡직 ; 굽음과 곧음을 묻지 아니함) [3]

問 [타동사]. 曲直 [목적어].

옳고 그름을 묻지 아니함을 이르는 말.

(41) 非一非再(비일비재 ; 하나가 아니고 둘도 아님) [2+2]
非 지 아니다. 一 [보어]. 再 [보어].

한번 두 번이 아니란 뜻. 하나 둘이 아니란 뜻. 곧 수두룩함을 이르는 말.

(42) 四顧無親(사고무친 ; 사방을 돌아보아도, 친한 이가 없음) [3+1]
四 명 사방. 親 형 친하다. 여기서는 명사형 친한 이.

가까운 사람이라고는 전혀 없음을 이르는 말.

(43) 山戰水戰(산전수전 ; 산에서도 싸우고, 물에서도 싸움) [1+1]
山 [객어]. 水 [객어].

세상 일에 대해서 겪은, 온갖 어려운 경험을 이르는 말.

(44) 桑田碧海(상전벽해 ; 뽕나무밭이 푸른 바다가 됨) [1]
海 [용언형] 바다가 되다.

옛날의 뽕나무밭이 지금은 푸른 바다로 변했다는 뜻으로, 시대의 변천에 따라 세상이 일의 변함이 너무 심함을 가리켜서 이르는 말.

(45) 生面不知(생면부지 ; 처음 대면하므로 일지 못함) [1+1]
生 형 새롭다. 여기서는 부사이니 처음의 뜻. 面 통 대면하다.

한 번도 본 일이 없으므로 도무지 알 수 없음을 이르는 말.

(46) 雪上加霜(설상가상 ; 눈에 서리를 더함) [3]
上 후 에. 加 [타동사]. 雪上 [객어] 눈에.

눈이 내려서 추운 데다가 서리마저 내린다는 뜻으로, 불행한 일이 잇달아 일어남을 이르는 말.

(47) 說往說來(설왕설래 ; 말이 가고 말이 오고) [1+1]
說 명 말.

말이 가면 말이 오고 하여, 서로 옥신각신함을 이르는 말.

(48) 束手無策(속수무책 ; 손을 묶었으므로, 대책이 없음) [3+1]
策 명 꾀, 대책.

어찌할 방법이 없음을 이르는 말.

(49) 手不釋卷(수불석권 ; 손에서 책을 놓지 않음) [3]

手 [객어] 於手의 준말. 釋 동 놓다. 卷 책.
열심히 공부함을 이르는 말.

(50) 袖手傍觀(수수방관 ; 손을 소매에 넣고 곁에서 보고 있음) [3+1]
袖 동 소매에 넣다. 傍 [객어] 於傍의 준말, 곁에서.
팔짱을 끼고 곁에서 보고만 있다는 뜻으로, 직접 관여하지 않고 되는 대로 내버려 둠을 이르는 말.

(51) 脣亡齒寒(순망치한 ; 입술이 없어지면 이가 시림) [1+1]
亡 동 잃다. 寒 형 차다.
이해 관계가 깊은 둘 중에서 하나가 없어지면, 다른 하나도 위험해짐을 이르는 말.

(52) 食少事煩(식소사번 ; 먹을 것은 적은데, 일은 많음) [1+1]
食 먹다. 여기서는 명사형. 먹을 것. 煩 형 많아서 괴롭다.
먹을 것은 적은데, 할 일은 많음을 이르는 말.

(53) 神出鬼沒(신출귀몰 ; 신처럼 나타났다가, 귀신처럼 숨음) [1+1]
出 동 나오다. 沒 동 숨다. 神鬼 [객어].
자유자재로 나타났다가 숨었다가 한다는 뜻으로 '변화가 무궁하여 헤아릴 수 없음'을 이르는 말.

(54) 我田引水(아전인수 ; 내 논에 물을 끌어들임) [3]
引 끌다. 끌어들이다. 我田 [객어구] 내 논에. 水 [목적어] 물을.
봇물을 내 논으로만 끌어댄다는 뜻으로, 자기에게만 이롭게 하려 함을 이르는 말.

(55) 愛之重之(애지중지 ; 사랑하고 중히 여김) [3+3]
重 [타동사] 중히 여기다.
매우 사랑하고 중히 여긴다는 뜻.

(56) 養虎遺患(양호유환 ; 범을 길러서, 근심을 남기게 함) [3+3]
遺 남기다. 患 근심.
화근을 길러서 근심을 만드는 것을 이르는 말.

(57) 語不成說(어불성설 : 말이 이치를 갖추지 못함) [3]
說 말. 여기서는 이치에 맞는 말.

말이 조금도 이치에 맞지 않음을 이르는 말.

(58) 抑强扶弱 (억강부약 ; 강한 이를 누르고, 약한 이를 도움)[3+3]
强 형 강하다. [명사형] 강한이. 弱 [명사형] 약한이.
강한 자를 누르고, 약한 자를 도와 줌을 이르는 말.

(59) 易地思之 (역지사지 ; 처지를 바꾸어, 그 일을 생각함) [3+3]
易(역) 바꾸다. 地 명 처지. 之 대 그것, 그 일.
남의 일에 대해서는 처지를 바꾸어 생각해야 함을 이르는 말.

(60) 緣木求魚 (연목구어 ; 나무에 기어올라가서, 고기를 구함)[1+3]
緣 명 인연, 동 기어오르다.
도저히 이룰 수 없는 일을 하려 함을 가리켜 이르는 말.

(61) 五里霧中 (오리무중 : 5리가 안개 속임) [1]
霧 명 안개. 中 [설명어] 속이다.
5리나 낀 짙은 안개 속에서 길을 찾기 어려운 것처럼, 무슨 일에 대해서 '도저히 알 길이 없음'을 이르는 말.

(62) 吳越同舟 (오월동주 ; 오나라와 월나라가 배를 같이함) [3]
吳 명 옛날 중국 전국 시대의 나라의 이름, 월나라와는 원수의 사이였음. 吳越 [주어구]. 同 [타동사] 같이 하다.
오나라 사람과 월나라 사람이 같은 배를 탔다는 뜻에서, 서로 사이가 나쁜 사람끼리 한자리에 있게 되었으나, 그들이 공통의 이익에 대해서는 서로 협력함을 이르는 말.

(63) 溫故知新 (온고지신 ; 옛 일을 익히고, 새 일을 알아 냄) [3+3]
溫 동 익히다. 故 명 옛날, 옛일, 옛것.
옛날 일이나 옛날의 서적을 익혀서 새 진리를 깨쳐냄을 이르는 말.

(64) 容或無怪 (용혹무괴 ; 혹 용납하더라도, 괴이할 것이 없음) [1+1]
或 부 혹. 容 동 용납하다.
혹 그럴 수도 있으므로, 괴이하게 여길 것이 없음을 이르는 말.

(65) 牛耳讀經 (우이독경 ; 쇠 귀에 경을 읽음) [3]
牛耳 [객어] 쇠 귀에. 經 불경.
무슨 말을 하여도 도무지 알아듣지 못함을 가리켜 이르는 말.

(66) 遠交近攻(원교근공 ; 먼 데와는 사귀고, 가까운 데는 친다) [1+3]
　　遠 [객어] 먼 데와, 近 [명사형] 가까운 데.
　　먼 나라와는 친하게 지내고, 가까운 나라는 공격함을 이르는 말.
　　[기움] 흔히 먼 데 있는 나라와 친하게 지내어서 가까운 나라를 협공해서 망치는 계략을 이른다.

(67) 有耶無耶(유야무야 ; 있는지 없는지) [1+1]
　　耶 [종] (야) 느냐? 의문, 반문, 선택을 나타냄.
　　어떤 일을 흐리멍텅하게 넘김을 이르는 말.

(68) 以實直告(이실직고 ; 사실을 바로 아룀) [3]
　　以 [전] 을. 以實 [목적어] 사실을.
　　있은 사실은 바로 그대로 말씀드림을 이르는 말.

(69) 一刻千金(일각천금 : 일각이 천금임) [1]
　　刻 [명] 시간. 一刻 [주어] 시간의 단위로서 15분에 해당하나, 삽시간의 뜻으로 쓰임. 千金 [설명어] 천냥 곧 많은 돈.
　　일각이 천금에 견주어지는 값어치 있는 시간이란 뜻으로, 지극히 중요한 시간이나 기후가 썩 좋은 계절을 가리켜 이르는 말.

(70) 日就月將(일취월장 ; 날로 나아가고 달로 나아감) [1+1]
　　日 [특수명사] 객어. 月 [특수명사] 객어.
　　날로 달로 진보함을 가리켜서 이르는 말.

(71) 自手成家(자수성가 ; 자기 손으로 살림을 이룩함) [3]
　　自手 [객어] 以自手의 준말. 家 [목적어] 살림, 가산(家産).
　　물려받은 재산 없이, 자기 힘으로만 한 살림을 이룩함을 이르는 말.

(72) 自繩自縛(자승자박 ; 자기의 줄로 자기를 묶음) [3]
　　自繩 [객어] 以自繩외 준말. 繩 [명] 노, 줄. 自縛 (O+P) 自는 목적어로 쓰일 때에는 설명어 위에 놓임.
　　자기가 한 언행으로, 자기가 구속받음을 이르는 말.

(73) 自畵自讚(자화자찬 ; 자기의 그림을 자기가 칭찬함) [3]
　　自 [관형어] 자기의. 畵 [목적어] 그림을. 自畵 [목적구].
　　자기가 한 일을 자기 스스로 자랑함을 이르는 말.

(74) 賊反荷杖(적반하장 ; 도둑이 도리어 몽둥이를 멤) [3]
　　反 [부] 도리어. 荷 [타동사] 메다. 杖 [목적어] 몽둥이.

도둑이 도리어 집주인을 치려고 어깨에 몽둥이를 멘다는 뜻으로, 잘못한 자가 도리어 잘한 이를 나무람을 이르는 말.

(75) 漸入佳境(점입가경 ; 점점 아름다운 곳에 들어감) [1]
　　漸 부 점점. 入 [설명어].
　점점 재미있는 경지에 들어감을 이르는 말.

(76) 積小成大(적소성대 ; 작은 것을 쌓아서 큰 것을 이룩함)[3+3]
　　積 [타동사] 쌓다. 成 [타동사] 이루다.
　티끌 모아 태산과 같은 말인데, 아무리 대단한 것도 작은 것이 모이고 모여서 됨을 이르는 말.

(77) 左衝右突(좌충우돌 ; 왼쪽을 찌르고 오른쪽과 부딪침) [3+1]
　　衝 [타동사] 찌르다. 突 [자동사] 부딪치다.
　사방을 상대로 하여, 이리저리 마구 치고 받고 하거나, 말을 마구 주고 받고 함을 이르는 말.

(78) 走馬看山(주마간산 ; 말을 달리면서, 산을 봄) [3+3]
　바빠서 자세히 살피지 못하고 대충대충 봄을 이르는 말.

(79) 衆寡不敵(중과부적 ; 많은 이에게 적은 이는 대적하지 못함) [(1)(객어+주어+설명어)]
　　衆 [명사형] 많은 이. 寡 [명사형] 적은 이. 敵 동 대적하다.
　적은 수효로써 많은 수효와 맞서게 되면 겨룰 수 없음을 이르는 말.

(80) 衆口難防(중구난방 ; 뭇 입은 막기가 어려움) [포유문 : 1=[S+P(P+S)]
　　衆 관 뭇. 難 어렵다. 이 형용사는 주어를 뒤에 가짐.
　뭇 사람의 말은 막기가 어려움을 이르는 말.

(81) 重言復言(중언부언 ; 거듭 말하고 다시 말함) [1+1]
　　重 부 거듭. 復 부 다시.
　한 말을 자꾸 되풀이함을 이르는 말.

(82) 進退維谷(진퇴유곡 ; 나아가도 물러가도 다만 골짜기뿐임) [1+1+1]
　　進退 [설명어] 進과 退는 동격임.
　꼼짝달싹할 수 없는 궁지에 빠짐을 이르는 말.

(83) 千載一遇(천재일우 ; 천 년에 한 번 만남) [1]
　　載 특명 년. 千載 [객어] 천년에. 遇 [설명어].

여간해서 만나기 어려움을 가리켜 이르는 말.

(84) 寸鐵殺人(촌철살인 ; 한 치의 철물로써 사람을 죽임) [3]
　　寸鐵 [객어] 以寸鐵의 준말. 鐵 **명** 철물.
　　간단한 한 마디 말로 급소를 찔러, 사람을 꼼짝하지 못하게 함을 이르는 말.

(85) 醉生夢死(취생몽사 ; 취해서 살다가 꿈(속)에서 죽음) [1+1]
　　醉 [부사형] 취해서. 夢 [객어] 於夢의 준말. 生 [설명어] 살다.
　　아무런 의의 없이, 이룬 것 없이 흐리멍덩하게 한평생을 보냄을 가리켜서 이르는 말.

(86) 針小棒大(침소봉대 ; 바늘처럼 작은데, 몽둥이처럼 크게 이름) [1+3]
　　針 [객어] 如針(바늘처럼)의 준말. 棒 [객어] 如棒의 준말. 大 [용언형] 크게 이르다.
　　작은 일을 허풍을 떨어 크게 말함을 가리켜 이르는 말.

(87) 兎死拘烹(토사구팽 ; 토끼가 죽으면, 개가 삶김) [1+1]
　　拘 개, 개새끼. 烹 [타동사] 삶다.
　　재빠른 토끼가 죽으면, 그것 때문에 수고를 한 사냥개는 쓸 데가 없어지므로 삶겨서 먹힌다는 뜻에서, '적이 망하면 공이 있는 신하들은 이미 필요 없으므로 죽음을 당하게 됨'을 이르는 말.

(88) 敗家亡身(패가망신 ; 가산을 없애고, 몸을 망침) [3+3]
　　敗 **동** 없애다.
　　집안 살림을 완전히 다 없애고, 명예나 체면 따위가 말할 수 없는 지경에 이름을 이른 말.

(89) 萍水相逢(평수상봉 ; 부평초가 물에서 서로 만남) [1]
　　萍 **명** 개구리밥=부평초. 水 [객어] 於水의 준말.
　　타향에서 서로 우연히 만나서 알게 됨을 이르는 말.

(90) 抱腹絶倒(포복절도 ; 배를 움켜쥐고서, 크게 넘어짐) [3+1]
　　抱(포) 안다. 絶 **부** 심히.
　　너무 우스워서 배를 움켜잡고 몸을 가누지 못함을 이르는 말.

(91) 風磨雨洗(풍마우세 ; 바람에 갈리고, 비에 씻김) [1+1]
　　風 [객어] 於風의 준말. 雨 [객어] 於雨의 준말.
　　집 속에 있지 못하고, 한데(=노천)서 쓸쓸히 보냄을 가리켜 이르는 말.

(92) 風飛雹散 (풍비박산 ; 바람처럼 날아가고, 우박처럼 흩어짐) [1+1]
雹 명 우박.

　사방으로 날아 흩어짐을 이르는 말.

(93) 鶴首苦待 (학수고대 ; 학처럼 목을 빼고, 몹시 기다림) [1+3]
首 [설명어] 목을 길게 뺌. 苦 부 몹시.

　몹시 기다림을 가리켜서 이르는 말.

(94) 緘口無言 (함구무언 ; 입을 다물고, 말이 없음) [3+1]
緘 [타동사] 봉하다, 다물다. 言 [주어] 말이.

　한 말도 변명할 말이 없음을 가리켜서 이르는 말.

(95) 好事多魔 (호사다마 ; 좋은 일에는 마가 많음) [1]
好事 [객어] 좋은 일에. 多 [특수형용사] 주어를 뒤에 가짐. 多魔(P+S). 魔 명 일이 잘 되지 아니하게 헤살을 부리는 귀신.

　좋은 일에는 방해되는 일이 많음을 이르는 말.

(96) 惑世誣民 (혹세무민 ; 세상을 어지럽게 하여, 백성을 속임)[3+3]
惑 [타동사] 어지럽게 하다. 誣 [타동사] 속이다.

　세상을 어지럽게 하여 사람을 속임을 이르는 말.

(97) 魂飛魄散 (혼비백산 ; 혼은 날아가고, 백은 흩어짐) [1+1]
魂魄(혼백) 넋(魂은 넋의 양(陽)에 속하는 부분을 이르고, 魄은 음(陰)에 속하는 부분을 이름).

　너무 놀라서 정신을 차릴 수 없음을 이르는 말.

(98) 惶恐無地 (황공무지 ; 황공하여, (몸 둘) 땅이 없음) [1+1]
惶 형 두렵다. 恐 두렵다. 惶恐 형 몹시 두렵다. 地 명 곳.

　너무 죄송하여 몸 둘 곳을 모른다는 뜻.

(99) 後生可畏 (후생가외 ; 후배를 두려워해야 한다) [3]
後生 후배, 나이가 어린 후배란 뜻. 後生可畏 후배 학자는 나이는 어리고 기력이 있어 스스로 힘써 학문을 계속 연구하므로, 그 조예를 헤아릴 수 없어, 두려워해야 한다는 공자의 말씀에서 나온 말. 可 [조동사] 해야 한다. 畏 형 두렵다, 동 두려워하다.

　'젊은 학도를 두려워해야 함'을 이르는 말.

(100) 厚顔無恥 (후안무치 ; 두꺼운 얼굴에 부끄러움이 없음) [1]
厚 형 두껍다. 顔 [객어] 얼굴에. 恥 형 부끄럽다.

　'뻔뻔스러우며 부끄러워할 줄을 모름'을 이르는 말.

5. 연습문제

* 다음 경우에 해당하는 성어를 보기에서 찾으시오.

①同床異夢 ②羊頭狗肉 ③燈火可親 ④刻骨難忘 ⑤緣木求魚

1. 사람은 은혜를 잊어서는 안 된다.(   )
2. 겉 다르고 속 다르다.(   )
3. 가을은 독서의 계절이다.(   )

4. 만나면 반드시 헤어진다.
   ①我田引水 ②目不忍見 ③孤掌難鳴 ④會者定離 ⑤厚顔無恥
5. 세상이 크게 변하다.
   ①首丘初心 ②桑田碧海 ③背恩忘德 ④犬馬之勞 ⑤附和雷同
6. 아무리 가르쳐도 소용이 없다.
   ①轉禍爲福 ②羊頭狗肉 ③背恩忘德 ④刻骨難忘 ⑤牛耳讀經
7. 숲을 볼 수는 있으나 나무를 보지 못함.
   ①袖手傍觀 ②刮目相對 ③緣木求魚 ④識字憂患 ⑤博而不精

* 다음 (   ) 안에 들어갈 한자를 보기에서 찾으시오.

①變 ②答 ③物 ④問 ⑤歸

8. 事必(   )正

9. 見( )生心
10. 東問西( )

* 다음 설명과 관련이 있는 성어를 보기에서 찾으시오.

> ①臥薪嘗膽 ②內憂外患 ③龍頭蛇尾 ④進退兩難 ⑤日就月將

11. 출발은 야단스럽고 끝은 흐지부지함.( )
12. 나날이 발전해 나감.( )
13. 이러지도 저러지도 못함.( )

14. 신하가 왕을 농락하고 속이면서 권세를 휘두르는 것을 의미하는 성어는?
    ①權門勢家 ②指鹿爲馬 ③朝三暮四 ④羊頭狗肉 ⑤結草報恩
15. '刮目相( )'에서 ( ) 속에 들어갈 한자는?
    ①處 ②和 ③好 ④視 ⑤對
16. 질서가 정연해 흐트러짐이 없음
    ①一以貫之 ②一罰百戒 ③一場春夢 ④一片丹心 ⑤一絲不亂
17. 자신이 한 말이나 행동 때문에 괴로움을 당함
    ①自中之亂 ②自繩自縛 ③自暴自棄 ④自畵自讚 ⑤自手成家
18. 좀처럼 만나기 어려운 좋은 기회
    ①千篇一律 ②千慮一失 ③千載一遇 ④千差萬別 ⑤千態萬象
19. 두 강자끼리 서로 싸움
    ①龍虎相搏 ②龍飛御天 ③龍頭蛇尾 ④龍味鳳湯 ⑤龍蛇飛騰

20. 그는 은혜를 저버렸다

　　①首丘初心　②桑田碧海　③背恩忘德　④犬馬之勞　⑤附和雷同

21. 그는 도저히 되지 않을 일을 하려고 한다.

　　①袖手傍觀　②刮目相對　③緣木求魚　④識字憂患　⑤指鹿爲馬

22. 혼자 힘만으로는 일을 이루기 힘들다

　　①獨也靑靑　②過猶不及　③兼人之勇　④孤掌難鳴　⑤堅忍不拔

22. 목적을 달성한 뒤에 도와준 사람을 배신하다.

　　①兎死狗烹　②漁父之利　③背恩忘德　④四分五裂　⑤魚頭肉尾

23. 위 사람을 농락해 권세를 마음대로 휘두름

　　①指鹿爲馬　②權不十年　③切齒腐心　④貪官汚吏　⑤支離滅裂

* 다음 말과 관계가 있는 성어를 보기에서 찾으시오.

　　①內憂外患　②易地思之　③抱腹絶倒　④進退兩難　⑤重言復言

24. 근심거리가 매우 많다.(　)
25. 입장 바꿔 생각해 봐.(　)
26. 했던 말을 되풀이함.(　)

* 다음 (　) 안에 들어갈 한자를 보기에서 찾아 넣으시오.

　　①骨　②益　③在　④考　⑤顧

27. 三( )草廬

28. 人命( )天

29. 多多( )善

* 다음 설명에 어울리는 한자 성어는?

30. 잘못한 사람이 도리어 화를 낸다.
①賊反荷杖 ②雪上加霜 ③東問西答 ④百年河淸 ⑤漸入佳境

31. 어찌할 방법이 없음.
①指鹿爲馬 ②切齒腐心 ③束手無策 ④一場春夢 ⑤南柯一夢

* 다음 경우에 해당하는 성어를 보기에서 찾아 넣으시오.

①四顧無親 ②四面楚歌 ③難兄難弟 ④易地思之 ⑤東問西答

32. 막상막하.( )

33. 의지할 곳이 없다.( )

34. 묻는 말에 딴판으로 대답함.( )

35. ( )衣還鄕에서 ( ) 속에 들어갈 글자는?
①玉 ②金 ③衾 ④寶 ⑤錦

36. '烏飛( )落'에서 ( ) 속에 들어갈 글자는?
①李 ②利 ③梨 ④果 ⑤實

37. '切磋( )磨'에서 ( ) 속에 들어갈 글자는?
①啄 ②鐸 ③琢 ④濯 ⑤托

* 다음 경우에 해당하는 성어를 보기에서 찾아 넣으시오.

①表裏不同 ②矛盾 ③雪上加霜 ④五里霧中 ⑤進退兩難

38. 겉과 속이 다르다.(1)
39. 시험에 떨어졌는데 애인은 헤어지자고 한다.(3)
40. 도무지 길이 보이지 않는다.(4)

41. 뻔뻔스러워 부끄러운 줄 모른다.
    ①我田引水 ②目不忍見 ③厚顏無恥 ④語不成說 ⑤狐假虎威
42. 있는 힘을 다하여 일을 한다.
    ①首丘初心 ②結草報恩 ③背恩忘德 ④犬馬之勞 ⑤殺身成仁
42. 화와 복은 늘 바뀌어 변화가 많다.
    ①轉禍爲福 ②桑田碧海 ③神出鬼沒 ④事必歸正 ⑤塞翁之馬

* 다음 빈 칸에 들어갈 한자를 보기에서 찾아서 쓰시오.

①思 ②新 ③異 ④傳 ⑤患

43. 有備無(   )
44. 溫故知(   )
45. (   )口同聲

* 다음 경우에 해당하는 성어를 보기에서 찾아 넣으시오.

> 1.苦盡甘來 2.南柯一夢 3.馬耳東風 4.結草報恩 5.緣木求魚

46. 은혜를 잊어서는 안 된다.(4)

47. 고생 끝에 즐거움이 온다.(1)

48. 一場春夢.(2)

49. 박재상의 부인은 남편이 돌아오기를 애타게 기다렸다.
    ①獨也靑靑 ②鶴首苦待 ③兼人之勇 ④孤掌難鳴 ⑤博而不精

50. 융통성이 없으며 어리석은 행동.
    ①賊反荷杖 ②雪上加霜 ③東問西答 ④百年河淸 ⑤刻舟求劍

부록

1. 한자의 종류 – 육서(六書)

漢字의 글자 만들기 방식은 크게, 상형(象形)과 지사(指事) 회의(會意) 형성(形聲)의 넷으로 나눌 수 있다. 이 네 가지 방식에 관하여 설명하면 다음과 같다.

1 상형(象形)

상형(象形)은 사물의 모양을 구체적으로 그린 것이다.

山(산)과 川(천)이란 두 개의 글자가 있다고 하자. '山'은 세 개의 산봉우리가 솟아 있는 모양을 앞에서 보고 그린 글자이고, '川'은 양 쪽 언덕 사이로 물이 흐르는 것을 위에서 보고서 그린 글자이다. 곧 이 두 글자는 모두 사물의 모습을 그림으로 그린 글자이며, 그 뜻은 각각 '산'과 '내'이다.

그런데 이 '山'과 '川'을 보는 사람들 가운데는 이것이 어떻게 '산'과 '내'를 그린 것이냐고 물을 이도 있을 것이다. 한자를 대하는 이들이 반드시 알아 두어야 할 것이 있는데, 한자는 본디는 지시대상을 그대로 그린 그림이었는데, 이것이 사회의 약속에 따라서 그림의 꼴에서 멀어졌다는 것이다.

위의 두 글자는 모두 사물의 모양을 그린 것이므로, 상형(象形)문자에 속하며, 이것이 한자의 글자 만들기의 첫 번째 방식이다.

한자에서 위의 '山'이나 '川'과 같이 상형의 방법으로 만들어진 글자는 크게 여덟 종류로 나눌 수 있는데, 올리면 이렇다.

1) 하늘의 현상과 관련이 있는 글자 — '日' '月' '雨' '夕' 등이 있다.
2) 땅과 관련이 있는 글자 — '山' '川' '田' '木' '井' '水' '火' '行' '生' 등이 있다.
3) 사람(인체)과 관련이 있는 글자 — '目' '臣'[1] '耳' '口' '毛' '手' '足' '心' '女' '子' '人' '大' '夫' 등이 있다.
4) 동물과 관련이 있는 글자 — '龜' '馬' '犬' '羊' '牛' '象' '鳥(隹)' '龍' '魚' '貝' 등이 있다.
5) 식물과 관련이 있는 글자 — '禾' '米' '竹' '艸(草, ⺾)' 등이 있다.
6) 의복과 관련이 있는 글자 — '衣' '糸'[2] 등이 있다.
7) 집과 관련이 있는 글자 — '門' '戶' '穴' 등이 있다.
8) 기물과 관련이 있는 글자 — '車' '皿' '舟' '刀' '弓' '矢' '戈' '臼' '主' '冊' 등이 있다.

2 지사(指事)

지사(指事)는 추상적 상형이다.

本(본)'과 末(말)이란 두 개의 글자가 있다고 하자. '本(본)'은 본디 '나무뿌리'란 뜻인데, 여기서 의미가 확장되어 '근본'이나 '바탕'이라는 뜻이 생겨났다. 그리고 '末(말)'은 본디 '나무 끝'을 나타낸 글자인데, 이를 줄여서 그냥 '끝'이라는 뜻으로 사용하고 있다.

그런데 이것들이 어떻게 해서 각각 '나무뿌리'와 '나무 끝'을 나타내는 글

---

1) 임금과 신하가 서로 마주 대할 때, 임금은 언제나 위에 있고 신하는 아래에 있다. 따라서 신하가 임금을 바라보려면 고개를 위로 쳐들어야만 한다. 여기서 '目'을 세로로 그려서 위로 바라보는 모양을 나타낸 것이 바로 '臣'이다.
2) '糸'는 실이 꼬여있는 모양을 그린 것이다. 후에는 뜻을 명확하게 나타내기 위하여 자형을 두 개 중첩시켜 '絲'를 만들었다. '糸'가 부수로 들어가 있는 글자들은 '紅' '綠' '素' '紫'와 같이 '빛깔'과 관련을 가진 글자들이 많다. 왜냐하면 이 글자들은 염색과의 관련에서 생겨난 것이기 때문이다.

자가 되는 것인지? 그 이유를 살펴보기로 하자. 먼저 '本'은 그 글자를 자세히 살펴보면 '木(목: 나무)'와 'ㅡ'이 어울려서 이루어져 있음을 알 수 있을 것이다. 그런데 이 가운데 '木'은 앞에서도 말했듯이 나무의 모습을 그림으로 그린 글자 곧 상형글자이다. 그러나 'ㅡ'은 우리가 보통 알고 있는 '하나'라는 뜻을 가지고 있으며, '일'이라는 음으로 읽히는 글자가 아니다. 결론적으로 말해서 이 'ㅡ'은 글자가 아니라 상형자인 '木'에 붙어서 나무의 '뿌리' 부분을 가리켜 주고 있는 부호이다. 그리고 '末' 또한 이를 갈라보면 '木'과 'ㅡ'로 이루어져 있다. 그런데 이 'ㅡ'도 本의 'ㅡ'과 같이 글자가 아니라 나무의 '끝' 부분을 가리켜주고 있는 부호이다.

이상을 통하여 살펴보았듯이 '本'과 '末'은 하나의 사물을 그림으로 그린 글자 위에 부호를 사용하여 가리키고 싶은 것을 추상적으로 나타낸 글자이다. 그런데 이것들이 어떤 사물[事]을 가리키는[指] 성격을 가지고 있다고 하여, 이를 흔히 지사문자라고 한다.

한자의 지사글자에는, 위에서 설명한 것, 즉 상형문자에 '부호'를 붙여서 만들어낸 것 이외에도 한 가지가 더 있다. 그것은 나타내려고 하는 뜻을 추상적인, 그림으로 나타낸 것이다. 보기로는 '上(상: 위)' '下(하: 아래)'를 들 수 있는데, 이것들은 각각 어떤 물체가 어떤 기준[ㅡ]의 위나 아래에 있음을 추상적으로 나타낸 글자들이다. 그런데 전자의 보기로는 '刃' '本' '寸' '母' 등을 들 수 있고, 후자의 보기로는 'ㅡ' '二' '上' '下' '大' '小' 등을 들 수가 있다.

3 회의(會意)

회의(會意)는 둘 이상의 상형문자의 뜻을 모아서 이루어진 글자이다.

보기를 들어 解(해)와 明(명)이란 두 글자가 있다고 하자.

'解'와 '明'은 그 글자꼴을 각각 자세히 살펴보면, '解'는 '角(각: 뿔)'과 '刀(도: 칼)' 그리고 '牛(우: 소)'가 어울려서 된 글자임을, 그리고 '明'은 '日(일: 해)'와 '月(월: 달)'이 합해져서 이루어진 글자임을 알 수 있을 것이다. 그런데 잘 알고 있듯이 이 '解'와 '明'은 각각 '풀다'와 '밝다'라는 뜻을 가지고 있다. 그러면 어떻게 해서 이들 글자가 이러한 뜻을 가지게 되었는가를 살펴보기로 하자.

먼저 '解'를 이루고 있는 '角, 刀, 牛' 세 글자의 뜻을 합해서 하나의 말을 만들어 보기로 하자. 아마 '칼로 소를 갈라서 뿔을 뽑다'라는 뜻을 유추해낼 수 있을 것이며, 다시 이를 통하여 이것이 '풀다'3)라는 뜻을 가지게 됨을 알 수 있을 것이다. 또 '明'도 '日'과 '月'을 묶어서 생각해 본다면, 이것이 '밝다'라는 뜻을 가지게 되는 것을 쉽게 이해할 수 있을 것이다.4)

이상을 통하여 살펴보았듯이 '解'와 '明'은 둘 이상의 상형문자가 어울려서 된 글자이다. 그런데 위의 풀이를 통해서도 알 수 있듯이 이것들은 전체 글자를 이루고 있는 글자들의 뜻[意]을 모아서[會] 그 글자의 뜻으로 글자이므로, 이를 회의(會意, 뜻을 모은다)문자라고 한다.

'회의'는 결국 구체적인 그림[상형]으로도 또 추상적인 그림[지사]으로도 나타낼 수 없는 개념을 둘 이상의 그림의 뜻을 모아 나타낸 것이라 하겠다. 회의문자의 보기를 들면 이렇다.

'家' '武' '信' '焚' '休' '祭' '班(分)' '炙'5) '步' '保' '好' '間' '閑' '葬'
'學' '敎' '鳴' '吠' '取' '媚' '美' '授' '受' '光' '見' '看' '道' '年'6) '昏'
'男' '斷' '絶' '雙' '隻' '戒'

---

3) 본뜻은 '소를 잡는다.'이다.
4) '明'을 이루고 있는 '日'은 원래 '해'를 그린 것이 아니라 '창문'을 그린 것이라는 설도 있다. 곧 <달빛이 창에 비치다 = 밝다>는 것이다.
5) 炙(구: 뜸)와는 다른 글자이다. 그러나 이 글자는 '弗(찬: 꼬치)'과는 관련이 있다.
6) 본디 사람이 등에 볏단을 지고 있는 모습을 그린 것이다. 그래서 '年'에는 풍년이란 뜻이 있다.

4 형성(形聲)

형성(形聲)은 뜻의 요소와 소리의 요소와 어울려서 된 글자이다.

보기를 들어 '柱, 住, 注'란 세 개의 글자가 있다고 하자. 위의 세 글자는 모두 둘 이상의 글자가 합해져서 된 글자이다. 곧 이것들은 각각 '主'와 <木, 亻(人), 氵(水)>가 각각 어울려서 된 글자들이다. 그런데 '木'과 '人'그리고 '水'가 각각 '나무', '사람', '물'의 뜻을 가지고 있다는 것은 잘 알고 있을 것이니, '主'의 뜻을 살펴보고서, 이를 통하여 위의 세 글자의 뜻을 알아보기로 하자.

'主(주: 주인)'는 등잔(燈盞) 위에 촛불이 타고 있는 모습을 그린 상형자인데, 이것이 옛날 중국에서 집주인이 손님과 술을 마실 때, 주인이 등잔에 불을 붙이는 예(禮)를 행했던 것에서 '주인'이라는 뜻을 가지게 되었다.

이 세 글자는 공통점을 갖고 있는데, 그것은 이들의 독음은 똑같이 '주'라는 것이다. 곧 이들 글자에서 '主'는 뜻과는 관련을 가지고 있지 않지만, 그것의 음(音)인 '주'는 전체 글자의 소리를 나타내는 음부(音符, 소리의 요소)의 기능을 하고 있는 것이다.

그리고 다시 위에 보기로 올린 글자들에서 '主'를 뺀 나머지 부분을 살펴보기로 하자. 아마 '主'를 제외한 '木' '人' '水'가 각각의 글자들의 뜻과 서로 밀접한 관계를 맺고 있음은 쉽게 알 수 있을 것이다.

결론적으로 이들 글자는 뜻의 범주를 나타내는 글자('木' '人' '水'가 이에 해당한다.)와 독음을 나타내는 글자(主가 이에 해당한다.)가 어울려서 이루어진 것이다. 한자에는 이러한 방법으로 만들어진 글자들이 절대 다수를 차지하고 있다. 그런데 이와 같이 음을 나타내는 글자와 뜻의 범주를 나타내는 글자가 어울려서 된 글자를 형성(形聲)[7]이라고 하는데, 이는 한자전체의 90% 이상을 차지하고 있다.

형성문자의 보기를 들면 이렇다.

1. 共(공)— 供(제공하다), 恭(공손하다), 拱(받들다)
2. 禺(우)— 寓(붙어살다), 愚(어리석다), 遇(만나다), 偶(짝), 隅(모퉁이)
3. 韋(위)— 違(다르다, 어기다), 圍(에워싸다), 衛(지키다), 偉(크다, 위인), 葦(갈대)
4. 相(상)— 霜(서리), 箱(상자), 想(생각), 孀(청상)
5. 堇(근화)— 槿(무궁화), 勤(부지런하다), 謹(삼가다), 僅(겨우), 覲(뵙다)

---

7) 形은 '뜻'이고, 聲은 '음'인데, 이 말은 뜻과 음이 합쳐져서 만들어진 글자라는 것이다

부 록

2. 한 글자가 여러 뜻을 가진 '기본 한자'

한자는 한 글자가 한 소리마디로 되었으며, 한 글자가 또한 한 낱말이라 해도 과언이 아니다. 그러므로 한 글자가 여러 뜻을 가진 이들 한자는 잘 익혀 두어야 한다. - 풀이 속에 나오는 (( ))는 해당 한자의 음이 다름을 나타낸 것.

[2획]

乃 (내) ① 너. ② 곧[접속사].

[3획]

干 (간) ① 방패. ② 구하다(求). ③ 범하다(犯). ④ 간여하다.
女 (녀) ① 여자. ② 딸. ③ 너. ④ 짝짓다(女于其子=그 아이에게 짝지어 주다)
亡 (망) ① 망하다. ② 잃다. ③ 도망하다. ④ ((무))없다.
上 (상) ① 임금. ② 오르다(上船=배에 오르다). ③ 귀히 여기다. ④ 올리다(上書=글을 올리다). ⑤ 더하다(草上之風偃=풀은 바람을 그것에 더하면 반드시 쓰러진다-풀은 그 위로 바람이 불면 반드시 쓰러진다는 뜻).
也 (야) ① (이)다[종결사]. ② 또. ③ 강조접미사(必也-'반드시'의 강조).
于 (우) ① 가다. ② 굽히다. ③ 탄식하다. ④ 크다. ⑤ 이에(부사). ⑥ 에, 에서, 에게, 을[를], 보다[전치사].
已 (이) ① 그치다. ② 말다. ③ 낫다. ④ 이미. ⑤ 매우. ⑥ 얼마후. ⑦ 뿐[종결사].
之 (지) ① 이것. ② 이[관형사]. ③ 가다. ④ 의[후치사]. ⑤ 조성자[調聲字(소리를 고르는 글자)]-久之=이윽고. 頃之=얼마 후.

[4획]

方 (방) ① 모(네모진 것). ② 쪽. ③ 당하다(當). ④ 비교하다. ⑤ 가지런히 하다. ⑥ 거역하다. ⑦ 비로소. ⑧ 바야흐로.

夫 (부) ① 남편. ② 사내. ③ 대저[부사]. ④ 저[관형사] ⑤ 다시. ⑥ 감탄종결사(逝者如斯夫=가는 것은 이와 같도다!)

不 (불) ① 없다. ② ((부))아닌가[종결사] ③ [보조용언] 하지 아니하다.

比 (비) ① 견주다. ② 가지런히 하다. ③ 미치다. ④ 이마적.

少 (소) ① 젊다. ② 나이 어리다. ③ 없다. ④ 잠깐. ⑤ 얼마후.

予 (여) ① 나. ② 주다(=與).

尤 (우) ① 허물. ② 탓하다. 나무라다. ③ 심하다. ④ 더욱.

仍 (잉) ① 말미암다(=因). ② 좇다(=從). ③ 자주. ④ 거푸. ⑤ 오히려. ⑥ 이에[부사].

中 (중) ① 가운데. ② 속. ③ 안. ④ 동안. ⑤ 중용. ⑥ 맞다(적중하다).

[5획]

可 (가) ① 듣다. ② 허락하다. ③ 옳다. ④ 좋다. ⑤ 가히. 약(約). ⑥ –할 만하다. ⑦ –할 수 있다.

乍 (사) ① 잠깐. ② 갑자기. ③ 차라리. * 반드시 可 와 어울려서 사가(乍可)로써 '차라리'의 뜻이 됨. ④ 문득.

申 (신) ① 원숭이. ② 거듭하다. ③ 말하다.

由 (유) ① 따르다(=從). ② 쓰다(=用). ③ 말미암다. ④ 부터(由湯至於武=탕왕으로부터 무왕에 이른다)

以 (이) ① 까닭. ② 하다(視其所以=그가 한 바를 본다). ③ 쓰다(사용하다). ④ 생각하다. ⑤ 거느리다. ⑥ 그리하여[접속사] ⑦ 더불어[전치사], –와 함께. ⑧ (으)로써. ⑨ (으)로부터. ⑩ 심히.

且 (차) ① 또. ② 바야흐로. ③ 장차. ④ 가령. ⑤ 잠시.

[6획]

交 (교) ① 사귀다. ② 맞닿다. ③ 바꾸다. ④ 서로 끼다(交臂=팔을 서로 끼다).

伐 (벌) ① 치다(징벌하다). ② 베다. ③ 자랑하다.

如 (여) ① 가다. ② 같이하다. ③ 미치다. ④ 같다. ⑤ 만일. ⑥ 접속사(而와 같은 구실을 함).
危 (위) ① 위험하다. ② 위태롭다. ③ 높다.
而 (이) ① 너. ② 곧[부사]. ③ 그리고, 그러나, 그리하여, 그런데, 그러고서[접속사]. ④ 접미사－부사를 만들어 줌.
任 (임) ① 임무. ② 맡기다. ③ 견디다.
自 (자) ① 몸소. ② 스스로. ③ 부터.
行 (행) ① 행동. ② 가다. ③ (행)하다. ④ 보내다. ⑤ 돌다. ⑥ 가면서(부사). ⑦ ((항))줄(대열).

[7획]

見 (견) ① 보다. ② ((현))뵙다. ③ 보이다(示). ④ ((현))나타나다. ⑤ 피동조동사.
更 (경) ① 시간의 단위. ② 고치다. ③ 바꾸다. ④ ((갱))다시. ⑤ ((갱))더욱.
克 (극) ① 이기다. ② 할 수 있다. ③ 능히.
良 (량) ① 좋다. ② 낫다[형용사]. ③ 진실로. ④ 잠깐.
否 (부) ① 아니(다). ② 없다. ③ 그렇지 않다. ④ 거부하다.
言 (언) ① 말. ② 나[대명사]. ③ 말하다. ④ ((은))화기애애하다. ⑤ 조성자(永言=길이, 오래도록).
作 (작) ① 만들다. ② 짓다. ③ 일어나다. ④ 일으키다.
住 (주) ① 살다. ② 머무르다. ③ 그치다.
何 (하) ① 잠시. ② 무엇. ③ 어디. ④ 메다. ⑤ 어찌. ⑥ 어째서. ⑦ 왜냐면. ⑧ 어느.

[8획]

固 (고) ① 굳다. ② 본디[부사]. ③ 진실로.
罔 (망) ① 그물(=網). ② 그물치다. ③ 속이다. ④ 어둡다. ⑤ 말다(금지하다). ⑥ 없다.
阜 (부) ① 언덕. ② 왕성하게 하다. ③ 성하게 하다.
非 (비) ① 아니다. ② 어긋나다. ③ 비방하다. ④ 그르다고 하다.
卑 (비) ① 낮다. ② 천하다(=賤). ③ 사동조동사.
舍 (사) ① 집. ② 용서하다. ③ 두다(그만두다). ④ 버리다(=捨). ⑤ 쏘다. ⑥ 살다(머무르다).
尙 (상) ① 존경하다. ② 존중히 여기다. ③ 높이다. ④ 더하다. ⑤ 오래다. ⑥ 아직. ⑦ 부디[부사].

垂 (수) ① 가장자리. ② 드리우다. ③ 거의[부사].
於 (어) ① 에, 에서, 에게, 을(를), 보다[전치사]. ② 이에[접속사]. ③ ((오))아![감탄사].
宜 (의) ① 당연하다. ② 화목하다. ③ 의당(해야 한다).
易 (이) ① 업신여기다. ② 다스리다. ③ 쉽다. ④ ((역))바꾸다.
直 (직) ① ((치))값. ② ((치))값가다. ③ 곧다. ④ 즉시. ⑤ 다만.
或 (혹) ① 어떤 이. ② 어떤 때. ③ 의심하다. ④ 이상히 여기다. ⑤ 있다. ⑥ 혹[부사].

[9획]

苦 (고) ① 쓰다[형용사]. ② 괴롭다. ③ 매우. ④ 간절히.
故 (고) ① 까닭. ② 연고. ③ 옛. ④ 오래 되다. ⑤ 본디[부사]. ⑥ 일부러.
苟 (구) ① 소홀히 하다. ② 구차스레. ③ 진실로. ④ 만일.
亟 (극) ① 급히 하다. ② ((기))자주.
矜 (긍) ① 자랑하다. ② 삼가다.
度 (도) ① 법칙. ② 건너다. ③ ((탁))헤아리다.
封 (봉) ① 영토. ② 봉하다(제후에 봉하다). ③ 봉하다(편지 등을 봉하다).
負 (부) ① 지다(등에 지다). ② 배반하다. ③ 지다(싸움에 지다).
相 (상) ① 정승. ② 돕다. ③ 보다. ④ 서로.
是 (시) ① 이것. ② 옳다. ③ 옳다고 하다. ④ 이다[지정사].
食 (식) ① 먹다. ② 녹을 먹다. ③ 어지럽히다. ④ 어기다(食言=언약을 어기다). ⑤ ((사))밥. ⑥ ((사))기르다.
信 (신) ① 편지. ② 믿다. ③ 믿기다. ④ 펴다. ⑤ 진실로.
若 (약) ① 너. ② 쫓다(따르다). ③ 같다. ④ 또는. ⑤ 만일. ⑥ 이러한[관형사].
要 (요) ① 허리. ② 구하다(=求). ③ 기다리다. ④ 요컨대[접속사].
愈 (유) ① 그렇다. ② 더욱.
者 (자) ① 사람. ② -은/는[조사]. ③ (이)란[조사]. ④ 이, 곳, 것[불완전명사]. ⑤ 때를 나타내는 말에 붙어서 그 말을 부사로 만들어 주는 접미사(近者=요사이, 今者=이제).
前 (전) ① 앞[시간·공간]. ② 먼저. ③ 나아가다.

卽 (즉) ① 오르다(자리에 오르다). ② 곧[접속사]. ③ 즉시[부사]. ④ 만일.
秖 (지) ① 마침(부사). ② 다만. ③ 秖 는 祗 와 같은 뜻으로 쓰이기도 함.
則 (칙) ① 법칙. ② 따르다(법칙에 따르다). ③ 본받다. ④ ((즉))곧[접속사].
殆 (태) ① 가깝다. ② 위태롭다. ③ 피로하다. ④ 거의.
恤 (휼) ① 걱정하다. ② 구제하다. ③ 불쌍히 여기다.

[10획]

徑 (경) ① 길(방법). ② 좁은 길. ③ 지나다. ④ 마침내.
徒 (도) ① 무리(=群). ② 거듭. ③ 헛되이. ④ 다만. ⑤ 맨(접두사)(徒 手 =맨손).
倍 (배) ① 갑절. ② 배반하다. ③ 더욱.
殺 (살) ① 죽이다. ② 희생. ③ ((쇄))빠르다. ④ ((쇄))덜다.
純 (순) ① 천진하다. ② 크다. ③ 오로지.
逆 (역) ① 큰 죄. ② 거스르다. ③ 맞이하다. ④ 미리.
容 (용) ① 모습. ② 들이다(入). ③ 용서하다. ④ 모양내다. ⑤ 할 수 있다[조동사].
從 (종) ① 세로[명사]. ② 따르다(좇다). ③ 제멋대로 하다. ④ 부터[조사].
疾 (질) ① 병. ② 앓다. ③ 미워하다. ④ 빠르다.
差 (차) ① 차[어긋남의 뜻. 명사]. ② 어긋나다. ③ 보내다. ④ 조금.
値 (치) ① 값어치. ② 만나다.
特 (특) ① 혼자. ② 다만. ③ 특히.
害 (해) ① 해. ② 해치다. ③ 놓치다. ④ ((할))어느것/때.
效 (효) ① 공적. ② 보람. ③ 본받다. ④ 주다(바치다).
候 (후) ① 철(계절). ② 날씨. ③ 살펴보다. ④ 기다리다. ⑤ 문안드리다.

[11획]

假 (가) ① 빌다. ② 빌려 주다. ③ 만일.
頃 (경) ① 이랑. ② 즈음. ③ 잠깐. ④ 이즘. ⑤ 잠깐 후에.
規 (규) ① 법(法). ② 바로잡다. ③ 생각하다. ④ 경계짓다.

動(동) ① 움직이다. ② 자칫하면[부사].
累(루) ① 누(해를 입고 괴로움을 받음). ② 포개다. ③ 괴롭히다. ④ 자주.
庶(서) ① 가깝다. ② 원컨대[부사]. ③ 뭇[관형사].
速(속) ① 빠르다. ② 부르다(초대하다). ③ 빨리.
率(솔) ① 거느리다. ② 따르다(從). ③ ((률))율. ④ 대강[부사]. ⑤ ((수))장수(=帥).
孰(숙) ① 누구. ② 어느 것. ③ 어느 쪽.
焉(언) ① 이것. ② 여기. ③ 어디. ④ 어찌. ⑤ 조성자(調聲字)[忽焉=문득].
庸(용) ① 평소(평상시). ② 쓰다(사용하다). ③ 고용하다. ④ 어리석다. ⑤ 평범하다. ⑥ 어찌.
惟(유) ① 생각하다. ② 다만. ③ 오직. ④ 생각건대. ⑤ 은/는[강세조사].
陰(음) ① 음(陽의 맞선말). ② 그늘. ③ 흐리다. ④ 몰래.
異(이) ① 재앙. ② 의아하게 생각하다. ③ 다르다.
將(장) ① 장수. ② 거느리다. ③ 나아가다. ④ 가지다. ⑤ 또. ⑥ 바야흐로(-하려 하다).
陳(진) ① 진(陣). ② 벌려 놓다. ③ 묵다(오래 되다). ④ 말하다.

[12획]

間(간) ① 사이. ② 잠깐. ③ 이즘. ④ 휴식. ⑤ 섞다. ⑥ 비방하다.
幾(기) ① 조짐(징조). ② 얼마를 지나다. ③ 가깝다. ④ 거의. ⑤ 부디. ⑥ 몇.
短(단) ① 단점(短點). ② 짧다. ③ 비방하다.
備(비) ① 갖추다. ② 모두.
傷(상) ① 상처. ② 다치다. ③ 아프다.
須(수) ① 기다리다. ② 쓰다(사용하다). ③ 잠깐. ④ 절대로.
勝(승) ① 이기다. ② 견디다. ③ 낫다[형용사]. ④ 좋다. ⑤ 죄다[부사].
尋(심) ① 발(두 팔을 벌린 길이). ② 여덟 자(八尺). ③ 찾다(방문하다). ④ 묻다. ⑤ 잇다.
惡(악) ① 나쁘다. ② ((오))미워하다. ③ ((오))비방하다. ④ ((오))어찌. ⑤ ((오))아![감탄사].
爲(위) ① 행위. ② 하다. ③ 되다. ④ 삼다. ⑤ 만들다. ⑥ 생각하다. ⑦ 위하다. ⑧ 배우다. ⑨ 다스리다.
  ⑩ 체한다[조동사]. ⑪ 피동조동사.
曾(증) ① 더하다. ② 일찍이. ③ 곧[접속사].

就(취) ① 나아가다. ② 되다. ③ 이루다. ④ 가령. ⑤ 곧[접속사].

[13획]

鳩(구) ① 비둘기. ② 모으다. ③ 편하게 하다.
過(과) ① 허물. ② 지나가다. ③ 지나치다. ④ 꾸짖다. ⑤ 잘못하다.
道(도) ① 길. ② 도리. ③ 말하다. ④ 인도하다. ⑤ 다스리다. ⑥ 거치다.
塗(도) ① 길. ② 바르다(칠하다). ③ 흙투성이가 된다.
微(미) ① 아니다. ② 감추다. ③ 조금. ④ 몰래.
與(여) ① 동아리. ② 주다. ③ 참여하다. ④ 허락하다. ⑤ 더불다. ⑥ 위하다. ⑦ -와/과[전치사]. ⑧ 와/과[접속사]. ⑨ 의문종결사. ⑩ 단정종결사.
運(운) ① 운수. ② 운반하다. ③ 돌다.
愈(유) ① 낫다(병이 낫다). ② 낫우다. ③ 더욱.
資(자) ① 자질. ② 밑천. ③ 돕다.
著(저) ① 나타나다. ② 현저하다. ③ 표시하다. ④ ((착))붙다. ⑤ ((착))입다.

[14획]

蓋(개) ① 뚜껑. ② 덮다. ③ 대개. ④ ((합))어찌 -하지 않느냐?
遣(견) ① 보내다. ② 사동조동사.
寧(녕) ① 편안하다. ② 차라리. ③ 정중히. ④ 어찌.
嘗(상) ① 맛보다. ② 시험하다. ③ 일찍이. ④ 언제나.
遜(손) ① 달아나다. ② 따르다(=順). ③ 사양하다. ④ 양도하다.
維(유) ① 바(굵은 줄). ② 구석. ③ 잇다. ④ 다만. ⑤ 감탄사(말을 끄집어낼 때 씀).
爾(이) ① 너. ② 이, 이것, 여기. ③ 가깝다. ④ 그렇다. ⑤ 그렇게[부사]. ⑥ 그, 그것. ⑦ 뿐[종결사].
輒(첩) ① 번번이. ② 문득. ③ 쉽게[부사].
稱(칭) ① 일컫다. ② 달다(저울질하다). ③ 칭찬하다. ④ 맞다(딱 알맞다). ⑤ 일으키다.

[15획]

稽(계) ① 생각하다. ② 이르다. ③ 머무르다.
數(수) ① 수효. ② 운수. ③ 세다. ④ 꾸짖다. ⑤ ((삭))자주.
遺(유) ① 남다. ② 남기다. ③ 잊다. ④ 잃다. ⑤ 떨어뜨리다. ⑥ 보내다. ⑦ 버리다.
適(적) ① 가다. ② 즐기다. ③ 들어맞다. ④ 마침. ⑤ 다만.

[16획]

豫(예) ① 참여하다. ② 놀다. ③ 기뻐하다. ④ 미리.
謂(위) ① (-에게) 이르다[동사]. ② (-을/를) 이르다. 비평하다[동사] ③ 생각하다.
諸(제) ① 이것. ② 모든. ③ 의문종결사. ④ '지어(之於)'의 준말.

[17획]

彌(미) ① 너르다. ② 퍼지다. ③ 걸리다(시간 따위가). ④ 오래다. ⑤ 더욱.
薄(박) ① 얇다. ② 다가오다. ③ 깔보다. ④ 잠깐.
邀(요) ① 맞이하다. ② 구하다(求).
應(응) ① 응답하다. ② 응하다. ③ 틀림없이(-해야 한다).
膺(응) ① 가슴. ② 치다(정벌하다). ③ 받다.
濟(제) ① 건너다. ② 구제하다. ③ 쓰다(사용하다). ④ 이루다.

[18획]

歸(귀) ① 돌아가다. ② 돌아오다. ③ 시집가다. ④ 보내다. ⑤ 돌리다.
藉(자) ① 깔다. ② 빌다(=借(차)). ③ 돕다. ④ 능가하다. ⑤ 가령[부사].
職(직) ① 직무. ② 공물(貢物). ③ 맡아보다. ④ 오로지.

[19획]

難 (난) ① 어려움. ② 어렵다. ③ 나무라다. ④ 꺼리다.
嚮 (향) ① 향하다(向). ② 지난번에[부사]. ③ 앞서. ④ 접때.
懷 (회) ① 마음. ② 품(가슴). ③ 생각. ④ 품다. ⑤ 생각하다. ⑥ 따르다(그리워서 좇다).

[20획]

覺 (각) ① 깨닫다. ② 깨다(잠을 깨다). ③ 나타나다.
釋 (석) ① 풀다. ② 놓아주다(放). ③ 버리다. ④ 놓다(손에서 놓다). ⑤ 용서하다.

[21획]

顧 (고) ① 돌보다. ② 돌아보다. ③ 반성하다. ④ 찾다(방문하다). ⑤ 생각건대.
饒 (요) ① 넉넉하다. ② 용서하다. ③ 가령.

3. 잘못 읽기 쉬운 한자말[漢字語(한자어)]

(ㄱ)

間歇(간헐)　甘蔗(감자)　戡定(감정)　降下(강하)　改悛(개전)
坑夫(갱부)　醵出(각출)　更張(경장)　更迭(경질)　驚蟄(경칩)
股肱(고굉)　袴衣(고의)　膏肓(고황)　滑稽(골계)　誇張(과장)
攪亂(교란)　交驩(교환)　口腔(구강)　句讀(구두)　口碑(구비)
句節(구절)　詭辯(궤변)　龜鑑(귀감)　龜裂(균열)　契丹(거란)
旗幟(기치)　喫煙(끽연)

(ㄴ)

儺禮(나례)　懦弱(나약)　拿捕(나포)　難澁(난삽)　捺印(날인)
捏造(날조)　內帑(내탕)　鹿皮(녹피)　鹿茸(녹용)　磊落(뇌락)
漏泄(누설)

(ㄷ)

茶店(다점)　團欒(단란)　曇天(담천)　撞着(당착)　陶冶(도야)
獨擅(독천)　遁走(둔주)　鈍濁(둔탁)　登攀(등반)

(ㅁ)

滿腔(만강)　萬朶(만타)　罵詈(매리)　魅惑(매혹)　驀進(맥진)
萌芽(맹아)　明徵(명징)　明皙(명석)　木瓜(모과)　牡牛(모우)
巫覡(무격)　拇印(무인)

(ㅂ)

撲殺(박살)　剝奪(박탈)　博奕(박혁)　蟠桃(반도)　反駁(반박)
般若(반야)　頒布(반포)　潑剌(발랄)　拔萃(발췌)　跋扈(발호)
勃興(발흥)　幇助(방조)　便秘(변비)　兵站(병참)　菩提(보리)
布施(보시)　不辜(불고)　沸騰(비등)　妃嬪(비빈)

(ㅅ)

詐欺(사기)　簑笠(사립)　獅子吼(사자후)　使嗾(사주)
索漠(삭막)　數數(삭삭)　撒布(살포)　商賈(상고)　相殺(상쇄)
上梓(상자)　賽錢(새전)　省略(생략)　殺倒(쇄도)　水剌(수라)
馴致(순치)　猜忌(시기)　豺狼(시랑)　柴糧(시량)　十方(시방)
示唆(시사)　猜疑(시의)　閃光(섬광)

(ㅇ)

齷齪(악착)　軋轢(알력)　斡旋(알선)　謁見(알현)　隘路(애로)
濾過(여과)　軟膏(연고)　涅槃(열반)　銳敏(예민)　誤謬(오류)
嗚咽(오열)　惡辱(오욕)　兀然(올연)　歪曲(왜곡)　緩和(완화)
猥褻(외설)　窯業(요업)　凹凸(요철)　聳動(용동)　雨雹(우박)
誘拐(유괴)　遊說(유세)　凝結(응결)　義捐(의연)　罹病(이병)
移徙(이사)　怡悅(이열)　弛緩(이완)　貽憂(이우)　湮滅(인멸)
人質(인질)　一括(일괄)　一切(일체(명), 일절(부))　剩餘(잉여)
孕胎(잉태)

(ㅈ)

自刎(자문)　藉藉(자자)　箴言(잠언)　沮止(저지)　塡充(전충)
奠幣(전폐)　截斷(절단)　點睛(점정)　接吻(접문)　稠密(조밀)

朱螺(주라)　駐箚(주차)　嗾囑(주촉)　蠢動(준동)　櫛比(즐비)
眞摯(진지)　桎梏(질곡)　什物(집물)　執拗(집요)

(ㅊ)

差使(차사)　捉來(착래)　僭濫(참람)　參差(참차)　懺悔(참회)
剔抉(척결)　躑躅(척촉)　闡明(천명)　喘息(천식)　尖端(첨단)
諦念(체념)　涕泣(체읍)　數呂(촉고)　忖度(촌탁)　麤談(추담)
贅言(췌언)　熾烈(치열)

(ㅌ)

唾罵(타매)　綻露(탄로)　眈溺(탐닉)　卓犖(탁락)　彈劾(탄핵)
宕巾(탕건)　撑天(탱천)　攄得(터득)　洞察(통찰)　統轄(통할)
堆積(퇴적)

(ㅍ)

破綻(파탄)　辦得(판득)　霸權(패권)　敗北(패배)　褒賞(포상)
捕捉(포착)　標識(표지)　分錢(푼전)　風靡(풍미)

(ㅎ)

行列(항렬, 행렬)　　　肛門(항문)　降服(항복)　咳嗽(해수)
解弛(해이)　諧謔(해학)　奕奕(혁혁)　絢爛(현란)　哄笑(홍소)
花蕊(화예)　廓淸(확청)　宦官(환관)　豁達(활달)　滑走(활주)
黃疸(황달)　灰燼(회신)　膾炙(회자)　橫暴(횡포)　嚆矢(효시)
曉天(효천)　嗅覺(후각)　萱堂(훤당)　彙報(휘보)　麾下(휘하)
恤兵(휼병)　欣快(흔쾌)　屹然(흘연)　恰似(흡사)　翕然(흡연)
詰責(힐책)

부 록

4. '토'는 꼭 붙여야 하나?

한문(漢文)은 흔히 '원문'에다 토를 붙여서 읽는다. 곧 '天圓也' 같으면 '天은 圓也라'처럼 토를 붙여서 읽는다. 이를 '현토문(懸吐文)'이라 하는데, '현토'란 '토를 붙인다'는 뜻이다.

이 현토문은 꼭 필요한가? 답부터 미리 한다면 '필요 없다'고 잘라 말할 수 있다. 그 이유는 이렇다.

첫째, 한문은 외국어이다. 중국 사람은 음 그대로 읽는다. <兄進大學, 弟入高校>같으면 '형진대학, 제입고교'로 읽으면 된다. 중국어는 <떨어지는 말(孤立語)>이다. 없는 문법소(文法素)를 붙여 읽는 것은 잘못이다. "I am a boy"를 "I는 am a boy라"고 읽어 보라. 얼마나 우습겠는가! 그와 꼭 마찬가지이다.

둘째, 한문에도 문법소가 전혀 없는 것은 아니다. '조사'가 바로 문법소이다. 그런데 어떤 경우에는 문법소에다 다시 문법소인 토를 붙이는 일이 있다. 이는 모순이다.

　　宋象賢者는 忠臣也라

여기에서 者[자]는 '는'이고 也(야)는 '라(이다)'에 해당하니, 者에 者를 다시 붙이고 也에 也를 다시 붙였으니, 어찌 모순이 아니겠는가?

汝知此乎아(너는 이것을 아느냐?)
賢哉라 回也여(어질구나 회는!)

여기에 있어서 乎(호)는 토 '아'와 같은 말이며, 也[야]도 토 '여'와 같은 말이다. 그러니, 아예 현토란 하지 않아야 한다.

以青黃赤黑白으로 爲五色하느니라.
(푸른빛·누른빛·붉은빛·검은빛·흰빛으로 다섯 빛깔을 삼느니라)

이 경우도 역시 以(이)가 '으로'인데 다시 '으로'를 붙여 놓았으니, 논리에 크게 어긋난다. 이 경우 굳이 토를 붙이려면 以(이)는 없애야 한다.

學者는 自古로 愛讀文學書라
(학자는 옛날부터 문학책을 애독한다)

위의 경우에서는 더욱 이상하다. 自古(자고)란 말은 '自(전성전치사)+古(명사)'로 된 객어인데, 여기에다 우리말에서 어떤 품사를 부사로 만들어 주는 접미사 '로(진실로, 따로, 홀로…)'를 붙였으니 너무나 억지이다.

壬辰八月에 公이 與靈圭大師로 率七百義士하여.
(임진년 팔월에 공이 영규대사로 더불어…)

이 경우는 더욱 억지이다. 與(여)가 '로 더불어'에 해당되는데, 그중 일부분인 '로'를 가져다가 토를 삼아 놓았다. 그러니, 이러한 불합리한 '토'란 붙이지 말아야 한다.

셋째, 우리가 만일 '토'에 구애되면 문장 독해에 큰 혼선을 가져와 마침내 정확한 독해는 하지 못하게 된다.

그것은 어미나 조사에는 종류가 다른 것이 굉장히 많은데, 한문의 '토'는 한정되어 있기 때문이다. 우선 '주어'의 경우를 살펴보자.

夏日이 暑라.(여름날이 덥다)
農夫는 耕田하고 樵童은 吹草笛이라.
(농부는 밭을 갈고 초동은 풀피리를 분다)
小舟가 水上浮라.(작은 배가 물 위에 뜬다)
金剛山도 食後之景이라.(금강산도 먹은 뒤의 경치이다)

위에서 본 바와 같이 한문에서는 '이, 가, 은, 는, 도' 정도의 토로써 주어에 내포되어 있는 모든 문법소를 대신하고 있다. 그러나 우리말의 조사에는 이 밖에도 주어에 붙는 것에 '-만, -부터, -까지, -조차, -마저, -라도, 야…' 등 굉장히 많다.

그런데 이들에 해당되는 경우에도 모두 '이, 가, 은, 는, 도' 정도로써 맞추어 사용하고 있으니 어찌 모순이 아니랴?

이번에는 문장(월)을 마쳐 주는 경우의 설명어를 살펴보자.

婦人은 植木이라.(부인은 나무를 심는다)
舜臣은 忠臣이라.(순신은 충신이다)

위의 두 문장(월)에서 보듯이 하나는 '동작'을 나타내고 하나는 '단정'을 나타내는, 종류가 다른 두 설명어에 같은 '이라'란 토를 쓰고 있다. 이도 논리에게 어긋난다.

문장(월)을 접속해 주는 설명어의 경우에 이르면, 모순 덩어리이다.

> 鳥飛하여 (새가 날아서)
> 觀其鳥하고 (그 새를 보고)
> 示求官之意하니 (벼슬을 구하는 뜻을 보이니)
> 自書堂歸家라가 (서당에서 집으로 가다가)
> 獨居萬福寺之東이러니 (홀로 만복사 동쪽에 살더니)

위에서 보는 바와 같이 접속설명어는 몇몇 한정된 '토'로써 그 너무도 많은 용언의 어미를 대신할 수는 없는 것이다. 그리고 이와 같은 모순이 있기 때문에 현토가 사람에 따라 달라지고 있는 형편이다.

이러고서야 어찌 문법적으로, 곧 과학적으로 현토를 할 수 있겠는가?

넷째, 현토를 해야 '독해(讀解)'하기 쉬우므로 반드시 '토'를 붙여야 한다고 주장하는 이가 있다. 일리가 있다. 현토를 해야 쉽다는 것은 사실이니, 그것은 이미 문법적으로 분석해 놓았기 때문이다.

'農夫는 耕田하고 樵童은 吹草笛이라'와 같은 현토문은 '農夫, 耕田, 樵童, 吹草笛'과 같은 원문에 문장성분을 밝혀 주는 부호를 붙여 놓은 것이나 마찬가지이다.

그러니 아예 원문을 문법적으로 밝혀 나갈 것이지, 억지로 논리에 맞지 않결론하면, '한문'은 외국어이며 본디 토가 없다. 우리 한문도 외국어를 빌어다 썼을 뿐이다. 현토문은 한문에 우리말 조사를 붙여서 반쯤 번역한 트기 글이다. 그러니 원문보다 읽기 쉬운 것은 뻔한 일이다. 그러나 토를 붙이는 일은 또한 번역하는 것보다 쉽지 않다. 이는 필요 없는 일을 한 번 더 하게 되는 것이다.

그러니 한문을 공부하는 이는 아예 '토'를 떠나 문법을 통해 배워야 한문을 빨리 독해할 수 있게 될 것이고 원문(原文)을 쉽게 마음대로 읽을 수 있게 될 것이다.

용어 찾아보기

ㄱ

가능조동사　148
가시대명사　136
감탄사　179
객어와 목적어의 차례　192
객어의 줄임　201
객어절　123
겸손조동사　150
과거형(동사)　146
관형사　150
관형어　120
관형절　197
근칭　130
금지조동사　151

ㄴ

높임조동사　150

ㄷ

단순말　115
단순수사　137
당연조동사　147
대명사　128
대용대명사　134
동사　138
동사의 체언법　154
동태　145

ㅁ

명령법(형)　145
명사　124
목적어와 객어의 차례　191, 193
목적어의 줄임　201
문장성분　118
문장성분의 수식　191
문장성분의 줄임　197
문장성분의 차례바꿈　195
문장(월)의 구성　117
문장(월)의 됨됨이　189
문장(월)의 제1형식　189
문장(월)의 제1형식의 차례바꿈　199
문장(월)의 제2형식　190
문장(월)의 제3형식　191
문장(월)의 제3형식의 차례바꿈　199
문장(월)의 제4형식　192
문장(월)의 제5형식　193
문형 → 한문의 뼈대　189
미래조동사　151
미래형(동사)　146

ㅂ

보어　120
보어절　123, 197
보조지정사　159
보조형용사　158

335

복문의 뒴뒴이 196
복합수사 137
본동사 138
본동사의 구실 143
본래전치사 166
본형용사 155
부 117
부분부정 153
부사 161
부사어 121, 195
부사의 구실 162
부사의 분류 162
부사절 123
부정조동사 151
부정조동사의 부정 152
부정칭 132, 133
부탁조동사 148
불완전명사 125
불완전자동사 139
불완전타동사 141
비유조동사 149

ㅅ

사동법 145
사동조동사 149
삼인칭 130
서법 144
서술법 144
선행절 122, 196
설명부 118
설명어 119
설명어의 줄임 200
설명절 123, 197
성분절 123
소원조동사 148

수사 137
수여동사 192
시제 146

ㅇ

완전명사 124
완전자동사 139
완전타동사 141
용언부사어 195
원칭 131, 133
의문대명사 134, 136
의문법 144
의문부사 162
이인칭 129
이인칭의 복수 130
인칭대명사 128
인칭대명사의 복수 129
일인칭 128

ㅈ

자동사 139
전성동사 143
전성명사 127
전성전치사 168
전성후치사 172
전체부정 153
전치사 166
전치사의 줄임 170
절 122
절종결사 178
접속사 180
접속절 196
조동사 147
조동사의 겹침 152
조사 166

종결사　174
종결사의 겹침　177
종결절　122, 196
주어　119
주어의 줄임　200
주어절　123, 197
지시대명사　132
지정사　159

ㅊ
청유형　144
체언법　154
체언부사어　195
체언부사어(객어)의 줄임　201
체언형　158

ㅌ
타동사　140

특수동사　142
특수용언　198

ㅍ
파생말　115
품사　114, 124
피동법　145
피동조동사　150

ㅎ
한문의 구조　189
한문의 뼈대　189
합성말　116
현재형(동사)　146
형용사　154
후치사　171

중요 낱말 찾아보기

ㄱ

가(可, 조동사) 147
갈(曷, 대명사)—의문 135, 136
갈(曷, 준말) 188
거배(渠輩, 대명사) 131
견(見, 조동사) 150
견(遣, 조동사) 149
고(故, 접속사) 181
공(恭, 조동사) 150
교(敎, 조동사) 149
구(俱, 부사) 153
군(君, 대명사) 130
궐(厥, 대명사) 133
근(謹, 조동사) 150
급(及, 접속사) 180
기(其, 대명사) 134
기(其, 접속사) 187
기(其, 조동사) 148
기(豈, 부사) 162

ㄴ

내(乃, 대명사) 129
내(乃, 접속사) 181, 184

ㄷ

도(道, 불완전타동사) 141
득(得, 조동사) 147

ㄹ

령(令, 조동사) 149

ㅁ

막(莫, 조동사) 151, 153
막(莫, 형용사) 153
말(末, 조동사) 152
매(每, 전치사) 170
모(某, 대명사) 132, 133
무(勿, 조동사) 151
무(无, 조동사) 151
무(毋, 조동사) 151
무(無, 조동사) 151
무이(無以, 조동사) 152
미(未, 조동사) 152
미(未, 종결사) 176
미(未, 준말) 188

ㅂ

방(方, 부사) 163
백(百, 관형사) 160
복(伏, 조동사) 150
부(否, 종결사) 176
부(夫, 대명사) 131, 133
부(夫, 종결사) 177
부(復, 부사) 153
불(不, 조동사) 147

불(弗, 조동사) 152
불(不, 조동사) 152
불연(不然, 접속사) 183
비(俾, 조동사) 149

ㅅ

사(似, 불완전형용사) 157
사(使, 조동사) 149
사(思, 종결사) 178
사(斯, 대명사) 132
사(斯, 접속사) 187
사(斯, 후치사) 172
상(上, 후치사) 172
상(尙, 조동사) 148
상(常, 부사) 153
소(所, 불완전명사) 125
소(所, 조동사) 150
소이(所以, 불완전명사) 125
수(誰, 대명사) 134
수(雖, 접속사) 186
수연(雖然, 접속사) 181
숙(孰, 대명사) 134
시(是, 대명사) 131, 132
시(是, 후치사) 172
시고(是故, 접속사) 181
시용(是用, 접속사) 181
시이(是以, 접속사) 181
심(甚, 부사) 153

ㅇ

아(我, 대명사) 128
아(邪, 종결사) 175
아속(我屬, 대명사) 129
안(安, 대명사) 135, 136
안(安, 부사) 162

애(唉, 감탄사) 179
야(也, 조성자) 174
야(也, 종결사) 174, 178
야(也, 후치사) 172
야(耶, 종결사) 175
야이(也已, 종결사) 178
야이의(也已矣, 종결사) 178
야자(也者, 후치사) 172
약(若, 관형사) 160
약(若, 대명사) 129
약(若, 불완전형용사) 157
약(若, 접속사) 185
약(若, 준말) 188
약조(若曹, 대명사) 130
어(於, 전치사) 166, 167
어(於, 후치사) 172
어시(於是, 접속사) 181
억(抑, 접속사) 184
언(焉, 대명사) 135, 136
언(焉, 종결사) 174, 178
언(焉, 준말) 187
언(焉, 후치사) 172
언(言, 불완전타동사) 141
언이(焉耳, 종결) 177
언이의(焉耳矣, 종결사) 176, 178
여(如, 불완전형용사) 157
여(如, 조동사) 149
여(汝, 대명사) 129
여(與, 전치사) 169
여(與, 접속사) 180, 184
여(與·歟, 종결사) 175
여(女, 대명사) 130
여기(與其, 접속사) 184
여등(汝等, 대명사) 130
여배(汝輩, 대명사) 130

여속(汝屬, 대명사) 130
여제(汝儕, 대명사) 130
연(然, 접속사) 181, 183
연이(然而, 접속사) 181
연즉(然則, 접속사) 181
연후(然後, 접속사) 181
오(吾, 대명사) 128
오(於, 감탄사) 179
오(惡, 감탄사) 179
오(惡, 대명사) 135, 136
오등(吾等, 대명사) 129
오배(吾輩, 대명사) 129
오제(吾儕, 대명사) 129
오호(嗚呼, 감탄사) 179
오호(於乎, 감탄사) 179
오희(於戱, 감탄사) 179
왈(曰, 불완전타동사) 142
요지(要之, 접속사) 186
욕(欲, 조동사) 148, 151
욕(辱, 조동사) 150
우(于, 전치사) 166, 167
우(吁, 감탄사) 179
운(云, 불완전타동사) 141
운(云, 준말) 188
원(願, 조동사) 148
위(爲, 불완전타동사) 193
위(爲, 전치사) 169
위(爲, 조동사) 150
위(謂, 불완전타동사) 141
유(攸, 불완전명사) 125
유(有, 관형사) 160
유(有, 특수동사) 142
유(由, 전치사) 169
유시(由是, 접속사) 181
의(意, 접속사) 184

의(矣, 종결사) 174, 177, 178
이(以, 전치사) 169
이(以, 접속사) 184
이(以, 후치사) 172
이(爾, 대명사) 129
이(爾, 준말) 188
이(而, 대명사) 129
이(而, 접속사) 180, 181, 183, 184
이(耳, 조성자) 176
이(耳, 종결사) 176
이시(以是, 접속사) 181
이이(而已, 종결사) 176
이이의(而已矣, 종결사) 176, 178
이차(以此, 접속사) 181
이후(而後, 접속사) 183
인(因, 접속사) 181

ㅈ

자(咨, 감탄사) 179
자(子, 대명사) 130
자(玆, 대명사) 132
자(者, 후치사) 172, 175
자(自, 전치사) 168
장(將, 부사) 1632
재(哉, 종결사) 175, 177
전(旃, 준말) 187
제(諸, 준말) 187, 188
종(從, 전치사) 168
종(縱, 접속사) 186
즉(則, 접속사) 181
즉(卽, 접속사) 181, 183
지(之, 대명사) 134
지(之, 준말) 187
지(之, 후치사) 171

ㅊ

차(且, 부사) 163
차(且, 접속사) 180, 184
차(嗟, 감탄사) 179
차(此, 대명사) 134
차(此, 접속사) 187
차부(嗟夫, 감탄사) 179
차호(嗟呼, 감탄사) 179
차~차(且~且, 접속사) 180
첨(忝, 조동사) 150
청(請, 조동사) 150
칭(稱, 불완전타동사) 141

ㅌ

타(他, 대명사) 131

ㅍ

파(叵, 준말) 188
피(彼, 대명사) 131, 133
피(被, 조동사) 150

필(必, 부사) 153

ㅎ

하(何, 대명사) 135
하(何, 의문부사) 162
합(盍, 준말) 188
해(奚, 대명사) 135, 136
해(奚, 의문부사) 162
행(幸, 조동사) 150
향(鄕, 부사) 163
향(鄕, 접속사) 185
호(乎, 전치사) 166
호(乎, 종결사) 175
호(乎, 후치사) 172
호(胡, 의문부사) 162
혹(或, 대명사) 132, 133
황(況, 접속사) 186
휴(休, 조동사) 151
희(噫·嘻, 감탄사) 179

해석을 위한 漢文入門

초판 1쇄 발행 2009년 12월 30일
초판 2쇄 발행 2012년 6월 25일
초판 3쇄 발행 2016년 2월 22일

지은이 박지홍 박유리
펴낸이 최종숙
편 집 이태곤 문선희 박지인 권분옥 오정대 이소정
디자인 안혜진 이홍주
마케팅 박태훈 안현진
펴낸곳 글누림출판사
주 소 서울시 서초구 동광로46길 6-6(반포4동 577-25) 문창빌딩 2층
전 화 02-3409-2055
팩 스 02-3409-2059
등 록 2005년 10월 5일 제303-2005-000038호
전자우편 nurim3888@hanmail.net
홈페이지 www.geulnurim.co.kr

ISBN 978-89-6327-051-7 03710
정 가 15,000원

■ 잘못된 책은 교환해 드립니다.